자치 경찰론

Autonomy Police theory

저자 | 이범오

도서출판 그린

서 문

우리나라의 역대 정부에서는 다양한 자치경찰 모형을 논의해 왔으나, 전국적 도입은 무산되었다. 드디어 2006년 7월 1일 전국 최초로 제주도에서 자치경찰이 도입되었다. 이는 실질적인 지방분권을 보장하고, 행정규제의 완화를 통하여 국제자유도시를 조성함으로써 복리증진과 국가발전에 이바지 하였고, 그후 2021년 7월 1일부터 전국적으로 자치경찰제가 실시되었다. 이는 자치분권의 관점과 경찰권의 민주적 통제라는 관점에서 의의가 매우 크다.

자치경찰은 헌법을 기반으로 지방자치행정을 민주적이고 능률적인 수행과 함께 지방을 균형발전 시키고, 대한민국을 민주적으로 발전시키고자 하는 것이 제도의 취지로서 헌법에서 보장된 지방자치의 완성이라 할 수 있고, 국가의 경쟁력 향상을 도모하며 궁극적으로는 국민의 삶의 질을 제고하는 목적이라고 할 수 있다.

자치경찰이 제대로 정착이 되려면 경찰관의 범죄발생 건수, 경찰관의 숫자, 지역의 인구수, 업무량 등을 철저히 분석하여 적정한 인원을 측정하여 그 지역의 특성 등을 고려하여 지역 실정에 맞는 자치경찰경찰 모델을 개발해야 한다.그리고 외국인 밀집지역, 노상범죄 다발지역 등을 분류하고, 발생한 범죄의 유형들을 분류하거나, 각 지역에 맞는 범죄 대응 및 피해자 보호제도를 운영할 필요성이 분명히 있다.

또한, 각 시·도립대에 지역별로 지역 치안 실정에 맞는 관련된 학과를 신설해서 실무형 자치경찰공무원을 자체적으로 양성이 필요하고 자치경찰제 정착을 위한 여러 가지 제도가 마련될 필요성이 있다.

이외에도 자치경찰은 치안책임의 주체를 명확히 한다는 측면에서, 현장지향적이고, 주민밀착형 치안서비스 제공에 적합한 자치경찰의 책임과 역량이 강화되는 방향으로 초점이 맞춰져야 한다. 그리고 국가경찰의 지원, 조정차원에서 경찰교육시설의 확충 및 컨텐츠개발, 제공에 노력도 병행되어야 한다. 이를 위해서는 수사기능과 자치경찰의 민생치안수사역량을 높이기 위한 과학적 수사기반 확충에 투자해야 하고, 국가경찰의 지원, 조정차원에서 경찰교육시설의 확충 및 컨텐츠개발도 필수적인 과제이다.

특히, 경찰법 제4조에서 자치경찰 사무의 범위와 수사사무의 범위를 규정하고 있는데, 학교폭력 등 소년범죄, 가정폭력, 아동학대 범죄, 교통사고 및 교통 관련 범죄, 형법 제245조에 따른 공연음란 및 성폭력범죄의 처벌 등에 관한 특례법 제12조에 따른 성적 목적을 위한 다중이용장소 침입행위에 관한 범죄, 경범죄 및 기초질서 관련 범죄, 실종아동사건에 대하여 규정하고 있다. 각 범죄 대응에 대하여 자치경찰제도의 시행에 따르는 문제점과 그 해결방안을 찾아 보려는 시도는 지속적으로 이루어져야 할 것이다.

저자는 대학에서 자치경찰을 강의한 경험을 바탕으로 단원별로 학습평가, 학습정리를 통해 누구나 자치경찰을 쉽게 이해하고, 공감하는데 도움이 되도록 집필하였다.

어려운 상황에서도 흔쾌히 출판을 결정해 주신 그린출판사 사장님께도 고마움을 전한다.

끝으로 얼마전에 하늘나라로 가신 아버지, 날마다 새벽마다 기도하시는 어머니, 장모님, 사랑하는 아내 조현희, 큰딸 호수, 둘째딸 해인, 막내딸 가온이에게 지면을 빌어 사랑한다는 마음을 전하고 싶다.

2022. 초여름 혜화동 사무실에서

경찰학 박사 이범오

차 례

제 1 부

2022년 현재 시행되고 있는 자치경찰제 주요내용

○ 학습목표

1. 한국자치경찰제의 역사를 이해한다.
2. 한국자치경찰제의 법적근거를 이해한다.
3. 한국자치경찰의 조직을 이해한다.
4. 시도자치경찰위원회를 이해한다.

제1장

자치경찰의 개관

1. 자치경찰의 목적

1) 1948년 미군정 시기 정부조직법 제정 당시 경찰의 정치적 중립성을 확보하려는 방안으로 논의 되었다

2) 지방자치분권과 성숙한 지방자치를 구현하고 지방의 발전과 국가의 경쟁력 향상을 도모하며 궁극적으로는 국민의 삶의 질을 제고하는 것이 목적이다.

3) 지방자치행정을 민주적이고 능률적으로 수행하고, 지방을 균형있게 발전시키며, 대한민국을 민주적으로 발전시키려는 목적과 부합한다.

2. 법적근거:

헌법, 지방자치분권 및 지방행정체제개편에관한특별법, 지방자치법 등 다양

1) 헌법 제117조

① 지방자치단체는 주민의 복리에 관한 사무를 처리하고 재산을 관리하며, 법령의 범위안에서 자치에 관한 규정을 제정할 수 있다.

② 지방자치단체의 종류는 법률로 정한다.

제118조

③ 지방의회의 조직·권한·의원선거와 지방자치단체의 장의 선임방법 기타 지방자치단체의 조직과 운영에 관한 사항은 법률로 정한다.

2) 지방자치분권 및 지방행정체제개편에관한특별법 제12조(특별지방행정기관의 정비 등)

① 국가는 「정부조직법」 제3조에 따른 특별지방행정기관이 수행하고 있는 사무 중 지방자치단체가 수행하는 것이 더 효율적인 사무는 지방자치단체가 담당하도록 하여야 하며, 새로운 특별지방행정기관을 설치하고자 하는 때에는 그 기능이 지방자치단체가 수행하고 있는 기능과 유사하거나 중복되지 아니하도록 하여야 한다.

② 국가는 교육자치와 지방자치의 통합을 위하여 노력하여야 한다.

③ 국가는 지방행정과 치안행정의 연계성을 확보하고 지역특성에 적합한 치안 서비스를 제공하기 위하여 자치경찰제도를 도입하여야 한다.(필요적 규정)

④ 교육자치와 자치경찰제도의 실시에 관하여는 따로 법률로 정한다.

3) 지방자치법

제113조(직속기관)

지방자치단체는 그 소관 사무의 범위 안에서 필요하면 대통령령이나 대통령령으로 정하는 바에 따라 지방자치단체의 조례로 자치경찰기관(제주특별자치도에 한한다), 소방기관, 교육훈련기관, 보건진료기관, 시험연구기관 및 중소기업지도기관 등을 직속기관으로 설치할 수 있다.

3. 2022년 현재까지 자치경찰 주요연혁

1) 역대 정부에서 다양한 자치경찰 모형을 논의해 왔으나, 전국 도입은 무산되었다.

※ 참여정부 당시 제주특별법 제정, 제주도에 한해 자치경찰 설치·운영

2) 2019.3.11. 이원화 모델을 경찰법 개정안 등 발의(홍익표 의원)되었으나, 국회 회기 종료로 폐기(20.5.29)되었다.

3) 2020. 7. 30. 관계기관 협의 및 당·정·청 회의가 개최되었다.

4) 예산·인력 사정 등을 감안하여 국가·자치경찰 일원화 모델로 변경되었다.

5) 김영배 의원 경찰법 개정안 등 대표 발의(20.8.4), 행안위 전체회의(20.9.10), 법사위 통과(20.12.8), 본회의 통과(20.12.9)되었다.

자치경찰제 모형도(이원화, 일원화)

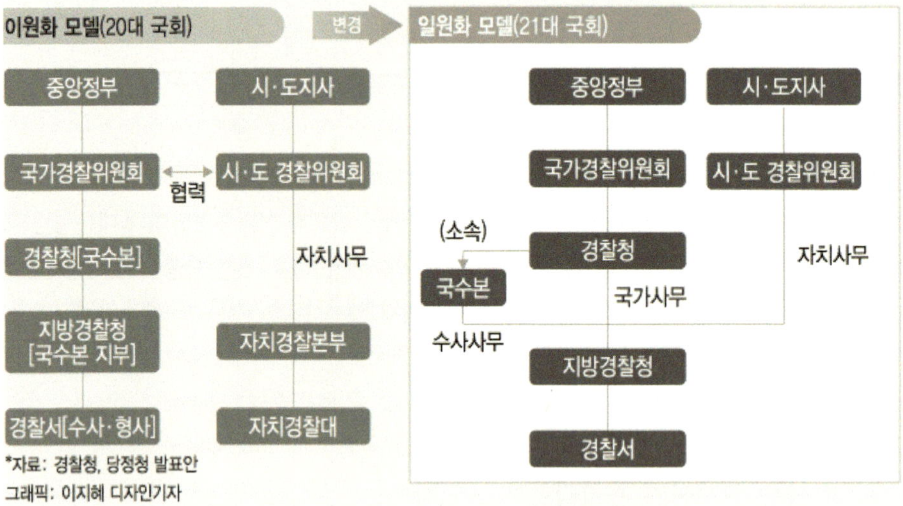

출처: 머니투데이, (https://news.mt.co.kr/mtview.php?no=2020073013484037823)

6. 이원화 모델로 변경된 이유

1) 기구 및 새로운 관서 신설 등 초기 비용이 과다 지출 우려됨에 따라 변경되었다.

2) 지구대·파출소 중복 운영 등에 따른 업무혼선이 우려됨에 따라 변경되었다.

3) 코로나19 등으로 인한 재정 악화, 변경, 경찰관 약 4만 3천명 지방직으로 전환이 필요하나 희망자 부족시 충원 어려움이 제기됨에 따라 변경되었다.

제2장 자치경찰제 법적근거

1. 조직관련 법적근거

1) 국가경찰 및 자치경찰의 조직 및 운영에 관한 법률(이하: 경찰법)
   - 제4조(경찰의 사무) : 국가경찰사무·자치경찰사무 구분
   - 제18조(시·도자치경찰위원회의 설치) : 위원회 설치 및 합의제 행정기관

2) 자치경찰사무와 시·도자치경찰위원회의 조직 및 운영 등에 관한 규정(대통령령)
   - 제2조(생활안전·교통·경비 관련 자치경찰의 사무의 범위 등)
   - 제3조(수사 관련 자치경찰의 사무의 범위 등)
   - 제4조(시·도자치경찰위원회의 임명 방법 및 절차 등)
   - 제5조(시·도자치경찰위원회 추천위원회의 구성 등)

3) 지방자치단체의 행정기구와 정원기준 등에 관한 규정(대통령령)
   - 제01조(목적) 지방공무원의 정원의 기준 등에 관한 필요한 사항 규정

4) 지방자치단체의 행정기구와 정원기준 등에 관한 규정 시행규칙(행정안전부령)
   - 제1조(목적) 위 규정에서 위임된 사항과 그 시행에 필요한 사항 규정

5) 시·도자치경찰위원회에 두는 경찰공무원의 정원에 관한 규정(대통령령)
   - 제27조제2항 시·도자치경찰위원회의 사무기구에 두는 경찰공무원의 정원에 관한 사항 규정

6) 시·도자치경찰위원회에 두는 경찰공무원의 정원에 관한 규정 시행규칙(행정안전부령)
   - 제2조(시·도자치경찰위원회별 경찰공무원 정원)
   - 제3조(정원의 배정 기준 및 운영 등)

2. 인사관련 법적근거

1) 신분·계급

경찰공무원은 수행사무(국가경찰·자치경찰·수사사무)를 불문하고 모두 국가공무원이며, 일원화된 계급 체계 유지(경찰공무원법)하였다.

※ 단, 제주자치경찰은 제주특별법에 따라 지방직공무원(자치경무관~자치순경)

2) 인사

1) 시·도경찰청장은 경찰청장이 시·도자치경찰위원회와 협의하여 추천 경찰법 제28조(시·도경찰청장)제2항
2) 자치경찰사무를 수행하는 경정 이하 경찰관(지구대·파출소 제외)에 대한 경찰청장의 임용권 일부를 시·도지사에게 위임(경찰공무원 임용령 제4조)
3) 시·도지사는 위원회에 위임하며, 위원회는 시·도청장에게 재위임 가능하다.

– 자치경찰 인사관련 법령 정리 –

- 경찰공무원법
  제7조(임용권자): 시·도지사 및 시·도자치경찰위원회 ⇒ 시·도경찰청장에게 재 위임 규정 등
- 경찰공무원 임용령(대통령령)
  제4조(임용권의 위임 등) 등: 자치경찰사무를 담당하는 공무원 경정(전보·파견·휴직·직위해제 및 복직 권한)과 경감 이하 임용권 위임 사항 등
- 경찰공무원 징계령(대통령령)
- 경찰공무원 승진임용 규정(대통령령)
- 경찰공무원 승진임용 규정 시행규칙(행정안전부령)
- 경찰공무원 임용령 시행규칙(행정안전부령)

자치경찰제 인사운영 체계(임용권 위임)

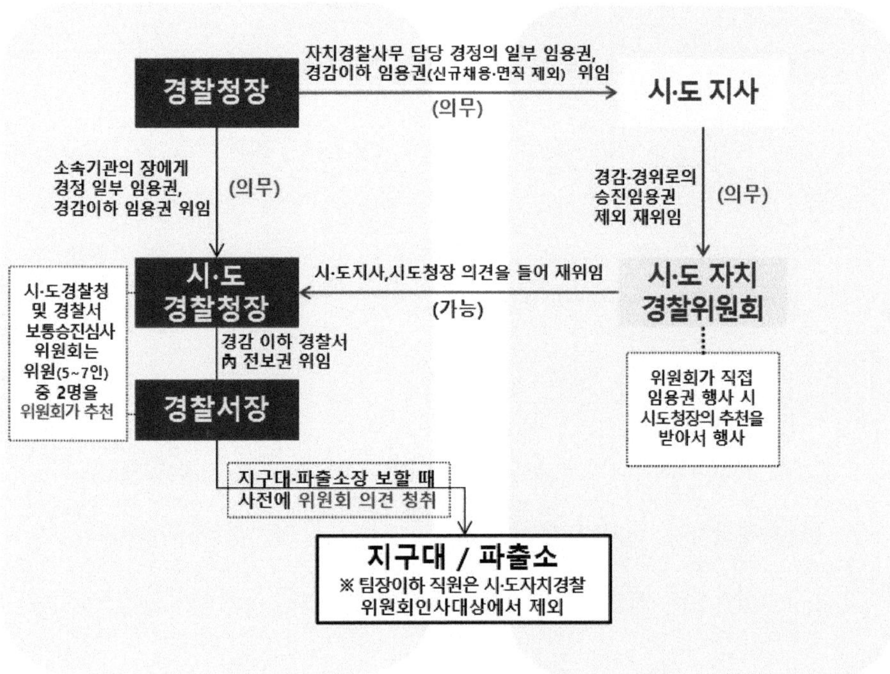

출처: 대한민국 시도지사 협의회 자료(https://www.gaok.or.kr/gaok/bbs/B0000008/view.do?nttId=12946&menuNo= 200088)

제3장

자치경찰제 조직

1. 자치경찰 조직

1) 별도의 경찰 조직 신설 없이(지방경찰청을 시·도경찰청으로 명칭 변경), 자치경찰사무의 관장기관으로 시·도자치경찰위원회 설치(경찰법 제18조)

2. 자치경찰사무

현재의 경찰사무를 국가경찰사무와 자치경찰사무로 구분(경찰법 제4조)한다.

1) 국가경찰사무 : 경찰 임무 수행을 위한 사무(단, 자치경찰사무 제외)

2) 자치경찰사무 : 관할 지역 내의 생활안전·교통·경비·수사 사무

3. 특징

1) 국가경찰사무는 경찰청장, 자치경찰사무는 시·도자치경찰위원회, 수사사무는 국가수사본부장이 시·도경찰청장을 지휘·감독한다.

2) 단, 국민안전 공백이 없도록 해당 시·도의 경찰력만으로 치안유지가 어려울 경우 등 예외적인 경우 경찰청장의 보충적 지원·조정 가능(경찰법 제32조제1항 제3호)하다.

제4장

자치경찰제 사무

1. 개관

1) 경찰법 제 14조에 근거하여 자치경찰사무에 대해 경찰청장이 일반적 지휘·감독 관계에 근거한 구체적 업무 지시는 불가능하다.

2) 다만, 천재지변 등 비상사태와 다수의 시·도에 동일하게 적용되는 치안정책을 시행할 필요가 있는 경우 등에 대해서 예외적인 지휘·명령권 보장(경찰법 제32조)한다.

2. (시·도자치경찰위원회)

시·도자치경찰위원회는 자치경찰사무를 관장하는 주체로서 시·도지사로부터 독립적으로 사무를 수행한다.(경찰법 제24조)

- 시·도자치경찰위원회의 주요 권한으로는 자치경찰사무 관련
- 주요 시책·목표 수립, 관련 규칙 제·개정
- 예산 심의·의결, 감사 및 감찰· 징계 요구권, 심의·의결을 통해서 업무 수행한다.

3. 자치경찰사무는 「경찰법」에서 정하는 경찰의 임무 범위 內에서, 대통령령으로 정하는 기준에 따라 시·도 조례로 정한다.

4. 자치경찰제의 재정 및 예산

1) 국가는 지자체가 이관받은 사무를 원활히 수행할 수 있도록 인력, 장비 등에 소요되는 비용에 대하여 재정을 지원(경찰법 제34조)한다.

※ 시행 초기 안정적 제도 정착 및 열악한 지방 재정을 감안해 경찰청 예산 일부(생활안전·여성청소년·교통 사업비)를 기본 재원으로 하여, 국고보조금

지원한다.

2) 자치경찰사무 수행에 필요한 예산은 경찰청장의 의견을 들어 시·도자치경찰위원회의 심의·의결을 거쳐 시·도지사가 수립한다, 또한, 시·도지사는 자치경찰사무 담당 공무원에게 조례에서 정하는 예산의 범위 내에서 재정적 지원이 가능하다.(경찰법 제35조제1항)

3) 시·도의회는 관련 예산의 효율적 관리를 위해 의결을 통해 시·도자치경찰위원장에게 출석 및 자료제출 요구 가능하다.

제5장

시도자치경찰위원회

1. 시·도지사 소속이지만 '합의제 행정기관'으로 구성, 자치경찰사무에 대하여 독립적으로 직무를 수행한다.(경찰법 제18조)

2. 근거: 경찰법 제19조

구분	주요 내용
위원 구성	▸ 시·도의회(2명), 국가경찰위원회(1명), 교육감(1명), 위원추천위원회(2명) 추천, 시·도지사(1명) 지명한 자를 시·도지사가 임명
신분 직급	▸ (신분) 위원장·상임위원은 정무직 지방공무원 ▸ (직급) 위원장, 시·도경찰청장, 상임위원으로 설정
위원 자격	▸ 판사·검사·변호사·경찰 5년 이상, 법·행정·경찰학 교수 5년 이상 재직자, 관내 주민중에 지방자치·경찰행정 분야 전문가 등
결격 사유	▸ 당적 이탈, 선출직 퇴직, 검·경·일반직 등 퇴직 3년 이내 임명 금지 ※ 단, 국·공립 대학 조교수 이상은 결격 대상에서 제외
임기	▸ 임기 3년(연임 불가)

3. 자치경찰사무에 관하여 시·도경찰청장을 지휘·감독(근거: 경찰법 제28조)한다.

4. 시·도지사는 의결이 적정하지 않을 경우 재의 요구가 가능하다

- 행안부장관 및 경찰청장은 의결이 법령에 위반되거나 공익을 현저히 해칠 경우, 시·도지사에게 재의 요구 가능(경찰법 제25조 제4항)
  단, 행안부장관은 경찰청장의 의견을 들어 국가경찰위원회를 거쳐 요구
  경찰청장은 국가경찰위원회와 행안부장관을 거쳐 요구

5. 위원회 소관사무로 지정된 사안을 심의·의결(경찰법 제25조)

- 자치경찰 활동 목표 수립 및 평가
- 자치경찰사무 관련 인사·예산·장비 등 주요 정책, 시·도경찰청장 임용 협의
- 자치경찰사무와 관련된 중요사건·사고 및 현안의 점검
- 자치경찰사무 감사(감사의뢰), 감찰 요구 및 징계 요구, 고충 심사
- 국가경찰·자치경찰사무의 협력·조정 관련한 경찰청장과 협의 등

6. (사무기구) 자치경찰위원회의 사무를 처리하기 위하여 사무기구를 설치하되, 경찰공무원을 의무적으로 배치(경찰법 제27조)

※ 위원회의 사무기구 조직·정원·운영에 관한 사항은 경찰청장의 의견을 들어 대통령령으로 정하는 기준에 따라 시·도 조례로 규정

7. (실무협의회) 국가·자치경찰 사무의 협력·조정 등을 협의하기 위하여 '위원회-경찰청 등 관계기관' 실무협의회 운영 가능

※ 「자치경찰사무와 시·도자치경찰위원회 조직 및 운영 규정」 제15조(실무협의회) 참조

○ 학습정리

1. 자치경찰제는 경찰의 정치적 중립성을 확보하려는 방안으로부터 논의되었고, 지방을 균형있게 발전시키려는 목적이다.

2. 자치경찰의 법적근거로는 헌법, 지방자치분권및지방행정체제개편에관한특별법, 지방자치법등이 있다.

3. 현재 시행되는 자치경찰제의 주요특징으로는 국가경찰사무는 경찰청장, 자치경찰사무는 시·도자치경찰위원회, 수사사무는 국가수사본부장이 시·도경찰청장을 지휘·감독을 한다.

4. 경찰법 제14조에 근거하여 경찰청장은 자치경찰사무에 대해 일반적 지휘·감독 관계에 근거한 구체적 업무 지시는 불가능하다.

제2부

국가경찰의 역사적 발전, 국가경찰과 자치경찰의 개념

○ 학습목표

1. 경찰개념 역사 및 경찰의 기능을 이해한다.
2. 형식적 ·실질적 의미의 경찰을 이해한다.
3. 국가경찰과 자치경찰의 개념을 구별, 이해한다.

제1장

경찰의 개념

1. 고대시대

1) 라틴어 'politia'(폴리티아)에서 유래, 도시국가에 관한 일체의 정치, 특히 '헌법'을 의미한다.

2) 실제로 'police'는 해당 도시의 공공질서, 안전 등 시민생활과 관련된 도시업무를 총괄했다.

2. 중세시대

1) 14세기 프랑스
 - 프랑스는 로마의 법률과 전통적인 경찰제도를 계승하였다.
 - 경찰의 개념은 국가목적·국가작용·공동체의 질서있는 상태를 의미하다.
 - 이러한 경찰개념은 독일 등 유럽으로 경찰권의 이론이 전파되었다.

2) 15세기 독일
 - 경찰'이라는 용어가 사용되기 시작한 시기로 본다.(다수설)
 - 16세기 (1530년)'제국경찰법'근거로 경찰(gute policey)은 '공동체의 질서 있는 상태'또는 '공동체의 질서 있는 상태를 유지하기 위한 모든 활동'의미
 - 교회행정을 제외한 일체의 국가행정을 의미한다.
 - 사회생활의 질서를 공권력에 위해 유지하는 작용하는 축소되기 시작한다.

3. 절대국가시대: 경찰국가시대(17, 18세기)

 - 국가활동의 점점 분업화됨에 따라 경찰의 개념도 외교·군사·재정·사법작용 등이 분리(내무행정 전반)되었다.
 ※ 외교, 군사, 재정, 사법을 제외한 일체의 내무행정

- 경찰과 행정이 분화되었다.
- 적극적인 공공복리의 증진과 소극적 치안유지를 담당

4. 현대국가 : 법치국가(19, 20세기)

1) 독일

- 18세기 계몽철학 등장 법치주의 도래, 적극적인 복지분야 제외, 소극적 위험 방지 한정되었다.
- 1794년 프로이센 일반란트법: 경찰관청은 공공의 평온 · 안녕 및 질서를 유지하고 또한 공중 및 그의 개개 구성원들에 대한 절박한 위험을 방지하기 위하여 필요한 조치를 취했다.

프로이센 고등행정법원 크로이츠베르크 판결(1882)

베를린 외곽에 있는 전승기념비 주위의 건축구역에서는 기념비 하단에서 도시와 그 주위를 조망하는 것이 방해받지 않고 도시에서 전승기념비를 전망하는 것이 침해받지 않는 정도의 고도내에서만 건축이 허용된다는 베를린 경찰국장의 경찰명령에 근거하여 그 지역 내에서 건축물의 건축허가의 발급을 거절한 판례, 즉, 경찰의 임무는 위험방지에 그쳐야 한다는 취지의 중요한 판결임. (서정범 등 경찰법연구 50쪽 이하 참조)

- 1931년 프로이센 경찰행정법: 경찰은 공공의 안녕과 질서를 위해 위험을 방지하기 위하여 현행법의 범위 내에서 의무에 합당한 재량에 따라 필요한 조치가 필요하다.
- 2차 세계대전 이후 협의의 행정경찰사무(영업경찰, 건축경찰, 보건경찰 등)를 다른 관청으로 이관한다 이를 '비경찰화 현상'이라도 한다.
  ⇒ 협의의 행정경찰과 보안경찰로 구분

2) 프랑스

- 1794년 '죄와 형벌법전': 경찰은 공공질서를 유지하고 개인의 자유와 재산 및 안전을 유지하기 위한 기관이다.

- 1884년 '지방자치법전': 자치경찰은 공공의 질서·안전 및 위생을 확보함을 목적으로 한다.
- 경찰 직무는 소극목적이나 위생사무 등 협의의 행정경찰적 사무 포함
- 적극적 복지경찰 분야를 제외한 소극적 위험방지분야에 한정되었다.

제2장

경찰의 기능

1. 법적근거

1) 국가경찰과 자치경찰의 조직 및 운영에 관한 법률(2021. 1. 1.시행)

제3조(경찰의 임무)
1. 국민의 생명·신체 및 재산의 보호
2. 범죄의 예방·진압 및 수사
3. 범죄피해자 보호
4. 경비·요인경호 및 대간첩·대테러 작전 수행
5. 공공안녕에 대한 위험의 예방과 대응을 위한 정보의 수집·작성 및 배포
6. 교통의 단속과 위해의 방지
7. 외국 정부기관 및 국제기구와의 국제협력
8. 그 밖에 공공의 안녕과 질서유지

제4조(경찰의 사무)
1. 국가경찰사무: 제3조에서 정한 경찰의 임무를 수행하기 위한 사무. 다만, 제2호의 자치경찰사무는 제외한다.
2. 자치경찰사무: 제3조에서 정한 경찰의 임무 범위에서 관할 지역의 생활안전·교통·경비·수사 등에 관한 다음 각 목의 사무
   - 지역 내 주민의 생활안전 활동에 관한 사무 (생활안전, 주민참여 방범활동 등)
   - 지역 내 교통활동에 관한 사무(교통법위반에 대한 지도, 단속 등
   - 지역 내 다중운집 행사 관련 혼잡 교통 및 안전 관리
   - 수사사무(학교폭력, 가정폭력, 아동학대, 교통사고 및 교통관련범죄 등)
   - 「형법」 제245조에 따른 공연음란 및 「성폭력범죄의 처벌 등에 관한 특례법」 제12조에 따른 성적 목적을 위한 다중이용장소 침입행위에 관한 범죄
   - 경범죄 및 기초질서 관련 범죄
   - 가출인 및 「실종아동등의 보호 및 지원에 관한 법률」 제2조제2호에 따른 실종아동등 관련 수색 및 범죄

- 제1항제2호가목부터 다목까지의 자치경찰사무에 관한 구체적인 사항 및 범위 등은 대통령령으로 정하는 기준에 따라 시·도조례로 정한다.
- ③ 제1항제2호라목의 자치경찰사무에 관한 구체적인 사항 및 범위 등은 대통령령으로 정한다.

2) 경찰관 직무집행법(2021. 10. 19 시행)

제2조(직무의 범위)

1. 국민의 생명·신체 및 재산의 보호
2. 범죄의 예방·진압 및 수사

2의2. 범죄피해자 보호

3. 경비, 주요 인사(人士) 경호 및 대간첩·대테러 작전 수행
4. 공공안녕에 대한 위험의 예방과 대응을 위한 정보의 수집·작성 및 배포
5. 교통 단속과 교통 위해(危害)의 방지
6. 외국 정부기관 및 국제기구와의 국제협력
7. 그 밖에 공공의 안녕과 질서 유지

2. 공공의 안녕

1) 개념: 성문규범의 총체

- 법질서, 국가의 기관과 집행, 개인의 법익과 권리에 대한 불가침성을 의미한다.
- 국민의 생명, 신체, 재산보호를 포함하는 상위개념이라고 할 수 있다.

2) 공공안녕의 3요소

- 법질서의 불가침성
- 국가의 존립과 국가기관의 불가침성
- 개인의 권리 및 법익의 불가침성

3. 공공의 질서

1) 개념: 불문규범의 총체라고 할 수 있다.

- 원만한 공동체 생활을 위한 불가결한 전제조건으로서의 개인의 활동이다.
- 공공의 안녕 개념(성문규범)에 대한 보충적 개념이다.
- 유동적·시대적·다의적·역사적 개념, 점차 축소되는 경향이다.
- 의무에 합당한 재량권 행사가 필요하다.

※ 보충성의 원칙 : 법적 보호가 적시에 이루어 지지 않고, 경찰의 원조 없이는 법을 실현시키는 것이 무효하되거나 사실상 어려워질 경우 경찰이 개입할 수 있는 원칙

제3장

형식적 의미의경찰, 실질적 의미의 경찰

1. 개관

- 양자간 어느 하나가 더 크거나 상위개념은 아니라, 별개의 문제이다.
- 구별실익 :성질(작용, 활동)을 기준으로 구분한다.

2. 형식적 의미의 경찰

- 실정법상 보통경찰기관에 부여된 경찰 활동이다.
- 실정법, 제도상, 실무상 개념에 불과하다.
- 실정법이므로 각 나라마다 다르다
- 보통 경찰기관의 활동을 의미한다.
  (예, 서울경찰청, 부산경찰청 등)

3. 실질적의미의 경찰

- 사회공공의 안녕과 질서유지를 위하여 일반통치권에 근거하여 국민에게 명령, 강제하는 경찰활동이다.
- 학문적, 이론상 개념에 불과하다.
- 작용, 성질 중심의 개념이다.
- 장래에 향한 질서유지, 사회목적적, 소극목적 작용이다.

제4장

국가경찰과 자치경찰의 개념이해

1. 개념

경찰업무를 첫째로 국가적 이익과 지방적 이익으로 구분하고, 둘째로 그 주체가 어디인가에 따라 구분한다.

2. 국가경찰

1) 장점

- 정확·유용한 통계자료 확보가 용이하다.
- 경찰활동의 능률성, 기동성 확보가 가능하다.
- 타 행정부문과의 원활한 협조가 용이하다.
- 국제범죄, 국가비상시 대처에 용이하다.
- 능률성은 높으나, 민주성은 낮다.
- 시행하는 나라: 독일, 프랑스, 이탈리아, 일본 등

2) 단점

- 지역적 특수성과 창의성 저해 우려가 많다.
- 중앙정부정책에 이용될 우려가 많다.
- 관료화되어 국민을 위한 봉사가 저해할 수 있다.

3. 자치경찰

1) 장점

- 경찰활동의 민주성, 주민의 지지확보 용이하다.
- 인권보장과 민주성이 보장되어 주민들의 지지 용이하다.
- 지역특성에 맞는 경찰활동이 용의하다.
- 정부정책에 이용될 가능성이 낮다.

- 시행하는 나라: 미국, 영국, 캐나다, 호주, 뉴질랜드 등

2) 단점

- 타경찰기관의 협조, 조정 미흡하다.
- 지방토호세력으로 인한 정실주의 우려된다.
- 전국적인 정확한 통계확보 대처에 미흡하다.
- 능률성, 기동성이 낮다.

4. 고찰

- 자기 나라의 역사, 문화, 현재의 치안상황 등을 고려 하여 채택이 필요하다.
- 각 제도의 장, 단점을 파악하여 자기 나라에 맞는 경찰제 도입이 필요하다.
- 자치경찰제 도입이 긍정적, 부정적 효과는 쉽게 판단하기 어렵다.
- 자치경찰제가 우리에게 어떠한 영향을 줄지 사례연구, 경험적 연구 등 필요하다.

○ 학습평가

1. 경찰의 개념은 각 나라와 시대의 개념과 상관없이 일률적으로 정의된다고 볼 수 있다. (×)

2. 절대국가시대(경찰국가시대)의 경찰활동은 외교, 군사, 재정, 사업작용 범위도 포함한다.(×)

3. 프로이센 고등행정법원 크로이츠베르크 판결(1882년) 판시내용중, 주목할 점은 경찰의 임무가 확대된다고 볼 수 있다. (×)

3. 경찰의 활동은 시대에 따라 점차 축소되는 경향이 있다. (○)

4. 경찰기능중, 학교폭력, 아동학대 등 자치경찰사무에 구체적인 사항 및 범위는 행정자치부령으로 정한다. (×)

5. 공공질서의 개념은 점차 확대되는 경향이 있다. (×)

6. 형식적 의미의 경찰과 실질적 의미의 경찰을 구분은 법률등을 통해 구분하는 것은 용이하다. (×)

7. 국가경찰은 지역적 특수성과 창의성을 저해하지 않는 장점이 있다. (×)

8. 국가경찰은 능률성이 높으나, 민주성은 낮다. (○)

9. 자치경찰은 타경찰기관의 협조와 조정 하기 어렵다. (○)

10. 자치경찰은 능률성과 기동성이 높다. (×)

○ 학습정리

1. 경찰의 개념은 나라와 시대마다 다르기 때문에 일률적으로 정의하기는 어렵다.

2. 15세기 독일: '경찰'이라는 용어가 사용되기 시작되었고, 사회생활의 질서를 공권력에 위해 유지하는 작용하는 축소되기 시작한다.

3. 17, 18세기 경찰의 개념은 외교, 군사, 재정, 사법을 제외한 일체의 내무행정을 의미한다.

4. 프로이센 고등행정법원 '크로이츠베르크 판결'(1882) 의 의미는 경찰의 임무는 위험방지에 그쳐야 한다는 취지의 판결이라 할 수 있다.

5. 자치경찰의 법적근거는 국가경찰과 자치경찰의 조직 및 운영에 관한 법률(2021. 1. 1. 시행) 등이 있다.

6. 공공의 질서는 불문규범의 총체, 공공의 안녕 개념(성문규범)에 대한 보충적 개념, 유동적·시대적·다의적·역사적 개념, 점차 축소되는 경향

7. 국가경찰과 자치경찰의은 국가적 이익과 지방적 이익으로 구분하고, 그 주체가 어디인가에 따라 구분한다.

8. 각 제도의 장, 단점을 파악하여 자기 나라에 맞는 경찰제 도입이 필요하다

제3부

갑오개혁 이전, 이후 자치경찰의 이해

○ 학습목표

1. 갑오개혁 이전의 경찰의 개념, 기능에 대하여 학습한다.
2. 갑오개혁 이후의 경찰의 개념, 기능에 대하여 학습한다.
3. 광복이후 경찰의 개념, 기능에 대하여 학습한다.

제1장

갑오개혁 이전

1. 고조선

- '공공의 질서'와 '공공복리'라는 목적하에 특별한 통치권으로서의 경찰권 행사했다.
- 八條法禁(팔조금법)

① 다른 사람을 죽이면 죽음으로 배상한다.(살인죄) ② 다른 사람에게 상처를 입히면 곡물로 배상한다.(상해죄) ③ 남의 물건을 훔친 사람은 노비로 삼는데, 노비가 되지 않으려면 1인당 50만전을 내야 한다.(절도죄) ※ 현대적 의미의 생명, 신체, 재산에 대한 범죄가 존재했다고 볼 수 있다.

- 사유재산인정, 노예제도로 보아 경찰은 지배층의 사회체제 유지와 재산 보호하기 위한 기능을 추정된다.
- 전통적인 형사사법 기능(살인, 상해, 절도범) 수행했을 것으로 판단된다.(김형중, 2011)

2. 부족국가

1) 부여
   - 살인자, 간음자, 투기는 사형하는 등 엄격한 형벌권이 존재했다.
   - 예컨대, 一責十二法(12배 배상) 등

2) 고구려
   - 범죄자를 '제가평의회'이라는 현재의 '00 위원회'에서 사형이나 노비로 결정했다.
   - 예컨대, 一責十二法 (12배 배상) 등

3) 옥저, 동예

- 고구려와 예속적 관계, 왕이 없이 거수들이 읍락을 지배했다.
- 동예에서는 경계를 침범하면 우마등으로 배상하는 '책화제도'가 존재했다.

4) 삼한(철기시대)

- 제정분리(제사와 정치는 분리)
- 천관이 다스리는 '소도'라는 지역이 존재, 죄인이 도망하여도 잡지 못했다.

2. 삼국시대 지방장관

고구려	지방장관(욕설)
백 제	지방장관(방령)
신 라	지방장관(군주)

※ 행정(경찰)기능, 군사기능은 명백하게 구분되지 않았다고 보는 것이 다수설

3. 통일신라시대

1) 중앙: 이방부(좌이방부와 우이방부): 주로 범죄수사를 담당하였다.

2) 지방: 총관

3) 특징: 왕권보호 및 공무원범죄에 관심이 있었다.

4. 고려시대

1) 중앙:

① 어사대 : 비위 규탄, 풍속경찰 임무를 수행했다.
② 중추원 : 왕궁 경비 최초로 분리하여 독립적으로 관장했다.
③ 금오위 : 수도의 순찰, 포도금란의 업무와 비위예방 담당을 했다.

2) 지방

① 안찰사, 각 지방의 수령이 행정, 사법, 군사, 경찰 기능을 통합적으로 담당하였다.

② 위아(경찰서): 현위(현재 경찰서장)

※ 순군만호부: 최초의 전문경찰기관 (견해대립)

5. 조선시대

1) 중앙

- 고려시대 말기에는 '순군만호부'는 '의금부'로 명칭이 변경되었다.
- 왕족의 범죄와 특별범죄를 담당하였다.

2) 지방

관찰사와 수령이 지방행정과 경찰의 기능 수행했다.

포도청: 조선시대 대표적 경찰기관

1. 도적의 체포 및 예방, 순라(巡邏), 죄인의 심문 등을 담당, 포도청의 명칭 자체는 '중종'때에 처음 보게 된다. 포도청은 서울을 좌·우로 나누어 좌변 포도청과 우변 포도청으로 조직
(출처: 우리역사넷 참조 http://contents.history.go.kr)
2. 조선 전기: 단순한 순라(巡邏), 포도(捕盜) 업무를 수행하였지만, 임진왜란과 병자호란이 끝난 조선 후기에는 조선사회의 변동에 따라 다양한 업무 수행.
3. 조선 후기는 경제 발전, 신분제의 혼란 등 경제 범죄와 도적의 출현 급증함에 따라 강도·살인 등의 중범죄 등에 대처(김창윤, 2014: 89-90).
※ 다모: 최초의 여경, 양반집 수색, 부녀자 범죄를 담당
※ 고종 31년 '경무청 관제직장'이 공포되어 경무청으로 흡수되면서 포도청은 폐지

제2장

갑오개혁 이후

1. 갑오개혁

1) 역사적 의의

- 최초의 경찰조직법. '경무청관제직장'이 마련 되었다.
- 일본경찰제인 '동경경시청' 모방했다는 의견도 있다.(견해대립)
- 유길준 '서유견문'에 의하면, 영국 '수도경찰청'을 모델라고 주장한다.
- 아시아 최초, 민주적 경찰상 반영한 근대경찰의 창설라고 보는 견해도 있다.(김창윤, 2019)

2) '경무청' 창설

1894년	갑오개혁 → 경무청 창설 ① 좌우 포도청을 통합 ② 한성부 내의 감옥 업무와 일체의 경찰사무를 관장했다. ※ 근대적 의미의 '경찰'이라는 용어가 처음 등장

3) '경부' 설치

1900년	광무개혁 - 내부에서 독립시켜 '경부'를 설치

- 이원제 체제
  ① 한성 및 개항시장 - '경부'에서 일체의 경찰사무, 감옥사무관리,
  ② 그 외 관찰부 - '총순'을 두어 관찰사의 지휘를 받음
  ※ 내부에서 독립(최초로, 행정부처로부터 독립하였다는데 의의)

3) 경무청 설치

1902년	내부 소속 '경무청' 설치, 전국의 경찰, 감옥사무 관리

※ 오늘날 경찰청의 원형으로 보는 것이 다수설이다.

2. 일제강점기 경찰

- 통감부에 '경무총감부'(경무총장)을 설치하여 서울과 황궁의 경찰사무를 담당했다.(1910년)
- 각도에는 '경무부'를 설치하여 '경무총장' 지휘를 받게 하였다.
- 1919년 3·1 운동을 계기로 헌병경찰제도가 폐지, 경무총감부는 경무국으로 개편되었다.

1) 헌병경찰

- '조선주차헌병조령'(1910)을 근거로 헌병이 일반적인 치안업무 수행, 광범위한 업무를 수행하였다.
- 한성과 부산 간의 군용전신선의 보호를 위한다는 명목아래 주둔하였다.
- 군사경찰 이외에도 행정경찰, 사법경찰을 영역까지 담당하였다.

2) 3.1운동 이후 헌병경찰제도는 보통경찰제도로 전환되었다.

- '경무총감부' 폐지되고, '경무국' 설치해서 경찰사무와 위생 사무를 관장하게 하였다.
- 경찰의 조직(구조)은 변화하였으나, 직무와 권한에 대한 기본적 변화는 없었다.
- 정치범처벌법 제정됨에 따라 단속체제가 더욱 강화되었다.
- 일본에서 제정된 '치안유지법'이 우리나라에까지 적용되었다.
- 일제말기에는 '예비검속법' 등을 통해 독립운동의 탄압이 더욱 강화되었다.

제3장

해방이후부터

1. 미군정시대 경찰

- 1945년 조선총독부 청사에서 미군정이 시작되었다.
- 군정초기 '국방사령부' 소속 경무국을 두어 부대로서 경찰을 조직하였다.
- 지방에는 시도에 '경찰부장'을 두고, 시도지사로부터 분리하여 조직, 인사, 재정 담당하였다.
- 경찰활동영역 축소되었다.(비경찰화)
- 위생업무를 위생국을 이관, 경제경찰 ˙ 고등경찰제의 폐지 되었다.
- 비경찰화 대신에 정보업무를 담당할 '정보과' 설치 되었다.
- (1945) 국방사령부 소속의 '경무국' 신설, 조병옥 박사 경무국장 임명일(10.21)

※ 1945년 10월 21일 한국 경찰의 기원(견해대립)

2. 독립(1945년) 후 경찰

1) 치안국

① 좌우의 이데올로기 극복 등 호국의 경찰 담당하였다.

② 경찰의 불신 속에서도 사회안정 및 경제발전 초석되었다.

2) 치안본부

① 군사정권의 민주화 탄압에 대한 안보치안의 역할을 담당하였다.

② 최초로 정치적 중립과 민주화를 위해서 '경찰위원회'등 제도가 도입되었다.

3) 경찰청(1991)

① 내무부 보조기관에서 내무부 외청으로 승격되었다.

② 경찰청장 임기제를 도입 등 정치적 중립을 도모하였다.

○ 학습평가

1. 삼국시대에는 행정(경찰) 기능과 군사기능이 구분되었다고 보는 것이 다수의견이다. (×)

2. 갑오개혁 이전의 한국경찰은 일본의 영향을 많이 받았다. (○)

3. 삼국시대에는 경찰기능과 군사기능은 명백하게 구분하여 행정의 효율성을 높였다. (×)

4. 우리날 최초의 전문경찰기관은 순군만호부으로 보기도 한다. (○)

5. 최초의 경찰작용법으로는 '경무청관제직장'이라고 볼 수 있다. (×)

6. 광무개혁을 통해, 이원적 체제인 경무청이 설치되었다. (×)

7. 3.1운동은 보통경찰제도에서 헌병경찰제도로 전환되는 계기가 되었다. (×)

8. 해방이후 대륙법계 경찰개념에서 영미법계 중심으로 경찰의 개념이 변화되었다. (○)

9. 현재 한국의 경찰의날의 기원은 일제강점기 경찰의 잔재라고 볼 수 있다. (×)

10. 현재의 경찰청은 1991년 내부무 보조기관에서 내무부 승격이 되었다. (○)

○ 학습정리

1. 갑오개혁(1894년) 이전의 경찰의 주요특징

1) 경찰기능과 다른 행정작용 또는 군사작용 분화되지 않았다.
2) 경찰특징은 왕권강화를 도모하는데 있다
3) 전제적인 경찰권이 행사되고, 관청이나 지배세력의 필요에 따라 처벌하였다.
4) 갑오개혁 이전의 한국경찰은 중국의 영향을 많이 받았다

2. 시대별 중앙, 지방 등 비교표

구 분	고구려	백 제	신 라	통일신라	고 려	조 선
중 앙		달솔		이방부	금오위	한성부
지 방	욕살	방령	군주	총관	안찰사	관찰사

3. 갑오개혁부터 일제강점기 이전의 경찰

→ '좌우포도청'을 합쳐서 '경무청' 신설(1894년)
→ '광무개혁'을 통해 '경부' 신설(1900년)
→ '경무청'으로 환원(1902년)
→ '통감부' 안에 '경부'를 신설(1905년)

4. 광복이후 경찰의 역사적 흐름

→ 국방사령부_경무국(1945.10.21.) 경찰의날 시초
→ 경무부(승격)_해방이후(1946년)
→ 내무부_치안국(1948년)
→ 내무부_치안본부(1974년)
→ 내무부_경찰청(1991년)

제4부

대륙법계, 영미법계 경찰제도의 이해

○ 학습목표

1. 대륙법계의 자치경찰에 대하여 이해한다.
2. 영미법계의 자치경찰에 대하여 이해한다.
3. 절충형(일본)자치경찰에 대하여 이해한다.

제1장

대륙법계, 영미법계의 자치경찰의 개관

1. 대륙법계 자치경찰

1) 주요임무로는 공공의 안녕과 질서유지를 담당한다.

2) 대륙법계(독일, 프랑스 등 전통적) 국가에서는 대부분 국가경찰제를 채택하고 있다.

3) 경찰권이 국가의 중앙정부에 귀속(중앙집권적)되어 조직, 인사 등이 직접 중앙정부에 의해 처리한다.

4) 경찰업무가 강력하고, 집행력이 광범위하다.

5) 전국적 조직력, 각 경찰기관간 상호협력 가능이 가능하다.

6) 공통적 법적근거를 토대로 경찰력 행사한다.

7) 경찰 행정에 대한 사법심사를 통해 법원이 행정부의 행위를 심사함으로써 통제한다.

8) 주요제도로는 행정소송, 국가배상제도 등이 있다.

※ 단점

① 경찰 본래 임무인 위해의 방지 등 소홀하다.

② 정치경찰로 변질될 우려가 있다.

③ 지방실정에 맞지 않는 일방적 제도 추진, 행정력 낭비 우려가 있다.

2. 영미법계 자치경찰

1) 주요임무로는 국민의 생명, 신체, 재산 보호에 중점을 둔다.

2) 영미법계(현대적 의미), 국가경찰제, 자치경찰제 혼재

3) 각 지역에 맞는 제도로 운영할 수 있다.

4) 조직운영의 개혁에 유리하다.

5) 경찰조직의 민주성 확보를 위한 시민이 직접 또는 그 대표기관을 통한 참여와 감시를 가능케 하는 시스템이 구축이 가능하다.

6) 주요제도로는 경찰위원회, 경찰책임자의 선거, 주민을 위한 경찰활동 확대과정 등이 있다.

※ 단점

① 행정 응원 등 곤란, 예산 및 인력확보 곤란하다.

② 광역화된 범죄 대응 곤란하다.

③ (광역)치안전문가 확보 어렵다.

3. 우리나라의 경우

1) 대륙법계(독일, 프랑스) 경찰개념이 일본으로, 일본에서 한국으로 전파되었다.

2) 영미법계(1953년도 경찰관직무집행법 반영)

제2장

대륙법계

1. 프랑스

1) 주요연혁

- 1941년 1만명 이상 도시(국가경찰), 1만명 이하(자치경찰)
  ※ 1996년에 2만명 이상으로 상향되었다.
- 1977년 1월 27일의 기초자치단체 '꼬뮌법'(Code des communes)을 규정.
  ※ 꼬뮌법: 자치경찰법에 따라 자치단체장은 자치경찰을 설치, 운영하는 근거를 마련되었다.
- 1980년대 사회적 불안감, 여러 도시에서 자체 경찰조직을 창설(자치경찰 확대)되었다.
- 1982년 '신지방자치법' 제정 이후 지방분권 개혁이 진행이 되었다.
- 1998년 '자치경찰법' 등을 제정, 국가경찰과 시장(Mairie) 지휘하의 자치경찰 상호간 경찰활동관계를 정립되었다.

2) 주요임무

- 기본임무(질서유지, 공공의 평온; 주위의 소란제거, 공공안전, 도시계획분야, 통학로 안전확보, 주차위반단속, 순찰, 거동수상자에 직무질문, 임의동행, 신체수색, 기초정부 축제 감시관리, 기초정부 시설 및 건물경비업무를 담당하였다.
- 교통경찰임무(운전자의 음주상태 또는 음주측정거부를 관할 국가경찰(국립경찰 혹은 군사경찰) 소속 사법경찰관에게 즉시 보고, 사법경찰관은 자치경찰관에게 해당 운전자를 즉시 연행하도록 명령가능하다.
- 사법경찰보조(중죄, 경죄, 경범죄의 발생을 인지한 경우, 즉시 국가경찰에 보고, 범죄 및 관련정보 수집을 위한 행정조치 시행과 사법경찰의 통제하에 범죄와 관련한 수사에 보조요원으로서 협조한다.

※ 특색:

① 국가경찰이 중심인 나라, 국가경찰이 일반적 업무를 담당한다.

② 자치경찰은 기능이 극히 제한적이다.

③ 국가경찰(국립, 군인경찰)과 자치경찰(시, 농촌경찰)의 이원화

2. 독일

1) 주요연혁

- 14세기 이후 봉건영주의 권한행사 보장, 포괄적 경찰권을 영주에게 부여하였다.
- 나치독일시대에서는 각 주의 경찰권 박탈, 중앙 정부에 귀속시켰다.
- 2차 세계대전이후: 탈나치화, 탈군사화, 비정치화, 민주화, 지방분권화되었다.
- 1949 독일기본법 제정됨에 따라 일반경찰 행정권이 "주정부"에 부여, 각 주는 독자적 경찰법 제정되었다.

※ 대부분의 주정부는 자체입법으로 주단위 국가경찰제도 채택되었다.

2) 주요업무

※ 특색:

① 州단위 자치경찰제로, 州경찰이 지역치안을 담당한다.

② 자치경찰을 중심으로 국가경찰적 요소를 갖고 있는 연방경찰이 가미된 혼합체계다.

- 州단위 순찰, 교통, 지역방범활동(정복경찰)
- 州단위 폭동, 시위 진압(기동경찰)
- 범죄예방, 수사, 형사소추(수사경찰)
- 강, 운하, 관할지역(수상경찰)
- 일부주에는 국가형태와 시읍면 자치경찰 혼재

제3장 영미법계

1. 영국

1) 주요 연혁

- 1066년 마을 치안에 10인조 제도 (프랭크 플레지)가 기원이라 할 수 있다.

  ※ 20세 이상 남자 지역치안 참여할 의무(공동체의 안녕을 담보하기 위한 주민들의 자치제도)

- 1829년 '런던 수도경찰법', 근대 경찰제도의 원형이라 할 수 있다.
- 1835년 '도시운영법', 인구 2만명 이상 도시, 자치구에 경찰창설가능한 법적근무가 마련되었다.
- 1850년 영국전역에 자치경찰조직이 설치되었다.
- 1964년 경찰법 제정(국가경찰 창설, 자치경찰에 대한 국가 관여에 근거 마련)
- 2011년 '경찰개혁과 사회책임법' 제정되었다.

  ※ 3원제(내부무장관, 지방경찰위원회, 지방경찰청장) 운영

- 2012년 이후 4원체제

  ※ 4원제(내부무장관, 지방경찰청장, 지역치안평의회, 지방치안위원장) 운영

- 내무부장관: 국립범죄청장 임명, 국가적인 조직범죄 대응 조율 등
- 지방경찰청장: 지역경찰의 독자적 운영, 지역경찰에 대한 독립적인 지휘 및 통제권 등
- 지역치안평의회: 지역치안위원장 견제, 지역경찰의 예산지출에 대한 감사 등
- 지방치안위원장: 지역치안의 대표자, 지방경찰차(청)장, 임명 및 해임권 등

  ※ 주민들이 자치경찰책임자 선출, 지역치안위원장, 지역치안위원회, 지방경찰청장등에게 자율권 부여

2) 주요 임무

※ 특색:

① 전통적인 자치체제, 독립된 자치경찰제

② 자치경찰이 먼저 형성되고, 자치경찰이 수행하기 어려운 업무를 국가경찰이 업무수행

③ 방범, 교통, 경비, 수사 등 모든 경찰업무를 독자적 수행

④ 자치경찰의 기능범위가 가장 넓은 국가

2. 미국

1) 주요 연혁

※ 특색: 영국식 전통을 계승

- 1835년에 '텍사스 레인저스' 창설(최초의 주경찰)
- 각 주에서는 주경찰국, 고속도로순찰대, 주경찰국로 구성
- 연방제 국가로서 경찰권 행사와 관련하여, 원칙적으로 헌법상 州정부에 유보
- 연방경찰(법집행기관) 및 주, 기초자치 경찰로 이원화된 체제

2) 주요 임무

※ 특색: 자치단체에서 경찰직무를 주도적으로 수행, 명확한 규정 논하기는 사실상 어렵다.

- 범죄예방, 질서유지, 법집행, 공공서비스, 교통통제
- 州 전역의 순찰업무, 범죄수사, 교통단속
- 고속도로 순찰, 범죄예방, 불법주류 유통감독
- 범죄통제국의 법집행과 주 법무국의 마약 수사 등
- 州경찰은 지방정부의 요청시, 소요진압, 재난구조, 수사, 교육 등 일반법집행보조
- 카운티경찰, 보안관은 교통경찰권 행사, 법정명령수행 업무 등 종합치안기능
- 대학 등 특별구역은 구역내 경비, 방범, 응급대처 등

제4장

절충형 자치경찰(일본)

1) 주요연혁

- 1954년 이전 구 경찰법은 철저한 지방분권화, 경찰의 관료독점화, 정치경찰화 방지 목적이다.
- 1954법 신 경찰법은 분권성, 집권성 조화, 치안책임 명확, 현행 경찰제도 골격이 형성 되었다고 볼 수 있다.

2) 특색(이원화)

- 중앙에는 '국가공안위원회'(정치적으로 독립) 소속의 국가경찰이다.
  ※ 국가는 긴급사태를 제외하고, 지방자치단체에서 처리하는 것을 원칙
- 지방에는 '도도부현 공안위원회' 관리하에 자치경찰
- 국가경찰인 경찰청과 자치경찰의 도도부현 경찰을 통합, 운영된다.

3) 주요임무

- 도도부현 경찰은 경찰구역 내에서의 범죄진압, 수사, 피의자의 체포, 기타 공안의 유지와 관련된 기능 업무
- 필요한 도내에 관할구역 외에도 권한이 있다.

○ 학습평가

1. 대륙법계 경찰의 주요 임무는 공공의 안녕과 질서유지라 볼 수 있다. (○)

2. 대륙법계 국가경찰은 지방정부에 귀속되어 조직, 인사 등을 직접 처리한다. (×)

3. 영미법계 국가경찰은 경찰 행정에 대한 사법심사를 통해 법원이 행정부의 행위를 심사함으로써 통제하는 것이 주요 특징이다. (×)

4. 대륙법계 국가경찰은 경찰조직의 민주성 확보를 위한 시민이 직접 또는 그 대표기관을 통한 참여와 감시를 가능케하는 시스템 구축이 된 것이 특정이다. (×)

5. 우리나라의 경우 독일의 경찰개념이 프랑스로, 프랑스 경찰개념이 일본으로, 일본 경찰의 영향을 받았다고 볼 수 있다. (×)

6. 프랑스 자치경찰의 역사중, 1941년 2만명 이상인 경우에는 국가경찰, 그 이하는 자치경찰제를 운영하였다. (×)

7. 프랑스 자치경찰의 주요임무중, 국가경찰이 일반적 업무를 담당하고, 기능이 가장 넓다고 볼 수 있다. (×)

9. 독일의 경우 2차 세계대전이후: 탈나치화, 탈군사화, 비정치화, 민주화, 지방분권화가 되었다.(○)

10. 영국의 자치경찰은 2012년 이후 4원체제(내부무장관, 지방경찰청장, 지역치안평의회, 지방치안위원장) 운영되고 있다. (○)

11. 미국의 최초의 주경찰은 보스턴 경찰이다. (×)

○ 학습정리

1. 대륙법계, 영미법계 경찰개념 정리

대륙법계 경찰	영미법계경찰
- 국가와 시민사회의 대립관계를 인정(수직적) - 소극목적 + 적극목적(복리증진) - 권력적 수단을 중시 - 경찰권 축소의 역사	- 국가와 시민사회의 대립관계를 부정(수평적) - 소극적 보안목적에 국한 - 비권력적 수단을 중시 - 경찰권 확대의 역사

2. 대륙법계, 영미법계의 경찰의 통제장치

영미법계 국가	대륙법계 국가
- 경찰조직의 민주성 확보를 위한 시민이 직접 또는 그 대표기관을 통한 참여와 감시를 가능하게 하는 시스템 구축 - 경찰위원회, 경찰책임자의 선거, 자치경찰제도의 시행	- 경찰 행정에 대한 사법심사를 통해 법원이 행정부의 행위를 심사함으로써 통제 - 행정소송, 국가배상제도 등

3. 프랑스 경찰인 경우

① 국가경찰이 중심인 나라, 국가경찰이 일반적 업무를 담당, ② 자치경찰은 기능이 극히 제한적, ③ 국가경찰(국립, 군인경찰)과 자치경찰(시, 농촌경찰)의 이원화

4. 독일의 경우,

① 州단위 자치경찰제로, 州경찰이 지역치안을 담당, ② 자치경찰을 중심으로 국가경찰적 요소를 갖고 있는 연방경찰이 가미된 혼합체계

5. 영국경찰의 경우,
4원제(내부무장관, 지방경찰청장, 지역치안평의회, 지방치안위원장) 운영이 되고 있다.
※ 주민들이 자치경찰책임자 선출, 지역치안위원장, 지역치안위원회, 지방경찰청장등에게 자율권 부여

6. 일본경찰의 경우, 중앙에는 '국가공안위원회'(정치적으로 독립) 소속의 국가경찰, 지방에는 '도도부현 공안위원회' 관리하에 자치경찰로 2원적 체제라고 볼 수 있다.

제5부

자치경찰제 기능의 이해, 자치경찰제의 행정경찰, 사법경찰의 이해

○ 학습목표

1. 자치경찰제 제도기능을 이해한다.
2. 자치경찰의 행정경찰을 이해한다.
3. 자치경찰의 사법경찰을 이해한다.

제1장

자치경찰의 기능 이해

1. 자치경찰 기능의 배경

1) 경찰법 제정(1991.7.31.)

국민의 생명, 신체 및 재산의 보호와 범죄의 예방, 진압 및 수사, 치안정보의 수집, 교통의 단속 기타 공공의 안녕과 질서유지를 임무로 한다.

2) 경찰법 개정(2011.8.4.)

① 국민의 생명, 신체 및 재산의 보호
② 범죄의 예방, 진압 및 수사
③ 경비, 요인경호 및 대간첩 작전수행
④ 치안정보의 수집, 작성 및 배포
⑤ 교통의 단속와 위해의 방지
⑥ 그밖의 공공의 안녕과 질서유지

3) 국가및자치경찰의조직및운영에관한법률(이하 '경찰법', 2021.1.1.)

① 국민의 생명, 신체 및 재산의 보호
② 범죄의 예방, 진압 및 수사
③ 범죄 피해자 보호
④ 경비, 요인경호 및 대간첩, 대테러 작전수행
⑤ **공공안녕에 대한 위험의 예방과 대응을 위한 정보의 수집, 작성 및 배포**
⑥ 교통의 단속과 위해의 방지
⑦ **외국 정부기관 및 국제기구와의 국제협력**
⑧ 그밖의 공공의 안녕과 질서유지

2. 자치경찰 기능의 기준(출처: 양영철 320쪽 이하 참조)

1) 기초단위 자치경찰 창설 모델에 부합한지 여부

- 행정사무에 적용되는 보충성의 원칙
  ※ 보충성의 원칙(최종적으로 업무수행)

2) 국가경찰과 역할분담을 고려
   - 국가경찰은 범죄대응, 법질서 확립, 사회안전 확보에 주력
   - 자치경찰은 주민밀착형 치안서비스, 자치행정 법집행 등

3) 자치단체가 보유한 법령 및 특별사법경찰 기능을 고려
   - 과태료(행정벌) 집행, 특별사법경찰(보건, 위생, 교통, 환경, 경제 등) 기능

3. 기능의 분류(양영철 307쪽 이하)

1) 대륙법계 체제, 영미법계 체계에 따라
   - 대륙법계는 주로 일반통치권으로 경찰권 행사
   - 영미법계는 주로 지방분권의 정치사상에 경찰권 행사

2) 자치경찰 종류에 따른 분류
   - 행정경찰인지, 사법경찰인지에 따라
   - 예방경찰인지, 진압경찰인지에 따라(발동시점)
   - 보안경찰인지, 협의의 행정경찰인지에 따라(업무의 독자성)
   - 평시경찰인지, 비상경찰인지에 따라(위해정도 및 담당기관)
   - 질서경찰인지, 봉사경찰인지에 따라(경찰활동의 질과내용)

3) 도입단위에 따른 분류
   - 광역자치단체 경우(수사, 정보, 보안, 외사 등 광범위)
   - 기초자치단체인 경우(지역교통, 지역 경비 등 소규모)

제2장

행정경찰

1. 행정경찰

1) 개념: 행정청의 행정경찰은 행정작용의 일부로서, 공공의 안녕, 질서에 대한 위험방지 역할을 권력작용으로 실질적 의미의 경찰이라고 할 수 있다.

2) 성질: 경찰(행정)의 작용, 경찰(행정)의 활동을 기준으로 구분한다. 이는 학문상 개념이라고 할 수 있다.

3) 구체적 내용

① 공공의 안녕

개인의 생명, 신체, 명예, 자유, 재산과 같은 개인적 법익과, 국가의 존속, 국가 등 공권력의 제도나 행사와 같은 국가적 법익이 아무런 장해가 되지 않은 상태[1)]

② 공공의 질서

그때 그때의 윤리, 가치관에 따를 때 준수하는 것이 인간의 원만한 공동생활을 위한 필수 불가결의 전제조건으로 공중속에서의 인간의 행위에 대한 불문규율의 총체[2)].

③ 위험

- 구체적위험(손해발생의 충분한 가능성존재), 추상적 위험(위험방지 필요성 있는 위험)
- 외관적 위험, 위험혐의, 오상위험

1) 서정범 등 경찰법 연구, 2018, 세창출판사 12쪽 이하.
2) 서정범 등 경찰법 연구, 2018, 세창출판사 12쪽 이하.

2. 사법경찰과의 구분

1) 재판관할에 따라
   - 행정경찰작용: 행정법원(예, 코로나 19, 집회시위 등) vs 사법경찰작용: 일반법원

2) 권력의 기초에 따라
   - 일반통치권에 따라 국가와 국민
   - 특별권력관계에 따라 의회와 법정경찰

3) 작용에 따라
   - 사회목적적 작용.
   - 국가 목적적 작용(보안, 외사, 정보)

4) 시기에 따라
   - 장래에 대한 질서유지
   - 과거에 대한 제재(사법, 수사, 형사)

5) 수단에 따라
   - 권력적 수단(명령, 강제)
   - 비권력적 수단(경찰서비스, 교통사고 예방순찰)

※ 협의의 행정경찰
일반통치권에 의거, 국민에게 명령, 강제하는 권한
주무장관의 소관업무: 불량식품 단속 등

※ 보안경찰
- 경찰의 본래 기관에서 하는 경찰
- 경찰청장 본래의 업무: 공공의 안녕, 질서유지

제3장

사법경찰

1. 사법경찰

1) 개념: 피의자 체포, 압수수색, 구속 등 범죄의 수사 등을 목적으로 하는 권력적 작용을 하는 경찰을 의미한다.

2) 형식적의미 경찰, 실정법상·제도상 개념이라 할 수 있다.

2. 행정경찰과의 구분

1) 재판 관할에 따라 일반법원, 행정법원으로 구분한다.

2) 권력의 기초 : 일반통치권(국가 vs 국민) vs 특별권력관계(의회, 법정경찰)

3) 사회목적적 작용 vs 국가 목적적 작용(보안, 외사, 정보)

4) 장래에 대한 질서유지 vs 과거에 대한 제재(사법, 수사, 형사)

3. 자치경찰과의 연관성

1) 수사경찰은 형사사법작용이나, 자치경찰은 행정작용의 문제이므로 작용 영역이 다르고, 형사사법작용의 국가작용 목적 작용에 해당되고, 자치경찰사무가 될 수 없다는 반대의견도 존재한다[3].

2) 현재까지 사실상 사법경찰작용(효율적) 위주로 진행됨. 사후적 활동인 사법경찰작용과 예방적 활동인 행정경찰이라고 볼 수 있는 자치경찰과 균형이 필요하다[4].

---

3) 정웅석, "자치경찰제도와 수사권 조정", "한국형사소송법학회 형사소송이론과 실무", 제11권 제2호, 51면 이하.

4) 행정경찰과 사법경찰의 구분에 대하여는 서정범, 김연태, 이기훈, "경찰법 연구", 2018, 세창출판사, 19면 이하 참조.

3) 지방자치단체와의 적극적인 협력을 통하여 행정경찰과 사법경찰의 역할을 구분이 필요, 경찰 활동의 실효적 측면에서 접근할 필요하다.

※ 관련 문제

- 범죄행위에 대한 예방적 대처가 문제가 되는 경우?
  (예방적 행정경찰)

- 범죄행위가 종료되고, 그밖의 위험이 존재하지 않고 범인이 체포되어야 하는 경우?
  (진압적 사법경찰)

○ 학습평가

1. 현재 시행되고 있는 국가및자치경찰의조직및운영에관한법률은, 범죄 피해자 보호, 공공안녕에 대한 위험의 예방과 대응을 위한 정보의 수집, 작성 및 배포, 외국 정부기관 및 국제기구와의 국제협력이 추가 되었다. (○)

2. 업무의 독자성에 따라 보안경찰인지, 협의의 행정경찰인지에 구분한다. (○)

3. 위해정도의 담당기관에 따라 질서경찰인지, 봉사경찰인지 구분한다. (×)

4. 행정청의 행정경찰은 행정작용의 일부로서, 공공의 안녕, 질서에 대한 위험방지 역할을 권력작용으로 형식적 의미의 경찰이라고 할 수 있다. (×)

5. 공공의 안녕이란, 개인의 생명, 신체, 명예, 자유, 재산과 같은 개인적 법익과, 국가의 존속, 국가 등 공권력의 제도나 행사와 같은 국가적 법익이 아무런 장해가 되지 않은 상태를 말한다.(○)

6. 공공의 질서란, 그때 그때의 윤리, 가치관에 따를 때 준수하는 것이 인간의 원만한 공동생활을 위한 필수 불가결의 전제조건으로 공중속에서의 인간의 행위에 대한 불문규율의 총체를 말한다.(○)

7. 행정경찰과 사법경찰은 재판관할에 따라 사법경찰작용은 행정법원의 관할에 속한다고 볼 수 있다. (×)

8. 행정경찰과 사법경찰은 권력의 기초에 따라 일반통치권과 특별권력관계로 구분할 수 있다.(○)

9. 협의의 행정경찰은 일반통치권에 의거, 국민에게 명령, 강제하는 권한하는 경찰이다. (○)

10. 현재까지 사법경찰작용 위주로 진행되었고, 사후적 활동인 사법경찰작용과 예방적 활동인 행정경찰이라고 볼 수 있는 자치경찰과 균형이 필요하다. (○)

○ 학습정리

1. 행정경찰, 사법경찰 구분

행정경찰	공공안녕, 질서유지 (행정법규 등 적용)	실질적 의미 경찰
사법경찰	형사사법권의 작용 (형사소송법 등 적용)	형식적 의미 경찰

2. 자치경찰 기능의 기준

기 준	분 류	내 용
경 찰 권 발동시점	예방경찰	위해의 발생을 방지하기 위한 권력적 작용
	진압경찰	발생된 범죄수사를 위한 독립적 경찰작용
업 무 의 독 자 성	보안경찰	다른 행정영역과 무관한 독립적 경찰작용
	협의의 행정경찰	다른 행정영역과 관련하여 행하여지는 경찰작용
권 한 과 책임소재	국가경찰	국가가 설립하고 관리하는 경찰
	자치경찰	자치단체가 설립하고 관리하는 경찰

3. 현재 시행중인 자치경찰제는 국가및자치경찰의조직및운영에관한법률의 근거에 따라 ① 국민의 생명, 신체 및 재산의 보호 ② 범죄의 예방, 진압 및 수사 ③ 범죄 피해자 보호 ④ 경비, 요인경호 및 대간첩, 대테러 작전수행 ⑤ 공공안녕에 대한 위험의 예방과 대응을 위한 정보의 수집, 작성 및 배포 ⑥ 교통의 단속과 위해의 방지 ⑦ 외국 정부기관 및 국제기구와의 국제협력 ⑧ 그밖의 공공의 안녕과 질서유지 기능을 한다.

4. 행정청의 행정경찰은 행정작용의 일부로서, 공공의 안녕, 질서에 대한 위험방지 역할을 권력작용으로 실질적 의미의 경찰으로 작용·활동을 기준으로 학문상 개념이라 할 수 있다.

5. 범죄행위에 대한 예방적 대처가 문제가 되는 경우? (예방적 행정경찰), 범죄행위가 종료되고, 그밖의 위험이 존재하지 않고 범인이 체포되어야 하는 경우? (진압적 사법경찰)이라고 볼 수 있다.

6. 지방자치단체와의 적극적인 협력을 통하여 행정경찰과 사법경찰의 역할을 구분이 필요, 경찰 활동의 실효적 측면에서 접근할 필요하다.

제6부

자치경찰제 도입단위의 이해

○ 학습목표

1. 자치경찰 도입단위를 이해한다.
2. 역대정부의 자치경찰 도입단위를 이해한다.
3. 외국의 자치경찰 도입단위를 이해한다.

제1장

자치경찰 도입단위

1. 의의

1) 개념

경찰권 행사하기 위한 단위로서, 경찰사무를 효율적으로 행사하기 위한 단위 2022년도 현재 광역자치단체는 17개이며, 기초자치단체는 전국에 226개가 존재한다.

2) 법적근거

> 지방자치법 제11조(사무배분의 기본원칙):
> ① 국가는 지방자치단체가 사무를 종합적·자율적으로 수행할 수 있도록 국가와 지방자치단체 간 또는 지방자치단체 상호 간의 사무를 주민의 편익증진, 집행의 효과 등을 고려하여 서로 중복되지 아니하도록 배분하여야 한다.
> ② 국가는 제1항에 따라 사무를 배분하는 경우 지역주민생활과 밀접한 관련이 있는 사무는 원칙적으로 시·군 및 자치구의 사무로, 시·군 및 자치구가 처리하기 어려운 사무는 시·도의 사무로, 시·도가 처리하기 어려운 사무는 국가의 사무로 각각 배분하여야 한다.
> 지방자치법 제12조(사무처리의 기본원칙)
> ① 지방자치단체는 사무를 처리할 때 주민의 편의와 복리증진을 위하여 노력하여야 한다.
> ② 지방자치단체는 조직과 운영을 합리적으로 하고 규모를 적절하게 유지하여야 한다.

2. 종류

1) 광역자치단체:

- 2022년 현재, 1특별시, 6광역시, 1특별자치시, 8도, 1특별자치도 등 총 17개
- 지방자치법 제2조에서 규정한 서울특별시·각 광역시 및 각 도의 행정기구와 의회를 말한다.

① 지방자치단체의 구역·조직 및 행정관리 등에 관한 사무,

② 주민의 복지증진에 관한 사무

③ 농림·상공업 등 산업진흥에 관한 사무

④ 지역개발 및 주민생활환경시설의 설치·관리에 관한 사무

⑤ 교육·체육·문화·예술 진흥에 관한 사무

2) 기초자치단체

- 2022년 현재 총 226개
- 광역 지방자치단체의 기초를 이루는 가장 작은 단위의 지방자치단체. 광역 지방자치단체에 대응되는 개념으로, 시(市)·군(郡)·구(區)를 의미한다.
- 시(市)는 인구 5만명 이상의 도시적 형태를 갖춘 기초자치단체,
- 군(郡)은 주로 농·어촌 지역에 설치된 기초자치단체로서 시와 함께 도(道)의 관할구역 안에서 읍 또는 면, 이(里)를 관장, 자치구(自治區)는 특별시와 광역시의 구역 내의 구(區)를 자치단위로 하는 기초자치단체
- 기초 지방자치단체의 기관으로는 시(市)에 시의회와 시장, 군에 군의회와 군수(郡守), 자치구에 구의회와 구청장 등 각각 지방의회와 지방자치단체장을 두고 있다.
- 시장, 군수, 구청장은 선거를 통해서 단체장을 선출한다고 보면 된다.

3. 분류목적

1) 효율성을 높이기 위한 목적

- 최소의 투입으로 최대의 효과를 거두는가?
- 당초에 설정한 목표에 비추어 얼마나 기대했던 효과를 얻게 되었는가?
- 자치경찰 사무를 어느 단위에 제공하는 것이 효율성을 높일 것인가?

2) 주민참여 및 통제, 책임성을 강화하기 위한 목적

- 자치경찰 정책 중 어떠한 특정 지방자치단체에 관련되는 문제인가?
- 해당 지방자치단체 자체의 정책과정에 대하여, 그 지역 내의 주민이 요구·교섭·투표 등을 통해 관여할 수 있는가?
- 지방자치위원회 등 통하여 자치경찰을 통제할 방법은 있는가?

4. 광역 자치단체의 장, 단점[5)]

1) 장점

- 최근 교통과 통신의 발달로 광역범죄에 대처 등 적합한 치안서비스를 제공할 수 있다.
- 행정의 일관된 통일성으로 행정법 이념 확보에 적합하다.
- 치안여건 등에 따른 경찰직무의 상황변화에 신속한 대처에 적합하다.
- 자주적 예산으로 투명성 확보와 책임행정을 유도할 수 있다.

2) 단점

- 주민생활과 밀착된 치안수요에 대응하기 어렵다
- 관할인구, 대응할 지역에 적합한 치안서비스 제공하기 어렵다.
- 시도지사의 권력남용, 자치경찰의 부정부패 우려가 높다.
- 행정조직편성원리 적용의 이원화에 따른 조직지휘상의 문제점 발생우려가 있다.

5. 기초 자치단체의 장, 단점

1) 장점

- 인근 경찰서간 경쟁체제 확립을 통하여 치안의 질이 개선될 수 있다.
- 주민생활에 밀착된 치안서비스를 제공할 수 있다.
- 주민의 실질적 애로, 불편사항, 요구사항을 해결해 주는 등 실질적 행정 가능하다
- 지역사회 단체 및 주민과의 상호협조 등 촘촘한 치안서비스 제공한다.

2) 단점

- 범죄의 광역화, 기동화, 대규모 집회, 시위 등 효율성 대처가 곤란하다.
- 지방자치단체의 재정 형편에 따른 치안서비스가 차이가 날 수 있다.
- 국가경찰과 지방경찰간 협조, 공조지원 어렵다.
- 경비가 증대, 주민부담이 우려된다.

---

5) 양영철, 291쪽 이하

제2장

역대정부의 자치경찰 도입단위

1. 김대중 정부 이전

1) 김대중 정부 이전(도입단위는 광역자치단체)

2) 배경

① 일본 경찰체제의 영향

- 정책자료의 접근성 한계로 일본자료 참고하였기 때문(한계)

② 중앙정부 통제가 용이성

- '광역자치단체는 기초자치단체와 비교해보면, 통제하기 쉽다'라고 판단

2. 노무현 정부, 이명박 정부, 박근혜 정부의 공통점

1) 도입단위

기초자치단체

2) 주요내용

- 경찰업무의 특성상, 일선 자치단체 단위로 자치경찰제를 실시해야 한다고 주장한다.
- 자치경찰제는 '민주성 확보에 적합하다'라고 판단했다.
- 민주성은 효율성보다 상위개념으로, 기초자치단체에 중점을 두어야 한다.

민주주의 법적근거

1. 법적근거:
   - 헌법 제1조: 대한민국은 민주공화국이며 주권은 국민에게 있고 모든 권력은 국민으로부터 나온다
   - 지방자치법 제 1조: 지방자치단체의 종류와 조직 및 운영, 주민의 지방자치행정 참여에 관한 사항과 국가와 지방자치단체 사이의 기본적인 관계를 정함으로써

지방자치행정을 민주적이고 능률적으로 수행하고, 지방을 균형 있게 발전시키며, 대한민국을 민주적으로 발전시키려는 것을 목적으로 한다.

제3장

외국의 자치경찰 도입단위

1. 프랑스

1) 도입단위

- 기초자치단체(시, 농촌경찰)
- 시장은 도지사의 감독 하에 관할 구역 내에서 자치경찰을 조직, 운영

2) 주요내용

- 자치경찰은 주로 도시지역에서 운영
- 국가경찰의 권한을 침해하지 않는 범위 내에서 부여된 임무 수행
- 2만명 이하의 기초자치단체를 설치, 90% 이상이 3500명 이상 기초자치단체에서 운영
- 국가경찰과 상호 지원·협조 체제 구축

※ 프랑스 자치경찰의 특징: 전형적인 중앙집권적 국가경찰제도에 자치경찰제도 부분적 가미, 현재 시행되고 있는 제주자치경찰제의 도입단위, 사무범위의 모델이라 할 수 있다.

2. 독일

1) 도입단위(州 단위 자치단체)

2) 주요내용

- 정복경찰, 기동경찰, 수사경찰, 수상경찰 등으로 구성
- 원칙적으로 지역치안은 주경찰이 담당, 예외 존재
- '브레멘州'는 자치경찰과 국가경찰 혼재

※ 독일의 자치경찰의 특징은, 연방경찰과 주경찰로 구분하며, 州에 따라 기초자치경찰을 운영한다.

3. 미국

1) 도입단위(자치, 연방)

2) 주요내용

- 각州, 자치단체에 따라 경찰의 형태 운영이 다르다.
- 연방경찰, 주경찰, 도시경찰, 카운티, 마을 경찰 등이 존재한다.

  ※ 미국의 자치경찰의 특징은, 주민의 의사가 직접적으로 반영된 가장 순수한 자치경찰 형태로 운영할 수 있다.

4. 영국

1) 도입단위(광역자치단체)

2) 주요내용

- 전통적 자치경찰제 도입, 독립된 자치경찰제 정착
- 자치경찰이 먼저 형성, 국가경찰(런던 수도경찰청)이 자치경찰이 수행이 어려운 부분 수행한다.

5. 일본

1) 도입단위

광역자치단체(도도부현)

2) 주요내용

- 지방에는 도도부현위원회 관리하에 자치경찰 수행
- 중앙에는 공안위원회에서 국가경찰, 도도부현 통합, 운영(절충형)

6. 스페인

1) 도입단위

광역자치단체, 기초자치단체

2) 주요내용

- 국가경찰과 자치경찰의 이원적 구조다.
- 광역자치경찰(주경찰)은 광역자치단체 중 일부,
- 기초자치단체(시경찰)은 다양한 형태로 운영한다.
- 의무적 자치경찰 제도는 아니고, 자치주별로 다양한 형태로 운영한다.

7. 이탈리아

1) 도입단위

광역자치단체(일반, 군인, 재무경찰), 기초자치단체(주, 도, 시, 경찰)

2) 주요내용

- 내무부 소속 (일반경찰), 국방부 소속(군인경찰), 재무부 소속(재무경찰), 법무부소속 (교도경찰).
- 주로 도시에서 활동하는 자치경찰 등 다양한 경찰기관이 공존

○ 학습평가

1. 광역 자치단체의 장점으로는 교통과 통신의 발달로 광역범죄에 대처 등 적합한 치안서비스를 제공할 수 있다. (○)

2. 기초 자치단체의 단점으로는 범죄의 광역화, 기동화, 대규모 집회, 시위 등 효율성 대처 곤란하다. (○)

3. 노무현 정부, 이명박 정부, 박근혜 정부의 자치경찰도입시 공통점은 도입단위( ) 이다

4. ( )은 자치경찰의 특징은, 주민의 의사가 직접적으로 반영된 가장 순수한 자치경찰 형태로 운영, 경찰업무의 중복으로 인한 비효율적이라는 것이 단점이라 할 수 있다.

5. ( )은 지방에는 도도부현위원회 관리하에 자치경찰 수행, 중앙에는 공안위원회에서 국가경찰, 도도부현 통합, 운영하는 ( )형이다.

정답: 3(기초자치단체), 4(미국), 5 일본, 절충형

○ 학습정리

1. 광역자치단체(단위) 자치경찰의 장점은 광역범죄에 대처 등 적합한 치안서비를 제공할 수 있고, 행정의 일관된 통일성으로 행정법 이념 확보에 적합하다(강학상, 국가경찰과 자치경찰 개념과 유사)

2. 광역자치단체(단위) 자치경찰의 장점은 치안여건 등에 따른 경찰직무의 상황변화에 신속한 대처에 적합하다

3. 광역자치단체(단위) 자치경찰의 단점은 시도지사의 권력남용, 자치경찰의 부정부패 우려가 높고, 행정조직편성원리 적용의 이원화에 따른 조직지휘상의 문제점 발생우려가 있다.

4. 기초자치단체(단위) 자치경찰의 장점은 주민의 실질적 애로, 불편사항, 요구사항을 해결해주는 등 실질적 행정 가능하고, 촘촘한 치안서비스 제공할 수 있다.

5. 기초자치단체(단위) 자치경찰의 단점은, 경비가 증대, 주민부담이 우려된다.

6. 김대중 정부 이전의 자치경찰은 광역자치단체 단위로 자치경찰을 도입을 시도하였다. (일본 경찰체제의 영향으로)

7. 노무현, 이명박, 박근혜 정부가 추진한 자치경찰의 도입단위는 기초자치단체다. (민주성 확보에 적합하다라고 판단)

8. 프랑스 자치경찰의 특징: 전형적인 중앙집권적 국가경찰제도에 자치경찰제도 부분적 가미, 현재 시행되고 있는 제주자치경찰제의 도입단위, 사무 범위의 모델이 되었다.

9. 독일의 자치경찰의 특징은, 연방경찰과 주경찰로 구분하며, 州에 따라 기초자치경찰을 운영한다.

10. 미국의 자치경찰의 특징은, 주민의 의사가 직접적으로 반영된 가장 순수한 자치경찰 형태로 운영된다.

11. 영국에서 자치경찰이 가장 먼저 형성, 국가경찰(런던수도경찰청)이 자치경찰이 수행이 어려운 부분 수행하고 있다.

12. 일본자치경찰은 중앙에는 공안위원회에서 국가경찰, 도도부현 통합, 운영, 지방에서는 도도부현위원회 관리하에서 자치경찰을 수행하고 있다.(절충형)

13. 자치경찰은 주민의 자발적 참여를 통하여 지방자치단체가 그 지역에 관한 정책을 자율적으로 결정하고 자기의 책임하에 집행하도록 하며, 국가와 지방자치단체 간 또는 지방자치단체 상호간의 역할을 합리적으로 분담하도록 함으로써 지방의 창의성 및 다양성이 존중되는 내실 있는 지방자치를 실현해야 한다.

14. 자치경찰이 스스로 균형있고 유연한 문제해결능력을 갖고 해결 방법을 결정하는 과정의 기회를 보장해야 한다.

제7부

미군정 시대 자치경찰의 이해 미군정 이후 김영삼 정부까지 자치경찰제 이해

○ 학습목표

1. 미군정 시대의 자치경찰을 이해한다.
2. 김영삼 정부이전의 자치경찰을 이해한다.

제1장

미군정 이후 자치경찰

1. 미군정 시대 자치경찰 (1945.8. ~ 1948.8.)

1) 주요연혁

- 1945년 미군정청 소속(경무국 창설) 이었다.
  자치단체장과 지방의원을 직선제로 선출을 시도하였다.
- 1948년 정부조직법 제정(미군청과 민정당국간에 자치경찰 도입시도)
  '도경찰부'를 폐지하고, 국가경찰이 지방경찰이 지방행정과 완전하기 분리하여 지휘하도록 추진하였다.

2) 추진동기

- 식민지 일본경찰(국가경찰) 이미지를 개선하려고 노력하였다.
- 남북간의 이념논쟁이 극심하여 경찰력 분산하기는 현실적으로 어려움
- 조선인 경찰 급습 등 경찰에 대한 반감 극심하였다
- 정치적 중립 시도하였다.
  ※ 지방자치를 통해서 분권화된 민주주의 도입 시도(미국식 민주주의)

3) 추진모델

- 미국식 자치경찰제(기초자치단체를 기초)로 도입 시도하였다.
  ※ 영미법계 자치경찰 등 치안제도 추진 시도하였다.

4) 결과

- 협소한 국토, 공산주의자들의 직, 간접적 침략, 빈약한 재정, 정치적 혼란으로 실패하였다.
  ※ 국가경찰제에 지방자치적 요소를 가미하는 노력하였다는 의의가 있다.

제2장

2공화국 자치경찰

1. 2공화국 자치경찰

1) 주요연혁

- 4.19 혁명이후 국립경찰과 자치경찰로 이원화 적극적 논의하였다.
- 1960년 특별사법위원회, 경찰행정개혁심의회에서 자치경찰 실시(안) 건의하였다.
- 1960년 경찰중립화를 위한 법률안 기초특별위원회구성, 자치경찰 도입 추진하였다.

2) 추진동기

- 경찰로부터 탄압 받은 야당이 자치경찰제를 적극적으로 시도하였다.
- 국회주도의 자치경찰 도입 시도하였다.

3) 추진모델

- 이원제 (중앙공안위원회와 지방공안위원회 구성)
- 공안위원회: 국가 및 지방경찰책임자 임명, 예산 등 권한행사

4) 결과

- 국회에서 '경찰법안심의촉구에관한결의안' 채택 등 적극적으로 자치경찰 추진하였다.
- 국회, 국민들로부터 자치경찰 도입에 대한 지지가 많았던 시기라고 할 수 있다.

제3장

전두환 정부의 자치경찰

1. 전두환 정부(1980.8.~ 1988.2.)

1) 주요연혁

- 1979년 경찰대학설치법 제정되었다.
- 치안본부를 체제를 내무부 직제 개편 등으로 대대적으로 개편을 시도하였다.
- 1985년 치안본부에서는 시·도 단위(광역단위)의 자치경찰제 도입을 추진하였다.

2) 주요 치안정책

- 12. 12사태로 집권한 전두환 정권은 정권의 정통성 결여를 공안정국을 조성하여 해결하려 하였다.
- 경찰은 대공경찰 확대정책, 치안정보 강화정책, 사회정화 검거정책을 통해서 민주화 운동을 탄압하였다.

3) 자치경찰 주요추진 사항

- 1985년 치안본부에서 자체 발간한 '2000년대를 향한 경찰발전방향연구'를 통해 자치경찰 필요성 강조하였다.
- 경찰의 민주적 관리와 운영을 확보, 지역주민의 욕구에 부응하는 시, 도단위(광역자치단체)의 자치경찰제 도입 제시하였다.
- 학계에서는 자치경찰을 '광역자치단위', 일본식 국가경찰제도와 자치경찰제를 혼합한 자치경찰제도를 시도하자는 '절충형' 등 한국에 적합한 자치경찰체제의 도입을 주장 (이황우1995, 정균환, 1996)하였다.

제4장

노태우 정부의 자치경찰

1. 노태우 정부(6공화국)

1) 주요연혁

- 1988년에는 자치경찰 도입관련, 경찰법(안) 발의하였다.
  주요 내용은 일본식 이원화 경찰제 도입을 주장(정균환 등 경찰법안 발의, 폐기)하였다.
- 1989년에는 야3당 단일자치경찰제법안' 경찰법(안)이 발의하였다.
  주요내용은 경찰기구의 독립성 확보하는 등 절충형 자치경찰제 도입을 주장하였다.
- 1989년 대통령 자문기구인 행정개혁위원회에서 자치경찰제 도입을 건의하였다.
- 1990년 중앙집권적 국가경찰제도 단점 보완할 목적으로 정부조직법을 개정하였다.
- 1991년에는 지방자치체가 전격적으로 시행되었음에도 자치경찰제는 시행되지 않았다.

2) 추진동기

- 1987. '6.10 항쟁'을 통한 6.29 선언을 통해, 민주화, 지방자치 실시를 시도

3) 추진모델

행정개혁위원회(1989): 지방자치제 정착후, 자치경찰제 도입여부 검토하였다.

1단계: 시도지사와 지방경찰이 예산상 협조관계 유지

2단계: 지방경찰청장의 시도지사 추천하에 임명

3단계: 시도지사 소속하에 지방경찰위원회, 지방경찰을 설치

※ 국가 경찰체제를 자치경찰제의 절충형(일본형)

4) 결과

- '여소야대'로 통과하는 분위기였으나, 정치적 이해로 인한 실패
- 경찰법 개정법률안 국회제출, 국회임기만료로 자동폐기 되었다.

제5장

김영삼 정부의 자치경찰

1. 김영삼 정부 주요내용(1993.2~1998.2)

1) 주요연혁[6)]

- 1993년 행정쇄신위원회에서는 정부조직 개편을 시도하였다.
- 1994년, 민주당 정책위원회, 고려대 김남진 교수 등 7인의 정책토론회 개최
- 1994년 정균환 등 국회의원등 '경찰법' 개정법률안에 자치경찰제 도입 주장(폐기)
- 1996년 국민회의, 자민련 공동으로 자치경찰 도입을 위한 '경찰법' 제안(폐기)하였다.

2) 추진동기

- 작은정부 구현을 위해 경찰, 검찰, 안기부 등 권력기관의 권한을 축소시키고 본래 목적으로 전문화시킨다.
- 내무부를 지방자치부로 축소시키고, 인사권의 일부를 지방자치단체로 이관한다.
- 경찰개혁에 대한 논의가 활발히 진행되기 시작하였다.
- 지방화시대에 맞도록 경찰체제도 개편해야 한다는 주장하였다.
- '재정경제원 예산실'에서 지방화시대에 맞춰 중앙정부와지방정부의 기능과 역할을 재정립한다는 구도 아래 경찰제도 개혁에 대한 실무 초안을 마련, 내무부·경찰청 등 관계기관과의 협의를 시도하였다.

6) 최종술: 역대정부의 자치경찰제 도입방안과 비교연구), 지방정부연구, 한국지방정부학회, 2010.

3) 추진모델

- 전국 경찰 중 우선 지서와 파출소 소속 경찰부터 지방경찰관으로 전환한다. 단계적으로 시·군단위 경찰서도 자치경찰화한다.
- 국가공무원 신분을 지니는 중앙경찰은 광역자치단체 경찰(각 지방경찰청단위)까지만으로 한다.
- 지방경찰은 그 지역의 방범·교통·경비·일반수사 등 민생치안에 주력. 중앙경찰은 정책·기획·기준제시 등 중앙부처적 기능과 국제범죄 및 전국망을 갖춘 조직폭력, 첨단장비를 동원한 지능범죄와 마약수사 등 사회적 파장이 큰 범죄를 주로 맡는다는 것이다.
- 자치경찰(지방경찰)은 사건·사고의 예방에 비중을 두는 반면, 중앙경찰은 사후 검거와 수사에 중점을 둔다.

4) 결과

- 경찰청은 지방경찰에 대한 중앙정부의 통제력이 떨어진다는 점 등을 들어 반대로 실패하였다.
- 통일시대를 대비하고, 경찰임무와 치안여건의 특수성 등을 감안하여 이유로 반대로 실패하였다.

제6장

김영삼 정부 이전의 자치경찰 특징

1. 도입단위는 광역자치단체

- 미군정시대만 '기초자치단체' 도입 추진, 그후에는 지속적으로 광역자치단체
- 광역자치단에 추진하는 이유는 ?
  ① 일본의 영향,
  ② 국가경찰이 통제하기 쉬우므로,
  ③ 국회의원이 대부분 광역자치단체를 선호하기 때문이다.

2. 조직운영은 위원회를 통하여

- 자치경찰위원회 제도는 민주성의 조직만 편성, 집행기관을 보호해 주는 기관에 불과
- 국가경찰은 국가경찰위원회, 자치경찰은 지방자치위원회를 두는 등 위원회를 형태를 선호함
- 일본경찰의 국가공안위원회, 지방공안위원회의 역할과 권한과 유사함

3. 국가경찰 주도의 자치경찰제 추진

① 국가경찰이 자치경찰의 인사권을 장악하려고 시도하였다.
- 자치경찰 경정이상은 모두 국가경찰공무원으로

② 조직운영권

4. 김영삼 정부 이전의 자치경찰제 시도의 요약

- 국민들로부터 과거 군사정권에서 경찰의 민주화가 요구되었다.
- 자치경찰의 이념은 정치적 중립성과 효율성이라고 주장하였다.
- 경찰의 정치적 중립화 방안으로 자치경찰제 논의되었으나 무산되었다.

○ 학습평가

1. 미군정시대에는 독일식 자치경찰제를 추진하였다. (×)

2. 미군정시대의 자치경찰제는 협소한 국토, 공산주의자들의 직, 간접적 침략, 빈약한 재정, 정치적 혼란(전국적 치안 필요) 등으로 실패하였다. (○)

3. 노태우 정부에서는 경찰로부터 박해 받은 야당이 자치경찰 시도하였다.(○)

4. 노태우 정부(6공화국)에서는 1990: 정부조직법 개정(중앙집권적 국가경찰제도 단점 보완 노력시도하였다. (○)

5. 노태우 정부의 지방경찰행정 내용중, 서울특별시장, 직할시장, 도시지사, 지방자치단체장에게 위임되지 않았다. (×)

6. 김영삼 정부의 자치경찰제 추진모텔은 국가공무원 신분을 지니는 중앙경찰은 광역자치단체 경찰(각 지방경찰청단위)로 추진하였다.(○)

7. 김영삼 이전의 광역자치단체 단위를 추진하는 이유는 국가경찰이 통제하기 쉬우므로 광역자치단체를 추진하였다. (○)

○ 학습정리

1. 미군정 시대(1948년 정부조직법 제정)에서는 미군청과 민정당국간에 자치경찰 도입 시도하였다.

2. 1960년 4.19 혁명이후 국립경찰과 자치경찰로 이원화 논의, 특별사법위원회, 경찰행정개혁심의회에서 자치경찰 실시(안) 건의하는 등 자치경찰제 도입을 추진하였다.

3. 전두환 정부에서는 치안본부를 체제를 전면적으로 개편시도(내무부 직제 개편 등)하고, 치안본부에서는 시·도 단위(광역단위)의 자치경찰제 도입추진을 추진하였다.

4. 노태우 정부에서는 1988년에는 자치경찰 도입관련, 경찰법(안) 발의, 1989년에는 야3당 단일자치경찰제법안' 경찰법(안)이 발의하는 중앙집권적 국가경찰제도 단점 보완 노력하였다.

5. 노태우 정부에서는 6.29 선언을 통해, 국가 경찰체제를 자치경찰제의 절충형(일본형) 자치경찰제를 시도하였다.

6. 김영삼 정부에서는 1996년 국민회의, 자민련 공동으로 자치경찰 도입을 위한 '경찰법' 제안하기도 하였다.

7. 김영삼 정부에서는 정치적 중립확보, 자치경찰제 도입, 수사권 독립(3가지)를 시도하였다.

8. 김영삼 정부 이전의 자치경찰의 특징으로는 미군정시대만 '기초자치단체' 도입 추진, 그후에는 지속적으로 광역자치단체를 추진하였다.

9. 김영삼 정부 이전의 자치경찰의 특정으로는 국민들로부터 과거 군사정권에서 경찰의 민주화 요구, 경찰의 정치적 중립화 방안으로 자치경찰제 논의되었으나 무산

제8부

김대중 정부, 노무현 정부시대의 자치경찰

○ 학습목표

1. 김대중 정부시대의 자치경찰을 이해한다.
2. 노무현 정부시대의 자치경찰을 이해한다.

제1장

김대중 정부자치경찰

1. 김대중정부 자치경찰과 관련된 내용(1998. 2. ~ 2003. 2.)

국정지표(국민적 화합정치, 자율적 시민사회)

2. 주요연혁

- 자치경찰을 100대 국정과제 중 하나로 선정되었다.
- 1998년 '경찰청'에서 '경찰법' 개정안 마련하는 등 당, 정이 적극적으로 추진하였다.
- 1998년 여당인 '국민회의'에서 '지방자치경찰제 기획단을 편성하였다.
- 1999년 자치경찰제 도입방안에 관한 각종 학술대회·공청회 등이 개최, 당·정 협의 등을 거쳐 '자치경찰제 시안'이 마련하였다.
- 여러 가지 추진 여건의 불비로 국회에 제출되지 못하고 폐기되었다.

3. 주요내용

- 정치적 중립성 보장 목적으로 국무총리 소속하에 국가경찰위원회 설치추진하였다.
- 국가경찰위원회는 경찰청 업무기준과 방침을 심의·의결하되 법률에 그 권한으로 규정한 사항 수행(합의제 행정기관)
- 경찰청에 국가경찰위원회 설치

4. 자치경찰관련, 법률개정

- 경찰법, 경찰공무원법, 정부조직법, 지방자치법, 지방재정법, 지방공무원법 등 6개 법률은 별도로 개정 추진하였다.
- 예산관련, 시·도경찰 재정교부금법 제정을 추진하였다.

- 도로교통법, 행정심판법 등 19개 법률은 경찰법 부칙으로 개정하는 등 총 26개의 법률 제·개정을 추진하였다.

5. 자치경찰 조직에 대한 주요 추진내용

- 시·도에 시·도경찰위원회 설치
- 시·도경찰청장은 자치경찰 고유사무와 국가경찰에서 위임한 사무수행,
- 시·도경찰청장 소속 하에 경찰서 설치,
- 경찰서장은 시·도경찰청장의 제청으로 경찰청장이 임명 등
- 경찰서장 관할 하에 파출소 및 출장소 설치 등

6. 자치경찰 사무에 관한 주요내용

1) 사무배분의 기준
   - 원칙적으로 모든 경찰사무를 자치단체의 고유사무로 규정
   - 국가경찰사무는 경찰법에 열거하고 자치경찰사무는 예시하여 국가경찰의 자치경찰 사무영역 침해방지에 주안점을 둠
   - 국가경찰사무는 시·도경찰에 위임하여 수행하되 필요한 경우에는 경찰청이 직접 수행하고, 자치경찰사무는 시·도경찰의 권한과 책임으로 수행

2) 국가경찰의 사무
   - 법제, 제도, 정책, 인권보호의 연구, 예산, 기획, 경찰청 소속기관 운영 등 정책입안적·총괄적 사무 등
   - 경호, 테러, 비상사태, 반국가·공안사범, 국제범죄, 조직범죄, 광역사건·사고, 전국적 교통관리, 치안정보수집 등 국가의 공안에 관련된 사무 등
   - 조직, 인사관리, 교육훈련, 장비, 전산통신, 범죄감식, 통계 등 전국적 통일을 요하는 사무 등

3) 자치경찰의 사무

- 관할구역 내에서 경찰의 임무를 수행하기 위한 모든 사무중 국가경찰사무로 규정된 것 외의 사무
- 관할구역 내의 경무·방범·수사·교통·경비업무 등으로 규정

7. 자치경찰과 국가경찰 상호 간의 관계

- 시·도경찰청 상호 간은 필요한 경우 인원·정보·기술·장비 등을 응원·협력
- 경찰청장은 특정 시·도경찰청에 대한 응원이 필요한 경우에는 지원·조정
- 관할구역이 인접한 경계지역에서 사건·사고가 발생한 경우, 국가경찰위원회가 정하는 기준에 따라 상호 협의하여 처리
- 국가경찰사무에 대하여는 경찰청장이 시·도경찰청장을 지휘·감독, 조정·통제
- 경찰청장은 공조, 광역사건·사고, 소요, 집회 및 시위, 조직범죄 등 지휘·감독
- 경찰청장은 국가비상사태, 대간첩작전, 대규모 소요사태 시 경찰청장이 시·도경찰청장 직접 지휘

8. 자치경찰제 인사에 관한 주요 내용

- 경찰청 및 그 소속기관 직원과시·도의 경정급 이상 경찰관은 국가공무원으로 함,
- 경정 이상은 경찰청장이 제청, 국무총리를 거쳐 대통령이 임용,
- 국가경찰기관 소속 경감 이하 직원은 경찰청장이 임용,
- 시·도에 근무하는 경감 이하는 지방공무원으로 하며 시·도경찰청장이 임용,
- 경찰청장은 국가경찰위원회가 정한 기준에 따라 매년 인사운용계획을 수립,
- 경찰청과 시·도경찰청, 시·도경찰청 상호 간 경찰공무원의 교류를 통하여 균형 있는 인력배치와 경찰행정의 발전 도모,
- 경찰공무원의 임용·교육훈련·복무·신분보장에 대하여 경찰공무원법에 규정

9. 자치경찰제 예산에 관한 주요 내용

- 시·도경찰이 수행하는 국가경찰사무 경비, 시·도경찰 소속 국가공무원의 인건비, 국가경찰의 유지 및 관리에 소요되는 일체의 경비는 국가가 부담함을 원칙

으로 함,

- 시·도경찰의 자치경찰사무 경비, 시·도경찰 소속 지방공무원의 인건비, 시·도경찰의 조직 및 행정관리 등 운영비는 지방자치단체가 부담함을 원칙으로 함,
- 시·도경찰재정교부금법을 제정하여 시·도경찰의 부족경비를 지원

10. 김대중 정부의 자치경찰제의 특징

- 도입단위는 광역자치단체
- 광역범죄의 대응책으로는 수사국을 보강하고, 경찰법 및 경찰직무응원법에 타지역에서의 경찰권 행사·상호협력에 관해 규정한다.
- 남북분단·긴급상황의 대응책으로는 국가안보에 관한 업무는 국가경찰이 직접 수행하거나 자치경찰을 지휘·감독하여 수행하도록 하고, 지역별로 보안수사단을 설치하여 경찰청에서 직접 관장하며, 비상 및 긴급사태시 경찰청장이 시·도경찰을 직접 지휘·명령할 수 있는 특별조치권을 부여하여 즉각 대응하도록 추진
- 지방정치의 영향에 대한 대응책으로는 시·도경찰은 시·도지사와 시·도의회가 추천하는 시·도경찰위원회의 관리 하에서 경찰업무를 수행하도록 하고, 이 경우도 개별적·구체적 집행에는 관여하지 않도록 하여 중립성, 공정성이 확보 추진
- 지방토호세력등의 경찰인사 개입 대응책으로는 시·도지사는 시·도경찰 직원 인사에는 관여하지 않도록 하고, 승진 및 보직 인사의 기준을 구체적으로 명확히 하여 정실인사의 소지를 배제하도록 하며, 경찰의 인사, 수사를 비롯한 구체적인 법집행사항 등 경찰직무에 대하여 관여금지를 추진
- 수사권 조정과 자치경찰제 도입 등 경찰개혁에 많은 노력
- 자치경찰에 대한 국민적 인식과 공감대 형성에 기여

제2장

노무현 정부의 자치경찰

1. 노무현 정부의 자치경찰제와 관련된 내용

- 국정지표 12개중, 지방분권과 국가균형발전, 참여와 통합의 정치개혁 등
- 자치경찰제 도입이 지방발전의 핵심과제로 선정, 관련 법률에 자치경찰제 도입을 국가의 의무로 규정하였다.

2. 주요연혁

- 취임후 대통령 소속 '정부혁신지방분권위원회'에서 자치경찰실시 방안을 준비하였다.
- 2004년 '지방분권전문위원회'자치경찰법안 TF팀 구성, 자치경찰(정부안) 마련하였다.
- 2005년 11월 정부안 자치경찰법안이 국회에 제출(시범실시 지역 선정, 운영모델까지 마련 되는 등 적극적으로 대통령이 직접 독려)하였다.
- 2005년 12월 유기준 의원 등 자치경찰법안제출, 17대 국회 임기만료로 폐기 되었다.
- 2006년 7월 제주 지역을 대상으로 하는 자치경찰제가 도입되었다.

3. 주요내용

1) 국가경찰

수사, 정보, 대공, 외사, 보안, 작전 등 고도의 전문적 기술이나 전국적 통일성을 요하는 사무를 담당

2) 자치경찰

지역의 방범순찰, 교통단속, 시설경비, 아동보호, 환경, 보건, 식품안전, 산림, 노동 등 20여개의 특별사법경찰권을 부여 등

3) 국가경찰과 자치경찰을 완전히 분리하는 (이원형), 프랑스, 이탈리아 의 자치경찰 모델을 벤치마킹한 것으로 보인다.

4. 정부안

1) 자치경찰대 설치에 관한 주요 내용

- 시·군 및 자치구에 자치경찰대를 설치, 지방자치단체의 조례에 의하여 자치경찰대를 신설 또는 폐지할 수 있도록 하고, 소속 자치경찰공무원은 특정직 지방공무원으로서 시장·군수 또는 구청장이 임용
- 자치경찰대장은 경력직공무원으로 임용하되, 필요한 경우에는 개방형직위로도 지정하여 운영할 수 있도록 시도하였다.

2) 자치경찰의 사무에 관한 주요 내용

- 생활안전·지역교통 및 지역경비에 관한 사무와 지방자치단체 소관 특별사법경찰관리의 직무를 수행하도록 하여 주민생활과 밀접한 사무를 수행
- 국가경찰과 자치경찰의 역할분담 및 사무수행 방법을 대통령으로 규정하였다.

3) 치안행정위원회 및 지역치안협의회의 설치에 관한 주요 내용

- 국가경찰과 자치경찰간 또는 자치경찰 상호간의 업무협조 및 조정을 위하여 시·도지사 소속하에 치안행정위원회를 두고, 시장·군수 및 구청장 소속 하에 지역치안협의회를 두도록 한다.

4) 자치경찰공무원의 직무수행에 관한 주요 내용

- 경찰관직무집행법상 불심검문, 응급 구호를 요하는 자에 대한 보호조치, 생명·신체 및 재산의 손해를 방지하기 위한 조치 등의 권한을 행사하고, 필요한 최소한의 범위 내에서 지방경찰청장의 승인을 얻어 무기를 휴대·사용할 수 있으며, 직무수행중 범죄를 발견한 경우에는 범죄의 내용 등을 국가경찰에 인계하고 현행범을 발견하여 체포한 경우에는 국가경찰에 인도하도록

한다.(프랑스 자치경찰과 유사)

- 자치경찰에 지역치안의 유지에 필요한 경찰관직무집행법상의 일부 권한을 부여함으로써 지역주민에게 실효성 있는 치안서비스가 제공될 것으로 기대

5) 국가경찰과의 상호협조에 관한 주요 내용

- 국가경찰, 자치경찰 상호간에 정보와 기술을 상호 제공하고, 유·무선 통신망과 시설물 등을 상호 이용할 수 있으며, 경찰인력 운용의 상황 및 계획을 상호 통보하도록 한다.
- 국가경찰과 자치경찰간의 상호 협조를 통하여 업무의 연계성을 유지 추진하였다.

6) 자치경찰에 대한 지원 및 감독에 관한 주요 내용

- 중앙정부는 자치경찰에 대하여 재정적인 지원을 할 수 있도록 하고, 자치경찰사무와 관련하여 시·도지사는 치안행정위원회의 의견을들어 시장·군수·구청장의 명령·처분에 대하여 시정을 명하거나 시·군·자치구 의회 의결에 대하여 시장·군수 또는 구청장으로 재의를 요구하게 할 수 있으며, 행정자치부장관 또는 시·도지사는 시·군·자치구의 자치경찰사무에 대하여 감사를 하는 때에는 경찰청장에게 참여를 요청할 수 있도록 추진 하였다.

7) 정부안 주요특징

- 자치경찰대 설치, 자치경찰대장의 임명,
- 자치경찰의 사무, 치안행정위원회 및 지역치안협의회의 설치, 자치경찰공무원의 직무수행,
- 국가경찰과의 상호협조, 자치경찰 상호간의 분쟁조정, 자치경찰에 대한 지원 및 감독,
- 자치경찰공무원인사위원회 설치, 국가경찰과 자치경찰의 인사교류, 시범실시, 자치경찰공무원의 특별임용에 대한 특례 등에 관해 규정을 마련하였다.

5. 유기준 의원안 주요 내용

1) 자치경찰의 임무

- 주민의 생명·신체 및 재산의 보호와 범죄의 예방·진압 및 수사, 치안정보의 수집, 교통의 단속 기타 공공의 안녕과 질서유지와 같은 지역민생 치안사무의 전담
- 자치경찰공무원은 주민 전체의 봉사자로서 그 직무를 수행함에 있어서 헌법과 법령에 따라 주민의 자유와 권리를 존중하고 공정중립을 지켜야 하며 부여된 권한을 남용하여서는 아니 된다

2) 자치경찰의 사무

- 시·도 경찰본부의 사무는 시·도 경찰운영에 관한 사무, 광역적 범죄의 진압·수사 및 지역경비에 관한 사무, 광역교통의 안전과 소통에 관한 사무, 광역적 지역경비에 관한 사무, 국가경찰 또는 자치경찰대와의 협력 및 응원에 관한 사항, 그 밖에 법령 및 시·도조례에 의하여 시·도 경찰본부의 사무로 정한 사항 등으로 한다.
- 자치경찰대의 사무는 범죄의 예방활동·지역경비에 관한 사무, 지역교통의 안전과 소통에 관한 사무, 지역의 일반범죄 진압·수사에 관한 사무, 그 밖에 법령 및 시·군·구조례에 의하여 정하는 등 추진하였다.

6. 노무현 정부의 자치경찰제의 특징

- 자치경찰은 국가경찰내의 별개의 조직이 아니라, 지방자치단체가 신설하는 새로운 조직으로 신설하고자 하였다.
- 국가경찰과 자치경찰의 업무의 범위를 법률로 구분하고자 시도하였다. 이는 완전한 지방화를 추진한 것으로 보인다.
- 2006.7.1. 제주자치경찰제가 출범하였다.

○ 학습평가

1. 김대중 정부시대는 국무총리 소속하에 국가경찰위원회 설치를 하였다. (×)

2. 김대중 정부 시대는 경찰법, 경찰공무원법, 정부조직법, 지방자치법, 지방재정법, 지방공무원법 등 6개 법률은 별도로 개정 추진하였다. (○)

3. 김대중 정부는 경찰청 및 그 소속기관 직원과 시·도의 (경정급) 이상 경찰관은 국가공무원으로 도입하고자 하였다.

4. 김대중 정부의 자치경찰제의 특징으로는 광역범죄 대처문제 위하여, 형사국을 보강하고, 경찰법 및 경찰직무응원법에 타지역에서의 경찰권 행사·상호협력에 관해 규정한다. (×) 수사국

5. 노무현 정부에서 추진하는 자치경찰은 국가경찰과 자치경찰을 완전히 분리하는 이원형이었다. (○)

○ 학습정리

1. 김대중 정부의 자치경찰은 국가경찰사무는 경찰법에 열거하고 자치경찰사무는 예시하여 국가경찰의 자치경찰 사무영역 침해방지, 국가경찰사무는 시·도경찰에 위임하여 수행하되 필요한 경우에는 경찰청이 직접 수행하고, 자치경찰사무는 시·도경찰의 권한과 책임으로 수행하고 하였다.

2. 김대중 정부의 자치경찰은 관할구역 내에서 경찰의 임무를 수행하기 위한 모든 사무중 국가경찰사무로 규정된 것 외의 사무, 관할구역 내의 경무·방범·수사·교통·경비업무 등으로 규정하였다.

3. 김대중 정부시대의 자치경찰과 국가경찰 상호 간의 관계는 시·도경찰청 상호 간은 대등관계로 상호협력하도록 시도하였다.

4. 김대중 정부 시대의 자치경찰은 시·도경찰은 시·도지사와 시·도의회가 추천하는 시·도경찰위원회의 관리 하에서 경찰업무를 수행하도록 하고, 이 경우도 개별적·구체적 집행에는 관여하지 않도록 하여 중립성과 법집행의 공정성이 확보되도록 한다.

5. 김대중 정부의 수사권 조정과 자치경찰제 도입 등 경찰개혁에 많은 노력을 하였다.

6. 노무현 정부의 자치경찰은 지역의 방범순찰, 교통단속, 시설경비, 아동보호, 환경, 보건, 식품안전, 산림, 노동 등 20여 개의 특별사법경찰권을 부여하고자 하였다.

7. 노무현 정부의 자치경찰은 자치경찰에 지역치안의 유지에 필요한 경찰관직무집행법상의 일부 권한을 부여함으로써 지역주민에게 실효성 있는 치안서비스를 제공하고자 하였다.

8. 노무현 정부의 자치경찰은, 시·도지사는 치안행정위원회의 의견을들어 시장·군수·구청장의 명령·처분에 대하여 시정을 명하거나 시·군·자치구 의회 의결에 대하여 시장·군수 또는 구청장으로 하여금 재의를 요구하게 할 수 있도록 하고자 하였다.

9. 노무현 정부의 자치경찰제의 특징은 자치경찰제를 정치권에 의지하지 않고, 안정적이고 예측가능한 추진 법적근거 마련하고, 2006. 7. 1. 제주자치경찰제 출범하였다.

제9부

이명박 정부, 박근혜 정부, 문재인 정부의 자치경찰제의 이해

○ 학습목표

1. 이명박 정부의 자치경찰제를 이해한다
2. 박근혜 정부의 자치경찰제를 이해한다.
3. 문재인 정보의 자치경찰제를 이해한다.

제1장

이명박 정부의 자치경찰

1. 자치경찰제와 관련된 주요 국정과제(1998.2. ~ 2003.2.)

활기찬 시장경제, 능동적·예방적 복지, 인재대국과 과학국가, 글로벌 실용 외교와 한반도 평화정착, 섬기는 정부

2. 주요연혁

- 총 193개 국정과제중, 자치경찰이 선정되었다.
- 취임과 동시에 청와대 주도로 자치경찰제 도입 적극추진하였다.
- 2008. 10월 한나라당에서 '지방행정체제 개편과 연계하여 실시한다' 합의되었다.
- 18대 국회 자동 폐기되었다.

3. 주요 추진사항

- 도입단위: 기초자치단체
- 조직: 시, 군, 자치구 단위에 '자치경찰대'를 설치
- 심의기구: 기초자치단체에 '자치경찰운영위원회, 광역단위에 '치안행정위원회' 설치
- 인사: 자치경찰대장은 자치경찰운영위원회의 동의를 받아 시, 군, 구청장이 임명
- 사무: 지역생활안전, 지역경비, 지역교통, 특별사법경찰 업무 등

4. 지방분권촉진위원회안

1) 주요추진 사항

- 실시단위는 기초지방자치단체를 중심으로 한다.
- 주민과 함께 하는 치안 확립을 위해 주민위주의 치안서비스를 제공하고, 실질적으로 경찰사무를 집행하는 기관에 경찰사무에 대한 권한을 부여한다.
- 자치경찰제는 전면적으로 실시한다.
- 선택적 실시는 지역 간의 치안불균형을 초래하고, 경찰사무는 지역민에 제공하는 치안서비스이므로 지역간에 균등한 치안서비스를 제공할 필요가 있다.

2) 조직에 관한 주요 추진

- 조직구조의 일원화, 계층의 단층제, 주체의 단일화를 자치경찰제 조직설계의 기준으로 한다.
- 기초단위(시·군·구)로 일원화된 조직구조를 기본으로 한다.
- 시·군·구에 자치경찰대를 조직하고, 심의·의결기구로 가칭 기초자치경찰위원회를 두어 기초자치경찰 활동에 대한 견제와 감시의 기능을 수행하도록 한다.
- 광역단위에는 협의·조정 기구로서 가칭 광역자치경찰조정위원회를 설치한다.
- 인구 50만 이상 자치시의 경우 하부 행정조직으로 자치경찰조직(기구)를 설치한다.

3) 인사에 관한 주요 추진

- 자치경찰제에 소요되는 인력은 지방공무원(일반직 등) 인력을 효율적으로 활용함을 기본으로 한다.
- 자치경찰조직에 근무할수 있는 공무원을 자치경찰관(특정직)과 지방공무원(일반직 등)으로 구분한다.
- 자치경찰조직의 각 부서별 업무특성을 고려하여 지방공무원의 배치가 가능한 직위를 선정한다.
- 선정된 직위에 지방공무원(일반행정공무원 등)을 배치하여 활용한다.
- 인사교류를 통해 일반행정과 자치경찰 업무간의 협조체제를 강화한다.

- 국가경찰공무원과 자치경찰공무원 간, 자치경찰공무원상호 간의 인사교류가 가능하도록 한다.
- 자치경찰대장 임명시 정치적 중립성과 의회 독립성을 보장할 수 있는 임명 절차를 마련해서 추진한다.

4) 사무에 관한 주요 추진
- 기초 지방자치단체에 자치경찰사무를 수행할 권한을 부여한다.
- 지역 내에서 발생하는 경찰사무에 대한 치안업무를 효율적으로 집행하기 위한 권한을 부여하되, 수사 및 정보업무는 제한적으로 수행하도록 한다.
- 지역치안과 밀접한 단순폭행, 단순절도 등 개인적 법익관련 범죄의 수사는 자치경찰이 수행하되, 조직적·광역적·다중과 관련된 범죄 및 자치경찰이 요청한 범죄의 수사는 국가경찰에서 수행할 수 있다.
- 특별사법경찰사무를 지역의 특성에 부합하도록 자치경찰사무화한다.

5) 광역기능 관한 주요 추진
- 광역 자치단체에 조정위원회를 설치하고, 기초단위 간 자치경찰업무의 조정 및 협조 기능를 부여한다.
- 위원회는 기초자치경찰 간 분쟁조정, 기초자치단체 간 자치경찰 업무조정, 지방경찰과 국가경찰 간역할분담 등을 처리하도록 하고, 그 명칭은 가칭 광역자치경찰조정위원회로 한다.
- 광역단위에 위원회를 두는 것은 조정 및 협의적 기능을 수행하는 것으로 별도의 자치경찰을 두는 것이 아니라 위원회만 시·도지사 소속하에 두는 것이다.
- 위원회의 조정권에 대해서는 강제성을 부여하도록 법정화한다.

6) 재정부담에 주요 내용
- 광역·기초 지방자치단체장에 예산수립권을 부여하고, 자치경찰 고유업무 및 지역특화 발굴업무 등에 대해서는 자치단체에서 원칙적으로 재정을 부담하도록 한다. -지방자치단체의 재정자립도를 고려하여 자치경찰제 운영에 필요한 경비를 국가가 지원한 후 국가가 이를 관리·감독하도록한다.
- 지방자치경찰에 필요한 경비를 국가가 지원하도록 법령에서 규정하고 지원에 대한 의무조항으로 둔다.

- 범칙금 및 과태료 등을 지방재정 확충을 위한 재원으로 활용한다. 가령, 도로교통법규 위반에 대한 범칙금 등을 지방자치단체 재정으로 일원화한다.

5. 지방분권촉진위원회안

1) 주요내용

- 경찰사무는 국가경찰과 자치경찰의 공동사무로 인식한다.
- 국가경찰은 생활안전·수사·경비·교통·정보·보안 등 경찰사무를 포괄적으로 수행하고,
- 자치경찰은 국가경찰과 공동으로 수행하는 차원에서 접근해야 할 것으로 추진하였다.

2) 사무범위 주요추진

- 국가경찰은 수사·정보·대공 등의 업무를 담당하고, 자치경찰은 생활안전·교통·경비 등의 업무와 일부 특별사법경찰 업무를 담당해야 한다는 안으로 추진한다.
- 개인적 법인의침해와 관련된 범죄에 대해서는 자치경찰에 수사권을 부여하되, 이에 대한 국가경찰의 조정이 필요하다는 안으로 추진한다.
- 소요인력과 소요예산에 관한 추정은 있었으나, 국가경찰 인력의 이관에 대한 언급은 없었던 것으로 추진한다.
- 기본적으로 생활안전·교통 분야는 자치경찰의 사무로 하고, 경비·정보·보안·외사 등은 국가경찰의 사무로 한다.
- 일부 지역적 정보 사무, 일부 지역적 경비 사무, 특별예방치안 사무, 특별사법경찰 사무 등도 자치경찰의 사무로 한다.

6. 이명박 정부 자치경찰의 특징

- 취임 초기에는 적극적으로 출발했으나, 특별한 성과은 없었다.
- 정부안, 지방분권촉진위원회, 지방행정체제추진위원회 등 총 3개안 동시추진
- 일부 지방행정체제(창원시 등)의 개편성과는 있었으나, 자치경찰 도입은 무산되었다.

제2장

박근혜 정부의 자치경찰

1. 자치경찰제와 관련된 주요 국정과제(2013.2 ~ 2017.03)

- 국민행복 (4대 전략 및 64개 과제) 중, 사회통합 통합과 화합, 지역균형발전, 지방분권 선정되었다.

2. 주요연혁

- 선거 공약없이 '인수위원회'에서 논의가 시작되었다.
- 제주도에서 실시하고 있는 자치경찰제 전국적으로 확대 추진하였다.

> 2013.5.28. 지방분권및지방행정체제개편에 관한 특별법(이하 지방분권법) 제정
> ※ 지방분권법제12조 ③ 국가는 지방행정과 치안행정의 연계성을 확보하고 지역특성에 적합한 치안서비스를 제공하기 위하여 자치경찰제도를 도입하여야 한다.

- 2013년 7월에는 이철우 의원 등 13인의 경찰법 전부개정법률안(이하 '이철우 의원안)이 국회에 제출되었으나, 19대 국회 임기만료로 폐기되었다.
- 2014년 12월 자치경찰제 도입방안이 포함된 지방자치발전 종합계획을 수립, 대통령 탄핵으로 자치경찰제 도입 무산 되었다.

3. 주요추진사항

- 도입단위: 기초자치단체
- 조직: 소규모 시, 군, 구, 필요시에는 인근 기초자치단체와 통합, '자치경찰단' 설치
- 사무: 주민생활 밀착형 사무, 특별사법경찰사무등으로 구분하였다.
- 학교폭력, 성폭력, 가정폭력 등 4대악 척결에 주력한 치안정책이라고 볼 수 있다.
- 시군구에 자치경찰위원회, 광역자치단체에 시도자치경찰위원회 설치(심의, 의결기관)하여 인사교류, 분쟁조정을 시도하였다.

4. 정부안

1) 주요 내용

- 기초단위에 자치경찰제를 도입하고, 소규모 시·군·구 등의 경우에는 필요시 인근 기초자치단체와 통합하여 시행한다.
- 광역단위에는 통합·조정 기구를 설치하여 미비점을 보완한다.
- 적정한 사무 부여와 재원 확보 등으로 현실성 있는 방안을 마련한다.
- 시범실시 등을 통해 시행착오를 최소화하고, 시범실시 후 지역여건 등을 감안하여 지방자치단체가 자율적으로 결정한다.

2) 역할과 권한에 관한 주요 내용

- 자치경찰의 사무로 적당한 주민생활 밀착형 사무 62개와 특별사법경찰 사무 23종을 선정하였다.
- 주민 생활 밀착형사무는 방범·질서유지·교통소통 관리, 학교폭력·성폭력·가정폭력 등 사회적 약자 보호활동 등이다.
- 특별사법경찰관 사무는 식품·환경·공중위생·농축산물 분야 수사및 지적재산권 침해·무면허 운수사업 단속 등이다.
- 선정된 사무에 대한 구체적부여범위 및 시기, 시범실시 방법 등은 관계부처 협의를 거쳐 추가로 검토한다.

3) 기구와 인력, 재원 확보 등에 관한 주요 내용

- 기본조직으로 시·군·구에 자치경찰단을 설치한다.
- 단장은 개방형 직위로 하고 인구규모, 업무량 등을 고려해 적정 계급으로 대우한다.
- 단장은 광역 단장후보 추천위원회에서 후보 3명을 추천하여 기초단체장이 임명한다.
- 광역 단장후보 추천위원회는 광역단체장, 광역의회의장, 지방경찰청장, 해당 기초단체장, 기초의회의장이 추천한 위원으로 구성한다.
- 광역기구로 시·도 자치경찰위원회를 설치하여 인사교류, 분쟁조정 등을 담당하도록 한다.

4) 자치경찰 수행사무 주요 내용은

- 생활안전 사무는 행정정보공개 및 생활안전 민원, 민간단체(자율방범대) 협력, 방범용CCTV 및 관제센터 운영, 범죄다발시기·지역대상 방범활동(특별방범), 불심검문 등 범죄예방을 위한 방범활동(일반방범) 등 5종으로 한다.
- 생활질서 사무는 게임장 점검, 풍속업소 단속, 무단광고물 등 민원사건 처리, 분실신고 접수 및 처리, 보호조치 및 노숙자 관리, 통고처분 관리, 경범죄범칙금 미납자 관리, 기초질서 캠페인 등 16종으로 한다.
- 외근경찰 사무는 소음 또는 서비스 요청 등 일반신고 처리, 일반신고 및 112신고에 의한 질서유지 활동, 교통소통 활동, 교통단속 활동, 경범죄 단속, 음주사범 단속, 풍속단속, 범죄예방을 위한 차량·도보등 순찰 등 11종으로 한다.
- 교통관리 사무는 무인단속, 통고처분 관리, 체납과태료 징수, 범법차량 압류등록 및 압류말소, 범칙금 미납자 관리, 교통안전교육 및 캠페인, 민간단체 협력 등
- 교통안전 사무는 교통사범 단속, 사망사고 예방, 교통신호 운영체계 개선, 교통안전시설 심의위원회 운영, 각종 행사교통관리, 교통영향평가 등 타기관 업무협의 등 12종으로 한다.
- 여성청소년 사무는 청소년육성회 관리 및 협력, 모범 청소년 포상, 명예경찰소년단 운영, 아동안전지킴이 집 관리 등 5종으로 한다.
- 자치경찰 사무로 지역축제·행사 관리, 가정·성폭력 예방및 피해자 보호 등
- 자치경찰의 특별사법경찰 사무는 산림, 식품위생, 의약품, 문화재, 공원관리 등 제주자치경찰이 수행중인 사무에 저작권, 개발제한구역, 해양환경, 부정경쟁행위 등을 추진하였다.

5. 이철우 의원안

1) 조직에 관한 주요 내용

- 경찰조직을 국가경찰과 자치경찰로 구분하고, 자치경찰은 특별시·광역시·특별자치시·도·특별자치도의 자치경찰과 시·군·자치구의 자치경찰로 분류

- 전국적 치안사무를 관장하기 위하여 안전행정부장관 소속으로 경찰청을 두고, 경찰청 사무를 지역적으로 분담하기 위하여 시·도에 지방경찰청을 두며, 지방경찰청 소속으로 경찰서를 둔다.
- 관할 구역의 민생치안에 관한 사무를 관장하기 위하여 시·도지사 소속으로 자치경찰본부를 두고, 시장·군수·구청장 소속으로 자치경찰대를 둔다
- 국민의 생명·신체·재산의 보호, 범죄의 예방·진압·수사, 치안정보의 수집·작성 및 배포, 전국적인 교통의 단속 등을 국가경찰의 임무로 한다.

2) 위원회에 관한 주요 내용
- 국가경찰행정에 관한 사항을 심의·의결하기 위하여 안전행정부에 국가경찰위원회를 설치한다.
- 자치경찰행정에 관한 사항을 심의·의결하기 위하여 시·도에 시·도 자치경찰위원회를 설치한다.
- 위원회는 위원장 1명을 포함한 9명의 위원으로 구성하되, 위원장 및 7명의 위원은 비상임으로 하고, 1명의 위원은 상임으로 한다.
- 위원회는 시·도지사의 지방행정과 치안행정의 협조 요구에 관련된 사항 등 8개 사항을 심의·의결한다.
- 위원회는 그 임무를 수행할 때 주민의 의사가 최대한 반영되도록 하여야 하며, 필요한 경우에는 관계 전문가 등을 출석하도록 하여 의견을 들을 수 있다.
- 지방경찰청장은 시·도경찰위원회가 심의·의결한 내용에 관하여 이의가 있으면 이의의 소명을 첨부하여 재의를 요청할 수 있다.

3) 사무에 관한 주요 내용
- 자치경찰은 그 관할 구역에서 주민의생명·신체·재산의 보호, 범죄의 예방·진압·수사, 치안정보의 수집·작성, 지역교통의단속 등의 임무를 수행한다.
- 자치경찰본부는 시·도의 관할 구역 안에서 광역적 자치경찰사무의 집행·조정·응원 및 지원 사무를 수행하고, 자치경찰대는 해당 시·군·구의 관할 구역 안에서 지역적 민생치안을 담당하도록 한다.
- 자치경찰본부의 사무는 자치경찰본부의 운영에 관한 사무, 광역적 범죄의 예방·진압 및 수사, 광역교통의 안전과 소통에 관한 사무, 광역적 지역경비에

관한 사무, 국가경찰 및 자치경찰대와의 협력·응원에 관한 사항, 그 밖에 법령과 시·도 조례에 따라 자치경찰본부의 사무로 정한 사항 등으로 한다.

- 자치경찰대의 사무는 자치경찰대의 운영에 관한 사무, 관할지역에서의 범죄예방 활동과 일반범죄 진압·수사에 관한 사무, 지역교통의 안전과 소통에 관한 사무, 지역경비에 관한 사무, 그 밖에 법령과 시·군·구 조례에 따라 자치경찰대의 사무로 정한 사항 등으로 한다.

4) 상호협력 등에 관한 주요 내용

- 국가는 지방자치단체의 재정 여건을 감안하여 시·도와 시·군·구가 자치경찰을 설치·운영하는데 필요한 경비를 지원할 수 있다.
- 국가경찰과 자치경찰 간 또는 자치경찰 상호 간에는 필요한 정보와 기술을 제공하는 등 협조하도록 하고, 직무수행을 위하여 필요한 범위 안에서 유·무선의 통신망과 시설물을 상호 이용할 수 있도록 하며, 경찰력 운영 계획 및 상황을 상호 통보하도록 한다.
- 국가경찰과 자치경찰은 직무를 수행하기 위하여 필요한 범위에서 유·무선의 통신망과 시설물을 서로 이용할 수 있다.

6. 박근혜 정부 자치경찰의 특징

지방행정과 치안행정의 연계성을 확보하고 지역특성에 적합한 치안서비스를 제공하기 위하여 자치경찰제도를 도입하여야 한다'는 자치경찰제도 의무화규정을 두었다는 점이다.

제3장

문재인 정부의 자치경찰

1. 주요연혁

- 2017년 11월 경찰개혁위원회는 시·도에 자치경찰제를 도입하는 광역단위 자치경찰제 권고안(이하 '경찰개혁위 권고안')을 발표하였다.
- 2018년 2월 연방제 수준의 자치경찰제 도입안(이하 '서울시안')을 발표하였다.
- 2018년 11월 대통령 소속 자치분권위원회는 양측의 의견을 절충하여 마련한 자치경찰제 특별위원회안(이하 '특위안')을 발표하였다.
- 2019년 2월 당·정·청 협의회가 개최되어 특위안과 동일한 자치경찰제 추진방안에 합의하였다.
- 2020년 8월 4일 김영배 의원 경찰법 개정안 등 대표 발의, 본회의 통과(20.12.9)되었다.

2. 경찰개혁위 권고안

1) 주요연혁

- 전국 시·도에 시·도지사 소속으로 자치경찰의 사무를 총괄하는 자치경찰본부와 자치경찰의 주요정책 및 업무 발전등에 관한 심의·의결기구인 시·도 자치경찰위원회를 설치한다.
- 시·도 자치경찰위원회는 자치경찰 활동에 관한 목표의 수립 및 평가에 관한 사항 등 9개 사항을 심의·의결한다.
- 위원회의 직무상 독립성 강화 및 원활한 업무 수행을 위해 시·도 자치경찰위원회에 1인의 상임위원과 독립된 사무기구를 두고, 위원회의 회의는 재적위원 과반수의 출석과 출석위원 과반수의 찬성으로 의결하며, 위원회는 심의를 위하여 필요한 경우에는 관계공무원의 출석·발언이나 자료 제출을 요

구할 수 있고, 자체 규칙 제정권을 갖는다.

- 위원회의 심의·의결 사항에 대한 구속력 및 집행력 확보를 위해 위원회는 심의·의결 사항에 대한 조치 결과를 보고받아야 하며 심의·의결 사항을 이행하지 않을 경우 해당 자치경찰공무원의 감찰 및 징계를 요구할 수 있다. 시·도 자치경찰위원회는 시·도지사, 시·도 의회 등의 추천을 받아 9~15인(상임 1인 포함)으로 구성하며, 구체적인 사항은 시·도 조례로 정한다.
- 기초자치단체와의 연계성 강화를 위해 시·군·구 단위로 시·군·구 자치경찰대를 운영한다. 다만, 치안수요 등을 고려하여 시·군·구 자치경찰대를 통합 운영할 수 있다.
- 각 시·도에서도 교통안전시설 설치·관리 등 광역적 사무를 직접 집행하는 시·도 자치경찰대를 설치할 수 있다.

3. 서울시안

1) 주요내용

- 2018년 2월 7일 서울시는 연방제 수준 자치경찰제 모델을 발표하였다
- 지방경찰청은 원칙적으로 광역시·도로 이관하고 자치경찰위원회를 설치한다.
- 광역단위 자치경찰제 도입 시 현재 경찰청 산하의 지방경찰청을 전국 시·도로 이관하고, 정치적 중립성 확보를 위해 자치경찰을 제대로 관리·감독할 수 있는 자치경찰위원회를 설치하여야 한다.
- 자치경찰위원회는 시의회·시장 등이 추천한 자로 구성하며, 독립성을 갖고 경찰권한을 통제할 수 있도록 합의제 기관으로 운영한다.
- 국가경찰과 자치경찰이 병존하며 경계가 불분명한 사무를 수행한다면 주민의 입장에서는 어느 기관으로 문의할지 혼란스럽고 국가경찰과 자치경찰 간 관할권 갈등이나 책임회피를 초래할 우려가 있기때문에 전국 단위의 경찰청을 제외하고 광역단위 이하는 자치경찰로 이관하여 경찰서비스를 이용하는 주민의 혼란과 치안 공백을 최소화하고자 하는 것이다.

4. 홍익표 의원안

- 2018년 11월 3일 자치경찰제에 관한 자치분권위원회의 특위안 발표
- 2019년 3월 홍익표 의원 경찰법 개정안 발의되었으나, 국회 회기 종료로 폐기되었다.
- 주요특징:

1) 시·도경찰위원회 관리하에 자치경찰본부설치, 국가경찰과 자치경찰사무의 분리(국가경찰 업무, 자치경찰 업무 분산)

2) 수사사무는 주민기초생활과 밀접한 수사, 공무집행방해죄 등 현장 집력 확보, 특별사법경찰 제도 도입, 지자체 책무와 관련된 수사를 담당

5. 김영배 의원안

- 2020년 7월 30일 당·정·청 회의 개최하였다.
- 예산·인력 사정 등을 감안하여 국가·자치경찰 일원화 모델로 변경
- 2020년 8월 4일 김영배 의원 경찰법 개정안 등 대표 발의, 본회의 통과
- 주요 특징:

1) 국가사무는 경찰청장, 수사사무는 수사본부장,

2) 자치사무는 시도경찰청장 및 자치경찰위원회에 일부담당
(국가경찰 업무, 자치경찰 업무 분산)

○ 학습퀴즈

1. 이명박 정부에서 추진한 자치경찰 도입단위는 광역자치단체이다. (×)
   정답: 기초자치단체

2. 이명박 정부에서 추진한 자치경찰의 특징중 정부안, 지방분권촉진위원회, 지방행정체제추진위원회 등 총 3개안 동시추진하여 자치경찰제가 도입되었다. (×)

3. 박근혜 정부에서 추진한 자치경찰의 도입단위는 기초자치단체라 할 수 있다. (○)

4. 문재인 정부에서 추진한 자치경찰중 홍익표 의원안은 19.3.11 국회 회기 종료로 폐기(20.5.29)되었다. (○)

5. 문재인 정부에서 추진한 자치경찰은 2020년 8월 4일 김영배 의원 경찰법 개정안이 본회의 통과(20.12.9)되었다. (○)

○ 학습정리

1. 이명박 정부에서는 국정과제중, 자치경찰이 선정되어 취임과 동시에 청와대 주도로 자치경찰제 도입 적극추진(정부 주도형)이라고 할 수 있다.

2. 이명박 정부에서는 자치경찰의 주요 추진사항으로는 도입단위는 (기초자치단체), 시, 군, 자치구 단위에 (자치경찰대)설치, 지역생활안전, 지역경비, 지역교통, 특별사법경찰 추진하고자 하였다.

3. 박근혜 정부에서는 자치경찰을 선거 공약없이 '인수위원회'에서 논의 시작했고, 제주도에서 실시하고 있는 자치경찰제를 전국적으로 확대 추진하였다

4. 박근혜 정부에서의 자치경찰의 도입단위는 기초자치단체, 소규모 시, 군, 구, 필요시에는 인근 기초자치단체와 통합, '자치경찰단' 설치, 단장은 외부 개방형으로 추진하였다.

5. 박근혜 정부 자치경찰의 주요 특징으로는 '국가는 지방행정과 치안행정의 연계성을 확보하고 지역특성에 적합한 치안서비스를 제공하기 위하여 자치경찰제도를 도입하여야 한다'라는 자치경찰제도 의무화규정이라고 볼 수 있다.

6. 문재인 정부의 자치경찰 주요 특징으로는 국가사무는 경찰청장, 수사사무는 수사본부장, 자치사무는 시도경찰청장 및 자치경찰위원회에 일부담당하여 국가경찰업무, 자치경찰 업무 분산하였다는데 의의가 있다.

각 정부의 자치경찰 도입 비교표

구분	김대중정부	노무현정부	이명박정부	박근혜정부	문재인정부
도입 단위	광역	기초	기초	기초	광역
조직	시 ·도 경찰청 시·군·구 경찰서	시·군·구 자치경찰대	시·군·구자치 경찰대	시·군·구자치 경찰단	국가경찰 자치경찰 국가수사본부
위원회	시·도경찰위원회	시·도치안 행정위원회 시·군·구 지역치안협의회	기초자치 경찰위원회 광역자치 경찰위원회	시·군·구 자치 경찰위원회 시·도자치 경찰위원회	시·도자치 경찰위원회
예산	국가경찰사무경 비 등 국가지원	중앙정부 재정적 지원	중앙정부 재정적 지원	지방소비세, 과태료, 범칙금 등 이관	중앙정부 재정적 지원
사무	국가사무외 모든 사무 방범, 수사, 교통, 경비 등	생활안전, 교통, 경비, 특사경 사무 등	개인적 침입법익 침해수사	생활안전, 교통, 경비, 여청 등	생활안전, 여청, 교통, 경비, 수사(일부) 사무 등

제 10부

제주 자치경찰제의 이해

○ 학습목표

1. 제주자치경찰제 추진배경을 이해한다.
2. 제주자치경찰제도의 사무, 조직을 이해한다.

제1장

제주자치경찰제의 추진배경

1. 제주자치경찰제의 의의

- 제주도를 획기적인 자치분권제도를 기반으로 국제경쟁력을 갖춘 '국제자유도시' 조성, 추진하였다.
- 2006년 7월 1일 전국 최초로 자치경찰 도입하여 실질적인 지방분권을 보장하고, 행정규제의 완화를 통하여 국제자유도시를 조성함으로써 복리증진과 국가 발전에 이바지하였다.
- 관광객(관광경찰)이 많고, 교통이 혼잡한 지역(교통경찰)이라는 점을 감안하면 지역의 상황에 따른 맞춤형 치안 정책을 수립할 수 있다는 자치경찰제의 장점이 잘 발휘되고 있다.(출처: 나무위키)

2. 주요연혁

1) 도입, 준비기
   - 자치경찰 출범 업무협약, 본격적 시행준비 시기
   - 2006.7.1. 제주자치경찰 출범(국가경찰 특별임용 38명)

2) 확산기
   - 주민치안 서비스 본격 추진 시기
   - 2007.2.21. 1차 신임순경 45명 임용

3) 정착기
   - 자치경찰 사무수행 정착시기
   - 2008.3.5. ITS 센터 자치경찰단 이관
   - 2012.1.9. 통합 자치경찰단 출범
   - 2016.2.1. 관광경찰과 신설
   - 2020.1.31. 국가경찰 파견(268명) 확대 시범 운영

3. 법적근거

- 제주특별자치도 설치 및 국제자유도시 조성을 위한 특별법
- 자치경찰의 조직과 사무, 운영, 치안행정위원회, 자치경찰의 직무수행, 경찰 상호관계, 지원 및 감독, 자치경찰공무원의 신분에 관한 내용들이 포함

제2장

제주자치경찰제의 사무

1. 개관

제주도민의 안전 및 범죄예방활동에 중점을 두고, 제주도 특성상, 관광질서와 관광객 안전에 관한사무

2. 경찰관직무집행법 준용

1) 제주특별법 제96조

① 자치경찰공무원이 자치경찰사무를 수행할 때에는 경찰관 직무집행법 제3조부터 제7조까지, 제10조, 제10조의2부터 제10조의4까지, 제11조 및 제12조를 준용한다.

▷ 경찰관직무집행법

제3조:불심검문, 제4조:보호조치, 제5조: 위험발생의 방지등, 제6조: 범죄의 예방과제지, 제7조: 위험 방지를 위한 출입,

제10조: 경찰장비의 사용

제10조의2(경찰장구의 사용), 제10조의3(분사기 등의 사용), 제10조의4(무기의 사용)

제11조:사용기록의 보관

제11조2(손실보상), 제11조의3(범인검거 등 공로자 보상, 제11조의4(소송 지원)

제11조의5(직무 수행으로 인한 형의 감면)

제12조(벌칙) 이 법에 규정된 경찰관의 의무를 위반하거나 직권을 남용하여 다른 사람에게 해를 끼친 사람은 1년 이하의 징역이나 금고에 처한다

▷ 경찰관직무집행법 개관

1) 1953년 12월 14일 제정

2) 우리나라 최초의 경찰작용에 관한 일반법

3) 1984년 행정경찰장정(일본의 행정경찰규칙을 모방, 프랑스 죄와형벌법전의 영향)

4) 즉시강제(국민의 생명, 신체 및 재산의 보호와 공공의 안녕과 질서유지)를 하기 위한 경찰의 기본적 임무수행을 위한 기본법

▷ 경찰상 즉시강제의 수단

1) 대인적: 불심검문, 보호조치, 범죄의예방과제지조치, 경찰장구의 사용, 분사기등의 사용, 경찰장비의 사용

2) 대물적: 임시영치

3) 대가택적: 위험방지를 위한 출입, 다수인 출입장소 출입, 대간첩작전지역내 출입

4) 대인, 대물, 대가택적: 위험발생방지방지조치

▷ 불심검문 (경찰관직무집행법 제3조)

1) 어떠한 죄를 범하였거나, 범하려 하고 있다고 의심할 만한 상당한 이유가 있는 자

- 객관적으로 범죄구성요건에 해당하는 위법한 행위이면 족함
- 의심할 만한 상당한 이유란 객관적으로 의문 있는 것

2) 이미 행하여진 죄나 행하여지려고 하는 범죄행위에 관하여 그 사실을 안다고 인정되는 자

3) 판단기준 (수상한 거동, 기타 주위의 사정, 합리적으로 판단)

▷ 보호조치대상자 (경찰관직무집행법 제 4조)

1) 정신착란

2) 주취자로 자기 또는 타인의 생명·신체와 재산에 위해를 미칠 우려가 있는 자

3) 자살 기도자

3. 제주특별법 제97조(무기와 장비의 사용)

① 제96조에 따라 준용되는 「경찰관 직무집행법」 제10조의4에도 불구하고 도지사의 신청으로 제주자치도경찰청장의 승인을 받은 자치경찰공무원만 무기를 휴대·사용할 수 있다.

② 자치경찰공무원이 무기를 사용한 경우에는 무기의 사용자와 사용 일시·장소·대상·경위를 소속 자치경찰단장을 거쳐 즉시 제주자치도경찰청장에게 통보하여야 한다.

4. 제주특별법제98조(범죄의 발견 시 조치)

① 자치경찰공무원이 직무수행 중에 범죄를 발견한 경우에는 범죄의 내용 또는 증거물 등을 소속 자치경찰단장을 거쳐 즉시 제주자치도경찰청장 또는 경찰서장(해양경찰서장을 포함한다)에게 통보하고 그 사무를 인계하여야 한다. 다만, 제90조제4호의 직무에 속하는 범죄와 「경범죄 처벌법」 제7조 및 「도로교통법」 제163조에 따른 통고처분의 대상이 되는 범칙행위의 경우에는 그러하지 아니하다.

② 자치경찰공무원이 현행범인을 발견하여 현장에서 체포한 경우에는 즉시 경찰공무원에게 인도하여야 한다. 다만, 제90조제4호의 직무를 수행하는 중에 현장에서 체포한 현행범인의 경우에는 그러하지 아니하다.

※ 프랑스 자치경찰과 유사함

③ 제2항에 따라 자치경찰공무원이 현행범인을 체포하는 경우에는 범죄사실의 요지, 체포의 이유와 변호인을 선임할 수 있음을 알려주고 변명할 기회를 주어야 한다.

5. 제주특별법 제90조(사무)에서 규정한 사무

1) 주민의 생활안전활동에 관한 사무,

- 생활안전을 위한 순찰 및 시설 운영
- 주민참여 방범활동의 지원 및 지도

- 안전사고와 재해·재난 등으로부터의 주민보호
- 아동·청소년·노인·여성 등 사회적 보호가 필요한 사람의 보호와 가정·학교 폭력 등의 예방
- 주민의 일상생활과 관련된 사회질서의 유지와 그 위반행위의 지도·단속

2) 지역교통활동에 관한 사무,
- 교통안전과 교통소통에 관한 사무
- 교통법규위반 지도·단속
- 주민참여 지역교통활동의 지원·지도

3) 공공시설과 지역행사장 등의 지역경비에 관한 사무,

4) 사법경찰관리의 직무를 수행할 자와 그 직무범위에 관한 법률에서 자치경찰공무원의 직무로 규정하고 있는 사법경찰관리의 직무,

5) 즉결심판에 관한 절차법 등에 따라 도로교통법 또는 경범죄 처벌법 위반에 따른 통고처분 불이행자 등에 대한 즉결심판 청구 사무

6. 제주특별자치도자치운영등에관한 조례 3조

1) 주민생활안전사무 2) 지역교통활동사무 3) 공공시설및지역행사장등의 지역경비에관한사무, 4) 사법경찰관리의 직무를 수행할 자와 그 직무범위에 관한법률에서 자치경찰공무원의 직무로 규정하고 있는 사법경찰관리의 직무, 5) 즉결심판에 관한절차법에 따라 도로교통법 또는 경범죄 처벌법 위반에 따른 통고처분 불이행자등에 대한 즉결심판 청구 사무의 수행방법은 제주특별법에 의거, 도지사와 제주자치도 지방경찰청장이 협략을 정하고 이를 공표하도록 되어 있으며, 도지사는 미리 치안행정위원회의 의견을 듣도록 하고 있다.

제3장 제주자치경찰제의 조직

1. 개관

- 자치경찰사무를 처리하기 위하여 제주특별법 제18조에 따라 설치되는 제주특별자치도자치경찰위원회 소속으로 자치경찰단을 둔다.
- 제주도 직속 자치경찰단과 병행하여 국가경찰인 '제주도경찰청' 소속의 자치경찰 담당 부서(생활안전과, 여성청소년과, 경비교통과 일부 부서)가 존재한다.
- 자치경찰단의 조직과 자치경찰공무원의 정원 등에 관한 사항은 도조례로 정한다.

2. 조직

조직구성

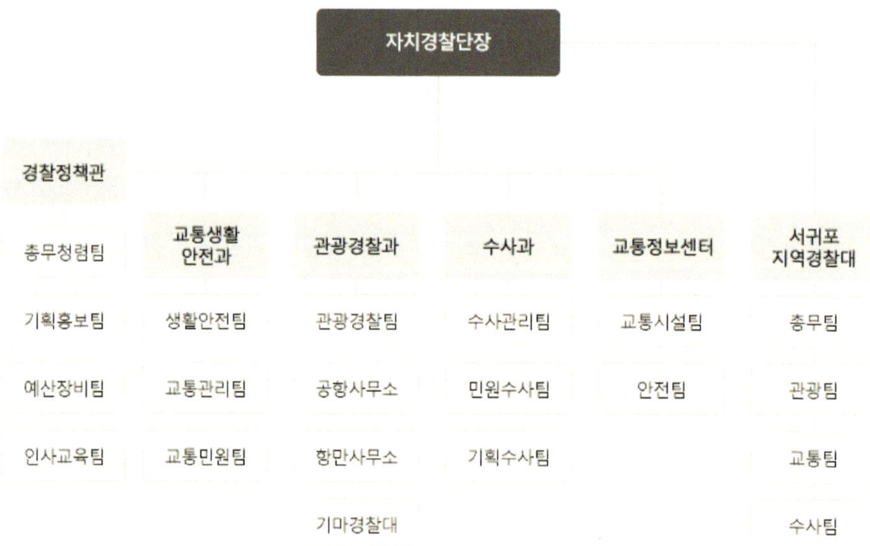

출처: http://www.jeju.go.(제주특별자치도 자치경찰단)

3. 법적근거

1) 제88조(자치경찰기구의 설치)

① 제90조에 따른 자치경찰사무를 처리하기 위하여 「국가경찰과 자치경찰의 조직 및 운영에 관한 법률」 제18조에 따라 설치되는 제주특별자치도자치경찰위원회(이하 "자치경찰위원회"라 한다) 소속으로 자치경찰단을 둔다.

② 자치경찰단의 조직과 자치경찰공무원의 정원 등에 관한 사항은 도조례로 정한다.

2) 제89조(자치경찰단장의 임명)

① 자치경찰단장은 도지사가 임명하며, 자치경찰위원회의 지휘·감독을 받는다.

② 자치경찰단장은 자치경무관으로 임명한다. 다만, 도지사는 필요하다고 인정하면 개방형직위로 지정하여 운영할 수 있다.

③ 도지사는 자치경찰단장의 직위를 개방형직위로 지정하여 운영하는 경우에는 임용기간이 끝나는 날에 60세를 넘지 아니하는 사람으로서 다음 각 호의 어느 하나에 해당하는 사람을 임용하여야 한다. 이 경우 미리 제108조에 따른 자치경찰공무원 인사위원회의 심의·의결을 마쳐야 한다.

3) 제주특별법 91조(국가경찰과의 협약 체결)

① 제90조에도 불구하고 같은 조 제1호부터 제3호까지의 사무를 처리할 때 국가경찰과 자치경찰 간의 사무분담과 사무수행방법은 도지사와 제주자치도경찰청장이 협약으로 정하여 공표하여야 한다. 이 경우 도지사는 미리 자치경찰위원회의 의견을 들어야 한다

② 제1항에 따라 협약을 체결할 때 협약당사자가 의견을 달리하여 협약이 체결되지 아니하는 경우에는 협약당사자의 신청으로 「국가경찰과 자치경찰의 조직 및 운영에 관한 법률」 제7조에 따른 국가경찰위원회(이하 "국가경찰위원회"라 한다)의 심의·의결을 거쳐 행정안전부장관이 조정한다. 다만, 협약이 체결되지 아니하는 상태가 지속되어 공익을 현저히 저해하여 조속한 조정이 필요하다고 인정되는 경우에는 협약당사자가 신청하지 아니하였을 때에도 국가경찰위원회의 심의·의결을 거쳐 행정안전부장관이 조정할 수 있다.

③ 제2항에 따라 행정안전부장관이 협약의 체결을 조정하였을 때에는 서면으로 지체 없이 협약당사자에게 통보하여야 하며, 통보를 받은 협약당사자는 그 내용을 협약에 포함시켜야 한다.

④ 제1항에 따른 국가경찰과 자치경찰 간의 사무분담과 사무수행의 방법에 관한 기준 및 협약의 공표에 필요한 사항은 도조례로 정한다. 이 경우 제주자치도경찰청장의 의견을 들어야 한다.

4. 의의

- 기존의 제주자치경찰단과 별도로 국가경찰과 자치경찰의 조직 및 운영에 관한 법률(이하 경찰법)에 근거하여 '제주특별자치도자치경찰위원회'가 창설되었다.
- 기존의 제주자치경찰단은 제주경찰청장 역시 2개를 함께 지휘 감독하게 되었다.

○ 학습정리

1. 2006년 7월 1일 전국 최초로 자치경찰 도입하여 실질적인 지방분권을 보장하고, 행정규제의 완화를 통하여 국제자유도시를 조성함으로써 복리증진과 국가발전에 이바지 하였다.

2. 제주자치경찰제의 법적근거는 제주특별자치도 설치 및 국제자유도시 조성을 위한 특별법(제주특별법) 등이 있다.

3. 제주 자치경찰공무원이 자치경찰사무를 수행할 때에는 경찰관 직무집행법 제3조부터 제7조까지, 제10조, 제10조의2부터 제10조의4까지, 제11조 및 제12조를 준용한다. (제3조:불심검문, 제4조:보호조치, 제5조: 위험발생의 방지등, 제6조: 범죄의예방과제지, 제7조: 위험 방지를 위한 출입, 제10조: 경찰장비의 사용, 제10조의2(경찰장구의 사용), 제10조의3(분사기 등의 사용), 제10조의4(무기의 사용) 등이 있다

4. 주민생활안전사무, 지역교통활동사무, 공공시설및지역행사장 등의 지역경비에관한사무, 사법경찰관리의 직무를 수행할 자와 그 직무범위에 관한법률에서 자치경찰공무원의 직무로 규정하고 있는 사법경찰관리의 직무, 즉결심판에 관한절차법에 따라 도로교통법 또는 경범죄 처벌법 위반에 따른 통고처분 불이행자등에 대한 즉결심판 청구 사무의 수행방법은 제주특별법에 의거, 도지사와 제주자치도 지방경찰청장이 협략을 정하고 이를 공표하도록 되어 있으며, 도지사는 미리 치안행정위원회의 의견을 듣도록 하고 있다.(제주특별자치도자치운영등에관한 조례 3조)

5. 제주 자치경찰공무원이 현행범인을 발견하여 현장에서 체포한 경우에는 즉시 경찰공무원에게 인도하여야 한다. 다만, 제90조제4호의 직무를 수행하는 중에 현장에서 체포한 현행범인의 경우에는 그러하지 아니하다.
(※ 프랑스 자치경찰과 유사함)

6. 자치경찰사무를 처리하기 위하여 제주특별법 제18조에 따라 설치되는 제주특별자치도자치경찰위원회 소속으로 자치경찰단을 둔다.(제주자치경찰단 최고 책임자는 제주도지사, *제주자치경찰사무를 집행하는 책임자는 제주자치경찰단장)

7. 기존의 제주자치경찰단과 별도로 국가경찰과 자치경찰의 조직 및 운영에 관한 법률(이하 경찰법)에 근거하여 '제주특별자치도자치경찰위원회'가 창설되어 기존의 제주자치경찰단은 제주경찰청장 역시 2개를 함께 지휘 감독하게 되었다.

제11부

제주자치경찰의 특별사법경찰제

○ 학습목표

1. 제주자치경찰 특별사법경찰제의 이해

제1장

제주 특별사법경찰제 이해

1. 특별사법경찰제의 이해

1) 정의

- 관할 검사장이 지명하는 일반직 공무원이 특정 직무의 범위 내에서 수사를 계획 · 실행하는 제도라 할 수 있다.
- 전문적 지식이 정통한 행정공무원에게 사법경찰권을 부여하여 수사 활동을 통하여 효과적으로 대처하는 제도라 할수 있다.
- 위험방지라는 행정경찰 영역에 속하던 업무에 대해 선별적으로 범죄 수사와 관련한 사법권을 부여함으로써 전문적이고 특수한 영역에서 발생하는 범죄를 수사하는 제도라고 할 수 있다.

(참고)

1. 위험의 개념
   ① 가까운 장래에 손해가 발생하는 상태, 경찰권 발동 가능, 행정경찰의 개념
   ② 주관적 인식 vs 객관적 상태
2. 종류
   ① 외관적 위험: 외관적으로 위험한 상태, 의무에 합당한 적법한 개입
   ② 오상위험: 경찰이 위험한 존재를 잘못 추정
   ③ 위험혐의: 확실하지 않은 위험, 불확실한 경우

2) 법적근거

- 형사소송법
  ① 삼림, 해사, 전매, 세무, 군수사기관, 그 밖에 특별한 사항에 관하여 사법경찰관리의 직무를 행할 특별사법경찰관리와 그 직무의 범위는 법률로 정한다.
  ② 특별사법경찰관은 모든 수사에 관하여 검사의 지휘를 받는다.

③ 특별사법경찰관은 범죄의 혐의가 있다고 인식하는 때에는 범인, 범죄사실과 증거에 관하여 수사를 개시·진행하여야 한다.

④ 특별사법경찰관리는 검사의 지휘가 있는 때에는 이에 따라야 한다. 검사의 지휘에 관한 구체적 사항은 법무부령으로 정한다.

⑤ 특별사법경찰관은 범죄를 수사한 때에는 지체 없이 검사에게 사건을 송치하고, 관계 서류와 증거물을 송부하여야 한다.

⑥ 특별사법경찰관리에 대하여는 제197조의2부터 제197조의4, (보완수사요구, 시정조치요구, 수사의경합), 제221조의5, 제245조의5부터 제245조의8까지의 규정을 적용하지 아니한다.(사법경찰관의 사건송치, 고소인등에 대한송부 통지, 고소인등의 이의신청, 재수사요청)

- 사법경찰관리의 직무를 수행할 자와 그 직무범위에 관한 법률
- 특별사법경찰관리에 대한 검사의 수사지휘 및 특별사법경찰관리의 수사준칙에 관한 규칙

3) 수사의 개념 및 조건

① 수사란, 형사소송법을 근거로 경찰, 해양경찰, 특별사법경찰관등이 수사하고, 피의자를 특정, 범죄사실을 증명할 수 있는 증거를 합법적인 절차를 통해서 확보하고, 실체적 진술을 발견하는 행위라고 할 수 있다.

② 수사는 인권과 밀접한 관계가 있는 절차이므로 수사기관의 무제한 재량에 의한 수사개시는 허용될수 없다.

③ 수사의 필요성: 수사기관의 주관적 혐의에 의하여 개시된다.

④ 수사의 상당성: 사회적으로 용인될수 있는 적정성이 있어야 한다.(수사의 신의칙) 함정수사(x)

4) 실체적 진실의 발견(절차법상의 이념)

① 소송의 실체에 관하여 객관적 진실을 발견하여 사안의 진상을 명백히 하는 것이라 할 수 있다.

② 양면적 성격: 유죄자 필벌주의(적극적 실체적 진실의 발견)
무죄자 불벌주의(소극적 실체적 진실의 발견)

③ 제도적 구현: 수사절차, 공소제기 절차, 공판절차

④ 한계:

- 다른 중요한 이익과 충돌(군사상, 공무상, 업무상비밀등)
- 인권보장을 위한 제약(야간 압수수색검증의 제한)
- 적정절차의 요구에 의한 제약(위법수집증거능력의 제한)
- 재판의 신속에 의한 제약(공소시효, 구속기간의 제한)

5) 주요역혁

- 1956년 「사법경찰관리의 직무를 행할 자 와 그 직무 범위에 관한 법률」이 제정될 당시의 초기 특별사법경찰은 삼림, 해사, 전매, 세무 등 특수행정 분야에 관한 범칙 사건 담당하였다.
- 2006년(노무현정부) 제주특별자치도는 지방자치단체로는 처음으로 자치경찰제도를 운영하면서 특별사법경찰 전담부서를 설치하였다.
- 2008년(이명박정부) 서울시 민생사법경찰단, 부산시 특별사법경찰과, 대구시 민생사법경찰과 대전시 민생사법경찰과 세종시 민생사법경찰팀, 경기도 특별사법경찰단, 충남 민생사법경찰팀의 8개 지방자치단체에 특별사법경찰 전담부서 설치하였다.
- 2013년(박근혜 정부) 광주시, 울산시, 강원도, 충북, 전북, 전남, 경북, 경남의 8개 지역 지방자치단체로 확대 설치하였다.

2. 제주자치경찰 특별사법경찰제도

1) 주요연혁

- 2005년 10월 14일 "제주특별자치도 기본계획"을 확정하면서 제주형 자치경찰제 시범 실시를 위하여 현행 국가경찰조직은 그대로 유지하면서 2006년 7월 1일 제주특별자치도지사 소속하에 설치 운영하였다.
- 교통법규 위반행위 단속 등 지역 교통 활동, 공공시설 및 지역행사장 등의 지역경비에 관한 사무와 환경·식품·산림·공중위생 등 17개의 특별사법경찰의 사무를 수행하였다.

2) 법적근거

제주특별자치도 설치 및 국제자유도시 조성을 위한 특별법 제111조(국가경찰공무원과 자치경찰공무원 간의 인사교류 등)

① 경찰청장과 도지사는 자치경찰공무원의 능력을 발전시키고 국가경찰사무와 자치경찰사무의 연계성을 높이기 위하여 국가경찰과 자치경찰 간 또는 다른 지방자치단체의 자치경찰 상호 간에 긴밀한 인사교류가 될 수 있도록 노력하여야 한다.

② 도지사는 제1항에 따른 인사교류를 하는 경우 매년 소속 자치경찰공무원 정원의 100분의 5 범위에서 국가경찰 또는 소속을 달리하는 자치경찰조직에 근무할 수 있도록 해당 임용권자와 협의를 거쳐야 한다.(인사교류 규정을 명시)

③ 제2항에 따른 인사교류의 기준·방법 및 절차 등에 관하여 필요한 사항은 도조례로 정한다. 이 경우 제주자치도경찰청장의 의견을 들어야 한다.

3) 주요 운영현황

- 제주자치경찰 수사전담부서의 설치단위는 광역시·도, 명칭은 '수사과'로 명명하였다.
- 경찰정책관의 기능은 자치경찰사무 종합기획 활동 목표 수립 및 활동상황 평가, 자치경찰공무원 인사·교육·인력·장비·예산 운용계획 수립 및 운영, 국가경찰과의 업무협약 및 인사교류, 관광·환경·산림분야 등 특별사법경찰 관리 직무에 관한사무를 관리한다.

○ 학습퀴즈

1. 특별사법경찰제도는 전문적 지식이 정통한 사법공무원에게 권한을 부여하여 수사활동을 통하여 효과적으로 대처하는 제도이다. (×) 행정공무원에게 권한을 부여

2. 특별사법경찰제는 위험방지라는 행정경찰 영역에 속하던 업무에 대해 선별적으로 범죄 수사와 관련한 사법권을 부여함으로써 일반적인 행정영역에서 발생하는 범죄를 수사하는 제도이다. (×) 전문적이고, 특수한 영역

3. 특별사법경찰제의 법적근거는 형법, -사법경찰관리의 직무를 수행할 자와 그 직무범위에 관한 법률 등이 있다. (×)

4. 일반적으로 수사는 수사기관의 객관적 혐의에 의하여 개시된다고 볼 수 있다. (×)

5. 제주자치경찰 특별사법경찰제도는 현행 국가경찰조직과는 별도로 2006년 7월 1일 제주특별자치도지사 소속하에 설치 운영하고 있다고 볼 수 있다.
(×) 국가경찰조직은 그대로 유지하면서

6. 제주자치경찰제의 인사교류의 기준·방법 및 절차 등에 관하여 필요한 사항은 도조례로 정한다. 이 경우 제주자치도경찰청장의 의견을 들어야 한다.(○)

○ 학습정리

1. 특별사법경찰제는 관할 검사장이 지명하는 일반직 공무원이 특정 직무의 범위 내에서 수사를 계획·실행하는 제도로서 전문적 지식이 정통한 행정공무원에게 사법경찰권을 부여하여 수사 활동을 통하여 효과적으로 대처하는 제도이다.

2. 특별사법경찰의 법적근거는 형사소송법 제245조 10조 제1항으로 삼림, 해사, 전매, 세무, 군수사기관, 그 밖에 특별한 사항에 관하여 사법경찰관리의 직무를 행할 특별사법경찰관리와 그 직무의 범위는 법률로 정한다.

3. 수사란, 형사소송법을 근거로 경찰, 해양경찰, 특별사법경찰관등이 수사하고, 피의자를 특정, 범죄사실을 증명할 수 있는 증거를 합법적인 절차를 통해서 확보하고, 실체적 진술을 발견하는 행위이다.

4. 특사경은 1956년 「사법경찰관리의 직무를 행할 자 와 그 직무 범위에 관한 법률」이제정될 당시의 초기 특별사법경찰은 삼림, 해사, 전매, 세무 등 특수행정 분야에 관한 범칙 사건 담당을 하였다.

5. 2006년 노무현정부에서는 제주특별자치도는 지방자치단체로는 처음으로 자치경찰제도를 운영하면서 특별사법경찰 전담부서를 설치하였다.

6. 제주특별법과 경찰조직법의 비교

구분	제주특별법	경찰조직법
집행기관의 소속	- 제주자치경찰위원회 소속 (제88조제1항)	- "시·도에 둔다"(제18조제1항)
조직권한	- 도조례로 정함(제88조제2항)	- 법률
인사권	- 도지사가 자치경찰단장을 임명 (제89조제1항)	- 대통령이 시도경찰청장을 임명 (경찰공무원법)
사무	- 자치경찰위원회(제92조)	- 시도자치경찰위원회(제24조 제1항 제1호)

구분	제주특별법	경찰조직법
소관사무	- 제주특별법상 자치경찰사무	- 경찰조직법상 자치경찰사무
국가경찰과 자치경찰의 협조	- 별도 규정 있음(제100조)	- 없음(일원화 조직모델)
국가의 재정지원	- 가능(제103조)	- 가능(제34조)
신분	- 지방공무원	- 국가공무원(경찰공무원법)
경찰관에 대한 권한	- 제96조(경찰관직무집행법 준용) - 제97조(무기와 장비의 사용) - 제98조(범죄의 발견시 조치)	경찰관직무집행법, 형사소송법, 위해성 경찰장비규정, 경찰제복장비법, 경찰복지법 등 당연적용)

제 12부

자치경찰의 수사권의 범위와 문제점

○ 학습목표

1. 자치경찰제의 수사권의 범위와 문제점
2. 자치경찰제의 시사점 및 총평

제1장

자치경찰제의 수사권의 범위

1. 개관

1). 국가경찰과 자치경찰의 조직 및 운영에 관한 법률 (이하, 경찰법) 제4조에서 자치경찰 사무의 범위와 수사사무의 범위를 규정하고 있다.

2) 학교폭력 등 소년범죄, 가정폭력, 아동학대 범죄, 교통사고 및 교통 관련 범죄, 형법 제245조에 따른 공연음란 및 성폭력범죄의 처벌 등에 관한 특례법 제12조에 따른 성적 목적을 위한 다중이용장소 침입행위에 관한 범죄, 경범죄 및 기초질서 관련 범죄, 가출인 및 실종아동등의 보호 및 지원에 관한 법률 제2조 제2호에서 규정한 범죄

2. 가정폭력

1) 개념

① "가정폭력"이란 가정구성원 사이의 신체적, 정신적 또는 재산상 피해를 수반하는 행위를 말함 (가정폭력범죄의 처벌 등에 관한 특례법 제2조제1호).

② 가정폭력 당사자로서의 "가정구성원"이란 다음 중 어느 하나에 해당하는 사람을 말합니다(「가정폭력범죄의 처벌 등에 관한 특례법」 제2조제2호).

- 배우자(사실상 혼인관계에 있는 사람포함) 또는 배우자였던 사람
  (사실혼 관련 판례):사실혼은 당사자 사이에 주관적으로 혼인의 의사가 있고, 객관적으로도 사회관념상 가족질서적인 면에서 부부공동생활을 인정할 만한 혼인생활의 실체가 있으면 일단 성립(대법원 1995. 3. 28. 선고 94므1584 판결, 대법원 2001. 4. 13. 선고 2000다52943 판결)
- 자기 또는 배우자와 직계존비속관계(사실상의 양친자 관계 포함)에 있거나 있었던 사람
- 계부모와 자녀의 관계 또는 적모(嫡母)와 서자(庶子)의 관계에 있거나 있

었던 사람

- 동거(同居)하는 친족

2) 현황

- 경찰청 통계자료에 의하면, 2016년 45,619건(53,511명), 2017년 38,583건(45,264명), 2018년 41,905건(43,576명)을 검거한 것으로 나타났다.
- 2018년 가정폭력사건 검거 건수는 4만 1천 9백여 건이며, 검거 인원은 약 4만 3천 6백 명, 검거 인원은 '16년 5만 3천 5백 명 규모에서 점차 감소하여 '18년 약 4만 3천 6백 명으로 나타났다.
- 검거 인원 중 동종 재범인원은 4천여 명으로 전년 대비 44.2% 증가하였고, 2011년 대비 '18년의 검거 건수는 6.1배, 검거 인원은 6배, 동종 재범인원은 약 1.7배 수준인 것으로 나타났다.

가정폭력 검거 및 재범률

(단위 : 건, 명, %)

구분	검거건수	검거인원	동종 재범인원	재범률
2011	6,848	7,272	2,395	32.9
2012	8,762	9,345	3,011	32.2
2013	16,785	18,000	2,131	11.8
2014	17,557	18,666	2,072	11.1
2015	40,828	47,543	2,336	4.9
2016	45,619	53,511	2,023	3.8
2017	38,489	45,206	2,775	6.1
2018	41,905	43,576	4,001	9.2

출처: 통계청 (2020)

① 가정폭력의 범죄는 가정폭력범죄처벌에 관한 특례법에 다음과 같이 규정하고 있다.

- 형법 제257조(상해, 존속상해), 제258조(중상해, 존속중상해), 제258조의2(특수상해), 제260조(폭행, 존속폭행) 제1항·제2항, 제261조(특수폭행) 및 제264조(상습범)의 죄, 형법 제271조(유기, 존속유기) 제1항·제2항, 제272조(영아유기), 제273조(학대, 존속학대) 및 제274조(아동혹사)의 죄, 제276조(체포, 감금, 존속체포, 존속감금), 제277조(중체포, 중감금, 존속중체포, 존속중감금), 제278조(특수체포, 특수감금), 제279조(상습범) 및 제280조(미수범)의 죄, 제283조(협박, 존속협박) 제1항, 제2항, 제284조(특수협박), 제285조(상습범) (제283조의 죄에만 해당한다) 및 제286조(미수범)의 죄, 제297조(강간), 제297조의2(유사강간), 제298조(강제추행), 제299조(준강간·준강제추행), 제300조(미수범), 제301조(강간 등 상해·치상), 제301조의2(강간 등 살인·치사), 제302조(미성년자 등에 대한 간음), 제305조(미성년자에 대한 간음, 추행), 제305조의2(상습범) (제297조, 제297조의2, 제298조부터 제300조까지의 죄에 한한다)의 죄, 제307조(명예훼손), 제308조(사자의 명예훼손), 제309조(출판물 등에 의한 명예훼손) 및 제311조(모욕)의 죄, 제321조(주거·신체수색)의 죄, 제324조(강요) 및 제324조의5(미수범), 제350조(공갈), 제350조의2(특수공갈) 및 제352조(미수범), 제366조(재물손괴 등) 죄 등을 규정하고 있다.

② 가정폭력범죄의 특성상 단순 폭행 사건의 수사로 종결될 수도 있고, 대형 폭행 사건으로 커질 수도 있다. 그러나 신고 접수시 국가경찰의 업무 범위에 해당하는지, 자치경찰 업무에 해당하는지 명확한 규정이 없으므로 업무 처리시 혼선이 예상된다.

③ 가정폭력에 대한 112신고 시스템에 접수된 가정폭력에 대하여 구체적인 폭력행위 등에 대하여 분석하여 지역별, 신고접수, 처리 건수 등에 대하여 면밀히 분석하여 적정한 근무의 인원수를 계량적으로 측정할 필요성이 있다.

3. 학교폭력

1) 개념

- 학교폭력은 학교폭력예방 및 대책에 관한 법률 제2조에서 정의를 하고 있다.
- 학교 내외에서 학생을 대상으로 발생한 상해, 폭행, 감금, 협박, 약취·유인, 명예훼손·모욕, 공갈, 강요·강제적인 심부름 및 성폭력, 따돌림, 사이버 따돌림, 정보통신망을 이용한 음란·폭력 정보 등에 의하여 신체·정신 또는 재산상의 피해를 수반하는 행위라고 규정하고 있다.
- '따돌림'이란 학교 내외에서 2명 이상의 학생들이 특정인이나 특정집단의 학생들을 대상으로 지속적이거나 반복적으로 신체적 또는 심리적 공격을 가하여 상대방이 고통을 느끼도록 하는 일체의 행위를 말하고,
- '사이버 따돌림'이란 인터넷, 휴대전화 등 정보통신기기를 이용하여 학생들이 특정 학생들을 대상으로 지속적, 반복적으로 심리적 공격을 가하거나, 특정 학생과 관련된 개인정보 또는 허위사실을 유포하여 상대방이 고통을 느끼도록 하는 일체의 행위를 말한다.

2) 현황

- 경찰청 통계자료에 의하면, 2015년도 학교폭력은 검거 건수는 12,495건, 2016년도 검거 건수는 12,805건, 2017년에는 14,100건, 2018년에는 13,367건, 2019년에는 13,584건으로 2018년도 일시적으로 감소하였다고 다시 증가하는 것으로 나타났다.
- 언어폭력(35.6%)과 집단따돌림(23.2%)이 높게 나타났으며, 다른 피해 유형보다 이 두 개 피해 유형이 차지하는 비율이 전체의 58.8%로 많은 비중을 차지한다. 보통 학교폭력은 피해유형이 단일형태로 나타나는 것이 아니라 복합(언어폭력·집단따돌림, 언어폭력·사이버 괴롭힘 등)으로 나타나는 경우가 많은 것으로 나타났다.
- 집단적인 따돌림 경험 학생의 41.4%가 언어폭력을, 언어폭력 경험 학생의 27.0%가 집단따돌림을 경험한 것으로 응답했다, 그리고, 물리적 학교폭력, 예컨대, 신체폭행, 성추행·성폭행, 금품갈취는 낮아지고, 정서적 학교폭력인 언어폭력, 집단따돌림 등은 증가하고 있는 것으로 나타났다.
  (교육부, 2019년 1차 학교폭력 실태조사)

4. 성폭력

1) 개념

① 성폭력범죄는 성폭력범죄의 처벌 등에 관한 특례법에서는 제2조제1항에 규정된 죄에 해당하는 행위라고 정의하고 있다.

1. 「형법」 제2편제22장 성풍속에 관한 죄 중 제242조(음행매개), 제243조(음화반포등), 제244조(음화제조등) 및 제245조(공연음란)의 죄
2. 「형법」 제2편제31장 약취(略取), 유인(誘引) 및 인신매매의 죄 중 추행, 간음 또는 성매매와 성적 착취를 목적으로 범한 제288조 또는 추행, 간음 또는 성매매와 성적 착취를 목적으로 범한 제289조, 제290조(추행, 간음 또는 성매매와 성적 착취를 목적으로 제288조 또는 추행, 간음 또는 성매매와 성적 착취를 목적으로 제289조의 죄를 범하여 약취, 유인, 매매된 사람을 상해하거나 상해에 이르게 한 경우에 한정한다), 제291조(추행, 간음 또는 성매매와 성적 착취를 목적으로 제288조 또는 추행, 간음 또는 성매매와 성적 착취를 목적으로 제289조의 죄를 범하여 약취, 유인, 매매된 사람을 살해하거나 사망에 이르게 한 경우에 한정한다), 제292조[추행, 간음 또는 성매매와 성적 착취를 목적으로 한 제288조 또는 추행, 간음 또는 성매매와 성적 착취를 목적으로 한 제289조의 죄로 약취, 유인, 매매된 사람을 수수(授受) 또는 은닉한 죄, 추행, 간음 또는 성매매와 성적 착취를 목적으로 한 제288조 또는 추행, 간음 또는 성매매와 성적 착취를 목적으로 한 제289조의 죄를 범할 목적으로 사람을 모집, 운송, 전달한 경우에 한정한다] 및 제294조(추행, 간음 또는 성매매와 성적 착취를 목적으로 범한 제288조의 미수범 또는 추행, 간음 또는 성매매와 성적 착취를 목적으로 범한 제289조의 미수범, 추행, 간음 또는 성매매와 성적 착취를 목적으로 제288조 또는 추행, 간음 또는 성매매와 성적 착취를 목적으로 제289조의 죄를 범하여 발생한 제290조제1항의 미수범 또는 추행, 간음 또는 성매매와 성적 착취를 목적으로 제288조 또는 추행, 간음 또는 성매매와 성적 착취를 목적으로 제289조의 죄를 범하여 발생한 제291조제1항의 미수범 및 제292조제1항의 미수범 중 추행, 간음 또는 성매매와 성적 착취를 목적으로 약취,

유인, 매매된 사람을 수수, 은닉한 죄의 미수범으로 한정한다)의 죄

3. 「형법」 제2편제32장 강간과 추행의 죄 중 제297조(강간), 제297조의2(유사강간), 제298조(강제추행), 제299조(준강간, 준강제추행), 제300조(미수범), 제301조(강간등 상해·치상), 제301조의2(강간등 살인·치사), 제302조(미성년자등에 대한 간음), 제303조(업무상위력등에 의한 간음) 및 제305조(미성년자에 대한 간음, 추행)의 죄
4. 「형법」 제339조(강도강간)의 죄 및 제342조(제339조의 미수범으로 한정한다)의 죄

② 경찰 실무적으로 협의의 성폭력 개념은 폭행 협박을 행사하여 피해자에게 성적 자기결정권을 침해하는 범죄라고 본다. 광의의 성폭력 개념은 협의적 의미를 포함해서 피해자 의사에 반해 신체적 접촉을 하거나 음란성 언어 및 통신매체, 카메라를 이용한 범죄라고 정의하고 있다. 그리고 최광의의 성폭력 개념은 불특정 다수를 상대로 금전 또는 재산상 이익을 약속하고 성행위를 하거나 성행위 상대방이 되는 범죄라고 정의

③ 성폭력은 우리가 흔히 생각하는 것보다 그 범주가 훨씬 넓고 성차별적 사회구조 속에서 다양한 형태로 나타난다. 성폭력은 강간뿐만 아니라 추행, 성희롱, 어린이 성추 행, 윤간, 강도강간 등 여성에게 가해지는 모든 신체적, 언어적, 정신적 폭력을 포괄하는 광범위한 개념이다. 따라서 성폭력에 대한 막연한 불안감이나 공포뿐만 아니라 그것으로 인한 행동제약도 간접적인 성폭력이라 할 수 있다.

2) 현황

① 경찰청 통계자료 의하면, 성폭력은 약 3만 1천 4백 건 발생하였고, 이 중 3만여 건(95.7%)이 검거되었고, 검거인원은 3만 3천여 명이며, '18년의 성폭력 발생 건수는 '08년 대비 약 2배 증가하였으며, 검거율은 5.4% 증가한 것으로 나타났다.

② 성폭력 범죄가해자에 대한 처벌과 피해자를 보호하기 위해서 특별법의 제정이 많아졌으나, 성폭력에 대한 범죄는 오히려 증가하고 있고, 성폭력범죄의 경우, 피해자 여성에게 신체적, 성적, 심리적 침해나 괴로움을 준다.

최근에는 시대와 환경의 변화에 따라 'N번방 사건' 등 사이버상에서 성폭력과 같이 성범죄가 흉포, 지능화되는 등 범죄가 진화되고 있다는 주목해야 한다. 성폭력의 경우, 가해자에 대한 처별 뿐만 아니라 재범방지, 피해자의 신변보호 등에 대한 정책도 중요하다. 자치경찰로 이관시에 관련 유관기관과 협력하여 전문교육이 강화되어야 한다.

5. 실종수사

1) 개념

"실종아동등"이란 약취(略取)·유인(誘引) 또는 유기(遺棄)되거나 사고를 당하거나 가출하거나 길을 잃는 등의 사유로 인하여 보호자로부터 이탈(離脫)된 아동등을 말한다. 실종아동등의 보호 및 지원에 관한 법률 제2조 제2호에서 규정한 범죄

2) 현황

경찰청 통계자료에 의하면, 2014년 실종 신고접수는 37,522건이고, 이중 15건은 발견하지 못했고, 2015년 신고접수는 36,785건, 미발견 10건, 2016년 신고접수는 38,789건, 미발견 32건, 2017년 신고접수는 38,789건, 미발견 32건, 2018년 신고접수는 42,992건, 미발견은 25건, 2019년도에는 42,390의 신고접수, 미발견은 186건으로 매년 증가하고 있다.

실종아동 등 신고접수 및 처리현황

(단위 : 건수)

구분		2015	2016	2017	2018	2019
총계	신고접수	36,785	38,281	38,789	42,992	42,390
	미발견	8	14	18	25	186
정상아동	신고접수	19,428	19,870	19,956	21,980	21,551
	미발견	1	5	5	10	99
지적장애인	신고접수	8,311	8,542	8,525	8,881	8,360
	미발견	3	3	7	12	75
치매환자	신고접수	9,046	9,869	10,308	12,131	12,479
	미발견	4	6	6	3	12

출처: 경찰청 통계연보(2020)

- 실종 당시 18세 미만인 아동, 지적장애인, 자폐성장애인 또는 정신장애인, 치매환자를 같이 규정하고 있다. 실종사건은 갈수록 증가하고 있는 추세이므로 발생하기 사건 발생 이전에 예방에 힘써야 해야 한다.

제2장

자치경찰제 수사권의 문제점

1. 현황

- 2019년도 현재 경찰관수는 총 122,913명이고, 이중, 수사경찰관수는 30,624명(약 24.9%)에 해당하고, 지역경찰, 교통 업무 등 지역경찰 사무 담당한 경찰관은 48,676명(약 34.9%)에 해당한 것으로 나타났다[7].
- 지역경찰정원및현원현황 중 전국적인 지역경찰관수의 통계를 보면 2017년에는 47,885명, 2018년도에는 49,241명, 2019년도에는 48,676명으로 나타났다.

최근 3년간 지역경찰 정원 및 현원 현황

구분	2017		2018		2019.8月 기준	
	정원	현황	정원	현황	정원	현황
계	47,885	47,186	49,259	49,241	49,748	48,676
서울	10,216	10,326	10,377	10,537	10,458	10,057
부산	3,664	3,685	3,694	3,827	3,719	3,644
대구	2,271	2,247	2,303	2,330	2,323	2,318
인천	2,407	2,269	2,461	2,524	2,511	2,508
광주	1,229	1,227	1,267	1,278	1,279	1,267
대전	1,177	1,126	1,203	1,176	1,247	1,217
울산	961	974	984	1,042	998	1,029
세종					158	142
경기남	7,324	6,993	7,605	7,654	7,659	7,633
경기북	2,429	2,475	2,585	2,541	2,637	2,578
강원	1,858	1,795	1,894	1,902	1,907	1,826
충북	1,462	1,438	1,509	1,460	1,517	1,494

7) 2020 경찰청, 경찰백서 38면.

충남	2,017	1,917	2,107	1,944	1,963	1,856
전북	2,168	2,140	2,223	2,112	2,234	2,121
전남	2,399	2,419	2,468	2,410	2,480	2,390
경북	2,832	2,794	2,939	2,947	2,955	2,938
경남	2,879	2,769	3,017	2,936	3,053	2,962
제주	592	592	623	621	650	696

※ 경찰청 내부자료 재작성(2020)

2019년도 현재 수사경찰은 30,624명으로 전체 경찰관수에서 24.9%에 해당한다. 향후 자치경찰제 실시될 경우, 수사업무를 담당할 적정인원수를 계량적으로 측정할 필요성이 있다.

수사경찰 현황

구 분		총계	치안감	경무관	총 경	경정	경감	경위	경사	경장	순경
총계	계	30,624	2	4	67	584	3,809	12,079	7,046	5,409	1,624
	경찰청	425	2	3	16	41	111	169	58	25	0
	지방청	5,488	0	1	51	240	586	2,142	1,561	785	122
	경찰서	24,711	0	0	0	303	3,112	9,768	5,427	4,599	1,502
수사 부서[8]	계	22,012	2	4	66	505	2,823	8,638	5,141	3,778	1,055
	경찰청	377	2	3	16	39	104	142	50	21	0
	지방청	3,991	0	1	50	163	431	1,549	1,134	570	93
	경찰서	17,644	0	0	0	303	2,288	6,947	3,957	3,187	962
수사 확대 부서[9]	계	8,612	0	0	1	79	986	3,441	1,905	1,631	569
	경찰청	48	0	0	0	2	7	27	8	4	0
	지방청	1,497	0	0	1	77	155	593	427	215	29
	경찰서	7,067	0	0	0	0	824	2,821	1,470	1,412	540

출처: 장지원, 행정안전위원회 경찰법 일부 개정안법률안 검토보고서(2020년 7월 기준)

8) 수사국, 사이버안전국, 과학수사관리관실 소속 실수사 담당자
9) 생활안전국, 외사국, 교통국 소속 근무자 중, 실수사 담당자

국가경찰과의 업무의 조정과는 별도로 주민과 합동으로 협력치안을 구현해야 한다. 물론 국가수사경찰이 자치경찰로 부터 협력은 전제되어야 할 것이고, 특히, 수사사무에 대하여는 실무자 협의체를 통해 국가경찰과 지방자치단체 간의 합의를 통해 하위 법령이 정해져야 한다[10].

10) 2020. 11월부터 공무원직장협의회설립, 운영에 관한 법률에 근거하여 경찰청, 지방청, 각 경찰서별로 직장협의회가 활동 중이다.

제3장

개선방안

1. 지역실정에 맞는 자치수사경찰 모델을 개발하고, 도입해야 한다.

① 일률적으로 자치경찰제를 모델을 도입할 것이 아니라, 각 지역의 경찰관의 범죄발생 건수, 경찰관의 숫자, 지역의 인구수 등 업무량을 계량적으로 분석하여 적정한 인원을 측정하여 그 지역의 특성 등을 고려하여 지역 실정에 맞는 자치경찰경찰 모델을 개발하고, 도입해야 한다[11).

② 외국인 밀집지역, 노상범죄 다발지역 등을 분류하고, 발생한 범죄의 유형들을 분류하거나, 각 지역에 맞는 범죄 대응 및 피해자 보호제도를 운영할 필요성이 있다.

③ 각 시·도립대에 지역별로 지역 치안 실정에 맞는 관련된 학과를 신설해서 실무형 자치경찰공무원을 자체적으로 양성하는 등 자치경찰제 정착을 위한 여러 가지 제도가 마련될 필요성이 있다.

2. 각 지방자치단체 등 유관기관과의 협력치안이 필요하다.

① 경찰청 통계자료에 의하면, 2018년부터 2019년 동안 제주도에서 자치경찰제를 시범 실시한 결과, 자치경찰은 일상적인 신고는 32%에 해당하는 사건을 처리했고, 국가경찰은 중대하고, 긴급한 사건인 경우 69%의 사건으로 처리하였고, 범죄발생 건수 및 음주 교통단속 건수가 감소하고, 범죄는 전년대비 약 8.6%가 감소되었고, 음주사고 발생 건수는 전년대비 14.3%가 감소되는 것으로 나타났다. 이는 국가, 자치경찰간 상호협력한 결과로 보인다[12)].

② 범죄 대응은 지역수사경찰과 국가수사경찰이 함께 대응해야 할 뿐만 아니라,

---

11) 각 지역별 유형에 대하여는 박재희, "부산형 자치경찰제 모형에 관한연구", 한국지방정부학회, 제23권 제4호, 2020, 김흥주, 강인호, "세종형 자치경찰제 도입모형에 관한 연구", 한국정책과학학회, 제23권 제2호, 2019. 참조

12) 2020 경찰백서

각 시·군·구에서 운영중인 자치단체의 지방 행정기관 등과 범죄의 예방과 검거와 관련된 유관기관과 함께 운영되어야 실효적이다. 이에 각 기관간 공유하여 실효성있는 자치경찰제도가 이루어져야 한다.

③ 각 자치단체가 보유하고 있는 예산, 인력, 기관 등에서 시행하고 있는 프로그램 등에 자치경찰수사권까지 활용한다면 범죄예방 및 감소 효과가 있을 것으로 예상된다.

3. 행정경찰과 사법경찰을 분리해야 한다.

① 행정청의 행정경찰은 행정작용의 일부로서, 공공의 안녕, 질서에 대한 위험방지 역할을 권력작용으로 실질적 의미의 경찰이라고 할 수 있다. 사법경찰은 피의자 체포, 압수수색, 구속 등 범죄의 수사 등을 목적으로 하는 권력적 작용을 하는 경찰이다. 현재까지 사실상 효율적인 사법경찰작용 위주로 진행이 되어왔다. 사후적 활동인 사법경찰작용과 예방적 활동인 행정경찰은 자치경찰 시행을 앞두고 새로운 치안활동으로의 전환이 필요해 보인다[13].

② 지방자치단체와의 적극적인 협력을 통하여 행정경찰과 사법경찰의 역할을 구분하여 수사업무에 대하여 수사업무를 감소할 수 있는 제도를 마련하는 등 궁극적으로는 경찰 활동의 실효적 측면에서 접근할 필요성이 있다.

---

13) 행정경찰과 사법경찰의 구분에 대하여는 서정범, 김연태, 이기훈, “경찰법 연구”, 2018, 세창출판사, 19면 이하 참조.

제4장

자치경찰제의 시사점 및 총평

1. 자치경찰제 시행은 헌법에서 보장된 지방자치의 완성이다. 헌법을 기반으로 지방자치행정을 민주적이고 능률적인 수행과 함께 지방을 균형발전 시키고, 대한민국을 민주적으로 발전시키고자 하는 것이 제도의 취지다.

2. 직급 조정을 통해 일반 행정공무원과의 형평성을 맞춰야 한다. 예컨대, 실무자가 참여하는 업무조정협의체를 신설해서, 실질적인 업무의 조정이 필요해 보인다. 또한 112신고 처리 접수, 결과 등 빅데이터를 활용하여 구체적인 업무의 범위를 지정하고, 대통령 등 하위 법령제정시 실무자의 의견이 반영되도록 해야 한다[14].

3. 행정경찰과 사법경찰을 분리하여 행정경찰은 범죄의 피해자 보호, 지원 등 예방경찰로서의 업무에 충실하고, 자치경찰은 최후의 보충적 경찰활동이 될 수 있도록 분업화가 이루어져야 하고, 국가경찰과 자치경찰간 상호 긴밀한 협력을 통하여 업무 혼선을 줄일 방안도 마련해야 한다.

4. 치안책임의 주체를 명확히 한다는 측면에서, 현장지향, 주민밀착형 치안서비스 제공에 적합한 자치경찰의 책임과 역량이 강화되는 방향으로 초점이 맞춰져야 한다. 일본, 독일, 미국의 자치경찰은 역할이 분명하고, 책임도 맡고 있다. 이를 참고하여 한국형 자치경찰를 정착시켜야 한다.

5. 국가경찰의 역할은 지원, 조정, 통제에 중점을 두어야 한다. 직접 실행부서는 최소화하는 것이 자치경찰의 실질화를 도모할 수 있다. 국가경찰이 개입하는 경우, 일본경찰 사례처럼, 일정 직급이상의 경찰관을 국가경찰공무원화 하여, 인사/보직배치를 통한 간접적 통제방식을 고려할 수 있다.

---

14) http://news.kbs.co.kr/news/view.do?ncd=5006624&ref=A(kbs 일선경찰관들 자치경찰제반대, https://news.mt.co.kr/mtview.php?no=2020101216015738720(머니투데이, 경찰청, '공공청사 경비' 자치경찰 업무서 빼달라…국회 요청 2020. 10.23 검색)

6. 직무전문화와 관련, 지방자치 단체별로 재정여건 등으로 인한 자치경찰의 법집행 역량 측면에서 차별이 발생할 수 있다. 국가경찰의 지원, 조정차원에서 경찰교육시설의 확충, 컨텐츠개발 등 다양한 프로그램이 필요하다. 이에 따라 국가경찰 수사기능과 자치경찰의 민생치안수사역량을 높이기 위한 과학적 수사기반 확충에 투자해야 한다.

7. 경찰서의 수사, 정보, 보안, 외사 기능만 국가경찰 사무화 하고, 경무, 생활안전, 여청, 교통, 경비업무 등 경미한 범죄는 자치경찰로 이관해야 하고, 지구대 및 파출소기능은 완전히 자치경찰로 분리해야 한다.

○ 학습정리

1. 경찰법 제4조에서 소년범죄, 가정폭력, 아동학대 범죄, 교통사고 및 교통 관련 범죄, 형법 제245조에 따른 공연음란 및 성폭력범죄의 처벌 등에 관한 특례법 제12조에 따른 성적 목적을 위한 다중이용장소 침입행위에 관한 범죄, 경범죄 및 기초질서 관련 범죄, 가출인 및 실종아동 등의 보호 및 지원에 관한 법률 제2조 제2호에서 규정한 범죄 등 자치경찰 사무의 범위를 규정하고 있다.

2. 학교폭력은 학교 내외에서 학생을 대상으로 발생한 상해, 폭행, 감금, 협박, 약취·유인, 명예훼손·모욕, 공갈, 강요·강제적인 심부름 및 성폭력, 따돌림, 사이버 따돌림, 정보통신망을 이용한 음란·폭력 정보 등에 의하여 신체·정신 또는 재산상의 피해를 수반하는 행위라고 규정하고 있다.

3. 국가경찰과의 업무의 조정과는 별도로 주민과 합동으로 협력치안을 구현해야 한다. 특히, 수사사무에 대하여는 실무자 협의체를 통해 국가경찰과 지방자치단체간의 합의를 통해 하위 법령이 정해져야 한다.

4. 행정경찰과 사법경찰을 분리해 행정경찰은 범죄의 피해자 보호, 지원 등 예방경찰로서의 업무에 충실하고, 자치경찰은 최후의 보충적 경찰활동이 될 수 있도록 분업화가 이루어져야 하고, 국가경찰과 자치경찰간 상호 긴밀한 협력을 통하여 업무 혼선을 줄일 방안도 마련해야 한다.

5. 국가경찰의 역할은 지원, 조정, 통제에 중점을 두어야 한다. 일정 직급이상의 경찰관을 국가경찰공무원화 하여, 인사, 보직배치를 통한 간접적 통제방식을 고려해야 한다.

6. 지방자치 단체별로 재정여건 등으로 인한 자치경찰의 법집행 역량 측면에서 우열이 생길 수 있으므로 국가경찰의 지원, 조정차원에서 경찰교육시설의 확충 및 컨텐츠 개발 등이 필요하다.

7. 경찰서의 수사, 정보, 보안, 외사 기능만 국가경찰 사무화 하고, 경무, 생활안전, 여청, 교통, 경비업무, 경미범죄수사 기능 모두는 자치경찰사무로 이관할 필요가 있다.

○ 참고문헌

1. 단행본

양영철, 新 지방자치경찰론, 온누리디앤피, 2021.3.30.

서정범, 김연태, 이기춘, 경찰법 연구 제3판, 세창출판사, 2018.8.30

신헌기, 자치경찰론, 진영사, 2021. 2.25

박준휘, 안성훈, 고가영, 이형근, 최성락, 강용길, 유주성, 장일식, "한국형 자치경찰제 시행 및 정착에 관한연구", 한국형사정책연구원, 연구총서 19-B-07, 2019.

이건수, 박종선, 스마트자치경찰론, 청목출판사, 2022.

2. 소논문

이범오, "자치경찰의 수사범위에 관한 연구, " 한국법이론실무학회, 2022.

강일원, 지방분권이념에 따른 자치경찰제도의 도입 필요성 및 방향, 인문사회융합멀티미디어논문지 9권 2호, 745~754, 2019.

김성희, "자치경찰실시에 대한 치안기대수준의 인식연구" 경기대학교 대학원, 박사학위논문, 2019.

김창윤, '경찰정신확립을 위한 치안정책의 역사적 고찰', 치안정책연구소 학술세미나 자료, 2019.

김형중, '고조선 시대의 경찰기능에 관한 연구', 한국경찰학회보 제 13권 제 2호, 2011.

김흥주, 강인호, "세종형 자치경찰제 도입모형에 관한 연구", 한국정책과학학회, 제23권 제2호, 49-77, 2019.

남재성, "국가경찰과의 조화를 통한 바람직한 자치경찰제 도입방안 모색", 한국경찰학회보, 제21권 제4호, 39-69, 2019.

박재희, "부산형 자치경찰제 모형에 관한 연구", 한국지방정부학회, 제23권 제4호, 1-25, 2020.

신현기, "문재인 정부의 자치경찰제 도입 방향과 시범실시", 자치경찰연구 제12권 제2호, 12-23, 2019.

정웅석, "자치경찰제도와 수사권 조정', 한국형사소송법학회 형사소송이론과 실무', 제11권 제2호, 29-58, 2019.

최미경, "자치경찰 도입의 쟁점과 방향", 국회입법조사처, 현안분석, 131호, 2020.

최종술, "바람직한 자치경찰제 도입을 위한 과제와 전망", 한국 경찰학회, 한국자치경찰법학회, 토론회, 2020. 토론집.

황문규, "자치경찰도입과 수사권 조정의 상관관계에 대한 연구; 연혁적 고찰을 중심으로", 한국민간경비학회, 제15권, 제1호, 151-180, 2016.

부록

경찰법령

○ 학습목표

1. 국가경찰과 자치경찰의 조직 및 운영에 관한 법률(약칭 : 경찰법)(제17689호)
2. 자치경찰사무와 시·도자치경찰위원회의 조직 및 운영 등에 관한 규정(대통령령)(제32223호)
3. 경찰관 직무집행법(제18807호)
4. 제주특별자치도 설치 및 국제자유도시 조성을 위한 특별법(약칭 : 제주특별법)(제18849호)

국가경찰과 자치경찰의 조직 및 운영에 관한 법률 (약칭: 경찰법)

[시행 2021. 1. 1.] [법률 제17689호, 2020. 12. 22., 전부개정]

제1장 총칙

제1조(목적) 이 법은 경찰의 민주적인 관리·운영과 효율적인 임무수행을 위하여 경찰의 기본조직 및 직무 범위와 그 밖에 필요한 사항을 규정함을 목적으로 한다.

제2조(국가와 지방자치단체의 책무) 국가와 지방자치단체는 국민의 생명·신체 및 재산을 보호하고 공공의 안녕과 질서유지에 필요한 시책을 수립·시행하여야 한다.

제3조(경찰의 임무) 경찰의 임무는 다음 각 호와 같다.

1. 국민의 생명·신체 및 재산의 보호
2. 범죄의 예방·진압 및 수사
3. 범죄피해자 보호
4. 경비·요인경호 및 대간첩·대테러 작전 수행
5. 공공안녕에 대한 위험의 예방과 대응을 위한 정보의 수집·작성 및 배포
6. 교통의 단속과 위해의 방지
7. 외국 정부기관 및 국제기구와의 국제협력
8. 그 밖에 공공의 안녕과 질서유지

제4조(경찰의 사무) ① 경찰의 사무는 다음 각 호와 같이 구분한다.

1. 국가경찰사무: 제3조에서 정한 경찰의 임무를 수행하기 위한 사무. 다만, 제2호의 자치경찰사무는 제외한다.
2. 자치경찰사무: 제3조에서 정한 경찰의 임무 범위에서 관할 지역의 생활안전·교통·경비·수사 등에 관한 다음 각 목의 사무
   가. 지역 내 주민의 생활안전 활동에 관한 사무
      1) 생활안전을 위한 순찰 및 시설의 운영
      2) 주민참여 방범활동의 지원 및 지도
      3) 안전사고 및 재해·재난 시 긴급구조지원
      4) 아동·청소년·노인·여성·장애인 등 사회적 보호가 필요한 사람에 대한 보호 업무 및 가정폭력·학교폭력·성폭력 등의 예방

5) 주민의 일상생활과 관련된 사회질서의 유지 및 그 위반행위의 지도·단속. 다만, 지방자치단체 등 다른 행정청의 사무는 제외한다.

6) 그 밖에 지역주민의 생활안전에 관한 사무

나. 지역 내 교통활동에 관한 사무

1) 교통법규 위반에 대한 지도·단속

2) 교통안전시설 및 무인 교통단속용 장비의 심의·설치·관리

3) 교통안전에 대한 교육 및 홍보

4) 주민참여 지역 교통활동의 지원 및 지도

5) 통행 허가, 어린이 통학버스의 신고, 긴급자동차의 지정 신청 등 각종 허가 및 신고에 관한 사무

6) 그 밖에 지역 내의 교통안전 및 소통에 관한 사무

다. 지역 내 다중운집 행사 관련 혼잡 교통 및 안전 관리

라. 다음의 어느 하나에 해당하는 수사사무

1) 학교폭력 등 소년범죄

2) 가정폭력, 아동학대 범죄

3) 교통사고 및 교통 관련 범죄

4) 「형법」 제245조에 따른 공연음란 및 「성폭력범죄의 처벌 등에 관한 특례법」 제12조에 따른 성적 목적을 위한 다중이용장소 침입행위에 관한 범죄

5) 경범죄 및 기초질서 관련 범죄

6) 가출인 및 「실종아동등의 보호 및 지원에 관한 법률」 제2조제2호에 따른 실종아동등 관련 수색 및 범죄

② 제1항제2호가목부터 다목까지의 자치경찰사무에 관한 구체적인 사항 및 범위 등은 대통령령으로 정하는 기준에 따라 시·도조례로 정한다.

③ 제1항제2호라목의 자치경찰사무에 관한 구체적인 사항 및 범위 등은 대통령령으로 정한다.

제5조(권한남용의 금지) 경찰은 그 직무를 수행할 때 헌법과 법률에 따라 국민의 자유와 권리 및 모든 개인이 가지는 불가침의 기본적 인권을 보호하고, 국민 전체에 대한 봉사자로서 공정·중립을 지켜야 하며, 부여된 권한을 남용하여서는 아니 된다.

제6조(직무수행) ① 경찰공무원은 상관의 지휘·감독을 받아 직무를 수행하고, 그 직무수행에 관하여 서로 협력하여야 한다.

② 경찰공무원은 구체적 사건수사와 관련된 제1항의 지휘·감독의 적법성 또는 정당성에 대하여 이견이 있을 때에는 이의를 제기할 수 있다.

③ 경찰공무원의 직무수행에 필요한 사항은 따로 법률로 정한다.

제2장 국가경찰위원회

제7조(국가경찰위원회의 설치) ① 국가경찰행정에 관하여 제10조제1항 각 호의 사항을 심의·의결하기 위하여 행정안전부에 국가경찰위원회를 둔다.

② 국가경찰위원회는 위원장 1명을 포함한 7명의 위원으로 구성하되, 위원장 및 5명의 위원은 비상임(非常任)으로 하고, 1명의 위원은 상임(常任)으로 한다.

③ 제2항에 따른 위원 중 상임위원은 정무직으로 한다.

제8조(국가경찰위원회 위원의 임명 및 결격사유 등) ① 위원은 행정안전부장관의 제청으로 국무총리를 거쳐 대통령이 임명한다.

② 행정안전부장관은 위원 임명을 제청할 때 경찰의 정치적 중립이 보장되도록 하여야 한다.

③ 위원 중 2명은 법관의 자격이 있는 사람이어야 한다.

④ 위원은 특정 성(性)이 10분의 6을 초과하지 아니하도록 노력하여야 한다.

⑤ 다음 각 호의 어느 하나에 해당하는 사람은 위원이 될 수 없으며, 위원이 다음 각 호의 어느 하나에 해당하는 경우에는 당연퇴직한다.

1. 정당의 당원이거나 당적을 이탈한 날부터 3년이 지나지 아니한 사람
2. 선거에 의하여 취임하는 공직에 있거나 그 공직에서 퇴직한 날부터 3년이 지나지 아니한 사람
3. 경찰, 검찰, 국가정보원 직원 또는 군인의 직에 있거나 그 직에서 퇴직한 날부터 3년이 지나지 아니한 사람
4. 「국가공무원법」 제33조 각 호의 어느 하나에 해당하는 사람. 다만, 「국가공무원법」 제33조제2호 및 제5호에 해당하는 경우에는 같은 법 제69조제1호 단서에 따른다.

⑥ 위원에 대해서는 「국가공무원법」 제60조 및 제65조를 준용한다.

제9조(국가경찰위원회 위원의 임기 및 신분보장) ① 위원의 임기는 3년으로 하며, 연임(連任)할 수 없다. 이 경우 보궐위원의 임기는 전임자 임기의 남은 기간으로 한다.

② 위원은 중대한 신체상 또는 정신상의 장애로 직무를 수행할 수 없게 된 경우를 제외하고는 그 의사에 반하여 면직되지 아니한다.

제10조(국가경찰위원회의 심의·의결 사항 등) ① 다음 각 호의 사항은 국가경찰위원회의 심의·의결을 거쳐야 한다.

1. 국가경찰사무에 관한 인사, 예산, 장비, 통신 등에 관한 주요정책 및 경찰 업무 발전에 관한 사항
2. 국가경찰사무에 관한 인권보호와 관련되는 경찰의 운영·개선에 관한 사항
3. 국가경찰사무 담당 공무원의 부패 방지와 청렴도 향상에 관한 주요 정책사항
4. 국가경찰사무 외에 다른 국가기관으로부터의 업무협조 요청에 관한 사항
5. 제주특별자치도의 자치경찰에 대한 경찰의 지원·협조 및 협약체결의 조정 등에 관한 주요 정책사항
6. 제18조에 따른 시·도자치경찰위원회 위원 추천, 자치경찰사무에 대한 주요 법령·정책 등에 관한 사항, 제25조제4항에 따른 시·도자치경찰위원회 의결에 대한 재의 요구에 관한 사항
7. 제2조에 따른 시책 수립에 관한 사항
8. 제32조에 따른 비상사태 등 전국적 치안유지를 위한 경찰청장의 지휘·명령에 관한 사항
9. 그 밖에 행정안전부장관 및 경찰청장이 중요하다고 인정하여 국가경찰위원회의 회의에 부친 사항

② 행정안전부장관은 제1항에 따라 심의·의결된 내용이 적정하지 아니하다고 판단할 때에는 재의(再議)를 요구할 수 있다.

제11조(국가경찰위원회의 운영 등) ① 국가경찰위원회의 사무는 경찰청에서 수행한다.

② 국가경찰위원회의 회의는 재적위원 과반수의 출석과 출석위원 과반수의 찬성으로 의결한다.

③ 이 법에 규정된 것 외에 국가경찰위원회의 운영 및 제10조제1항 각 호에 따른 심의·의결 사항의 구체적 범위, 재의 요구 등에 필요한 사항은 대통령령으로 정한다.

제3장 경찰청

제12조(경찰의 조직) 치안에 관한 사무를 관장하게 하기 위하여 행정안전부장관 소속으로 경찰청을 둔다.

제13조(경찰사무의 지역적 분장기관) 경찰의 사무를 지역적으로 분담하여 수행하게 하기 위하여 특별시·광역시·특별자치시·도·특별자치도(이하 "시·도"라 한다)에

시·도경찰청을 두고, 시·도경찰청장 소속으로 경찰서를 둔다. 이 경우 인구, 행정구역, 면적, 지리적 특성, 교통 및 그 밖의 조건을 고려하여 시·도에 2개의 시·도경찰청을 둘 수 있다.

제14조(경찰청장) ① 경찰청에 경찰청장을 두며, 경찰청장은 치안총감(治安總監)으로 보한다.

② 경찰청장은 국가경찰위원회의 동의를 받아 행정안전부장관의 제청으로 국무총리를 거쳐 대통령이 임명한다. 이 경우 국회의 인사청문을 거쳐야 한다.

③ 경찰청장은 국가경찰사무를 총괄하고 경찰청 업무를 관장하며 소속 공무원 및 각급 경찰기관의 장을 지휘·감독한다.

④ 경찰청장의 임기는 2년으로 하고, 중임(重任)할 수 없다.

⑤ 경찰청장이 직무를 집행하면서 헌법이나 법률을 위배하였을 때에는 국회는 탄핵 소추를 의결할 수 있다.

⑥ 경찰청장은 경찰의 수사에 관한 사무의 경우에는 개별 사건의 수사에 대하여 구체적으로 지휘·감독할 수 없다. 다만, 국민의 생명·신체·재산 또는 공공의 안전 등에 중대한 위험을 초래하는 긴급하고 중요한 사건의 수사에 있어서 경찰의 자원을 대규모로 동원하는 등 통합적으로 현장 대응할 필요가 있다고 판단할 만한 상당한 이유가 있는 때에는 제16조에 따른 국가수사본부장을 통하여 개별 사건의 수사에 대하여 구체적으로 지휘·감독할 수 있다.

⑦ 경찰청장은 제6항 단서에 따라 개별 사건의 수사에 대한 구체적 지휘·감독을 개시한 때에는 이를 국가경찰위원회에 보고하여야 한다.

⑧ 경찰청장은 제6항 단서의 사유가 해소된 경우에는 개별 사건의 수사에 대한 구체적 지휘·감독을 중단하여야 한다.

⑨ 경찰청장은 제16조에 따른 국가수사본부장이 제6항 단서의 사유가 해소되었다고 판단하여 개별 사건의 수사에 대한 구체적 지휘·감독의 중단을 건의하는 경우 특별한 이유가 없으면 이를 승인하여야 한다.

⑩ 제6항 단서에서 규정하는 긴급하고 중요한 사건의 범위 등 필요한 사항은 대통령령으로 정한다.

제15조(경찰청 차장) ① 경찰청에 차장을 두며, 차장은 치안정감(治安正監)으로 보한다.

② 차장은 경찰청장을 보좌하며, 경찰청장이 부득이한 사유로 직무를 수행할 수 없을 때에는 그 직무를 대행한다.

제16조(국가수사본부장) ① 경찰청에 국가수사본부를 두며, 국가수사본부장은 치안정감으로 보한다.

② 국가수사본부장은 「형사소송법」에 따른 경찰의 수사에 관하여 각 시·도경찰청장과 경찰서장 및 수사부서 소속 공무원을 지휘·감독한다.

③ 국가수사본부장의 임기는 2년으로 하며, 중임할 수 없다.

④ 국가수사본부장은 임기가 끝나면 당연히 퇴직한다.

⑤ 국가수사본부장이 직무를 집행하면서 헌법이나 법률을 위배하였을 때에는 국회는 탄핵 소추를 의결할 수 있다.

⑥ 국가수사본부장을 경찰청 외부를 대상으로 모집하여 임용할 필요가 있는 때에는 다음 각 호의 자격을 갖춘 사람 중에서 임용한다.

1. 10년 이상 수사업무에 종사한 사람 중에서 「국가공무원법」 제2조의2에 따른 고위공무원단에 속하는 공무원, 3급 이상 공무원 또는 총경 이상 경찰공무원으로 재직한 경력이 있는 사람
2. 판사·검사 또는 변호사의 직에 10년 이상 있었던 사람
3. 변호사 자격이 있는 사람으로서 국가기관, 지방자치단체, 「공공기관의 운영에 관한 법률」 제4조에 따른 공공기관(이하 "국가기관등"이라 한다)에서 법률에 관한 사무에 10년 이상 종사한 경력이 있는 사람
4. 대학이나 공인된 연구기관에서 법률학·경찰학 분야에서 조교수 이상의 직이나 이에 상당하는 직에 10년 이상 있었던 사람
5. 제1호부터 제4호까지의 경력 기간의 합산이 15년 이상인 사람

⑦ 국가수사본부장을 경찰청 외부를 대상으로 모집하여 임용하는 경우 다음 각 호의 어느 하나에 해당하는 사람은 국가수사본부장이 될 수 없다.

1. 「경찰공무원법」 제8조제2항 각 호의 결격사유에 해당하는 사람
2. 정당의 당원이거나 당적을 이탈한 날부터 3년이 지나지 아니한 사람
3. 선거에 의하여 취임하는 공직에 있거나 그 공직에서 퇴직한 날부터 3년이 지나지 아니한 사람
4. 제6항제1호에 해당하는 공무원 또는 제6항제2호의 판사·검사의 직에서 퇴직한 날로부터 1년이 지나지 아니한 사람
5. 제6항제3호에 해당하는 사람으로서 국가기관등에서 퇴직한 날로부터 1년이 지나지 아니한 사람

제17조(하부조직) ① 경찰청의 하부조직은 본부·국·부 또는 과로 한다.

② 경찰청장·차장·국가수사본부장·국장 또는 부장 밑에 정책의 기획이나 계획의 입안 및 연구·조사를 통하여 그를 직접 보좌하는 담당관을 둘 수 있다.

③ 경찰청의 하부조직의 명칭 및 분장 사무와 공무원의 정원은 「정부조직법」 제2조제4항 및 제5항을 준용하여 대통령령 또는 행정안전부령으로 정한다.

제4장 시·도자치경찰위원회

제18조(시·도자치경찰위원회의 설치) ① 자치경찰사무를 관장하게 하기 위하여 특별시장·광역시장·특별자치시장·도지사·특별자치도지사(이하 "시·도지사"라 한다) 소속으로 시·도자치경찰위원회를 둔다.

② 시·도자치경찰위원회는 합의제 행정기관으로서 그 권한에 속하는 업무를 독립적으로 수행한다.

제19조(시·도자치경찰위원회의 구성) ① 시·도자치경찰위원회는 위원장 1명을 포함한 7명의 위원으로 구성하되, 위원장과 1명의 위원은 상임으로 하고, 5명의 위원은 비상임으로 한다.

② 위원은 특정 성(性)이 10분의 6을 초과하지 아니하도록 노력하여야 한다.

③ 위원 중 1명은 인권문제에 관하여 전문적인 지식과 경험이 있는 사람이 임명될 수 있도록 노력하여야 한다.

제20조(시·도자치경찰위원회 위원의 임명 및 결격사유) ① 시·도자치경찰위원회 위원은 다음 각 호의 사람을 시·도지사가 임명한다.

1. 시·도의회가 추천하는 2명
2. 국가경찰위원회가 추천하는 1명
3. 해당 시·도 교육감이 추천하는 1명
4. 시·도자치경찰위원회 위원추천위원회가 추천하는 2명
5. 시·도지사가 지명하는 1명

② 시·도자치경찰위원회 위원은 다음 각 호의 어느 하나에 해당하는 자격을 갖추어야 한다.

1. 판사·검사·변호사 또는 경찰의 직에 5년 이상 있었던 사람
2. 변호사 자격이 있는 사람으로서 국가기관등에서 법률에 관한 사무에 5년 이상 종사한 경력이 있는 사람
3. 대학이나 공인된 연구기관에서 법률학·행정학 또는 경찰학 분야의 조교수 이상의 직이나 이에 상당하는 직에 5년 이상 있었던 사람
4. 그 밖에 관할 지역주민 중에서 지방자치행정 또는 경찰행정 등의 분야에 경험이 풍부하고 학식과 덕망을 갖춘 사람

③ 시·도자치경찰위원회 위원장은 위원 중에서 시·도지사가 임명하고, 상임위원은 시·도자치경찰위원회의 의결을 거쳐 위원 중에서 위원장의 제청으로 시·도지사가 임명한다. 이 경우 위원장과 상임위원은 지방자치단체의 공무원으로 한다.

④ 위원은 정치적 중립을 지켜야 하며, 권한을 남용하여서는 아니 된다.

⑤ 공무원이 아닌 위원에 대해서는 「지방공무원법」 제52조 및 제57조를 준용한다.

⑥ 공무원이 아닌 위원은 그 소관 사무와 관련하여 형법이나 그 밖의 법률에 따른 벌칙을 적용할 때에는 공무원으로 본다.

⑦ 다음 각 호의 어느 하나에 해당하는 사람은 위원이 될 수 없다. 위원이 각 호의 어느 하나에 해당한 경우에는 당연퇴직한다.

1. 정당의 당원이거나 당적을 이탈한 날부터 3년이 지나지 아니한 사람
2. 선거에 의하여 취임하는 공직에 있거나 그 공직에서 퇴직한 날부터 3년이 지나지 아니한 사람
3. 경찰, 검찰, 국가정보원 직원 또는 군인의 직에 있거나 그 직에서 퇴직한 날부터 3년이 지나지 아니한 사람
4. 국가 및 지방자치단체의 공무원(국립 또는 공립대학의 조교수 이상의 직에 있는 사람은 제외한다. 이하 이 조에서 같다)이거나 공무원이었던 사람으로서 퇴직한 날부터 3년이 지나지 아니한 사람. 다만, 제20조제3항 후단에 따라 위원장과 상임위원이 지방자치단체의 공무원이 된 경우에는 당연퇴직하지 아니한다.
5. 「지방공무원법」 제31조 각 호의 어느 하나에 해당하는 사람. 다만, 「지방공무원법」 제31조제2호 및 제5호에 해당하는 경우에는 같은 법 제61조제1호 단서에 따른다.

⑧ 그 밖에 위원의 임명방법 등에 관하여 필요한 사항은 대통령령으로 정하는 기준에 따라 시·도조례로 정한다.

제21조(시·도자치경찰위원회 위원추천위원회) ① 시·도자치경찰위원회 위원 추천을 위하여 시·도지사 소속으로 시·도자치경찰위원회 위원추천위원회를 둔다.

② 시·도지사는 시·도자치경찰위원회 위원추천위원회에 각계각층의 관할 지역주민의 의견이 수렴될 수 있도록 위원을 구성하여야 한다.

③ 시·도자치경찰위원회 위원추천위원회 위원의 수, 자격, 구성, 위원회 운영 등에 관하여 필요한 사항은 대통령령으로 정한다.

제22조(시·도자치경찰위원회 위원장의 직무) ① 시·도자치경찰위원회 위원장은 시·도자치경찰위원회를 대표하고 회의를 주재하며 시·도자치경찰위원회의 의결을 거쳐 업무를 수행한다.

② 시·도자치경찰위원회 위원장이 부득이한 사유로 직무를 수행할 수 없을 때에는 상임위원, 시·도자치경찰위원회 위원 중 연장자순으로 그 직무를 대행한다.

제23조(시·도자치경찰위원회 위원의 임기 및 신분보장) ① 시·도자치경찰위원회 위원

장과 위원의 임기는 3년으로 하며, 연임할 수 없다.

② 보궐위원의 임기는 전임자 임기의 남은 기간으로 하되, 전임자의 남은 임기가 1년 미만인 경우 그 보궐위원은 제1항에도 불구하고 한 차례만 연임할 수 있다.

③ 위원은 중대한 신체상 또는 정신상의 장애로 직무를 수행할 수 없게 된 경우를 제외하고는 그 의사에 반하여 면직되지 아니한다.

제24조(시·도자치경찰위원회의 소관 사무) ① 시·도자치경찰위원회의 소관 사무는 다음 각 호로 한다.

1. 자치경찰사무에 관한 목표의 수립 및 평가
2. 자치경찰사무에 관한 인사, 예산, 장비, 통신 등에 관한 주요정책 및 그 운영지원
3. 자치경찰사무 담당 공무원의 임용, 평가 및 인사위원회 운영
4. 자치경찰사무 담당 공무원의 부패 방지와 청렴도 향상에 관한 주요 정책 및 인권침해 또는 권한남용 소지가 있는 규칙, 제도, 정책, 관행 등의 개선
5. 제2조에 따른 시책 수립
6. 제28조제2항에 따른 시·도경찰청장의 임용과 관련한 경찰청장과의 협의, 제30조제4항에 따른 평가 및 결과 통보
7. 자치경찰사무 감사 및 감사의뢰
8. 자치경찰사무 담당 공무원의 주요 비위사건에 대한 감찰요구
9. 자치경찰사무 담당 공무원에 대한 징계요구
10. 자치경찰사무 담당 공무원의 고충심사 및 사기진작
11. 자치경찰사무와 관련된 중요사건·사고 및 현안의 점검
12. 자치경찰사무에 관한 규칙의 제정·개정 또는 폐지
13. 지방행정과 치안행정의 업무조정과 그 밖에 필요한 협의·조정
14. 제32조에 따른 비상사태 등 전국적 치안유지를 위한 경찰청장의 지휘·명령에 관한 사무
15. 국가경찰사무·자치경찰사무의 협력·조정과 관련하여 경찰청장과 협의
16. 국가경찰위원회에 대한 심의·조정 요청
17. 그 밖에 시·도지사, 시·도경찰청장이 중요하다고 인정하여 시·도자치경찰위원회의 회의에 부친 사항에 대한 심의·의결

② 시·도자치경찰위원회의 업무와 관련하여 시·도지사는 정치적 목적이나 개인적 이익을 위해 관여하여서는 아니 된다.

제25조(시·도자치경찰위원회의 심의·의결사항 등) ① 시·도자치경찰위원회는 제24조

의 사무에 대하여 심의·의결한다.

② 시·도자치경찰위원회의 회의는 재적위원 과반수의 출석과 출석위원 과반수의 찬성으로 의결한다.

③ 시·도지사는 제1항에 관한 시·도자치경찰위원회의 의결이 적정하지 아니하다고 판단할 때에는 재의를 요구할 수 있다.

④ 위원회의 의결이 법령에 위반되거나 공익을 현저히 해친다고 판단되면 행정안전부장관은 미리 경찰청장의 의견을 들어 국가경찰위원회를 거쳐 시·도지사에게 제3항의 재의를 요구하게 할 수 있고, 경찰청장은 국가경찰위원회와 행정안전부장관을 거쳐 시·도지사에게 재의를 요구하게 할 수 있다.

⑤ 시·도자치경찰위원회의 위원장은 재의요구를 받은 날부터 7일 이내에 회의를 소집하여 재의결하여야 한다. 이 경우 재적위원 과반수의 출석과 출석위원 3분의 2 이상의 찬성으로 전과 같은 의결을 하면 그 의결사항은 확정된다.

제26조(시·도자치경찰위원회의 운영 등) ① 시·도자치경찰위원회의 회의는 정기적으로 개최하여야 한다. 다만 위원장이 필요하다고 인정하는 경우, 위원 2명 이상이 요구하는 경우 및 시·도지사가 필요하다고 인정하는 경우에는 임시회의를 개최할 수 있다.

② 시·도자치경찰위원회는 회의 안건과 관련된 이해관계인이 있는 경우 그 의견을 듣거나 회의에 참석하게 할 수 있다.

③ 시·도자치경찰위원회의 위원 중 공무원이 아닌 위원에게는 예산의 범위에서 직무활동에 필요한 비용 등을 지급할 수 있다.

④ 그 밖에 시·도자치경찰위원회의 운영 등에 필요한 사항은 대통령령으로 정하는 기준에 따라 시·도조례로 정한다.

제27조(사무기구) ① 시·도자치경찰위원회의 사무를 처리하기 위하여 시·도자치경찰위원회에 필요한 사무기구를 둔다.

② 사무기구에는 「지방자치단체에 두는 국가공무원의 정원에 관한 법률」에도 불구하고 대통령령으로 정하는 바에 따라 경찰공무원을 두어야 한다.

③ 제주특별자치도에는 「제주특별자치도 설치 및 국제자유도시 조성을 위한 특별법」 제44조제3항에도 불구하고 같은 법 제6조제1항 단서에 따라 이 법 제27조제2항을 우선하여 적용한다.

④ 사무기구의 조직·정원·운영 등에 관하여 필요한 사항은 경찰청장의 의견을 들어 대통령령으로 정하는 기준에 따라 시·도조례로 정한다.

제5장 시·도경찰청 및 경찰서 등

제28조(시·도경찰청장) ① 시·도경찰청에 시·도경찰청장을 두며, 시·도경찰청장은 치안정감·치안감(治安監) 또는 경무관(警務官)으로 보한다.

② 「경찰공무원법」 제7조에도 불구하고 시·도경찰청장은 경찰청장이 시·도자치경찰위원회와 협의하여 추천한 사람 중에서 행정안전부장관의 제청으로 국무총리를 거쳐 대통령이 임용한다.

③ 시·도경찰청장은 국가경찰사무에 대해서는 경찰청장의 지휘·감독을, 자치경찰사무에 대해서는 시·도자치경찰위원회의 지휘·감독을 받아 관할구역의 소관 사무를 관장하고 소속 공무원 및 소속 경찰기관의 장을 지휘·감독한다. 다만, 수사에 관한 사무에 대해서는 국가수사본부장의 지휘·감독을 받아 관할구역의 소관 사무를 관장하고 소속 공무원 및 소속 경찰기관의 장을 지휘·감독한다.

④ 제3항 본문의 경우 시·도자치경찰위원회는 자치경찰사무에 대해 심의·의결을 통하여 시·도경찰청장을 지휘·감독한다. 다만, 시·도자치경찰위원회가 심의·의결할 시간적 여유가 없거나 심의·의결이 곤란한 경우 대통령령으로 정하는 바에 따라 시·도자치경찰위원회의 지휘·감독권을 시·도경찰청장에게 위임한 것으로 본다.

제29조(시·도경찰청 차장) ① 시·도경찰청에 차장을 둘 수 있다.

② 차장은 시·도경찰청장을 보좌하여 소관 사무를 처리하고 시·도경찰청장이 부득이한 사유로 직무를 수행할 수 없을 때에는 그 직무를 대행한다.

제30조(경찰서장) ① 경찰서에 경찰서장을 두며, 경찰서장은 경무관, 총경(總警) 또는 경정(警正)으로 보한다.

② 경찰서장은 시·도경찰청장의 지휘·감독을 받아 관할구역의 소관 사무를 관장하고 소속 공무원을 지휘·감독한다.

③ 경찰서장 소속으로 지구대 또는 파출소를 두고, 그 설치기준은 치안수요·교통·지리 등 관할구역의 특성을 고려하여 행정안전부령으로 정한다. 다만, 필요한 경우에는 출장소를 둘 수 있다.

④ 시·도자치경찰위원회는 정기적으로 경찰서장의 자치경찰사무 수행에 관한 평가결과를 경찰청장에게 통보하여야 하며 경찰청장은 이를 반영하여야 한다.

제31조(직제) 시·도경찰청 및 경찰서의 명칭, 위치, 관할구역, 하부조직, 공무원의 정원, 그 밖에 필요한 사항은 「정부조직법」 제2조제4항 및 제5항을 준용하여 대통령령 또는 행정안전부령으로 정한다.

제6장 비상사태 등 전국적 치안유지를 위한 경찰청장의 지휘·명령

제32조(비상사태 등 전국적 치안유지를 위한 경찰청장의 지휘·명령) ① 경찰청장은 다음 각 호의 경우에는 제2항에 따라 자치경찰사무를 수행하는 경찰공무원(제주특별자치도의 자치경찰공무원을 포함한다)을 직접 지휘·명령할 수 있다.

1. 전시·사변, 천재지변, 그 밖에 이에 준하는 국가 비상사태, 대규모의 테러 또는 소요사태가 발생하였거나 발생할 우려가 있어 전국적인 치안유지를 위하여 긴급한 조치가 필요하다고 인정할 만한 충분한 사유가 있는 경우
2. 국민안전에 중대한 영향을 미치는 사안에 대하여 다수의 시·도에 동일하게 적용되는 치안정책을 시행할 필요가 있다고 인정할 만한 충분한 사유가 있는 경우
3. 자치경찰사무와 관련하여 해당 시·도의 경찰력으로는 국민의 생명·신체·재산의 보호 및 공공의 안녕과 질서유지가 어려워 경찰청장의 지원·조정이 필요하다고 인정할 만한 충분한 사유가 있는 경우

② 경찰청장은 제1항에 따른 조치가 필요한 경우에는 시·도자치경찰위원회에 자치경찰사무를 담당하는 경찰공무원을 직접 지휘·명령하려는 사유 및 내용 등을 구체적으로 제시하여 통보하여야 한다.

③ 제2항에 따른 통보를 받은 시·도자치경찰위원회는 정당한 사유가 없으면 즉시 자치경찰사무를 담당하는 경찰공무원에게 경찰청장의 지휘·명령을 받을 것을 명하여야 하며, 제1항에 규정된 사유에 해당하지 아니한다고 인정하면 시·도자치경찰위원회의 의결을 거쳐 경찰청장에게 그 지휘·명령의 중단을 요청할 수 있다.

④ 경찰청장이 제1항에 따라 지휘·명령을 하는 경우에는 국가경찰위원회에 즉시 보고하여야 한다. 다만, 제1항제3호의 경우에는 미리 국가경찰위원회의 의결을 거쳐야 하며 긴급한 경우에는 우선 조치 후 지체 없이 국가경찰위원회의 의결을 거쳐야 한다.

⑤ 제4항에 따라 보고를 받은 국가경찰위원회는 제1항에 규정된 사유에 해당하지 아니한다고 인정하면 그 지휘·명령을 중단할 것을 의결하여 경찰청장에게 통보할 수 있다.

⑥ 경찰청장은 제1항에 따라 지휘·명령할 수 있는 사유가 해소된 때에는 경찰공무원에 대한 지휘·명령을 즉시 중단하여야 한다.

⑦ 시·도자치경찰위원회는 제1항제3호에 해당하는 경우 의결로 지원·조정의 범위·기간 등을 정하여 경찰청장에게 지원·조정을 요청할 수 있다.

⑧ 경찰청장은 제주특별자치도경찰청의 관할구역에서 제1항의 지휘·명령권을 제주특별자치도경찰청장에게 위임할 수 있다.

제7장 치안분야의 과학기술진흥

제33조(치안에 필요한 연구개발의 지원 등) ① 경찰청장은 치안에 필요한 연구·실험·조사·기술개발(이하 "연구개발사업"이라 한다) 및 전문인력 양성 등 치안분야의 과학기술진흥을 위한 시책을 마련하여 추진하여야 한다.

② 경찰청장은 연구개발사업을 효율적으로 추진하기 위하여 다음 각 호의 어느 하나에 해당하는 기관 또는 단체 등과 협약을 맺어 연구개발사업을 실시하게 할 수 있다.

1. 국공립 연구기관
2. 「특정연구기관 육성법」 제2조에 따른 특정연구기관
3. 「과학기술분야 정부출연연구기관 등의 설립·운영 및 육성에 관한 법률」에 따라 설립된 과학기술분야 정부출연연구기관
4. 「고등교육법」에 따른 대학·산업대학·전문대학 및 기술대학
5. 「민법」이나 다른 법률에 따라 설립된 법인으로서 치안분야 연구기관 또는 법인 부설 연구소
6. 「기초연구진흥 및 기술개발지원에 관한 법률」 제14조의2제1항에 따라 인정받은 기업부설연구소 또는 기업의 연구개발전담부서
7. 그 밖에 대통령령으로 정하는 치안분야 관련 연구·조사·기술개발 등을 수행하는 기관 또는 단체

③ 경찰청장은 제2항 각 호의 기관 또는 단체 등에 대하여 연구개발사업을 실시하는 데 필요한 경비의 전부 또는 일부를 출연하거나 보조할 수 있다.

④ 제2항에 따른 연구개발사업의 실시와 제3항에 따른 출연금의 지급·사용 및 관리 등에 필요한 사항은 대통령령으로 정한다.

제8장 보칙

제34조(자치경찰사무에 대한 재정적 지원) 국가는 지방자치단체가 이관받은 사무를 원활히 수행할 수 있도록 인력, 장비 등에 소요되는 비용에 대하여 재정적 지원을 하여야 한다.

제35조(예산) ① 자치경찰사무의 수행에 필요한 예산은 시·도자치경찰위원회의 심의·의결을 거쳐 시·도지사가 수립한다. 이 경우 시·도자치경찰위원회는 경찰청장의 의견을 들어야 한다.

② 시·도지사는 자치경찰사무 담당 공무원에게 조례에서 정하는 예산의 범위에서 재정적 지원 등을 할 수 있다.

③ 시·도의회는 관련 예산의 효율적인 관리를 위하여 의결로써 자치경찰사무에 대해 시·도자치경찰위원장의 출석 및 자료 제출을 요구할 수 있다.

제36조(세종특별자치시자치경찰위원회에 대한 특례) ① 세종특별자치시자치경찰위원회에 대해서는 제19조제1항 및 제20조제3항에도 불구하고 위원장 및 상임위원을 비상임으로 할 수 있다.

② 제27조에도 불구하고 세종특별자치시자치경찰위원회에는 사무기구를 두지 아니하며 세종특별자치시자치경찰위원회의 사무는 세종특별자치시경찰청에서 처리한다.

부칙 〈제17689호, 2020. 12. 22.〉

제1조(시행일) 이 법은 2021년 1월 1일부터 시행한다.

제2조(이 법의 시행을 위한 준비행위 등) 국가수사본부와 시·도자치경찰위원회의 구성 및 자치경찰사무의 처리에 필요한 인력·시설·장비의 확보 등 자치경찰사무 수행에 필요한 준비행위 및 시범운영은 이 법 시행 전부터 할 수 있다.

제3조(자치경찰사무 수행에 관한 시범운영 특례) ① 시·도경찰청장과 시·도자치경찰위원회는 협의하여 이 법에 따른 자치경찰사무의 수행에 관하여 시범운영을 실시할 수 있다.

② 제1항에 따른 자치경찰사무 수행에 필요한 시범운영은 2021년 6월 30일까지 완료하여야 한다.

③ 제1항에 따른 자치경찰사무 수행에 필요한 시범운영과 관련된 구체적 사항은 대통령령으로 정한다.

제4조(경찰위원회 등에 관한 경과조치) ① 이 법 시행 당시의 경찰위원회, 경찰위원회 위원장 및 위원(이하 이 조에서 "경찰위원회등"이라 한다)은 이 법에 따른 국가경찰위원회, 국가경찰위원회 위원장 및 위원(이하 이 조에서 "국가경찰위원회등"이라 한다)으로 본다. 이 경우 해당 위원장 및 위원의 임기는 잔여기간으로 한다.

② 이 법 시행 당시 종전의 규정에 따른 경찰위원회등의 행위 또는 경찰위원회등에 대한 행위는 이 법에 따른 국가경찰위원회등의 행위 또는 국가경찰위원회등에 대한 행위로 본다.

제5조(지방경찰청 등에 관한 경과조치) ① 이 법 시행 당시의 지방경찰청 및 지방경찰청장(이하 이 조에서 "지방경찰청등"이라고 한다)은 이 법에 따른 시·도경찰청

및 시·도경찰청장(이하 이 조에서 "시·도경찰청등"이라 한다)으로 본다.

② 이 법 시행 당시 종전의 규정에 따른 지방경찰청등의 행위 또는 지방경찰청등에 대한 행위는 이 법에 따른 시·도경찰청등의 행위 또는 시·도경찰청등에 대한 행위로 본다.

제6조(행정처분등에 관한 경과조치) 법률 제4369호 경찰법 시행 당시 종전의 규정에 따라 내무부장관·서울특별시장·직할시장 또는 도지사등 행정기관이 행한 행정처분 기타 행정기관의 행위 또는 각종 신고 기타 행정기관에 대한 행위는 그에 해당하는 이 법에 의한 행정기관의 행위 또는 행정기관에 대한 행위로 본다.

제7조(다른 법률의 개정) ① 가족관계의 등록 등에 관한 법률 일부를 다음과 같이 개정한다.

제52조제1항, 제90조제1항 및 같은 조 제2항 중 "국가경찰공무원"을 각각 "경찰공무원"으로 한다.

② 감염병의 예방에 관한 법률 일부를 다음과 같이 개정한다.

제60조제4항 및 제60조의2제5항 중 "「경찰법」 제2조"를 각각 "「국가경찰과 자치경찰의 조직 및 운영에 관한 법률」 제12조 및 제13조"로 한다.

제76조의2제2항 전단 중 "「경찰법」 제2조에 따른 경찰청, 지방경찰청 및 경찰서"를 "「국가경찰과 자치경찰의 조직 및 운영에 관한 법률」에 따른 경찰청, 시·도경찰청 및 경찰서"로 한다.

③ 경비업법 일부를 다음과 같이 개정한다.

제4조제1항 전단 및 같은 조 제3항 각 호 외의 부분, 제14조제3항 전단 및 같은 조 제4항 전단, 제16조제1항, 같은 조 제3항 및 제4항, 제16조의3제2항, 같은 조 제3항 및 제4항, 제17조제1항부터 제4항까지, 제19조제2항제1호, 제20조제2항제2호, 제21조 각 호 외의 부분, 제24조제1항부터 제4항까지, 제25조, 제27조제1항, 제28조제4항제6호, 제31조제3항 중 "지방경찰청장"을 각각 "시·도경찰청장"으로 한다.

④ 경찰공제회법 일부를 다음과 같이 개정한다.

제7조제1항제1호 중 "국가경찰공무원"을 "경찰공무원"으로 한다.

⑤ 경찰관 직무집행법 일부를 다음과 같이 개정한다.

제1조제1항 중 "경찰관(국가경찰공무원만 해당한다. 이하 같다)"을 "경찰관(경찰공무원만 해당한다. 이하 같다)"으로 한다.

제11조의2제4항 및 제6항, 제11조의3제1항 각 호 외의 부분, 같은 조 제2항 및 제4항부터 제6항까지 중 "지방경찰청장"을 각각 "시·도경찰청장"으로 한다.

제11조의2제5항 전단 및 후단 중 "경찰위원회"를 각각 "국가경찰위원회"로 한다.

⑥ 경찰대학 설치법 일부를 다음과 같이 개정한다.

제10조제1항 전단 중 "국가경찰공무원"을 "경찰공무원"으로, "국가경찰에"를 "경찰에"로 한다.

⑦ 경찰제복 및 경찰장비의 규제에 관한 법률 일부를 다음과 같이 개정한다.

제3조제1항제1호 및 제2호 중 "국가경찰공무원"을 각각 "경찰공무원"으로 한다.

⑧ 경찰직무 응원법 일부를 다음과 같이 개정한다.

제1조제1항 중 "지방경찰청장"을 "시·도경찰청장"으로 한다.

제1조제2항 중 "지방경찰청장"을 "시·도경찰청장"으로, "다른 지방경찰청"을 "다른 시·도경찰청"으로 한다.

제2조 중 "지방경찰청"을 "시·도경찰청"으로 한다.

제3조 중 "지방경찰청장"을 "시·도경찰청장"으로, "다른 지방경찰청"을 "다른 시·도경찰청"으로 한다.

⑨ 공공재정 부정청구 금지 및 부정이익 환수 등에 관한 법률 일부를 다음과 같이 개정한다.

제21조제1항 후단 및 같은 조 제3항 중 "관할 지방경찰청장"을 각각 "관할 시·도경찰청장"으로 한다.

⑩ 공직선거법 일부를 다음과 같이 개정한다.

제9조제2항 중 "국가경찰공무원(檢察搜査官 및 軍司法警察官吏를 포함한다)은"을 "경찰공무원(檢察搜査官 및 軍司法警察官吏를 포함한다)은"으로 한다.

⑪ 공직자윤리법 일부를 다음과 같이 개정한다.

제10조제1항제8호 중 "지방경찰청장"을 "시·도경찰청장"으로 한다.

⑫ 공항시설법 일부를 다음과 같이 개정한다.

제56조제7항 중 "국가경찰공무원(의무경찰을 포함한다) 또는 자치경찰공무원"을 "경찰공무원(의무경찰을 포함한다) 또는 자치경찰공무원"으로 한다.

⑬ 관광진흥법 일부를 다음과 같이 개정한다.

제74조제3항 전단 및 후단 중 "지방경찰청장"을 각각 "시·도경찰청장"으로 한다.

⑭ 관세법 일부를 다음과 같이 개정한다.

제138조제2항 및 제3항, 제219조제2항 및 제3항, 제309조 중 "국가경찰공무원"을 각각 "경찰공무원"으로 한다.

⑮ 교통약자의 이동편의 증진법 일부를 다음과 같이 개정한다.

제18조제4항, 제19조제1항 각 호 외의 부분, 같은 조 제2항 중 "지방경찰청장"을 각각 "시·도경찰청장"으로 한다.

⑯ 국회법 일부를 다음과 같이 개정한다.

제144조제2항 및 제3항, 제150조 본문, 제153조제2항 중 "국가경찰공무원"을 각각 "경찰공무원"으로 한다.

⑰ 규제자유특구 및 지역특화발전특구에 관한 규제특례법 일부를 다음과 같이 개정한다.

제33조제1항 및 제2항, 제69조제1항 전단 및 같은 조 제3항 중 "지방경찰청장"을 각각 "시·도경찰청장"으로 한다.

⑱ 기업도시개발 특별법 일부를 다음과 같이 개정한다.

제34조의2제2항제3호 전단 및 후단 중 "지방경찰청장"을 각각 "시·도경찰청장"으로 한다.

⑲ 도로교통법 일부를 다음과 같이 개정한다.

제2조제32호라목, 제4조의2제1항, 제6조제1항 전단 및 후단, 같은 조 제3항, 제10조제1항, 제12조제4항, 제13조제4항제5호, 제14조제1항 전단 및 후단, 같은 조 제2항 단서, 제15조제1항, 제15조의2제1항, 제16조제1항 각 호 외의 부분 전단, 제17조제2항 각 호 외의 부분 및 같은 항 제2호, 제18조제2항, 제22조제3항제4호, 제25조제2항 단서, 제28조제1항 및 같은 조 제2항 단서, 제31조제1항제5호 및 같은 조 제2항제2호, 제32조제7호, 제33조제2호나목 및 같은 조 제3호, 제34조의2, 제39조제6항, 제41조제3항 본문, 제43조, 제49조제1항제13호, 제68조제3항제7호, 제73조제3항 각 호 외의 부분, 제74조제1항, 같은 조 제2항 각 호 외의 부분, 같은 조 제3항 및 제4항, 제76조제5항, 제77조제2항, 제78조, 제79조제1항 각 호 외의 부분 본문, 같은 조 제2항, 제80조제1항 본문, 같은 조 제2항 각 호 외의 부분 전단, 같은 조 제3항 및 제4항, 제83조제1항 각 호 외의 부분 단서, 제84조의2제1항, 제85조제2항, 같은 조 제3항 및 제4항, 제86조, 제87조제1항 각 호 외의 부분, 제87조의2제1항, 같은 조 제2항 및 제3항, 제91조제1항 각 호 외의 부분 본문, 제93조제1항 각 호 외의 부분 본문, 같은 항 제20호, 같은 조 제2항, 같은 조 제3항 및 제4항 본문, 제94조제1항 및 제2항, 제95조제1항 각 호 외의 부분 및 같은 조 제3항, 제97조제1항 각 호 외의 부분, 같은 조 제2항 및 제3항, 제98조제1항, 제98조의2 본문, 제99조 전단, 제100조제1항 및 제2항, 제104조제1항 각 호 외의 부분, 같은 조 제2항 각 호 외의 부분 및 제3항, 제106조제4항 각 호 외의 부분 본문, 제107조제4항 각 호 외의 부분 본문, 제108조제1항, 제109조제1항 각 호 외의 부분 전단, 제110조제4항, 제112조, 제113조제1항 각 호 외의 부분 본문, 같은 조 제2항 각 호 외의 부분, 같은 조 제3항 각 호 외의 부분 및 같은 조 제4항, 제

114조, 제115조제1항 각 호 외의 부분, 제137조제2항, 같은 조 제3항 및 제4항, 제137조의2제1항 및 제2항, 제139조제1항 각 호 외의 부분 단서, 제141조제1항, 같은 조 제2항 각 호 외의 부분 전단 및 후단, 같은 조 제4항제3호, 제145조의2, 제147조제1항, 같은 조 제3항, 같은 조 제4항 및 제5항, 제156조제5호, 제161조제1항제1호, 같은 조 제2항 중 "지방경찰청장"을 각각 "시·도경찰청장"으로 한다.

제5조제1항제1호 중 "국가경찰공무원"을 "경찰공무원"으로 하고, 같은 항 제2호 중 "국가경찰공무원 및 자치경찰공무원(이하 "경찰공무원"이라 한다)"를 "경찰공무원(자치경찰공무원을 포함한다. 이하 같다)"로 하고, 같은 조 제2항 중 "국가경찰공무원·자치경찰공무원"을 "경찰공무원"으로 한다.

⑳ 도로법 일부를 다음과 같이 개정한다.

제48조제3항제2호 중 "관할 지방경찰청장"을 "관할 시·도경찰청장"으로 한다.

㉑ 도시 및 주거환경정비법 일부를 다음과 같이 개정한다.

제130조제2항 각 호 외의 부분 중 "관할 지방경찰청장"을 "관할 시·도경찰청장"으로 한다.

㉒ 도시재정비 촉진을 위한 특별법 일부를 다음과 같이 개정한다.

제30조의3 각 호 외의 부분 중 "관할 지방경찰청장"을 "관할 시·도경찰청장"으로 한다.

㉓ 물류정책기본법 일부를 다음과 같이 개정한다.

제29조제2항제5호 중 "지방경찰청장"을 "시·도경찰청장"으로 한다.

㉔ 민사소송법 일부를 다음과 같이 개정한다.

제176조제3항, 제342조제2항 및 제366조제3항 후단 중 "국가경찰공무원에게"를 각각 "경찰공무원에게"로 한다.

제311조제4항 중 "국가경찰공무원이"를 "경찰공무원이"로 한다.

㉕ 법원조직법 일부를 다음과 같이 개정한다.

제60조 제목, 같은 조 제1항 및 제2항 중 "국가경찰공무원"을 각각 "경찰공무원"으로 한다.

제61조제2항 중 "국가경찰공무원으로"를 "경찰공무원으로"로 한다.

㉖ 보행안전 및 편의증진에 관한 법률 일부를 다음과 같이 개정한다.

제15조제2항제1호, 제16조제3항 중 "지방경찰청장 또는 경찰서장"을 각각 "시·도경찰청장 또는 경찰서장"으로 한다.

㉗ 부패방지 및 국민권익위원회의 설치와 운영에 관한 법률 일부를 다음과 같이 개정한다.

제64조의2제1항 후단 및 같은 조 제2항 중 "지방경찰청장"을 각각 "시·도경찰청장"으로 한다.
㉘ 빈집 및 소규모주택 정비에 관한 특례법 일부를 다음과 같이 개정한다.
제4조제7항 및 제15조제5항 후단 중 "지방경찰청장"을 각각 "시·도경찰청장"으로 한다.
㉙ 사격 및 사격장 안전관리에 관한 법률 일부를 다음과 같이 개정한다.
제6조제1항 각 호 외의 부분 전단 및 같은 항 제2호, 제24조제3항 중 "지방경찰청장"을 각각 "시·도경찰청장"으로 한다.
㉚ 사행행위 등 규제 및 처벌 특례법 일부를 다음과 같이 개정한다.
제4조제1항 본문 및 같은 조 제2항, 제5조제1항 각 호 외의 부분, 제6조 각 호 외의 부분, 제8조제1항 및 제2항, 제9조제3항, 제18조제1항 전단, 제19조제1항 및 같은 조 제2항 각 호 외의 부분, 제20조, 제21조제1항 전단 및 같은 조 제2항, 제24조제1항 각 호 외의 부분, 제27조, 제29조제1항 중 "지방경찰청장"을 각각 "시·도경찰청장"으로 한다.
㉛ 사회보장급여의 이용·제공 및 수급권자 발굴에 관한 법률 일부를 다음과 같이 개정한다.
제11조제1항제6호 중 "「경찰법」 제2조에 따른 경찰서"를 "「국가경찰과 자치경찰의 조직 및 운영에 관한 법률」 제13조에 따른 경찰서"로 한다.
㉜ 소방기본법 일부를 다음과 같이 개정한다.
제32조 제목 및 제1항 중 "국가경찰공무원"을 각각 "경찰공무원"으로 한다.
㉝ 소음·진동관리법 일부를 다음과 같이 개정한다.
제25조 전단 및 후단, 제28조 전단 및 후단 중 "지방경찰청장"을 각각 "시·도경찰청장"으로 한다.
㉞ 아동·청소년의 성보호에 관한 법률 일부를 다음과 같이 개정한다.
제60조제4항 중 "지방경찰청장"을 "시·도경찰청장"으로 한다.
㉟ 여객자동차 운수사업법 일부를 다음과 같이 개정한다.
제34조의2제2항제1호 중 "지방경찰청장"을 "시·도경찰청장"으로 한다.
㊱ 여권법 일부를 다음과 같이 개정한다.
제13조제2항 중 "국가경찰공무원"을 "경찰공무원"으로 한다.
제21조제3항제2호 중 "국가경찰공무원이나 자치경찰공무원"을 "경찰공무원이나 자치경찰공무원"으로 한다.
㊲ 위치정보의 보호 및 이용 등에 관한 법률 일부를 다음과 같이 개정한다.
제29조제2항 본문 중 "「경찰법」 제2조에 따른 경찰청·지방경찰청·경찰서(이하 "

경찰관서"라 한다)"를 "「국가경찰과 자치경찰의 조직 및 운영에 관한 법률」에 따른 경찰청·시·도경찰청·경찰서(이하 "경찰관서"라 한다)"로 한다.

㊳위험물안전관리법 일부를 다음과 같이 개정한다.

제22조제2항 전단 및 후단 중 "국가경찰공무원"을 각각 "경찰공무원"으로 한다.

㊴ 응급의료에 관한 법률 일부를 다음과 같이 개정한다.

제20조제2항제1호, 제45조제3항 전단 및 후단 중 "지방경찰청장"을 각각 "시·도경찰청장"으로 한다.

㊵ 의무경찰대 설치 및 운영에 관한 법률 일부를 다음과 같이 개정한다.

제1조제1항 중 "지방경찰청장"을 "시·도경찰청장"으로 한다.

제2조제1항, 제4조제1항 및 제3항 중 "국가경찰공무원"을 각각 "경찰공무원"으로 한다.

㊶ 자율주행자동차 상용화 촉진 및 지원에 관한 법률 일부를 다음과 같이 개정한다.

제6조제2항 전단 및 같은 조 제3항 중 "지방경찰청"을 각각 "시·도경찰청"으로 한다.

제8조제2항 전단 중 "지방경찰청장"을 "시·도경찰청장"으로 한다.

㊷ 자전거 이용 활성화에 관한 법률 일부를 다음과 같이 개정한다.

제5조제1항 전단 중 "지방경찰청장·경찰서장"을 "시·도경찰청장·경찰서장"으로 한다.

제7조의2제2항제2호 중 "관할 지방경찰청장"을 "관할 시·도경찰청장"으로 한다.

제10조제2항 중 "관할 지방경찰청장 또는 경찰서장"을 "관할 시·도경찰청장 또는 경찰서장"으로 한다.

㊸ 장애인활동 지원에 관한 법률 일부를 다음과 같이 개정한다.

제29조의2제1항 및 제2항 중 "지방경찰청장 또는 경찰서장"을 각각 "시·도경찰청장 또는 경찰서장"으로 한다.

㊹ 재해위험 개선사업 및 이주대책에 관한 특례법 일부를 다음과 같이 개정한다.

제22조제2항제2호 가목 및 나목 중 "지방경찰청장 또는 경찰서장"을 각각 "시·도경찰청장 또는 경찰서장"으로 한다.

㊺ 제주특별자치도 설치 및 국제자유도시 조성을 위한 특별법 일부를 다음과 같이 개정한다.

제89조제3항제2호, 제98조제2항, 제99조, 제108조제3항, 제110조제2항제1호 및 제2호, 같은 조 제4항 중 "국가경찰공무원"을 각각 "경찰공무원"으로 한다.

제91조제1항 전단, 같은 조 제4항 후단, 제97조제1항 및 제2항, 제98조제1항

본문, 제100조제3항 전단 및 후단, 제101조, 제102조, 제105조, 제111조제3항 후단, 제114조제1항, 제434조제5항, 제6항 본문 및 단서, 제435조제4항 각 호 외의 부분 후단 및 같은 항 제5호, 같은 조 제5항 중 "제주자치도 지방경찰청장"을 각각 "제주자치도경찰청장"으로 한다.

제91조제2항 본문 중 "「경찰법」 제5조에 따른 경찰위원회(이하 "경찰위원회"라 한다)"를 "「국가경찰과 자치경찰의 조직 및 운영에 관한 법률」 제7조에 따른 국가경찰위원회(이하 "국가경찰위원회"라 한다)"로 한다.

제91조제2항 단서, 제104조제1항 및 제2항 중 "경찰위원회"를 각각"국가경찰위원회"로 한다.

제432조제2항, 제434조제1항 및 같은 조 제4항 각 호 외의 부분 중 "지방경찰청장"을 각각 "시·도경찰청장"으로 한다.

㊻ 집회 및 시위에 관한 법률 일부를 다음과 같이 개정한다.

제2조제5호, 제6조제1항 각 호 외의 부분 단서, 같은 조 제2항 및 제26조제2항 중 "지방경찰청장"을 각각 "시·도경찰청장"으로 한다.

제6조제1항 각 호 외의 부분 단서 중 "지방경찰청"을 "시·도경찰청"으로 한다.

㊼ 청원경찰법 일부를 다음과 같이 개정한다.

제4조제1항, 제2항 및 제3항, 제5조제1항, 제8조제2항, 제9조의3제2항, 제10조의3, 제10조의4제2항, 제10조의5제2항, 제12조제1항제1호 및 같은 조 제2항 중 "지방경찰청장"을 각각 "시·도경찰청장"으로 한다.

㊽ 총포·도검·화약류 등의 안전관리에 관한 법률 일부를 다음과 같이 개정한다.

제3조의2제1항 전단 중 "「경찰법」 제5조에 따른 경찰위원회"를 "「국가경찰과 자치경찰의 조직 및 운영에 관한 법률」 제7조에 따른 국가경찰위원회"로 한다.

제4조제2항 전단 및 같은 조 제4항, 제4조의2제3항 및 제4항, 제6조제1항 전단 및 같은 조 제3항, 제6조의2제1항 전단 및 같은 조 제3항, 제6조의3 후단, 제9조제2항 및 같은 조 제4항 본문, 제12조제1항제1호 및 같은 조 제3항 전단, 제13조제2항 및 제3항, 제14조제1항 및 제2항, 제22조제1항 각 호 외의 부분 본문, 같은 조 제2항 및 제3항, 제25조제1항 전단, 같은 조 제2항 및 제4항, 제25조의2 후단, 제28조, 제30조제1항 각 호 외의 부분 본문, 제32조제2항 및 제3항, 같은 조 제4항 본문 및 단서, 제35조제2항 전단, 같은 조 제4항 및 제5항, 제38조제1항 전단, 같은 조 제2항 및 제3항, 제39조제1항 전단, 같은 조 제2항 및 제4항 본문, 제40조제3항, 제42조제6항, 제67조제2항, 제68조, 제74조제2항 중 "지방경찰청장"을 각각 "시·도경찰청장"으로 한다.

제23조 중 "국가경찰공무원(의무경찰을 포함한다)"을 "경찰공무원(의무경찰을 포

함한다)"으로 한다.

㊾ 통합방위법 일부를 다음과 같이 개정한다.

제2조제4호 중 "지방경찰청장(이하 "작전지휘관"이라 한다)"을 "시·도경찰청장(이하 "작전지휘관"이라 한다)"으로 한다.

제2조제8호, 제12조제4항, 제14조제6항, 제15조제2항 각 호 외의 부분 본문 및 같은 항 제1호, 제18조제1항 본문, 제21조제1항 후단 및 같은 조 제2항 중 "지방경찰청장"을 각각 "시·도경찰청장"으로 한다.

㊿ 풍속영업의 규제에 관한 법률 일부를 다음과 같이 개정한다.

제9조제1항 중 "경찰서장은 특별히 필요한 경우 국가경찰공무원에게"를 "경찰서장은 특별히 필요한 경우 경찰공무원에게"로 한다.

제9조제2항 중 "국가경찰공무원은"을 "경찰공무원은"으로 한다.

〈51〉 학교폭력예방 및 대책에 관한 법률 일부를 다음과 같이 개정한다.

제10조제2항 중 "교육감 및 지방경찰청장"을 "교육감 및 시·도경찰청장"으로 한다.

제11조의3제1항 및 제2항 중 "지방경찰청장, 관할 경찰서장"을 각각 "시·도경찰청장, 관할 경찰서장"으로 한다.

〈52〉 해양경찰법 일부를 다음과 같이 개정한다.

제12조, 제13조제1항 및 제2항 중 "국가경찰공무원"을 각각 "경찰공무원"으로 한다.

〈53〉 해양사고의 조사 및 심판에 관한 법률 일부를 다음과 같이 개정한다.

제31조제1항 중 "국가경찰공무원"을 "경찰공무원"으로 한다.

제8조(다른 법령과의 관계) 이 법 시행 당시 다른 법령에서 종전의 「경찰법」 또는 그 규정을 인용한 경우에 이 법 가운데 그에 해당하는 규정이 있을 때에는 종전의 규정을 갈음하여 이 법의 해당 규정을 인용한 것으로 본다.

자치경찰사무와 시·도자치경찰위원회의 조직 및 운영 등에 관한 규정

[시행 2022. 1. 13.] [대통령령 제32223호, 2021. 12. 16., 타법개정]

제1조(목적) 이 영은 「국가경찰과 자치경찰의 조직 및 운영에 관한 법률」 제4조, 제18조, 제20조, 제21조 및 제26조부터 제28조까지의 규정에서 위임된 사항과 그 시행에 필요한 사항을 규정함을 목적으로 한다. 〈개정 2021. 6. 8.〉

제2조(생활안전·교통·경비 관련 자치경찰사무의 범위 등) 「국가경찰과 자치경찰의 조직 및 운영에 관한 법률」(이하 "법"이라 한다) 제4조제1항제2호가목부터 다목까지의 규정에 따른 자치경찰사무에 관한 구체적인 사항 및 범위 등을 같은 조 제2항에 따라 특별시·광역시·특별자치시·도·특별자치도(이하 "시·도"라 한다)의 조례로 정하는 경우 지켜야 하는 기준은 다음 각 호와 같다.

1. 법 제3조에 따른 경찰의 임무 범위와 별표에 따른 생활안전, 교통, 경비 관련 자치경찰사무의 범위를 준수할 것
2. 관할 지역의 인구, 범죄발생 빈도 등 치안 여건과 보유 인력·장비 등을 고려하여 자치경찰사무를 적정한 규모로 정할 것
3. 기관 간 협의체 구성, 상호협력·지원 및 중복감사 방지 등 자치경찰사무가 국가경찰사무와 유기적으로 연계되고 균형이 이루어지도록 하는 사항을 포함할 것
4. 자치경찰 사무의 내용은 국민의 생명·신체 및 재산을 보호하고 공공의 안녕과 질서를 유지하는 데 효율적인 것으로 정할 것

제3조(수사 관련 자치경찰사무의 범위 등) 법 제4조제1항제2호라목에 따른 자치경찰사무에 관한 구체적인 사항 및 범위는 다음 각 호와 같다.

1. 학교폭력 등 소년범죄: 소년(19세 미만인 사람을 말한다. 이하 이 조에서 같다)이 한 다음 각 목의 범죄. 다만, 그 소년이 해당 사건에서 19세 이상인 사람과 「형법」 제30조부터 제32조까지의 규정에 따른 공범관계에 있는 경우는 제외한다.

   가. 「형법」 제225조, 제229조(제225조의 죄에 의하여 만들어진 문서 또는 도화의 행사죄로 한정한다), 제230조 및 제235조(제225조, 제229조 또는

제230조의 미수범으로 한정한다)의 범죄

나. 「형법」 제257조, 제258조, 제258조의2 및 제260조부터 제264조까지(제262조는 같은 조의 죄를 범하여 사람을 상해에 이르게 한 경우로 한정한다)의 범죄

다. 「형법」 제266조의 범죄

라. 「형법」 제276조부터 제281조까지(제281조는 같은 조의 죄를 범하여 사람을 상해에 이르게 한 경우로 한정한다)의 범죄

마. 「형법」 제283조부터 제286조까지의 범죄

바. 「형법」 제287조, 제294조(제287조의 미수범으로 한정한다) 및 제296조(제287조의 예비 또는 음모로 한정한다)의 범죄

사. 「형법」 제307조부터 제309조까지 및 제311조의 범죄

아. 「형법」 제319조, 제320조, 제322조(제319조 또는 제320조의 미수범으로 한정한다)의 범죄

자. 「형법」 제324조 및 제324조의5(제324조의 미수범으로 한정한다)의 범죄

차. 「형법」 제329조부터 제331조까지, 제331조의2 및 제342조(제329조부터 제331조까지 또는 제331조2의 미수범으로 한정한다)의 범죄. 다만, 같은 소년이 본문에 규정된 죄를 3회 이상 범한 사건은 제외한다.

카. 「형법」 제347조, 제350조, 제350조의2, 제351조(제347조, 제350조 또는 제350조의2의 상습범으로 한정한다) 및 제352조(제347조, 제350조, 제350조의2 또는 제351조의 미수범으로 한정한다)의 범죄

타. 「형법」 제360조의 범죄

파. 「형법」 제366조, 제368조(제366조의 죄를 범하여 사람의 생명 또는 신체에 대하여 위험을 발생하게 하거나 사람을 상해에 이르게 한 경우로 한정한다), 제369조제1항 및 제371조(제366조 또는 제369조제1항의 미수범으로 한정한다)의 범죄

하. 「정보통신망 이용촉진 및 정보보호 등에 관한 법률」 제70조제1항·제2항 및 제74조제1항제2호·제3호의 범죄

거. 가목부터 하목까지의 범죄로서 다른 법률에 따라 가중처벌되는 범죄

2. 가정폭력 및 아동학대 범죄: 다음 각 목의 범죄

가. 「가정폭력범죄의 처벌 등에 관한 특례법」 제2조제3호에 따른 가정폭력범죄

나. 「아동학대범죄의 처벌 등에 관한 특례법」 제2조제4호에 따른 아동학대범죄

3. 교통사고 및 교통 관련 범죄: 다음 각 목의 범죄. 다만, 「도로교통법」 제2조제3호의 고속도로에서 발생한 교통사고 및 교통 관련 범죄는 제외한다.

가. 「교통사고처리 특례법」 제3조제1항의 범죄. 다만, 차의 운전자가 같은 항의 죄를 범하고도 피해자를 구호하는 등 「도로교통법」 제54조제1항에 따른 조치를 하지 않고 도주하거나 피해자를 사고 장소로부터 옮겨 유기하고 도주한 경우는 제외한다.

나. 「도로교통법」 제148조(「특정범죄 가중처벌 등에 관한 법률」 제5조의3이 적용되는 죄를 범한 경우는 제외한다), 제148조의2, 제151조, 제151조의2제2호, 제152조제1호, 제153조제2항제2호 및 제154조부터 제157조까지의 범죄

다. 「자동차손해배상보장법」 제46조제2항의 범죄

라. 「특정범죄 가중처벌 등에 관한 법률」 제5조의11 및 제5조의13의 범죄

4. 「형법」 제245조의 범죄 및 「성폭력범죄의 처벌 등에 관한 특례법」 제12조의 범죄

5. 경범죄 및 기초질서 관련 범죄: 「경범죄처벌법」 제3조에 따른 경범죄

6. 가출인 및 「실종아동등의 보호 및 지원에 관한 법률」 제2조제2호에 따른 실종아동등 관련 수색 및 범죄: 가목의 수색 및 나목의 범죄

가. 가출인 또는 실종아동등의 조속한 발견을 위한 수색. 다만, 제1호부터 제5호까지 또는 나목의 범죄가 아닌 범죄로 인해 실종된 경우는 제외한다.

나. 「실종아동등의 보호 및 지원에 관한 법률」 제17조 및 제18조의 범죄

제4조(복수의 시·도자치경찰위원회의 설치 등) 법 제18조제1항 단서에 따라 경기도지사 소속으로 경기도남부자치경찰위원회와 경기도북부자치경찰위원회를 두며, 해당 시·도자치경찰위원회의 관할구역은 다음 각 호의 구분에 따른다.

1. 경기도남부자치경찰위원회: 「경찰청과 그 소속기관 직제」 제38조에 따른 경기도남부경찰청의 관할구역
2. 경기도북부자치경찰위원회: 「경찰청과 그 소속기관 직제」 제38조에 따른 경기도북부경찰청의 관할구역

[본조신설 2021. 6. 8.]

[종전 제4조는 제4조의2로 이동 〈2021. 6. 8.〉]

제4조의2(시·도자치경찰위원회 위원의 임명방법 및 절차 등) ① 특별시장·광역시장·특별자치시장·도지사·특별자치도지사(이하 "시·도지사"라 한다)는 법 제18조제1항에 따른 시·도자치경찰위원회(이하 "시·도자치경찰위원회"라 한다)의 위원을 임명하기 위하여 법 제20조제1항제1호부터 제4호까지의 규정에 따른 위원 추천권자(이하 이 조에서 "추천권자"라 한다)에게 위원으로 임명할 사람의 추천을 요

청해야 한다.

② 시·도지사는 시·도자치경찰위원회 위원의 임기가 만료되는 경우에는 그 임기 만료 30일 전까지 추천권자에게 위원으로 임명할 사람의 추천을 요청해야 한다.

③ 시·도지사는 시·도자치경찰위원회 위원 중 결원이 생겼을 때에는 지체 없이 결원된 위원을 추천한 추천권자에게 위원으로 임명할 사람의 추천을 요청해야 한다.

④ 시·도자치경찰위원회 위원장 및 상임위원의 신분과 직급은 「지방자치단체의 행정기구와 정원 기준 등에 관한 규정」에 따르며, 위원의 임명절차 등에 관한 구체적인 사항은 시·도의 조례로 정한다.

[제4조에서 이동 〈2021. 6. 8.〉]

제5조(시·도자치경찰위원회 위원추천위원회의 구성) ① 법 제21조제1항에 따른 시·도자치경찰위원회 위원추천위원회(이하 "추천위원회"라 한다)는 시·도자치경찰위원회 위원을 추천할 때마다 위원장 1명을 포함하여 5명의 위원으로 구성한다.

② 추천위원회 위원(이하 "추천위원"이라 한다)은 시·도지사가 다음 각 호에 해당하는 사람을 임명하거나 위촉하며, 추천위원회 위원장은 추천위원 중에서 호선(互選)한다. 〈개정 2021. 6. 8., 2021. 12. 16.〉

1. 「지방자치법 시행령」 제103조제1항에 따라 각 시·도별로 두는 시·군·자치구의회의 의장 전부가 참가하는 지역협의체가 추천하는 1명
2. 「지방자치법 시행령」 제103조제1항에 따라 각 시·도별로 두는 시장·군수·자치구의 구청장 전부가 참가하는 지역협의체가 추천하는 1명
3. 재직 중인 경찰공무원이 아닌 사람 중에서 경찰청장이 추천하는 1명
4. 시·도경찰청의 소재지를 관할하는 지방법원장이 추천하는 1명
5. 시·도 본청 소속 기획 담당 실장[경기도북부자치경찰위원회의 경우에는 행정(2)부지사 밑에 두는 기획 담당 실장을 말한다]

③ 제2항제1호 및 제2호에도 불구하고 세종특별자치시와 제주특별자치도의 추천위원은 해당 시·도 의회 및 해당 시·도 교육감이 각각 1명씩 추천한다.

제6조(추천위원의 제척 및 회피) ① 추천위원은 자기 또는 자기의 친족이 심사대상자가 되거나 그 밖에 해당 안건의 심사·의결에 공정을 기할 수 없는 현저한 사유가 있는 경우에는 그 심사·의결에 관여할 수 없다.

② 추천위원회는 추천위원에게 제1항의 사유가 있다고 인정하는 경우에는 의결로 해당 추천위원의 제척(除斥) 결정을 해야 한다.

③ 추천위원은 제1항의 사유가 있는 경우 추천위원회 위원장의 허가를 받아 추

천위원회 심사 참여를 회피할 수 있다.

제7조(추천위원회 위원장) ① 추천위원회 위원장은 추천위원회를 대표하고, 추천위원회의 업무를 총괄한다.

② 추천위원회 위원장이 부득이한 사유로 직무를 수행할 수 없을 때에는 시·도지사가 지명하는 추천위원이 그 직무를 대행한다.

제8조(추천위원회의 회의) ① 추천위원회 위원장은 시·도지사 또는 추천위원 3분의 1 이상이 요청하거나 추천위원회 위원장이 필요하다고 인정하는 경우 추천위원회의 회의를 소집하고 그 의장이 된다.

② 추천위원회는 재적위원 과반수의 찬성으로 의결한다.

③ 추천위원회 위원장은 회의를 소집하려면 회의 개최 3일 전까지 회의의 일시·장소 및 안건 등을 각 추천위원에게 알려야 한다. 다만, 긴급한 사정이나 그 밖의 부득이한 사유가 있는 경우에는 그렇지 않다.

④ 추천위원회의 회의는 공개하지 않는다.

제9조(추천위원회의 추천) ① 추천위원회는 법 제20조제1항제4호에 따른 시·도자치경찰위원회 위원 추천을 위한 심사를 한다.

② 추천위원은 시·도자치경찰위원회 위원으로 적합하다고 판단되는 사람을 추천위원회에 심사대상자로 제시한다.

③ 제2항에 따라 각 추천위원이 제시하는 심사대상자의 수는 추천위원회에서 의결로 정한다.

④ 추천위원회는 심사대상자에게 자격요건 충족 여부 및 결격사유 유무 등의 심사에 필요한 자료의 제출을 요구할 수 있다.

⑤ 추천위원회는 심사를 거쳐 법 제20조제2항에 따른 자격을 갖추고 같은 조 제7항 각 호에 따른 결격사유가 없는 심사대상자 중 가장 적합하다고 인정하는 사람을 시·도지사에게 서면으로 추천해야 한다.

⑥ 추천위원회는 제5항에 따라 위원을 추천하였을 때에는 그 결과를 즉시 시·도자치경찰위원회에 통보해야 한다.

⑦ 추천위원회는 제5항에 따른 추천과 제6항에 따른 통보를 완료한 때에 해산된 것으로 본다.

제10조(비밀엄수의 의무 등) ① 추천위원 또는 추천위원이었던 사람은 직무상 알게 된 비밀을 누설하거나 심사와 관련된 개인 의견을 외부에 공표해서는 안 된다.

② 추천위원회는 제9조제7항에 따라 해산되는 경우에는 지체 없이 심사대상자의 개인정보 등 신상자료를 폐기해야 한다.

제11조(추천위원의 수당 등) 시·도지사는 추천위원회에 참석한 위원에게 예산의 범위에서 수당과 여비를 지급할 수 있다.

제12조(추천위원회 운영 세칙) 이 영에서 규정한 사항 외에 추천위원회의 운영 등에 필요한 사항은 추천위원회의 의결로 정한다.

제13조(시·도자치경찰위원회의 회의) ① 시·도자치경찰위원회 위원장은 법 제26조제1항에 따라 정기회의와 임시회의를 소집·개최한다. 이 경우 정기회의는 특별한 사유가 있는 경우를 제외하고는 월 1회 이상 소집·개최한다.

② 시·도자치경찰위원회 위원장은 회의를 소집하려면 회의 개최 3일 전까지 회의의 일시·장소 및 안건 등을 위원에게 알려야 한다. 다만, 긴급한 사정이나 그 밖의 부득이한 사유가 있는 경우에는 그렇지 않다.

③ 시·도자치경찰위원회는 회의록을 작성하고, 회의의 내용 및 결과와 출석한 위원의 성명을 적어야 한다.

④ 제3항의 회의록에는 위원장과 출석한 위원이 서명·날인해야 한다.

제14조(의견 청취 등) ① 시·도자치경찰위원회 위원장은 시·도자치경찰위원회의 심의를 위하여 필요한 경우에는 관계 공무원 또는 관계 전문가의 출석·발언이나 자료의 제출을 요구할 수 있다.

② 시·도자치경찰위원회에 출석한 관계 공무원 또는 관계 전문가에 대하여는 예산의 범위에서 수당과 여비를 지급할 수 있다. 다만, 공무원이 소관 업무와 직접적으로 관련되어 출석하는 경우에는 지급하지 않는다.

제15조(실무협의회) ① 시·도자치경찰위원회는 자치경찰사무의 원활한 수행, 국가경찰사무·자치경찰사무의 협력·조정 및 그 밖에 필요한 사항을 협의하기 위하여 경찰청 등 관계 기관과 실무협의회를 구성·운영할 수 있다.

② 제1항에서 규정한 사항 외에 실무협의회 운영 등에 필요한 사항은 시·도의 조례로 정한다.

제16조(위원의 수당 등) ① 시·도자치경찰위원회에 출석한 공무원이 아닌 위원에게는 법 제26조제3항에 따라 예산의 범위에서 상임위원에 준하여 수당과 여비, 그 밖에 필요한 경비를 지급할 수 있다.

② 제1항에 따른 수당 등의 지급기준은 시·도의 조례로 정한다.

제17조(운영규정) 이 영에서 정한 사항 외에 시·도자치경찰위원회의 운영 등에 필요한 사항은 시·도의 조례로 정한다.

제18조(사무기구) ① 법 제27조제1항에 따른 시·도자치경찰위원회 사무기구의 조

직에 관한 사항은 「지방자치단체의 행정기구와 정원기준 등에 관한 규정」에 따른다.

② 사무기구의 장은 시·도자치경찰위원회 위원장의 명을 받아 소관 사무를 처리하고 소속 직원을 지휘·감독한다.

③ 법 제27조제2항에 따라 사무기구에 두는 경찰공무원의 시·도별 정원과 계급별 정원은 「시·도자치경찰위원회에 두는 경찰공무원의 정원에 관한 규정」에 따르며, 사무기구에 두는 경찰공무원은 경찰청 소속 공무원으로 충원해야 한다.

제19조(자치경찰사무 지휘·감독권의 위임) 법 제28조제4항 단서에 따라 시·도자치경찰위원회는 자치경찰사무에 대한 지휘·감독이 실시간으로 이루어질 수 있도록 미리 경찰청장과 협의하여 시·도경찰청장에게 위임되는 자치경찰사무 지휘·감독권의 범위 및 위임 절차 등을 시·도자치경찰위원회의 의결을 거쳐 정해야 한다.

부칙 〈제32223호, 2021. 12. 16.〉 (지방자치법 시행령)

제1조(시행일) 이 영은 2022년 1월 13일부터 시행한다. 〈단서 생략〉

제2조 부터 제4조까지 생략

제5조(다른 법령의 개정) ①부터 ㉟까지 생략

㊱ 자치경찰사무와 시·도자치경찰위원회의 조직 및 운영 등에 관한 규정 일부를 다음과 같이 개정한다.

제5조제2항제1호 및 제2호 중 "「지방자치법 시행령」 제102조제3항"을 각각 "「지방자치법 시행령」 제103조제1항"으로 한다.

㊲부터 〈66〉까지 생략

제6조 생략

경찰관 직무집행법

[시행 2022. 2. 3.] [법률 제18807호, 2022. 2. 3., 일부개정]

제1조(목적) ① 이 법은 국민의 자유와 권리 및 모든 개인이 가지는 불가침의 기본적 인권을 보호하고 사회공공의 질서를 유지하기 위한 경찰관(경찰공무원만 해당한다. 이하 같다)의 직무 수행에 필요한 사항을 규정함을 목적으로 한다. 〈개정 2020. 12. 22.〉

② 이 법에 규정된 경찰관의 직권은 그 직무 수행에 필요한 최소한도에서 행사되어야 하며 남용되어서는 아니 된다.

[전문개정 2014. 5. 20.]

제2조(직무의 범위) 경찰관은 다음 각 호의 직무를 수행한다. 〈개정 2018. 4. 17., 2020. 12. 22.〉

1. 국민의 생명·신체 및 재산의 보호
2. 범죄의 예방·진압 및 수사

2의2. 범죄피해자 보호

3. 경비, 주요 인사(人士) 경호 및 대간첩·대테러 작전 수행
4. 공공안녕에 대한 위험의 예방과 대응을 위한 정보의 수집·작성 및 배포
5. 교통 단속과 교통 위해(危害)의 방지
6. 외국 정부기관 및 국제기구와의 국제협력
7. 그 밖에 공공의 안녕과 질서 유지

[전문개정 2014. 5. 20.]

제3조(불심검문) ① 경찰관은 다음 각 호의 어느 하나에 해당하는 사람을 정지시켜 질문할 수 있다.

1. 수상한 행동이나 그 밖의 주위 사정을 합리적으로 판단하여 볼 때 어떠한 죄를 범하였거나 범하려 하고 있다고 의심할 만한 상당한 이유가 있는 사람
2. 이미 행하여진 범죄나 행하여지려고 하는 범죄행위에 관한 사실을 안다고 인정되는 사람

② 경찰관은 제1항에 따라 같은 항 각 호의 사람을 정지시킨 장소에서 질문을 하는 것이 그 사람에게 불리하거나 교통에 방해가 된다고 인정될 때에는 질문을

하기 위하여 가까운 경찰서·지구대·파출소 또는 출장소(지방해양경찰관서를 포함하며, 이하 "경찰관서"라 한다)로 동행할 것을 요구할 수 있다. 이 경우 동행을 요구받은 사람은 그 요구를 거절할 수 있다. 〈개정 2014. 11. 19., 2017. 7. 26.〉

③ 경찰관은 제1항 각 호의 어느 하나에 해당하는 사람에게 질문을 할 때에 그 사람이 흉기를 가지고 있는지를 조사할 수 있다.

④ 경찰관은 제1항이나 제2항에 따라 질문을 하거나 동행을 요구할 경우 자신의 신분을 표시하는 증표를 제시하면서 소속과 성명을 밝히고 질문이나 동행의 목적과 이유를 설명하여야 하며, 동행을 요구하는 경우에는 동행 장소를 밝혀야 한다.

⑤ 경찰관은 제2항에 따라 동행한 사람의 가족이나 친지 등에게 동행한 경찰관의 신분, 동행 장소, 동행 목적과 이유를 알리거나 본인으로 하여금 즉시 연락할 수 있는 기회를 주어야 하며, 변호인의 도움을 받을 권리가 있음을 알려야 한다.

⑥ 경찰관은 제2항에 따라 동행한 사람을 6시간을 초과하여 경찰관서에 머물게 할 수 없다.

⑦ 제1항부터 제3항까지의 규정에 따라 질문을 받거나 동행을 요구받은 사람은 형사소송에 관한 법률에 따르지 아니하고는 신체를 구속당하지 아니하며, 그 의사에 반하여 답변을 강요당하지 아니한다.

[전문개정 2014. 5. 20.]

제4조(보호조치 등) ① 경찰관은 수상한 행동이나 그 밖의 주위 사정을 합리적으로 판단해 볼 때 다음 각 호의 어느 하나에 해당하는 것이 명백하고 응급구호가 필요하다고 믿을 만한 상당한 이유가 있는 사람(이하 "구호대상자"라 한다)을 발견하였을 때에는 보건의료기관이나 공공구호기관에 긴급구호를 요청하거나 경찰관서에 보호하는 등 적절한 조치를 할 수 있다.

1. 정신착란을 일으키거나 술에 취하여 자신 또는 다른 사람의 생명·신체·재산에 위해를 끼칠 우려가 있는 사람
2. 자살을 시도하는 사람
3. 미아, 병자, 부상자 등으로서 적당한 보호자가 없으며 응급구호가 필요하다고 인정되는 사람. 다만, 본인이 구호를 거절하는 경우는 제외한다.

② 제1항에 따라 긴급구호를 요청받은 보건의료기관이나 공공구호기관은 정당한 이유 없이 긴급구호를 거절할 수 없다.

③ 경찰관은 제1항의 조치를 하는 경우에 구호대상자가 휴대하고 있는 무기·흉기 등 위험을 일으킬 수 있는 것으로 인정되는 물건을 경찰관서에 임시로 영치(領置)하여 놓을 수 있다.

④ 경찰관은 제1항의 조치를 하였을 때에는 지체 없이 구호대상자의 가족, 친지 또는 그 밖의 연고자에게 그 사실을 알려야 하며, 연고자가 발견되지 아니할 때에는 구호대상자를 적당한 공공보건의료기관이나 공공구호기관에 즉시 인계하여야 한다.

⑤ 경찰관은 제4항에 따라 구호대상자를 공공보건의료기관이나 공공구호기관에 인계하였을 때에는 즉시 그 사실을 소속 경찰서장이나 해양경찰서장에게 보고하여야 한다. 〈개정 2014. 11. 19., 2017. 7. 26.〉

⑥ 제5항에 따라 보고를 받은 소속 경찰서장이나 해양경찰서장은 대통령령으로 정하는 바에 따라 구호대상자를 인계한 사실을 지체 없이 해당 공공보건의료기관 또는 공공구호기관의 장 및 그 감독행정청에 통보하여야 한다. 〈개정 2014. 11. 19., 2017. 7. 26.〉

⑦ 제1항에 따라 구호대상자를 경찰관서에서 보호하는 기간은 24시간을 초과할 수 없고, 제3항에 따라 물건을 경찰관서에 임시로 영치하는 기간은 10일을 초과할 수 없다.

[전문개정 2014. 5. 20.]

제5조(위험 발생의 방지 등) ① 경찰관은 사람의 생명 또는 신체에 위해를 끼치거나 재산에 중대한 손해를 끼칠 우려가 있는 천재(天災), 사변(事變), 인공구조물의 파손이나 붕괴, 교통사고, 위험물의 폭발, 위험한 동물 등의 출현, 극도의 혼잡, 그 밖의 위험한 사태가 있을 때에는 다음 각 호의 조치를 할 수 있다.

1. 그 장소에 모인 사람, 사물(事物)의 관리자, 그 밖의 관계인에게 필요한 경고를 하는 것
2. 매우 긴급한 경우에는 위해를 입을 우려가 있는 사람을 필요한 한도에서 억류하거나 피난시키는 것
3. 그 장소에 있는 사람, 사물의 관리자, 그 밖의 관계인에게 위해를 방지하기 위하여 필요하다고 인정되는 조치를 하게 하거나 직접 그 조치를 하는 것

② 경찰관서의 장은 대간첩 작전의 수행이나 소요(騷擾) 사태의 진압을 위하여 필요하다고 인정되는 상당한 이유가 있을 때에는 대간첩 작전지역이나 경찰관서·무기고 등 국가중요시설에 대한 접근 또는 통행을 제한하거나 금지할 수 있다.

③ 경찰관은 제1항의 조치를 하였을 때에는 지체 없이 그 사실을 소속 경찰관서의 장에게 보고하여야 한다.

④ 제2항의 조치를 하거나 제3항의 보고를 받은 경찰관서의 장은 관계 기관의 협조를 구하는 등 적절한 조치를 하여야 한다.

[전문개정 2014. 5. 20.]

제6조(범죄의 예방과 제지) 경찰관은 범죄행위가 목전(目前)에 행하여지려고 하고 있다고 인정될 때에는 이를 예방하기 위하여 관계인에게 필요한 경고를 하고, 그 행위로 인하여 사람의 생명·신체에 위해를 끼치거나 재산에 중대한 손해를 끼칠 우려가 있는 긴급한 경우에는 그 행위를 제지할 수 있다.

[전문개정 2014. 5. 20.]

제7조(위험 방지를 위한 출입) ① 경찰관은 제5조제1항·제2항 및 제6조에 따른 위험한 사태가 발생하여 사람의 생명·신체 또는 재산에 대한 위해가 임박한 때에 그 위해를 방지하거나 피해자를 구조하기 위하여 부득이하다고 인정하면 합리적으로 판단하여 필요한 한도에서 다른 사람의 토지·건물·배 또는 차에 출입할 수 있다.

② 흥행장(興行場), 여관, 음식점, 역, 그 밖에 많은 사람이 출입하는 장소의 관리자나 그에 준하는 관계인은 경찰관이 범죄나 사람의 생명·신체·재산에 대한 위해를 예방하기 위하여 해당 장소의 영업시간이나 해당 장소가 일반인에게 공개된 시간에 그 장소에 출입하겠다고 요구하면 정당한 이유 없이 그 요구를 거절할 수 없다.

③ 경찰관은 대간첩 작전 수행에 필요할 때에는 작전지역에서 제2항에 따른 장소를 검색할 수 있다.

④ 경찰관은 제1항부터 제3항까지의 규정에 따라 필요한 장소에 출입할 때에는 그 신분을 표시하는 증표를 제시하여야 하며, 함부로 관계인이 하는 정당한 업무를 방해해서는 아니 된다.

[전문개정 2014. 5. 20.]

제8조(사실의 확인 등) ① 경찰관서의 장은 직무 수행에 필요하다고 인정되는 상당한 이유가 있을 때에는 국가기관이나 공사(公私) 단체 등에 직무 수행에 관련된 사실을 조회할 수 있다. 다만, 긴급한 경우에는 소속 경찰관으로 하여금 현장에 나가 해당 기관 또는 단체의 장의 협조를 받아 그 사실을 확인하게 할 수 있다.

② 경찰관은 다음 각 호의 직무를 수행하기 위하여 필요하면 관계인에게 출석하여야 하는 사유·일시 및 장소를 명확히 적은 출석 요구서를 보내 경찰관서에 출석할 것을 요구할 수 있다.

1. 미아를 인수할 보호자 확인
2. 유실물을 인수할 권리자 확인
3. 사고로 인한 사상자(死傷者) 확인
4. 행정처분을 위한 교통사고 조사에 필요한 사실 확인

[전문개정 2014. 5. 20.]

제8조의2(정보의 수집 등) ① 경찰관은 범죄·재난·공공갈등 등 공공안녕에 대한 위험의 예방과 대응을 위한 정보의 수집·작성·배포와 이에 수반되는 사실의 확인을 할 수 있다.

② 제1항에 따른 정보의 구체적인 범위와 처리 기준, 정보의 수집·작성·배포에 수반되는 사실의 확인 절차와 한계는 대통령령으로 정한다.

[본조신설 2020. 12. 22.]

[종전 제8조의2는 제8조의3으로 이동 〈2020. 12. 22.〉]

제8조의3(국제협력) 경찰청장 또는 해양경찰청장은 이 법에 따른 경찰관의 직무수행을 위하여 외국 정부기관, 국제기구 등과 자료 교환, 국제협력 활동 등을 할 수 있다. 〈개정 2014. 11. 19., 2017. 7. 26.〉

[본조신설 2014. 5. 20.]

[제8조의2에서 이동 〈2020. 12. 22.〉]

제9조(유치장) 법률에서 정한 절차에 따라 체포·구속된 사람 또는 신체의 자유를 제한하는 판결이나 처분을 받은 사람을 수용하기 위하여 경찰서와 해양경찰서에 유치장을 둔다. 〈개정 2014. 11. 19., 2017. 7. 26.〉

[전문개정 2014. 5. 20.]

제10조(경찰장비의 사용 등) ① 경찰관은 직무수행 중 경찰장비를 사용할 수 있다. 다만, 사람의 생명이나 신체에 위해를 끼칠 수 있는 경찰장비(이하 이 조에서 "위해성 경찰장비"라 한다)를 사용할 때에는 필요한 안전교육과 안전검사를 받은 후 사용하여야 한다.

② 제1항 본문에서 "경찰장비"란 무기, 경찰장구(警察裝具), 최루제(催淚劑)와 그 발사장치, 살수차, 감식기구(鑑識機具), 해안 감시기구, 통신기기, 차량·선박·항공기 등 경찰이 직무를 수행할 때 필요한 장치와 기구를 말한다.

③ 경찰관은 경찰장비를 함부로 개조하거나 경찰장비에 임의의 장비를 부착하여 일반적인 사용법과 달리 사용함으로써 다른 사람의 생명·신체에 위해를 끼쳐서는 아니 된다.

④ 위해성 경찰장비는 필요한 최소한도에서 사용하여야 한다.

⑤ 경찰청장은 위해성 경찰장비를 새로 도입하려는 경우에는 대통령령으로 정하는 바에 따라 안전성 검사를 실시하여 그 안전성 검사의 결과보고서를 국회 소관 상임위원회에 제출하여야 한다. 이 경우 안전성 검사에는 외부 전문가를 참여시켜야 한다.

⑥ 위해성 경찰장비의 종류 및 그 사용기준, 안전교육·안전검사의 기준 등은 대통령령으로 정한다.

[전문개정 2014. 5. 20.]

제10조의2(경찰장구의 사용) ① 경찰관은 다음 각 호의 직무를 수행하기 위하여 필요하다고 인정되는 상당한 이유가 있을 때에는 그 사태를 합리적으로 판단하여 필요한 한도에서 경찰장구를 사용할 수 있다.

1. 현행범이나 사형·무기 또는 장기 3년 이상의 징역이나 금고에 해당하는 죄를 범한 범인의 체포 또는 도주 방지
2. 자신이나 다른 사람의 생명·신체의 방어 및 보호
3. 공무집행에 대한 항거(抗拒) 제지

② 제1항에서 "경찰장구"란 경찰관이 휴대하여 범인 검거와 범죄 진압 등의 직무 수행에 사용하는 수갑, 포승(捕繩), 경찰봉, 방패 등을 말한다.

[전문개정 2014. 5. 20.]

제10조의3(분사기 등의 사용) 경찰관은 다음 각 호의 직무를 수행하기 위하여 부득이한 경우에는 현장책임자가 판단하여 필요한 최소한의 범위에서 분사기(「총포·도검·화약류 등의 안전관리에 관한 법률」에 따른 분사기를 말하며, 그에 사용하는 최루 등의 작용제를 포함한다. 이하 같다) 또는 최루탄을 사용할 수 있다. 〈개정 2015. 1. 6.〉

1. 범인의 체포 또는 범인의 도주 방지
2. 불법집회·시위로 인한 자신이나 다른 사람의 생명·신체와 재산 및 공공시설 안전에 대한 현저한 위해의 발생 억제

[전문개정 2014. 5. 20.]

제10조의4(무기의 사용) ① 경찰관은 범인의 체포, 범인의 도주 방지, 자신이나 다른 사람의 생명·신체의 방어 및 보호, 공무집행에 대한 항거의 제지를 위하여 필요하다고 인정되는 상당한 이유가 있을 때에는 그 사태를 합리적으로 판단하여 필요한 한도에서 무기를 사용할 수 있다. 다만, 다음 각 호의 어느 하나에 해당할 때를 제외하고는 사람에게 위해를 끼쳐서는 아니 된다.

1. 「형법」에 규정된 정당방위와 긴급피난에 해당할 때
2. 다음 각 목의 어느 하나에 해당하는 때에 그 행위를 방지하거나 그 행위자를 체포하기 위하여 무기를 사용하지 아니하고는 다른 수단이 없다고 인정되는 상당한 이유가 있을 때

가. 사형·무기 또는 장기 3년 이상의 징역이나 금고에 해당하는 죄를 범하거나 범하였다고 의심할 만한 충분한 이유가 있는 사람이 경찰관의 직무집행에 항거하거나 도주하려고 할 때

나. 체포·구속영장과 압수·수색영장을 집행하는 과정에서 경찰관의 직무집행에 항거하거나 도주하려고 할 때
다. 제3자가 가목 또는 나목에 해당하는 사람을 도주시키려고 경찰관에게 항거할 때
라. 범인이나 소요를 일으킨 사람이 무기·흉기 등 위험한 물건을 지니고 경찰관으로부터 3회 이상 물건을 버리라는 명령이나 항복하라는 명령을 받고도 따르지 아니하면서 계속 항거할 때

3. 대간첩 작전 수행 과정에서 무장간첩이 항복하라는 경찰관의 명령을 받고도 따르지 아니할 때

② 제1항에서 "무기"란 사람의 생명이나 신체에 위해를 끼칠 수 있도록 제작된 권총·소총·도검 등을 말한다.

③ 대간첩·대테러 작전 등 국가안전에 관련되는 작전을 수행할 때에는 개인화기(個人火器) 외에 공용화기(共用火器)를 사용할 수 있다.

[전문개정 2014. 5. 20.]

제11조(사용기록의 보관) 제10조제2항에 따른 살수차, 제10조의3에 따른 분사기, 최루탄 또는 제10조의4에 따른 무기를 사용하는 경우 그 책임자는 사용 일시·장소·대상, 현장책임자, 종류, 수량 등을 기록하여 보관하여야 한다.

[전문개정 2014. 5. 20.]

제11조의2(손실보상) ① 국가는 경찰관의 적법한 직무집행으로 인하여 다음 각 호의 어느 하나에 해당하는 손실을 입은 자에 대하여 정당한 보상을 하여야 한다.
〈개정 2018. 12. 24.〉

1. 손실발생의 원인에 대하여 책임이 없는 자가 생명·신체 또는 재산상의 손실을 입은 경우(손실발생의 원인에 대하여 책임이 없는 자가 경찰관의 직무집행에 자발적으로 협조하거나 물건을 제공하여 생명·신체 또는 재산상의 손실을 입은 경우를 포함한다)
2. 손실발생의 원인에 대하여 책임이 있는 자가 자신의 책임에 상응하는 정도를 초과하는 생명·신체 또는 재산상의 손실을 입은 경우

② 제1항에 따른 보상을 청구할 수 있는 권리는 손실이 있음을 안 날부터 3년, 손실이 발생한 날부터 5년간 행사하지 아니하면 시효의 완성으로 소멸한다.

③ 제1항에 따른 손실보상신청 사건을 심의하기 위하여 손실보상심의위원회를 둔다.

④ 경찰청장 또는 시·도경찰청장은 제3항의 손실보상심의위원회의 심의·의결에

따라 보상금을 지급하고, 거짓 또는 부정한 방법으로 보상금을 받은 사람에 대하여는 해당 보상금을 환수하여야 한다. 〈개정 2018. 12. 24., 2020. 12. 22.〉

⑤ 보상금이 지급된 경우 손실보상심의위원회는 대통령령으로 정하는 바에 따라 국가경찰위원회에 심사자료와 결과를 보고하여야 한다. 이 경우 국가경찰위원회는 손실보상의 적법성 및 적정성 확인을 위하여 필요한 자료의 제출을 요구할 수 있다. 〈신설 2018. 12. 24., 2020. 12. 22.〉

⑥ 경찰청장 또는 시·도경찰청장은 제4항에 따라 보상금을 반환하여야 할 사람이 대통령령으로 정한 기한까지 그 금액을 납부하지 아니한 때에는 국세 체납처분의 예에 따라 징수할 수 있다. 〈신설 2018. 12. 24., 2020. 12. 22.〉

⑦ 제1항에 따른 손실보상의 기준, 보상금액, 지급 절차 및 방법, 제3항에 따른 손실보상심의위원회의 구성 및 운영, 제4항 및 제6항에 따른 환수절차, 그 밖에 손실보상에 관하여 필요한 사항은 대통령령으로 정한다. 〈신설 2018. 12. 24.〉

[본조신설 2013. 4. 5.]

제11조의3(범인검거 등 공로자 보상) ① 경찰청장, 시·도경찰청장 또는 경찰서장은 다음 각 호의 어느 하나에 해당하는 사람에게 보상금을 지급할 수 있다. 〈개정 2020. 12. 22.〉

1. 범인 또는 범인의 소재를 신고하여 검거하게 한 사람
2. 범인을 검거하여 경찰공무원에게 인도한 사람
3. 테러범죄의 예방활동에 현저한 공로가 있는 사람
4. 그 밖에 제1호부터 제3호까지의 규정에 준하는 사람으로서 대통령령으로 정하는 사람

② 경찰청장, 시·도경찰청장 및 경찰서장은 제1항에 따른 보상금 지급의 심사를 위하여 대통령령으로 정하는 바에 따라 각각 보상금심사위원회를 설치·운영하여야 한다. 〈개정 2020. 12. 22.〉

③ 제2항에 따른 보상금심사위원회는 위원장 1명을 포함한 5명 이내의 위원으로 구성한다.

④ 제2항에 따른 보상금심사위원회의 위원은 소속 경찰공무원 중에서 경찰청장, 시·도경찰청장 또는 경찰서장이 임명한다. 〈개정 2020. 12. 22.〉

⑤ 경찰청장, 시·도경찰청장 또는 경찰서장은 제2항에 따른 보상금심사위원회의 심사·의결에 따라 보상금을 지급하고, 거짓 또는 부정한 방법으로 보상금을 받은 사람에 대하여는 해당 보상금을 환수한다. 〈개정 2020. 12. 22.〉

⑥ 경찰청장, 시·도경찰청장 또는 경찰서장은 제5항에 따라 보상금을 반환하여야 할 사람이 대통령령으로 정한 기한까지 그 금액을 납부하지 아니한 때에는

국세 체납처분의 예에 따라 징수할 수 있다. 〈개정 2018. 12. 24., 2020. 12. 22.〉

⑦ 제1항에 따른 보상 대상, 보상금의 지급 기준 및 절차, 제2항 및 제3항에 따른 보상금심사위원회의 구성 및 심사사항, 제5항 및 제6항에 따른 환수절차, 그 밖에 보상금 지급에 관하여 필요한 사항은 대통령령으로 정한다. 〈신설 2018. 12. 24.〉

[본조신설 2016. 1. 27.]

[제목개정 2018. 12. 24.]

제11조의4(소송 지원) 경찰청장과 해양경찰청장은 경찰관이 제2조 각 호에 따른 직무의 수행으로 인하여 민·형사상 책임과 관련된 소송을 수행할 경우 변호인 선임 등 소송 수행에 필요한 지원을 할 수 있다.

[본조신설 2021. 10. 19.]

제11조의5(직무 수행으로 인한 형의 감면) 다음 각 호의 범죄가 행하여지려고 하거나 행하여지고 있어 타인의 생명·신체에 대한 위해 발생의 우려가 명백하고 긴급한 상황에서, 경찰관이 그 위해를 예방하거나 진압하기 위한 행위 또는 범인의 검거 과정에서 경찰관을 향한 직접적인 유형력 행사에 대응하는 행위를 하여 그로 인하여 타인에게 피해가 발생한 경우, 그 경찰관의 직무수행이 불가피한 것이고 필요한 최소한의 범위에서 이루어졌으며 해당 경찰관에게 고의 또는 중대한 과실이 없는 때에는 그 정상을 참작하여 형을 감경하거나 면제할 수 있다.

1. 「형법」 제2편제24장 살인의 죄, 제25장 상해와 폭행의 죄, 제32장 강간과 추행의 죄 중 강간에 관한 범죄, 제38장 절도와 강도의 죄 중 강도에 관한 범죄 및 이에 대하여 다른 법률에 따라 가중처벌하는 범죄
2. 「가정폭력범죄의 처벌 등에 관한 특례법」에 따른 가정폭력범죄, 「아동학대범죄의 처벌 등에 관한 특례법」에 따른 아동학대범죄

[본조신설 2022. 2. 3.]

제12조(벌칙) 이 법에 규정된 경찰관의 의무를 위반하거나 직권을 남용하여 다른 사람에게 해를 끼친 사람은 1년 이하의 징역이나 금고에 처한다.

[전문개정 2014. 5. 20.]

제13조 삭제 〈2014. 5. 20.〉

부칙 〈제18807호, 2022. 2. 3.〉

이 법은 공포한 날부터 시행한다.

제주특별자치도 설치 및 국제자유도시 조성을 위한 특별법(약칭: 제주특별법)

[시행 2022. 4. 26.] [법률 제18849호, 2022. 4. 26., 타법개정]

제1편 총칙

제1조(목적) 이 법은 종전의 제주도의 지역적·역사적·인문적 특성을 살리고 자율과 책임, 창의성과 다양성을 바탕으로 고도의 자치권이 보장되는 제주특별자치도를 설치하여 실질적인 지방분권을 보장하고, 행정규제의 폭넓은 완화와 국제적 기준의 적용 및 환경자원의 관리 등을 통하여 경제와 환경이 조화를 이루는 환경친화적인 국제자유도시를 조성함으로써 도민의 복리증진과 국가발전에 이바지함을 목적으로 한다. 〈개정 2019. 12. 10.〉

제2조(정의) 이 법에서 "국제자유도시"란 사람·상품·자본의 국제적 이동과 기업활동의 편의가 최대한 보장되도록 규제의 완화 및 국제적 기준이 적용되는 지역적 단위를 말한다.

제3조(적용범위) 이 법은 제7조에 따른 제주특별자치도(이하 "제주자치도"라 한다)의 관할구역에만 적용한다.

제4조(국가의 책무) ① 국가는 제주자치도의 지방자치를 보장하고 국제자유도시를 실현하기 위하여 관련 법령을 지속적으로 정비하는 등 입법·행정 조치를 하여야 한다.

② 국가는 제주자치도의 운영목표와 그 목표달성도에 대한 평가 등을 통하여 제주자치도의 선진적인 지방분권의 실현과 국제자유도시의 조성을 위한 방안 및 시책을 마련하여야 한다.

③ 국가는 제주자치도의 자발적인 성과 제고 노력을 유발하기 위하여 국세의 세목(稅目)을 이양하거나 제주자치도에서 징수되는 국세를 이양하는 등 행정적·재정적 우대 방안을 마련하여 조속히 시행하여야 한다.

④ 국가는 이 법 시행에 따라 폐지되는 종전의 제주도가 누리던 행정상·재정상의 이익을 제주자치도가 계속 누릴 수 있도록 하여야 한다.

제5조(제주자치도의 책무) ① 제주자치도는 제주자치도에 대한 국가정책의 수립 및

시행에 적극 협력하여야 한다.
② 제주자치도는 이 법에서 조례로 정하도록 하거나 정할 수 있도록 한 사항에 대하여 이 법의 취지에 맞게 제주자치도 조례(이하 "도조례"라 한다)를 제정·개정하거나 폐지하는 조치를 하여야 한다.
③ 제주자치도는 제주자치도의 성과목표와 평가에 관하여 국무총리와 협약(자치경찰과 교육자치에 관한 사항을 포함한다)을 체결하여야 한다. 이 경우 국무총리는 중앙행정기관의 권한 이양과 규제완화 등의 결과가 제주자치도의 발전과 성장에 기여하고 있는지에 대한 평가와 그 평가결과에 따른 제도보완 등에 관하여 미리 관계 중앙행정기관의 장과 협의하여야 한다.

제6조(다른 법률과의 관계) ① 이 법은 제주자치도의 조직·운영, 중앙행정기관의 권한 이양 및 규제완화 등에 관하여 다른 법률에 우선하여 적용한다. 다만, 다른 법률에 제주자치도에 관하여 특별한 규정이 있는 경우에는 그러하지 아니하다.
② 이 법에서 중앙행정기관의 장 등의 권한을 제주특별자치도지사의 권한으로 한 경우(이양되는 권한과 관련된 의무·원칙·기준 및 절차 등을 포함한다. 이하 같다) 제주특별자치도지사의 권한은 해당 법령에서 정한 중앙행정기관의 장 등의 권한으로 보아 해당 법령을 적용한다. 중앙행정기관의 장 등에 해당하는 사항을 제주특별자치도지사에 해당하는 것으로 한 경우에도 또한 같다.

제2편 제주특별자치도의 설치·운영

제1장 제주특별자치도의 설치

제1절 제주특별자치도의 설치

제7조(제주특별자치도의 설치 등) ① 정부의 직할로 제주특별자치도를 설치한다.
② 제주특별자치도의 관할구역은 종전의 제주도의 관할구역으로 한다.
③ 제주특별자치도는 이 법에서 정하는 범위에서 특수한 지위를 가진다.

제8조(지방의회 및 집행기관 구성의 특례) ① 「지방자치법」의 지방의회와 집행기관에 관한 규정에도 불구하고 따로 법률로 정하는 바에 따라 제주자치도의 지방의회와 집행기관의 구성을 달리할 수 있다.
② 제주특별자치도지사는 제1항에 따라 제주자치도의 지방의회 또는 집행기관의 구성을 달리하려는 경우에는 제주특별자치도의회의 동의를 받아 행정안전부장관에게 그에 관한 주민 의견을 듣기 위한 주민투표의 실시를 요청할 수 있다. 〈개정 2017. 7. 26.〉
③ 제2항에 따라 요청을 받은 행정안전부장관은 이 법의 목적과 취지 등을 고려

하여 필요하다고 인정하는 경우에는 제주자치도의 주민을 대상으로 제주특별자치도지사에게 주민투표의 실시를 요구할 수 있다. 이 경우 실시하는 주민투표는 「주민투표법」 제8조에 따른 국가정책에 관한 주민투표로 보고, 같은 법의 규정을 따른다. 〈개정 2017. 7. 26.〉

제9조(제주자치도의 설치에 따른 다른 법령 적용상의 특례) ① 다른 법령에서 지방자치단체, 도 또는 시·군을 인용한 경우에는 각각 제주자치도를 포함한 것으로 보아 해당 법령을 적용한다.

② 다른 법령에서 지방의회 의원, 도의회 의원 또는 시·군의회 의원을 인용한 경우에는 각각 제주특별자치도의회 의원을 포함한 것으로 보아 해당 법령을 적용한다.

③ 다른 법령에서 지방자치단체의 장, 도지사 또는 시장·군수를 인용한 경우에는 각각 제주특별자치도지사(이하 "도지사"라 한다)를 포함한 것으로 보아 해당 법령을 적용한다.

④ 다른 법령에서 지방의회, 도의회 또는 시·군의회를 인용한 경우에는 각각 제주특별자치도의회(이하 "도의회"라 한다)를 포함한 것으로 보아 해당 법령을 적용한다.

⑤ 다른 법령에서 지방자치단체의 조례·규칙, 도의 조례·규칙 또는 시·군의 조례·규칙을 인용한 경우에는 각각 제주자치도의 조례·규칙을 포함한 것으로 보아 해당 법령을 적용한다.

⑥ 다른 법령에서 교육감을 인용한 경우에는 제주특별자치도교육감(이하 "도교육감"이라 한다)을 포함한 것으로 보아 해당 법령을 적용한다.

⑦ 다른 법령에서 지방자치단체인 시·군의 전부 또는 일부를 구역 또는 관할구역으로 두고 있는 교육청(교육지원청을 포함한다), 경찰서 등 행정기관은 종전의 구역 또는 관할구역에 둔 것으로 보아 해당 법령을 적용한다.

제2절 행정시 및 읍·면·동의 설치

제10조(행정시의 폐지·설치·분리·합병 등) ① 제주자치도는 「지방자치법」 제2조제1항 및 제3조제2항에도 불구하고 그 관할구역에 지방자치단체인 시와 군을 두지 아니한다.

② 제주자치도의 관할구역에 지방자치단체가 아닌 시(이하 "행정시"라 한다)를 둔다.

③ 다른 법령에서 시를 인용하는 경우 해당 법령에 특별한 규정이 없으면 행정

시는 포함되지 아니한다.

④ 행정시의 폐지·설치·분리·합병, 명칭 및 구역은 도조례로 정한다. 이 경우 도지사는 그 결과를 행정안전부장관에게 보고하여야 한다. 〈개정 2017. 7. 26.〉

⑤ 행정시의 사무소 소재지는 도조례로 정하되, 도의회 재적의원 과반수의 찬성을 받아야 한다.

제11조(행정시장) ① 행정시에 시장을 둔다.

② 행정시의 시장(이하 "행정시장"이라 한다)은 일반직 지방공무원으로 보하되, 도지사가 임명한다. 다만, 제12조제1항에 따라 행정시장으로 예고한 사람을 임명할 경우에는 정무직 지방공무원으로 임명한다.

③ 제2항 단서에 따라 임명된 행정시장의 임기는 2년으로 하며, 연임할 수 있다.

④ 행정시장으로 임명할 사람을 예고하지 아니하거나 행정시장으로 예고되거나 임명된 사람의 사망, 사퇴, 퇴직 또는 임기 만료 등으로 새로 행정시장을 임명하는 것이 필요한 경우에는 일반직 지방공무원으로 임명하되, 「지방공무원법」 제29조의4에 따라 개방형직위로 운영한다.

⑤ 행정시장은 도지사의 지휘·감독을 받아 소관 국가사무와 지방자치단체의 사무를 맡아 처리하고 소속직원을 지휘·감독한다.

⑥ 다른 법령에서 시장을 인용하는 경우 해당 법령에 특별한 규정이 없으면 행정시장은 포함되지 아니한다.

제12조(행정시장의 예고 등) ① 「공직선거법」에 따른 도지사 선거(재선거와 보궐선거를 포함한다)의 도지사 후보자로 등록하려는 사람(이하 "도지사후보자"라 한다)은 제11조제2항 단서에 따라 임명할 행정시장을 행정시별로 각각 1명을 예고할 수 있다.

② 도지사후보자는 제1항에 따라 행정시장을 예고한 경우에는 「공직선거법」 제49조에 따라 후보자의 등록을 신청할 때에 예고한 사람의 명부와 본인승낙서를 함께 제출하여야 한다.

③ 도지사후보자는 「지방공무원법」 제31조 각 호의 어느 하나에 해당하는 사람을 행정시장으로 예고할 수 없다.

④ 도지사후보자는 선거권자가 행정시장으로 예고된 사람의 성명·직업·학력·경력 등을 알 수 있도록 하여야 하고, 그 예고 방법·기간 및 내용 등은 도조례로 정한다.

제13조(행정시장의 퇴직) 제11조제2항 단서에 따라 정무직 지방공무원으로 행정시장에 임명된 사람은 다음 각 호의 어느 하나에 해당할 경우에는 그 직에서 퇴직

한다.

1. 「지방공무원법」 제31조 각 호(제5호는 제외한다)의 어느 하나에 해당하는 경우
2. 「공직선거법」에 따라 도지사의 재선거와 보궐선거의 사유가 발생한 경우
3. 행정시장을 지명한 도지사의 임기가 만료된 경우
4. 행정시장을 지명한 도지사에 대하여 「주민소환에 관한 법률」 제22조에 따라 주민소환이 확정되어 공표된 경우

제14조(행정시의 부시장) ① 행정시에 부시장을 둔다.

② 행정시의 부시장은 일반직 지방공무원으로 임명하되, 도지사가 임명한다.

③ 행정시의 부시장은 행정시장을 보좌하여 사무를 총괄하고, 소속직원을 지휘·감독한다.

제15조(행정시의 행정기구) 행정시에 소관 행정사무를 분장하기 위하여 필요한 행정기구를 도조례로 정하는 바에 따라 두되, 직급은 대통령령으로 정하는 기준에 따라 도조례로 정한다.

제15조의2(위원회 설치에 관한 특례) 「건축법」, 「아동복지법」 및 「영유아보육법」에도 불구하고 다음 각 호에 따른 위원회는 도조례로 정하는 바에 따라 행정시에 설치·운영할 수 있다.

1. 「건축법」 제4조에 따른 건축위원회
2. 「아동복지법」 제12조에 따른 아동복지심의위원회
3. 「영유아보육법」 제6조에 따른 지방보육정책위원회

[본조신설 2019. 12. 10.]

제16조(읍·면·동의 폐지·설치·분리·합병 등) ① 행정시에는 도시의 형태를 갖춘 지역에는 동을, 그 밖의 지역에는 읍·면을 둔다.

② 「지방자치법」의 규정 중 읍·면·동에 관한 사항은 행정시에 두는 읍·면·동에 적용한다. 다만, 행정시에 두는 읍·면·동을 폐지하거나 설치하거나 나누거나 합칠 때에는 「지방자치법」 제7조제1항에도 불구하고 행정안전부장관의 승인이 필요하지 아니하되, 도지사는 그 결과를 행정안전부장관에게 보고하여야 한다. 〈개정 2017. 7. 26., 2021. 1. 12.〉

제2장 제주특별자치도 지원위원회의 설치 및 권한 이양 등

제1절 제주특별자치도 지원위원회의 설치

제17조(제주특별자치도 지원위원회의 설치 등) ① 제주자치도가 이 법의 목적을 달성

할 수 있도록 제주자치도의 성과목표와 평가 및 국제자유도시의 조성에 관한 다음 각 호의 사항을 심의하기 위하여 국무총리 소속으로 제주특별자치도 지원위원회(이하 "지원위원회"라 한다)를 둔다.

1. 제주자치도의 조직·운영에 관한 기본계획의 수립 및 시행에 관한 사항
2. 제주자치도의 행정 및 재정자주권 제고와 제4조제3항에 따른 행정적·재정적 우대 부여 방안 마련에 관한 사항
3. 제5조제3항에 따른 협약 체결과 그 평가결과의 활용에 관한 사항
4. 제19조에 따라 제출된 법률안 의견의 검토 등에 관한 사항
5. 제20조에 따른 중앙행정기관 권한의 단계적 이양에 관한 사항
6. 특별지방행정기관의 이관과 그에 따른 조치에 관한 사항
7. 제주첨단과학기술단지의 지정·해제 및 개발에 관한 사항
8. 제166조에 따른 제주국제자유도시 개발센터(이하 "개발센터"라 한다)의 사업추진과 발전방안, 개발센터와 지방자치단체 간 업무조정 등에 관한 사항
9. 제주자치도의 행정규제자유화의 추진에 관한 사항
10. 외국교육기관 및 외국의료기관의 유치와 설립 지원에 관한 사항
11. 국제적 교육환경 조성에 관한 사항
12. 제주자치도의 경관 관리에 관한 사항
13. 제1호부터 제12호까지의 사항과 관련하여 도지사와 관계 중앙행정기관의 장과의 협의·조정에 관한 사항
14. 그 밖에 지원위원회의 위원장 또는 도지사가 필요하다고 인정하여 회의에 부치는 사항

② 지원위원회는 위원장 1명을 포함한 30명 이내의 위원으로 구성한다.

③ 지원위원회 위원장은 국무총리가 되고, 위원은 관계 중앙행정기관의 장 또는 학식과 경험이 풍부한 사람 중에서 국무총리가 임명하거나 위촉한다.

④ 지원위원회에서 심의할 안건을 검토하고 지원위원회로부터 위임받은 사항을 처리하기 위하여 실무위원회를 둔다.

⑤ 제4항에 따른 실무위원회는 위원장 1명을 포함한 25명 이내의 위원으로 구성하되, 위원장은 국무조정실장이 된다.

⑥ 제1항제3호에 따른 협약 체결과 그 평가결과의 활용에 관한 세부적인 사항은 지원위원회의 심의를 마친 후 지원위원회의 위원장이 정한다.

⑦ 제1항부터 제6항까지에서 규정한 사항 외에 지원위원회와 실무위원회의 구성 및 운영 등에 필요한 사항은 대통령령으로 정한다.

제18조 삭제 〈2019. 12. 10.〉

제18조의2(사무기구의 설치) ① 지원위원회의 사무를 처리하기 위하여 지원위원회에 필요한 사무기구를 둔다.

② 사무기구의 설치 및 운영에 관한 사항은 대통령령으로 정한다.

[본조신설 2019. 12. 10.]

[법률 제16774호(2019. 12. 10.) 부칙 제2조의 규정에 의하여 이 조는 2021년 6월 30일까지 유효함]

제19조(법률안 의견 제출 및 입법반영) ① 도지사는 도의회 재적의원 3분의 2 이상의 동의를 받아 제주자치도와 관련하여 법률에 반영할 필요가 있는 사항에 대한 의견을 지원위원회에 제출할 수 있다.

② 지원위원회는 제1항에 따라 제출된 의견을 관계 중앙행정기관의 장에게 통보하여야 한다.

③ 관계 중앙행정기관의 장은 제2항에 따라 통보된 내용의 타당성을 검토하여야 한다. 이 경우 검토기간은 그 통보를 받은 날부터 2개월을 지나서는 아니 된다.

④ 관계 중앙행정기관의 장은 제3항에 따른 검토결과를 검토기간이 지난 날부터 7일 이내에 지원위원회에 통보하여야 한다. 이 경우 관계 중앙행정기관의 장은 검토한 결과 타당성이 없다고 인정할 때에는 그 사유와 내용을 구체적으로 밝혀 통보하여야 하고, 타당하다고 인정할 때에는 관계 법률에 그 내용이 반영될 수 있도록 적극 협력하여야 한다.

⑤ 지원위원회는 제4항에 따라 통보받은 검토결과를 심의하여 그 심의결과를 도지사와 관계 중앙행정기관의 장에게 통보하여야 한다.

제2절 중앙행정기관의 권한 이양 및 규제자유화의 추진

제20조(중앙행정기관 권한의 단계적 이양) ① 지원위원회는 제주자치도의 경우 외교, 국방, 사법 등의 국가존립사무를 제외한 사무에 대하여 제주자치도의 지역 여건, 역량 및 재정능력 등을 고려하여 단계별로 제주자치도에 이양하기 위한 계획(이하 "이양계획"이라 한다)을 수립하여야 한다.

② 이양계획에는 다음 각 호의 사항이 포함되어야 한다.

1. 법령에 규정된 중앙행정기관의 권한에 속하는 사무의 전수조사에 관한 사항
2. 중앙행정기관 권한의 제주자치도 이양 대상사무의 조사 및 선정에 관한 사항
3. 중앙행정기관 권한의 제주자치도 이양 대상의 확정과 그 사후관리에 관한 사항
4. 그 밖에 행정적·재정적 지원 등 중앙행정기관 권한의 제주자치도 이양을 효율적으로 추진하기 위하여 필요한 사항

③ 지원위원회는 제1항에 따라 수립된 이양계획을 국무총리에게 보고하고, 관계 중앙행정기관의 장과 도지사에게 통보하여야 한다.

제21조(자료의 제출 등) ① 중앙행정기관의 장은 이 법에 따라 이양된 권한에 관하여 국가적인 통계관리 또는 정책수립 등에 필요한 자료의 제출을 제주자치도에 요청할 수 있다.

② 제주자치도는 이 법에 따라 이양된 권한을 행사하는 데 필요한 자료의 제출과 기술지원을 관계 중앙행정기관의 장에게 요청할 수 있다.

제22조(규제자유화의 추진) ① 중앙행정기관의 장은 제주자치도를 국가발전을 선도하는 규제자유화 지역으로 발전시키기 위하여 제주자치도에 대하여 적용되는 관계 법령에 따른 규제를 우선적으로 정비하도록 노력하여야 한다.

② 제주자치도는 국제자유도시 조성에 필요한 규제정비를 위하여 규제정비에 관한 기본적인 사항을 도조례로 정하여야 한다.

③ 제2항에 따른 도조례에는 자치법규에 규정된 규제의 등록과 공표, 규제의 신설 또는 강화에 대한 심사, 기존 규제의 정비 및 규제심사기구의 설치 등에 관한 사항이 포함되어야 한다.

④ 제주자치도는 자치법규로 정하는 규제를 도조례로 5년 이내의 기한을 설정하여 재검토하고, 규제의 내용과 절차개선 등의 규제개혁 조치를 하여야 한다. 이 경우 도조례로 정하는 규제개혁 수단을 활용할 수 있다.

⑤ 도지사는 제4항에 따른 재검토 결과와 규제개혁 방안을 지원위원회에 제출하여야 한다.

⑥ 지원위원회는 제2항부터 제5항까지의 사항과 관련하여 필요한 경우에는 심의를 마친 후 도지사에게 의견을 제시할 수 있다.

제3절 특별지방행정기관의 사무의 이관

제23조(이관기준 등) ① 제주자치도를 관할하는 「정부조직법」 제3조에 따른 특별지방행정기관(이하 "특별지방행정기관"이라 한다)의 소관 사무를 제주자치도로 이양·위임 또는 위탁(이하 "이관"이라 한다)을 할 때에는 다음 각 호의 사무를 우선적으로 이관하여야 한다.

1. 해당 사무가 주민의 편의를 위한 것이고 현지에서 수행하여야 하는 사무일 것
2. 지역경제발전 또는 지역주민의 삶의 질에 영향을 미치는 사무일 것

② 제1항에 따라 특별지방행정기관의 사무를 이관할 때에는 다음 각 호의 원칙에 따라야 한다.

1. 제주자치도의 행정상·재정상 여건 및 능력을 고려할 것
2. 특별지방행정기관의 이관에 대한 제주자치도의 입장을 고려할 것
3. 이관사무와 관련되는 모든 사무를 동시 이관할 것

제24조(우선 이양대상사무) 종전의 제주도에 설치되어 있는 특별지방행정기관으로서 다음 각 호의 사무를 수행하는 특별지방행정기관에 대한 중앙행정기관의 권한은 제주자치도로 이양하여야 한다. 이 경우 관계 중앙행정기관의 장은 그 권한의 이양에 필요한 조치를 하여야 한다. 〈개정 2019. 8. 27., 2019. 12. 10.〉

1. 국토관리: 제274조제4항, 제394조제2항, 제412조제2항·제3항, 제413조제2항 및 제418조제2항에 따른 사무
2. 중소기업(시험·분석에 관한 사항은 제외한다): 제301조에 따른 사무
3. 해양수산(해상안전에 관한 사항은 제외한다): 제289조제1항(「양식산업발전법」 제61조제1항에 관한 사항으로 한정한다), 제290조제1항, 제294조제4항, 제364조제9항, 제368조제2항, 제419조제1항·제2항, 제437조제1항(「연안관리법」 제24조제1항 본문, 같은 조 제2항 단서, 같은 조 제3항, 같은 조 제4항제1호, 제25조, 제27조, 제28조제3항, 제35조, 제36조 및 제39조에 관한 사항으로 한정한다), 제438조제2항·제3항, 제439조제3항, 제440조제1항·제2항 및 제441조에 따른 사무
4. 보훈(국가유공자 등의 상이등급의 판정 등 보훈심사에 관한 사항은 제외한다): 제341조부터 제349조까지의 규정에 따른 사무
5. 환경: 제367조제1항 전단, 제371조제2항, 제372조제1항(「하수도법」 제25조제2항에 관한 사항으로 한정한다), 제375조제1항 단서 및 제394조제3항에 따른 사무
6. 노동(「근로기준법」 제101조제1항에 따른 근로감독관에 관한 사항은 제외한다): 제395조부터 제405조까지의 규정에 따른 사무

제25조(사무의 이관에 따른 조치 등) ① 특별지방행정기관의 사무 이관에 따라 신분이 전환되는 공무원을 지방공무원으로 임용할 때에는 「지방공무원법」 제27조제2항제7호 및 같은 조 제6항에도 불구하고 종전 직급에 상응하는 직급으로 임용하여야 한다.

② 제주자치도는 제1항에 따라 소속된 공무원에게 행정적·재정적 지원 및 생활환경의 개선 등에 관한 지원을 할 수 있다.

③ 제24조에 따라 사무가 이양되는 특별지방행정기관의 소관 중앙행정기관의 장과 관계 중앙행정기관의 장은 제주자치도가 그 이양받은 사무를 원활히 수행

할 수 있도록 인원을 이동시키는 등 행정적·재정적 지원을 하여야 한다.

④ 중앙행정기관의 장은 제3항에 따른 재정지원을 할 때에는 그 방법 및 규모 등에 관하여 다음 각 호의 사항이 포함된 지원계획을 마련하여 지원위원회의 심의를 받아야 한다. 이 경우 지원위원회는 미리 도지사의 의견을 들어야 한다.

1. 이관의 범위 및 내용과 이관되는 단위사무별 처리절차에 관한 사항
2. 이관사무의 최근 3년간 재원별·단위사무별 소요비용에 관한 사항
3. 재정지원의 규모·방법·시기와 그 비용의 조달방안에 관한 사항
4. 그 밖에 재정지원과 관련되는 사항

제26조(이양대상사무 외 특별지방행정기관의 사무의 이관) ① 도지사는 제24조에 따른 이양대상사무 외의 특별지방행정기관의 사무가 제주자치도에서 수행하는 것이 효율적이라고 인정되는 경우에는 해당 특별지방행정기관의 소관사무의 제주자치도 이관에 관하여 심의하여 줄 것을 지원위원회에 요청할 수 있다.

② 지원위원회는 제1항에 따라 요청받은 특별지방행정기관의 사무의 이관에 대하여 관계 중앙행정기관의 의견을 듣고 지원위원회의 심의를 마친 후 그 내용을 공고하여야 한다.

제27조(특별지방행정기관의 설치 금지) ① 제주자치도에 특별지방행정기관을 새로 설치할 수 없다.

② 중앙행정기관의 장은 제1항에도 불구하고 중앙행정기관의 소관 사무를 수행하는 것이 필요한 경우에는 도지사와 협의하여 특별지방행정기관을 둘 수 있다.

③ 제2항에 따라 도지사가 중앙행정기관의 장과 협의할 때에는 미리 도의회의 동의를 받아야 한다.

제3장 주민참여의 확대

제1절 「지방자치법」상 주민권리에 관한 특례

제28조(주민투표에 관한 특례) ① 도지사는 「주민투표법」 제7조제2항제3호 및 제3호의2에도 불구하고 도조례로 정하는 예산 이상이 필요한 대규모 투자사업은 주민투표에 부칠 수 있다. 〈개정 2022. 4. 26.〉

② 「주민투표법」 제9조제2항에도 불구하고 주민투표청구권자 총수의 50분의 1 이상 5분의 1 이하의 범위에서 도조례로 정하는 수 이상의 서명으로 주민투표의 실시를 청구할 수 있다.

제29조(조례의 제정 및 개정·폐지 청구에 관한 특례) ① 18세 이상의 주민(「공직선거법」 제18조에 따른 선거권이 없는 사람은 제외한다)으로서 다음 각 호의 어느

하나에 해당하는 사람은 「주민조례발안에 관한 법률」 제5조제1항에도 불구하고 18세 이상 주민 총수의 110분의 1 범위에서 도조례로 정하는 주민 수 이상의 연서(連署)로 도의회에 조례의 제정이나 개정·폐지를 청구할 수 있다. 〈개정 2021. 10. 19.〉

1. 제주자치도 관할구역에 주민등록이 되어 있는 사람
2. 「재외동포의 출입국과 법적 지위에 관한 법률」 제6조제1항에 따라 제주자치도의 국내거소신고인명부에 올라 있는 국민
3. 출입국관리 관계 법령에 따라 대한민국에 계속 거주할 수 있는 자격(체류자격변경허가 또는 체류기간연장허가를 통하여 계속 거주할 수 있는 경우를 포함한다)을 갖추고 「출입국관리법」 제34조에 따라 제주자치도의 외국인등록대장에 올라 있는 사람으로서 도조례로 정하는 사람

② 제1항에서 규정한 사항 외에 조례의 제정 및 개정·폐지 청구에 필요한 사항은 도조례로 정할 수 있다.

제2절 주민소환에 관한 특례

제30조(도교육감에 대한 주민소환투표사무 관리) ① 도교육감에 대한 주민소환투표사무는 제74조에 따라 도교육감의 선거구선거사무를 수행하는 선거관리위원회가 관리한다.

② 제1항에 따라 해당 선거관리위원회가 주민소환투표의 사무를 관리할 때에는 「공직선거법」 제13조제3항부터 제6항까지의 규정을 준용한다. 이 경우 "선거관리"는 "주민소환투표관리"로, "선거"는 "주민소환투표"로, "선거사무" 및 "선거구선거사무"는 각각 "주민소환투표사무"로 본다.

제31조(주민소환투표의 대상 및 청구에 관한 특례) ① 「지방교육자치에 관한 법률」 제24조의2제3항에 따라 준용되는 「주민소환에 관한 법률」 제7조제1항에 따른 주민소환투표청구권자(이하 "주민소환투표청구권자"라 한다)는 같은 항에도 불구하고 도교육감에 대하여 주민소환투표청구권자 총수의 100분의 10 이상의 서명으로 그 소환사유를 서면에 구체적으로 적어 제30조에 따라 주민소환투표사무를 관리하는 선거관리위원회(이하 "관할선거관리위원회"라 한다)에 주민소환투표의 실시를 청구할 수 있다.

② 제1항에 따라 도교육감에 대한 주민소환투표를 청구할 때에는 행정시가 3개 이상인 경우에는 행정시 총수의 2분의 1 이상의 행정시에서 각각 주민소환투표청구권자 총수의 100분의 1 이상의 서명을 받아야 한다. 다만, 행정시가 2개인

경우에는 각각의 행정시에서 주민소환투표청구권자 총수의 100분의 1 이상의 서명을 받아야 한다.

③ 「주민소환에 관한 법률」 제7조제2항에도 불구하고 도지사에 대한 주민소환투표를 청구할 때에 행정시별 서명 요건은 제2항의 도교육감에 대한 행정시별 서명 요건을 따른다.

④ 「주민소환에 관한 법률」 제7조제3항에도 불구하고 제주자치도의회의원(비례대표제주자치도의회의원은 제외하며, 이하 이 절에서 "도의회의원"이라 한다)에 대한 주민소환투표를 청구할 때에는 해당 도의회의원 선거구의 읍·면·동 전체의 수가 3개 이상인 경우에는 읍·면·동 총수의 2분의 1 이상의 읍·면·동에서 각각 주민소환투표청구권자 총수의 100분의 1 이상의 서명을 받아야 한다. 다만, 해당 도의회의원 선거구의 읍·면·동 전체의 수가 2개인 경우에는 각각 주민소환투표청구권자 총수의 100분의 1 이상의 서명을 받아야 한다.

제32조(도교육감의 권한행사의 정지 및 권한대행) 「지방교육자치에 관한 법률」 제24조의2제3항에 따라 준용되는 「주민소환에 관한 법률」 제21조제1항에 따라 도교육감의 권한이 정지된 경우에는 부교육감이 「지방교육자치에 관한 법률」 제3조에 따라 준용되는 「지방자치법」 제124조제4항을 준용하여 그 권한을 대행하고, 부교육감이 권한을 대행할 수 없는 경우에는 「지방교육자치에 관한 법률」 제3조에 따라 준용되는 「지방자치법」 제124조제5항을 준용하여 제주자치도의 규칙에 정하여진 직제 순서에 따른 공무원이 그 권한을 대행한다. 이 경우 「지방자치법」 제124조제4항 중 "대통령령으로 정하는 순서"는 "제주자치도의 규칙으로 정하는 순서"로 본다. 〈개정 2021. 1. 12.〉

제33조(도교육감에 대한 주민소환투표결과의 확정 통지) 관할선거관리위원회는 도교육감에 대한 주민소환투표의 개표가 끝났을 때에는 지체 없이 그 결과를 공표한 후 주민소환투표청구인 대표자, 도교육감(제32조에 따라 권한을 대행하는 부교육감 등을 포함한다), 관계 중앙행정기관의 장과 도지사에게 통지하여야 한다. 「지방교육자치에 관한 법률」 제24조의2제3항에 따라 준용되는 「주민소환에 관한 법률」 제22조제2항에 따라 개표를 하지 아니하였을 때에도 또한 같다.

제34조(도교육감의 주민소환투표소송) 도교육감을 대상으로 한 주민소환투표에 관한 소청과 그 소청에 대한 결정에 관한 불복의 소(訴) 제기에 관하여는 「지방교육자치에 관한 법률」 제24조의2제3항에 따라 준용되는 「주민소환에 관한 법률」 제24조제1항 및 제2항 중 도지사에 관한 규정을 적용한다. 이 경우 도교육감에 대한 소청과 소송의 절차에 관하여는 「공직선거법」 제219조부터 제229조까지 중

도지사에 관한 규정을 준용한다.

제35조(「주민소환에 관한 법률」의 적용) 주민소환에 관하여 이 법에서 규정하지 아니한 사항에 대하여 「주민소환에 관한 법률」을 적용하는 경우에는 다음 각 호에 따른다. 〈개정 2020. 12. 8.〉

1. 같은 법 제8조 각 호 외의 부분 중 "제7조제1항 내지 제3항"은 "제7조제1항과 「제주특별자치도 설치 및 국제자유도시 조성을 위한 특별법」 제31조"로 보고, 같은 조 제1호 중 "선출직 지방공직자"는 "선출직 지방공직자(도교육감을 포함한다. 이하 같다)"로 본다.
2. 같은 법 제11조제1호, 제12조제1항 및 제14조제1항 중 "제7조제1항 내지 제3항"은 "제7조제1항과 「제주특별자치도 설치 및 국제자유도시 조성을 위한 특별법」 제31조"로 본다.
3. 같은 법 제16조제1항 중 "지방자치단체의 장"은 "도지사와 도교육감"으로, "당해 지방자치단체"는 "제주자치도"로 보고, 같은 조 제2항 중 "지역구지방의회의원"은 "도의회의원"으로, "지방의회의원"은 "도의회의원"으로 본다.
4. 같은 법 제27조제1항 후단 중 ""대통령령"으로 보고"는 ""중앙선거관리위원회규칙"으로 보고"로, ""제7조"로"는 ""제7조제1항과 「제주특별자치도 설치 및 국제자유도시 조성을 위한 특별법」 제31조"로"로, ""시·도지사"로"는 ""도지사와 도교육감"으로"로, ""시장·군수·자치구의 구청장, 지역구시·도의원 및 지역구자치구·시·군의원"으로"를 ""도의회의원"으로"로 보고, 같은 조 제2항 중 "주민소환투표가 실시되는 구역(지역구지방의회의원 소환투표의 경우 해당 구·시·군의 관할구역을 말한다)"은 "주민소환투표의 실시구역(도의회의원 주민소환투표의 경우에는 주민등록지인 행정시를 말한다)"으로 본다.
5. 같은 법 제37조 및 제38조 중 "제28조 내지 제33조의 죄 및 제35조의 과태료"는 각각 "「제주특별자치도 설치 및 국제자유도시 조성을 위한 특별법」 제469조제1항부터 제7항까지의 죄 및 제480조제4항부터 제6항까지의 과태료(주민소환에 관한 과태료로 한정한다)"로 본다.

제4장 도의회의 기능 강화

제1절 도의회의 의원정수와 선거구

제36조(도의회의원의 정수에 관한 특례) ① 제주특별자치도의회의원(이하 "도의회의원"이라 한다)의 정수(제64조에 따른 교육의원 5명을 포함한다)는 「공직선거법」 제22조제1항·제3항 및 제4항에도 불구하고 45명 이내에서 제38조에 따른 도의

회의원 선거구 획정위원회가 정하는 바에 따라 도조례로 정한다. 〈개정 2018. 3. 9., 2022. 4. 20.〉

② 도의회의 비례대표의원정수는 「공직선거법」 제22조제4항에도 불구하고 제1항에 따른 의원정수(제64조에 따른 교육의원은 제외한다)의 100분의 20 이상으로 하고, 제38조에 따른 도의회의원 선거구 획정위원회가 정하는 바에 따라 도조례로 정한다. 이 경우 소수점 이하의 수는 0으로 본다.

제37조(도의회의원 지역선거구에 관한 특례) ① 도의회의원 지역선거구는 인구·행정구역·지세·교통과 그 밖의 조건을 고려하여 획정하되, 그 도의회의원 지역선거구의 명칭과 관할구역은 「공직선거법」 제26조 및 같은 법 별표 2에도 불구하고 제38조에 따른 도의회의원 선거구 획정위원회가 정하는 바에 따라 도조례로 정한다.

② 제1항에 따라 도의회의원 지역선거구를 획정하는 경우 행정시의 관할구역의 일부를 분할하거나 하나의 읍·면·동의 일부를 분할하여 다른 도의회의원 지역선거구에 속하게 할 수 없다.

제38조(도의회의원 선거구 획정위원회) ① 도의회의원 지역선거구의 공정한 획정을 위하여 제주자치도에 도의회의원 선거구 획정위원회를 둔다.

② 도의회의원 선거구 획정위원회에 관한 사항은 「공직선거법」 제24조의3에 따른 자치구·시·군의원선거구획정위원회의 규정을 준용한다.

제2절 의정 역량 및 기능 강화

제39조(정책연구위원) ① 「지방자치법」 제41조에도 불구하고 도의회의 조례의 제정·개정·폐지, 예산·결산 심사, 행정사무 감사와 조사 등의 활동을 지원하고, 도의회의원 또는 「지방자치법」 제64조에 따른 위원회(제63조에 따른 교육위원회를 포함한다)의 의정활동을 지원하기 위하여 도의회에 최대 21명의 정책연구위원을 둘 수 있다. 〈개정 2019. 12. 10., 2021. 1. 12.〉

② 제1항에 따른 정책연구위원은 임기제 5급 지방공무원 또는 5급 상당의 별정직 지방공무원으로 임명한다. 〈개정 2019. 12. 10.〉

③ 정책연구위원의 배치와 운용은 도조례로 정하되, 위원회별로 그 수를 달리할 수 있다. 〈개정 2019. 12. 10.〉

[제목개정 2019. 12. 10.]

제40조(도의원의 의정활동비 등에 관한 특례) ① 「지방자치법」 제40조에도 불구하고 도의원에게 지급하는 비용의 종류와 그 지급기준은 도조례로 정한다. 〈개정 2021.

1. 12.〉

② 제1항에 따른 비용의 종류와 지급기준을 심의·의결하기 위하여 도지사 소속으로 의정활동비 심의위원회를 둔다.

③ 의정활동비 심의위원회의 구성 및 운영 등에 필요한 사항은 도조례로 정한다.

제41조(대규모 개발사업 등에 대한 보고) 도지사는 도조례로 정하는 대규모 개발사업을 시행하거나 그 개발사업의 승인·허가·인가 등을 할 때에는 미리 그 개발사업계획의 내용을 도의회에 보고하여야 한다.

제42조(행정사무 감사 및 조사에 관한 특례) 「지방자치법」 제49조제7항에도 불구하고 같은 조에서 대통령령으로 정하도록 한 사항은 도조례로 정할 수 있다. 〈개정 2021. 1. 12.〉

제3절 인사청문회

제43조(인사청문회) ① 도지사는 「지방자치법」 제123조제2항 단서에 따라 별정직 지방공무원으로 보하는 부지사에 대해서는 관계 법령의 규정에도 불구하고 그 임용 전에 도의회에 인사청문의 실시를 요청하여야 한다. 〈개정 2021. 1. 12.〉

② 도의회는 제1항에 따라 도지사가 인사청문의 실시를 요청한 사람에 대하여 인사청문을 실시하기 위하여 인사청문 특별위원회를 둔다.

③ 도의회는 제132조제1항에 따라 감사위원회의 위원장에 대한 임명동의안을 심사하기 위하여 인사청문 특별위원회를 둔다.

④ 제2항 및 제3항에 따른 인사청문 특별위원회는 도의회의 동의가 필요한 사람에 대한 임명동의안과 도지사로부터 요청된 인사청문요청안(이하 "임명동의안등"이라 한다)이 도의회에 제출된 때에 구성된 것으로 보고, 그 임명동의안등이 도의회 본회의에서 의결될 때 또는 인사청문경과가 도의회 본회의에 보고될 때까지 존속한다.

⑤ 인사청문 특별위원회는 제2항 및 제3항에 따른 인사청문 또는 심사를 위하여 인사에 관한 청문회(이하 "인사청문회"라 한다)를 연다.

⑥ 제1항부터 제5항까지에서 규정한 사항 외에 인사청문회에 관하여는 「인사청문회법」 제4조제2항, 제5조부터 제9조까지, 제10조제1항·제2항, 제11조, 제12조부터 제15조까지, 제15조의2 및 제16조부터 제18조까지의 규정을 준용한다. 이 경우 "위원회"는 "인사청문 특별위원회"로, "위원장"은 "인사청문 특별위원회의 위원장"으로, "국회"는 "도의회"로, "임명권자(대통령당선인을 포함한다) 또는 지명권자"와 "대통령 또는 대법원장"은 각각 "도지사"로, "의장"은 "도의회 의

장"으로, "헌법재판소재판관등"과 "국회법 제65조의2제2항의 규정에 의한 공직후보자"는 각각 "인사청문대상자"로, "국가기관"은 "지방자치단체"로 본다.

⑦ 제1항부터 제6항까지에서 규정한 사항 외에 인사청문 특별위원회의 구성·운영, 인사청문회의 운영, 임용예정자에 대한 답변 및 의견 청취 방식 등에 관하여 필요한 세부적인 사항은 도조례로 정한다.

제5장 자치조직 및 인사

제1절 자치조직의 자율성

제44조(자치조직권에 관한 특례) ①「지방자치법」 제68조제3항(수에 관한 사항으로 한정한다), 제102조제3항, 제103조제2항(「지방공무원법」 제2조제2항제1호의 일반직공무원 중 대통령령으로 정하는 공무원의 임용권에 관한 사항은 제외한다), 제123조제1항, 같은 조 제2항 단서(수에 관한 사항으로 한정한다), 같은 조 제6항, 제125조제1항·제2항(직급기준에 관한 사항은 제외한다) 및 제126조부터 제128조까지의 규정에도 불구하고 제주자치도의 다음 각 호에 필요한 사항은 도조례로 정할 수 있다. 〈개정 2019. 12. 10., 2021. 1. 12.〉

1. 의회사무처에 두는 사무직원의 임용과 절차
2. 부지사의 수와 사무분장
3. 행정기구의 설치·운영 기준
4. 지방공무원(도의회 위원회에 두는 전문위원을 포함한다)의 정원기준
5. 직속기관·사업소·출장소의 설치요건
6. 하부 행정기구의 설치 등

② 제1항에 따라 제주자치도에 두는 부지사 1명은「지방자치법」 제123조제2항 본문에 따른 국가공무원으로 임명한다. 〈개정 2021. 1. 12.〉

③「지방자치단체에 두는 국가공무원의 정원에 관한 법률」 제2조 및 제3조에도 불구하고 제2항에 따른 부지사 1명 외에는 제주자치도에 국가공무원을 두지 아니한다. 다만, 도지사가 필요하다고 인정하는 경우에는 행정안전부장관과 협의하여「지방자치단체에 두는 국가공무원의 정원에 관한 법률」 제2조(제1호의 국가공무원은 제외한다) 및 제3조에 따라 국가공무원을 둘 수 있다. 〈개정 2017. 7. 26.〉

④ 도지사는 행정기구 규모의 적정화와 운영의 합리화를 위하여 행정기구의 설치·운영에 관한 기준을 정하여 고시하여야 한다.

⑤「도서관법」 제30조제1항에도 불구하고 공립 공공도서관의 관장의 직렬은 도조례로 정하되, 공립 공공도서관의 관장은 해당 분야의 전문성을 갖춘 사람으로

한다.

제44조(자치조직권에 관한 특례) ①「지방자치법」 제68조제3항(수에 관한 사항으로 한정한다), 제102조제3항, 제103조제2항(「지방공무원법」 제2조제2항제1호의 일반직공무원 중 대통령령으로 정하는 공무원의 임용권에 관한 사항은 제외한다), 제123조제1항, 같은 조 제2항 단서(수에 관한 사항으로 한정한다), 같은 조 제6항, 제125조제1항·제2항(직급기준에 관한 사항은 제외한다) 및 제126조부터 제128조까지의 규정에도 불구하고 제주자치도의 다음 각 호에 필요한 사항은 도조례로 정할 수 있다. 〈개정 2019. 12. 10., 2021. 1. 12.〉

1. 의회사무처에 두는 사무직원의 임용과 절차
2. 부지사의 수와 사무분장
3. 행정기구의 설치·운영 기준
4. 지방공무원(도의회 위원회에 두는 전문위원을 포함한다)의 정원기준
5. 직속기관·사업소·출장소의 설치요건
6. 하부 행정기구의 설치 등

② 제1항에 따라 제주자치도에 두는 부지사 1명은「지방자치법」 제123조제2항 본문에 따른 국가공무원으로 임명한다. 〈개정 2021. 1. 12.〉

③「지방자치단체에 두는 국가공무원의 정원에 관한 법률」 제2조 및 제3조에도 불구하고 제2항에 따른 부지사 1명 외에는 제주자치도에 국가공무원을 두지 아니한다. 다만, 도지사가 필요하다고 인정하는 경우에는 행정안전부장관과 협의하여「지방자치단체에 두는 국가공무원의 정원에 관한 법률」 제2조(제1호의 국가공무원은 제외한다) 및 제3조에 따라 국가공무원을 둘 수 있다. 〈개정 2017. 7. 26.〉

④ 도지사는 행정기구 규모의 적정화와 운영의 합리화를 위하여 행정기구의 설치·운영에 관한 기준을 정하여 고시하여야 한다.

⑤「도서관법」 제34조제1항에도 불구하고 공립 공공도서관의 관장의 직렬은 도조례로 정하되, 공립 공공도서관의 관장은 해당 분야의 전문성을 갖춘 사람으로 한다. 〈개정 2021. 12. 7.〉

[시행일: 2022. 12. 8.] 제44조

제45조(주민자치센터의 설치·운영 등) ① 읍·면·동에는 다음 각 호의 사항을 처리하기 위하여 주민자치센터를 설치한다.

1. 주민의 편의와 복지 증진에 관한 사항
2. 주민자치의 강화에 관한 사항
3. 지역공동체의 형성에 관한 사항

② 주민자치센터의 운영에 관한 사항을 심의하기 위하여 주민자치센터 관할구역별로 주민자치위원회를 두되, 각계각층의 주민대표가 고르게 참여하여야 한다.
③ 도지사는 주민자치의 확대 및 효율적인 행정운영을 위하여 다음 각 호에 대하여 운영경비의 일부를 지원할 수 있다. 〈신설 2016. 5. 29., 2021. 1. 12.〉
1. 「지방자치법」 제7조제4항에 따른 행정리
2. 「지방자치법」 제7조제5항에 따른 행정동의 하부 조직
④ 그 밖에 주민자치센터의 설치·운영, 주민자치위원회의 구성·운영 및 제3항의 운영경비 지원 등에 필요한 사항은 도조례로 정한다. 〈개정 2016. 5. 29.〉
[제목개정 2016. 5. 29.]

제2절 인사제도 및 운영의 자율성

제46조(직군·직렬의 구분에 관한 특례) ① 「지방공무원법」 제4조제1항 및 제4항에도 불구하고 도지사와 도교육감은 일반직 지방공무원 2급부터 4급까지는 도조례로 정하는 직군·직렬로 통합하고, 5급 이하 일반직 지방공무원의 직군·직렬은 도조례로 정하는 바에 따라 그 일부를 통합하거나 신설할 수 있다.
② 도지사와 도교육감은 제1항에 따라 직군·직렬을 통합하거나 신설하였을 때에는 제주자치도 인사위원회(이하 “도인사위원회”라 한다) 및 제주자치도교육청 인사위원회(이하 “도교육청인사위원회”라 한다)의 심의를 마친 후 도조례로 정하는 바에 따라 승진후보자명부의 작성방법을 변경할 수 있다. 이 경우 변경한 내용은 그 변경일에서 1년이 지난 날부터 적용한다. 〈개정 2019. 12. 10.〉

제47조(도인사위원회 등 인사운영에 관한 특례) ① 「지방공무원법」 제30조제2항 및 제74조제2항에 따른 교육부장관 또는 행정안전부장관의 권한은 각각 도교육감 또는 도지사의 권한으로 한다. 〈개정 2017. 7. 26.〉
② 「지방공무원법」 제7조제1항에도 불구하고 도조례로 정하는 바에 따라 행정시에 인사위원회(이하 “행정시인사위원회”라 한다)를, 교육지원청에 인사위원회(이하 “교육지원청인사위원회”라 한다)를 각각 둘 수 있다. 〈개정 2019. 12. 10.〉
③ 「지방공무원법」 제7조제2항·제3항·제11항, 제8조, 제9조제1항·제2항, 제10조제2항, 제11조, 제32조, 제37조제1항·제4항, 제38조(승진에 필요한 계급별 최저근무연수에 관한 사항은 제외한다) 및 제39조(제4항 및 제7항은 제외한다)에도 불구하고 다음 각 호에 관한 사항은 도조례로 정할 수 있다. 〈개정 2019. 12. 10., 2021. 10. 8.〉
1. 도인사위원회, 도교육청인사위원회, 행정시인사위원회 및 교육지원청인사위

원회의 구성과 그 부위원장의 선임에 관한 사항
2. 도인사위원회, 도교육청인사위원회, 행정시인사위원회 및 교육지원청인사위원회의 사무직원에 관한 사항
3. 시험의 실시기관에 관한 사항
4. 신규임용후보자의 임용방법과 추천방법에 관한 사항
5. 승진임용방법·승진임용순위·승진후보자명부작성 및 승진시험에 관한 사항

④ 「지방공무원법」 제7조제5항 각 호 외의 부분 본문, 제8조제3항·제4항, 제10조제4항, 제25조의3, 제27조제4항, 제29조의2 단서, 제30조의3, 제30조의5제2항 후단, 제34조, 제34조의2, 제35조제1항 본문, 같은 조 제2항 후단, 제36조제1항·제2항, 같은 조 제4항 본문, 같은 조 제5항, 제39조의2제4항, 제41조의4제2항 단서, 같은 조 제3항 전단, 제46조의3 단서, 제63조제2항 각 호 외의 부분 단서, 제67조의2제6항, 제67조의3 및 제76조제3항에서 대통령령으로 정하도록 한 사항은 도조례로 정할 수 있다. 〈개정 2021. 10. 8.〉

⑤ 제3항에 따른 도인사위원회, 도교육청인사위원회, 행정시인사위원회 및 교육지원청인사위원회의 위원장은 위촉위원 중에서 호선하고, 도인사위원회, 도교육청인사위원회, 행정시인사위원회 및 교육지원청인사위원회를 구성할 때에는 위촉위원이 과반수가 되어야 한다. 〈개정 2019. 12. 10.〉

⑥ 「지방공무원법」 제25조의2에도 불구하고 외국인의 임용분야·기간 및 임용절차에 관한 사항은 도조례로 정할 수 있다. 다만, 공권력 행사와 국가보안 및 기밀에 관계되는 분야의 임용은 제외한다.

⑦ 「지방공무원법」 제29조의4(제3항은 제외한다)에도 불구하고 개방형직위의 지정·임용요건과 그 절차·시험실시기관 및 세부운영에 필요한 사항은 도조례로 정할 수 있다.

⑧ 외국어에 능통한 사람은 도조례로 정하는 바에 따라 승진임용에서 우대할 수 있다.

⑨ 도지사 또는 도교육감은 「지방공무원법」과 그에 따른 관계 법령에도 불구하고 다음 각 호와 관련된 사항을 대통령령으로 정하는 바에 따라 달리 정할 수 있다. 〈개정 2019. 12. 10.〉

1. 「지방공무원법」 제4조제2항에 따른 계급구분을 적용하지 아니하는 공무원의 시험 실시에 관한 사항
2. 「지방공무원법」 제39조제2항부터 제7항까지의 규정에 따른 승진임용에 관한 사항
3. 「지방공무원법」 제41조제2항에 따른 결원보충에 관한 사항

제48조(직위분류제 등에 관한 특례) ① 제주자치도는 「지방공무원법」 제24조에도 불구하고 일반직에 대한 직위분류제를 도조례로 정하는 시기에 실시할 수 있다.
② 「지방공무원법」 제22조제1항, 제22조의2제2항 및 제23조제1항·제2항에서 대통령령으로 정하도록 한 사항은 도조례로 정할 수 있다.

제49조(인건비성 예산총액에 따른 정원 등의 관리 배제) ① 「지방자치법」 제125조제2항에도 불구하고 제주자치도의 행정기구의 설치와 소속공무원의 정원은 인건비성 총액 등을 기준으로 관리하는 방식을 실시하지 아니한다. 〈개정 2021. 1. 12.〉
② 도지사는 제주자치도의 행정기구의 설치와 소속공무원의 정원에 관한 제주자치도의 규칙을 제정·개정하거나 폐지하였을 때에는 지체 없이 그 전문을 붙여 도의회에 제출하여야 한다.

제3절 능력 및 성과중심의 인사관리

제50조(직무성과계약제) ① 「지방공무원법」 제38조, 제39조제5항 및 제76조에 따라 제주자치도의 4급 이상 일반직 지방공무원(이하 "평가대상자"라 한다)의 근무성적 평정은 성과계약(평가대상자와 평가자 간의 성과목표와 평가지표 및 평가결과의 활용 등에 관한 계약을 말한다. 이하 같다)을 체결하여 그 성과계약에 따른 목표달성도를 평가하는 등의 방식으로 한다. 다만, 도조례로 정하는 5급 이하의 일반직 지방공무원(연구직·지도직공무원을 포함한다) 중 성과계약에 따른 평가방법이 적합하다고 인정되는 경우에는 도지사가 해당 공무원에 대해서도 4급 이상 일반직 지방공무원의 경우에 준하여 성과계약에 따른 평가를 실시하여 근무성적 평정을 할 수 있다.
② 제1항에서 "성과목표"란 평가대상기간이 끝날 때에 해당 공무원의 업무에 대한 근무실적과 성과 등이 도달되어야 하는 바람직한 상태를 말하고, "평가지표"란 성과목표의 달성 여부를 측정하기 위한 지표를 말한다.
③ 제1항에도 불구하고 평가대상자가 평가대상기간 중 휴직·직위해제 또는 그 밖의 사유로 해당 직급에 실제 근무한 기간이 3개월 미만인 경우에는 성과계약에 따른 평가를 실시하지 아니한다. 이 경우 도지사가 정하는 바에 따라 근무성적과 업무성과를 달리 평가할 수 있다.
④ 그 밖에 성과계약의 평가자와 확인자의 지정, 성과평가의 기준일, 성과계약 내용의 변경, 파견공무원의 성과평가, 직무성과계약에 관한 상담, 직무성과 평가결과의 공개 및 이의신청, 직무성과 평가결과의 활용 등 직무성과계약에 따른 평가에 필요한 세부적인 사항은 도지사가 정한다.

제51조(성과주의 보수체계 강화) ①「지방공무원법」 제45조와 그 보수에 관한 법령에 따른 성과급적연봉제 적용대상공무원 외에 도조례로 정하는 바에 따라 개방형직위 또는 공모직위에 임용된 사람을 성과급적연봉제 적용대상공무원에 포함할 수 있다.

② 제1항과「지방공무원법」 제45조 및 그 보수에 관한 법령에 따른 성과급적연봉제 적용대상공무원의 연봉의 상한액과 하한액을 도조례로 정할 수 있다. 이 경우 근무실적과 성과가 우수한 공무원이 연봉을 정할 때 우대를 받을 수 있도록 하여야 한다.

제52조(적격심사제) ① 제주자치도와 제주자치도교육청 소속 1급부터 3급까지의 일반직 지방공무원이 다음 각 호의 어느 하나에 해당할 때에는 해당 직급 또는 직위별 자질과 능력을 갖추었는지에 대한 심사(이하 "적격심사"라 한다)를 받아야 한다. 〈개정 2019. 12. 10.〉

1. 해당 공무원이 3급 일반직 지방공무원에 임용된 날부터 매 5년이 되는 때. 다만, 그 기간 동안 개방형직위에 임용된 사람은 해당 임용일부터 5년이 되는 때를 말한다.
2. 연속하여 2년 이상 근무성적 평정에서 최하위등급의 평정을 받거나 총 3년 이상 최하위등급의 평정을 받은 때
3. 이 법 또는 관계 법령에 따른 정당한 사유 없이 직위를 부여받지 못한 기간이 총 2년에 이른 때

② 제1항제1호에 따른 적격심사는 해당 사유가 발생한 날부터 6개월 이내에 실시하여야 하며, 제1항제2호 및 제3호에 따른 적격심사는 해당 사유가 발생한 날부터 3개월 이내에 실시하여야 한다.

③ 적격심사는 근무성적과 능력의 평정에 따르되, 해당 직급 또는 직위의 직무를 계속 수행하게 하는 것이 곤란하다고 판단되는 사람을 부적격자로 결정한다. 다만, 제1항제1호의 사유에 해당하는 사람은 근무성적이 제1항제2호의 사유에 해당하거나 무보직기간이 제1항제3호의 사유에 해당하는 정도가 되어야 한다.

④ 제1항에 따른 적격심사는 도인사위원회 또는 도교육청인사위원회에서 하고, 그 심사결과를 도지사 또는 도교육감에게 통보하며, 해당 공무원에게 통지하여야 한다. 〈개정 2019. 12. 10.〉

⑤ 도지사 또는 도교육감은 소속공무원이 제1항 각 호의 어느 하나에 해당되는 경우에는 지체 없이 도인사위원회 또는 도교육청인사위원회에 적격심사를 요구하여야 한다. 〈개정 2019. 12. 10.〉

⑥ 제1항부터 제5항까지의 규정에 따른 적격심사의 구체적인 기준과 절차, 적격심사대상 직급별 또는 직위별 자질과 능력의 설정 및 평가 등에 관한 사항은 도인사위원회 또는 도교육청인사위원회의 심의·의결을 마친 후 도조례로 정한다. 〈개정 2019. 12. 10.〉

제53조(적격심사에 따른 직위해제 및 직권면직) ① 도지사 또는 도교육감은 제52조제1항제2호 및 제3호의 사유로 적격심사의 요구를 받은 사람에게 직위를 부여하지 아니할 수 있다. 〈개정 2019. 12. 10.〉

② 도지사 또는 도교육감은 제52조제1항에 따른 적격심사대상 공무원이 같은 조 제4항에 따른 적격심사 결과 부적격판정을 받은 경우에는 직권으로 면직할 수 있다 〈개정 2019. 12. 10.〉

제54조(우수공무원의 특별승진에 관한 특례) 「지방공무원법」 제39조의3제2항에도 불구하고 우수공무원의 특별승진요건 등에 관한 사항은 도조례로 정할 수 있다. 이 경우 같은 조 제1항제1호부터 제3호까지에 해당하는 사유가 있는 공무원을 특별승진임용에서 우대하는 내용이 포함되어야 한다.

제55조(특별승급에 관한 특례) ① 「지방공무원법」 제76조제2항 및 제78조제2항에 따른 특별승급은 같은 법 제45조제2항 및 제78조제3항에도 불구하고 도조례로 정하는 사람을 1호봉 특별승급시킬 수 있다.

② 제1항에 따라 특별승급시킬 수 있는 사람은 매년 제주자치도 근무공무원 총정원의 100분의 1 범위에서 도조례로 정하는 인원 이내로 한다. 이 경우 소수점 이하의 수는 1로 본다.

③ 제1항과 제2항에서 규정한 사항 외에 특별승급 심사와 운영 및 제한에 관한 사항은 도조례로 정한다.

제56조(성과상여금에 관한 특례) ① 도지사 또는 도교육감은 「지방공무원법」 제76조제2항 및 제78조제2항에 따른 성과상여금을 같은 법 제45조제2항 및 제78조제3항에도 불구하고 도조례로 정하는 적용대상공무원 중 근무성적·업무실적 등이 우수한 사람 또는 행정발전에 현저한 실적이 있는 사람에게 성과급심사위원회의 심사를 마친 후 예산의 범위에서 도조례로 정하는 성과상여금 지급기준액표에 따라 지급한다. 〈개정 2019. 12. 10.〉

② 「지방공무원법」 제76조제2항 및 제78조제2항에 따른 성과상여금의 지급방법과 그에 따른 지급등급 및 지급액은 도지사 또는 도교육감이 정한다. 이 경우 제1항에 해당하는 사람은 성과상여금의 지급에서 우대받을 수 있도록 하여야 한다. 〈개정 2019. 12. 10.〉

③ 그 밖에 성과상여금의 지급기준과 지급범위, 성과상여금심사위원회의 구성·운영 등에 필요한 사항은 도조례로 정한다.

제4절 인사제도 운영의 자율성 강화

제57조(공모직위) ① 도지사 또는 도교육감은 효율적인 업무수행을 위하여 직위별 직무의 내용·특성 등을 고려하여 해당 기관 내부 또는 외부의 공무원 중에서 그 직위에 적합한 사람을 임용할 필요가 있는 직위는 공모직위로 지정하여 운영할 수 있다. 〈개정 2019. 12. 10.〉

② 공모직위의 지정·운영 등에 필요한 사항은 도조례로 정한다.

제58조(전국단위의 인재채용) 도조례로 정하는 공개경쟁 신규임용에서는 제주자치도에 주소가 없는 사람도 그 임용시험에 응시할 수 있다.

제59조(지역인재의 선발채용) ① 도지사 또는 도교육감은 도조례로 정하는 바에 따라 학업성적 등이 뛰어난 대학졸업자 또는 졸업예정자를 선발하여 3년의 범위에서 수습으로 근무하게 하고, 그 근무기간 동안 근무성적과 자질이 우수하다고 인정되는 사람은 수습기간이 끝나기 1개월 전까지 도인사위원회 또는 도교육청 인사위원회의 심의를 마친 후 7급 이하의 공무원으로 임용할 수 있다. 〈개정 2019. 12. 10.〉

② 제1항에 따라 수습으로 근무하고 있는 사람을 7급 이하의 공무원으로 임용할 때에는 「지방공무원법」 제28조제1항에도 불구하고 시보 임용을 면제한다.

제60조(분야별 보직관리) 도지사 또는 도교육감은 3급부터 5급까지의 직위에 보직된 지방공무원이 다음 각 호의 어느 하나에 해당하는 경우가 아니면 도조례로 정하는 바에 따라 해당공무원을 전문분야별로 양성·관리하기 위하여 필요할 경우 관련업무 분야별로 구분하여 전보 등의 인사관리를 실시하여야 한다. 다만, 관련업무 분야별로 구분하기 곤란한 경우로서 도조례로 정하는 경우에는 그러하지 아니하다. 〈개정 2019. 12. 10.〉

1. 소수직렬에 해당하는 경우
2. 그 밖에 담당직무의 내용이 특수하거나 일정한 보직을 계속하여 유지할 경우 공직부패가 우려되어 분야별 보직관리를 실시하기 곤란한 경우로서 도조례로 정하는 경우

제61조(국가와 제주자치도 간 인사교류 및 파견) ① 도지사는 자치행정 수행능력의 향상과 소속 공무원의 능력개발을 위하여 소속공무원 정수의 100분의 5 범위에

서 다른 지방자치단체, 국가기관, 공공단체, 국외 행정기관 및 그 밖의 기관의 장과 협의를 한 뒤에 인사교류를 하도록 하여야 한다.

② 제1항에 따른 인사교류의 기준·방법과 교류대상자에 대한 지원 등에 필요한 사항은 도조례로 정한다.

③ 「지방공무원법」 제30조의4제4항에도 불구하고 파견 사유·기간·절차 및 파견 기간 중의 복무 등에 필요한 사항은 도조례로 정한다.

④ 국가는 국가정책의 통일적인 운영과 국가와 제주자치도 간의 상호 연계성을 확보할 수 있도록 제주자치도와의 인사교류에 적극 협력하여야 한다.

제62조(교육훈련에 관한 특례) ① 「지방공무원 교육훈련법」 제8조제3항에도 불구하고 제주자치도 소속 5급 이상 지방공무원의 교육훈련은 「지방자치법」 제126조에 따라 도지사 소속으로 설치한 교육훈련기관(이하 "제주자치도인재개발원"이라 한다)에서 실시할 수 있다. 다만, 도교육감 소속 5급 이상 지방공무원의 교육훈련은 「지방공무원 교육훈련법」을 적용한다. 〈개정 2021. 1. 12.〉

② 도지사는 「지방공무원 교육훈련법」 제10조제4항에도 불구하고 도조례로 정하는 바에 따라 강의와 교육운영에 필요한 자질을 갖춘 우수한 인력을 교수요원으로 채용할 수 있다.

③ 도지사는 제주자치도인재개발원장을 「지방공무원법」 제29조의4에 따른 개방형직위로 지정하여 운영할 수 있다. 이 경우 제주자치도인재개발원장의 임기는 2년으로 한다.

제6장 교육자치

제1절 교육위원회 설치 및 구성

제63조(교육위원회의 설치) 제주자치도는 「지방자치법」 제64조에도 불구하고 도의회에 교육·과학·기술·체육과 그 밖의 학예(이하 "교육·학예"라 한다)에 관한 소관사항을 심의·의결하기 위하여 상임위원회(이하 "교육위원회"라 한다)를 둔다. 〈개정 2021. 1. 12.〉

제64조(교육위원회의 구성 등) ① 교육위원회는 9명으로 구성하되, 도의회의원 4명과 「지방자치법」 제38조 및 「공직선거법」의 지역선거구시·도의회의원선거에 관한 규정에 따라 별도로 선출한 도의회의원(이하 "교육의원"이라 한다) 5명으로 구성한다. 〈개정 2021. 1. 12.〉

② 교육위원회 위원장은 교육위원회 위원 중에서 무기명투표로 선출하되, 다수득표자로 한다.

③ 교육위원회 위원장의 임기는 2년으로 한다.

④ 교육위원회 위원장은 교육위원회의 동의를 받아 그 직을 사임할 수 있다.

제2절 교육의원

제65조(교육의원 선거) ① 정당은 「공직선거법」 제47조에도 불구하고 교육의원 선거에 후보자를 추천할 수 없으며, 교육의원 후보자의 추천과 등록에 관하여는 「공직선거법」 제48조 및 제49조에 따른 지역선거구시·도의회의원선거의 무소속 후보자의 추천과 등록에 관한 사항을 준용한다.

② 교육의원 선거에 관하여 이 법에서 규정한 사항을 제외하고는 그 성질에 반하지 아니하는 범위에서 「공직선거법」 및 「정치자금법」의 지역선거구시·도의회의원선거에 관한 규정을 준용한다. 다만, 투표용지의 후보자 게재순위 등에 관하여는 「지방교육자치에 관한 법률」 제48조를 준용한다.

제66조(교육의원의 피선거자격 등) ① 교육의원후보자가 되려는 사람은 시·도의회의원의 피선거권이 있는 사람으로서 후보자등록신청개시일부터 과거 1년 동안 정당의 당원이 아닌 사람이어야 한다.

② 교육의원후보자가 되려는 사람은 후보자등록신청개시일을 기준으로 다음 각 호의 어느 하나에 해당하는 경력이 5년 이상이거나 다음 각 호의 어느 하나에 해당하는 경력을 합한 경력이 5년 이상인 사람이어야 한다.

1. 교육경력: 「유아교육법」 제2조제2호에 따른 유치원, 「초·중등교육법」 제2조 또는 「고등교육법」 제2조에 따른 학교(이와 같은 수준의 학력이 인정되는 교육기관 또는 평생교육시설로서 다른 법률에 따라 설치된 교육기관 또는 평생교육시설을 포함한다)에서 교원으로 근무한 경력
2. 교육행정경력: 국가 또는 지방자치단체의 교육기관에서 국가공무원 또는 지방공무원으로 교육·학예에 관한 사무에 종사한 경력과 「교육공무원법」 제2조 제1항제2호 또는 제3호에 따른 교육공무원으로 근무한 경력

제67조(겸직 등의 금지) ① 교육위원회 위원은 다음 각 호의 어느 하나에 해당하는 직을 겸할 수 없다. 〈개정 2017. 4. 18., 2021. 1. 12.〉

1. 「지방자치법」 제43조제1항제1호, 제3호부터 제6호까지에서 정한 직
2. 헌법재판소재판관, 각급 선거관리위원회위원
3. 「사립학교법」 제2조제1항에 따른 사립학교의 교원. 다만, 「고등교육법」 제2조에 따른 학교(다른 법령에 따라 동등 이상의 학력이 인정되는 교육기관을 포함한다)에 소속된 같은 법 제14조제1항·제2항에 따른 교원은 제외한다.

4. 사립학교경영자 또는 사립학교를 설치·경영하는 법인의 임직원

② 교육위원회 위원은 제주자치도의 교육기관과 영리를 목적으로 하는 거래를 할 수 없고, 이와 관련된 시설 또는 재산의 양수인 또는 관리인이 될 수 없다.

제3절 교육위원회

제68조(교육위원회의 의결사항) ① 교육위원회는 제주자치도의 교육·학예에 관한 다음 각 호의 사항을 심의·의결한다.

1. 조례안
2. 예산안과 결산
3. 특별부과금·사용료·수수료·분담금 및 가입금의 부과와 징수에 관한 사항
4. 공채(公債) 모집안
5. 기금의 설치·운용에 관한 사항
6. 도조례로 정하는 중요재산의 취득·처분에 관한 사항
7. 도조례로 정하는 공공시설의 설치·관리 및 처분에 관한 사항
8. 법령과 조례에서 정한 사항을 제외한 예산 외 의무부담이나 권리의 포기에 관한 사항
9. 청원의 수리와 처리
10. 외국 지방자치단체와의 교류협력에 관한 사항
11. 그 밖에 법령과 도조례에 따라 그 권한에 속하는 사항

② 제1항제5호부터 제11호까지의 사항에 대한 교육위원회의 의결은 도의회 본회의의 의결로 본다.

③ 교육위원회 위원장은 교육위원회가 제1항제5호부터 제11호까지의 사항 중 다음 각 호의 어느 하나에 해당하는 의안을 의결하기 전에 미리 도지사의 의견을 들어야 한다.

1. 주민의 재정적 부담이나 의무부과에 관한 조례안
2. 제주자치도의 일반회계와 관련되는 사항

제69조(의안의 발의 및 이송 등) ① 제68조제1항제5호부터 제11호까지의 사항에 관한 의안은 도교육감 또는 교육위원회 재적위원 3분의 1 이상이 연서로 발의한다.

② 제68조제1항제1호부터 제4호까지의 사항에 관한 의안은 「지방자치법」 제76조제1항에도 불구하고 도교육감, 도의회 재적의원 5분의 1 이상 또는 도의회의원 10명 이상이 연서로 발의한다. 〈개정 2021. 1. 12.〉

③ 도교육감은 교육·학예에 관한 의안 중 제68조제3항 각 호의 어느 하나에 해

당하는 의안을 도의회에 제출할 때에는 미리 도지사와 협의하여야 한다.

④ 교육위원회 위원장은 제68조제2항에 따라 도의회 본회의의 의결로 보는 의안을 교육위원회에서 의결된 날부터 5일 이내에 도교육감에게 이송하고, 도의회 의장에게 보고하여야 한다.

⑤ 제68조제1항제1호부터 제4호까지의 사항에 관한 의안은 도의회 본회의에서 의결된 날부터 5일 이내에 도교육감에게 이송하여야 한다.

제70조(교육·학예에 관한 조례의 재의요구 및 공포) ① 도교육감은 제69조제5항에 따라 교육·학예에 관한 조례안을 이송받았을 때에는 20일 이내에 공포하여야 한다.

② 제1항에 따른 조례안의 재의요구와 공포에 관하여는 「지방자치법」 제32조제3항부터 제8항까지의 규정을 준용한다. 이 경우 "지방자치단체의 장"은 "도교육감"으로 본다. 〈개정 2021. 1. 12.〉

제71조(의사정족수 및 의결정족수) 교육위원회의 의사정족수와 의결정족수에 관하여는 「지방자치법」 제72조 및 제73조를 준용한다. 이 경우 "지방의회"는 "교육위원회"로, "의장"은 "교육위원회 위원장"으로 본다. 〈개정 2021. 1. 12.〉

제72조(교육위원회 회의록) ① 교육위원회는 회의의 진행내용과 그 결과, 출석위원의 수와 성명 등을 기재한 회의록을 작성하여야 한다.

② 제1항에서 규정한 사항 외에 회의록의 작성·배부, 회의록의 공개, 도교육감의 회의결과에 대한 통보 등 교육위원회의 회의록에 필요한 사항은 도의회의 회의규칙으로 정한다.

제73조(교육위원회 사무 지원) ① 교육위원회와 도의회의 교육·학예에 관한 사무를 처리하기 위하여 도조례로 정하는 바에 따라 도의회 사무처에 지원조직과 사무직원을 둔다.

② 제1항에 따른 사무직원은 지방공무원으로 한다.

③ 제1항에 따른 사무직원은 교육위원회 위원장의 추천에 따라 도교육감이 임명한다.

제4절 도교육감

제74조(도교육감의 선출) ① 도교육감은 주민의 보통·평등·직접·비밀선거로 선출한다.

② 도교육감선거에 관하여 이 법에서 규정한 사항을 제외하고는 「지방교육자치

에 관한 법률」 제6장 및 제8장을 준용한다.

제75조(도교육감의 피선거자격) ① 교육감후보자가 되려는 사람은 시·도지사의 피선거권이 있는 사람으로서 후보자등록신청개시일부터 과거 1년 동안 정당의 당원이 아닌 사람이어야 한다.

② 교육감후보자가 되려는 사람은 후보자등록신청개시일을 기준으로 제66조제2항 각 호의 어느 하나에 해당하는 경력이 5년 이상이거나 같은 항 각 호의 어느 하나에 해당하는 경력을 합한 경력이 5년 이상인 사람이어야 한다.

제76조(도교육감의 퇴직) 도교육감이 다음 각 호의 어느 하나에 해당하면 그 직에서 퇴직한다.

1. 도교육감이「지방교육자치에 관한 법률」 제23조제1항의 겸임할 수 없는 직에 취임한 때
2. 피선거권이 없게 된 경우(제주자치도의 구역 밖으로 주민등록을 이전한 때를 포함한다)
3. 정당의 당원이 된 경우

제77조(「주민조례발안에 관한 법률」 및 「지방자치법」의 준용) ① 도교육감에 관하여는 「주민조례발안에 관한 법률」 및 「지방자치법」 제21조, 제113조, 제119조부터 제121조까지, 제165조 및 제168조를 준용한다. 이 경우 "지방자치단체"는 "제주자치도"로, "지방자치단체나 그 장", "지방자치단체의 장", "시·도나 그 장" 및 "시·도지사"는 각각 "도교육감"으로, "시·군 및 자치구나 그 장"은 "교육장"으로, "지방의회"는 "도의회 또는 교육위원회"로, "행정안전부장관"은 "교육부장관"으로 본다. 〈개정 2017. 7. 26., 2021. 1. 12., 2021. 10. 19.〉

② 제1항에도 불구하고 조례의 제정·개정·폐지청구의 요건에 관하여는 제29조를 적용한다.

[제목개정 2021. 10. 19.]

제78조(「지방교육자치에 관한 법률」과의 관계) ① 도교육감에 관하여는 「지방교육자치에 관한 법률」 제28조를 적용하지 아니한다.

② 도교육감에 관하여는 「지방교육자치에 관한 법률」 제18조부터 제21조까지, 제23조, 제25조부터 제27조까지 및 제29조를 적용한다. 이 경우 「지방교육자치에 관한 법률」의 규정을 적용할 때에는 다음 각 호에 따른다. 〈개정 2016. 12. 13.〉

1. "시·도"는 "제주자치도"로, "교육감"은 "도교육감"으로 본다.
2. 「지방교육자치에 관한 법률」 제26조제2항 전단 중 "구·출장소 또는 읍·면·동(특별시·광역시 및 시의 동을 말한다. 이하 이 조에서 같다)의 장"은 "출장소

또는 읍·면·동의 장"으로 보고, 같은 항 후단 중 "구·출장소 또는 읍·면·동의 장"은 "출장소 또는 읍·면·동의 장"으로 본다.

제5절 보조기관 및 소속 교육기관

제79조(보조기관 등에 관한 특례) ①「지방교육자치에 관한 법률」 제30조제1항 및 제4항에도 불구하고 도교육감 밑에 부교육감을 두되, 그 정수와 사무분장에 관한 사항은 도조례로 정한다. 다만, 부교육감 1명은「지방교육자치에 관한 법률」 제30조제1항에 따른 국가공무원으로 임명한다.

②「지방교육자치에 관한 법률」 제30조제2항에도 불구하고 부교육감(제1항 단서에 따른 부교육감은 제외한다)을 별정직지방공무원으로 임명하는 경우에는 도교육감이 임명한다.

③「지방교육자치에 관한 법률」 제30조제5항 및 제33조제1항에도 불구하고 도교육감 밑에 필요한 보조기관을 두되, 그 설치·운영 및 정원 등에 필요한 사항은 도조례로 정할 수 있다.

④「지방교육자치에 관한 법률」 제33조제2항에도 불구하고 도교육감의 보조기관과 같은 법 제32조에 따른 교육기관 및 이 법 제80조의 교육지원청에는 제1항 단서에 따른 부교육감 1명 외에는 국가공무원을 두지 아니한다. 다만, 도교육감이 필요하다고 인정하면 교육부장관과 협의하여「지방교육자치에 관한 법률」 제33조제2항에 따른 국가공무원을 둘 수 있다.

제80조(교육지원청에 관한 특례) ①「지방교육자치에 관한 법률」 제34조제1항에도 불구하고 제주자치도의 교육·학예에 관한 사무를 분장하기 위하여 각 행정시를 관할구역으로 하는 교육지원청을 둔다.

②「지방교육자치에 관한 법률」 제34조제2항 및 제4항에도 불구하고 교육지원청의 관할구역과 명칭, 조직과 운영 등은 도조례로 정한다.

③「지방교육자치에 관한 법률」 제34조제3항 및「교육공무원법」 제58조에도 불구하고 교육지원청에 교육장을 두며, 교육장을 임명할 때에는 후보자를 공개모집할 수 있다.

④ 제3항에 따라 공개모집하는 교육장의 자격, 공개모집절차, 후보자의 심사 등에 필요한 사항은 도조례로 정한다.

제81조(교육장의 분장사무에 관한 특례) 교육장은「지방교육자치에 관한 법률」 제35조에도 불구하고 같은 조 각 호에 정한 사무 외에 고등학교의 운영·관리에 관한 지도·감독에 관한 사무도 위임받아 수행할 수 있다.

第82条(「지방교육자치에 관한 법률」의 준용) 보조기관과 소속교육기관에 관하여 이 법에서 규정한 사항을 제외하고는 「지방교육자치에 관한 법률」 제3장제2절을 준용한다. 이 경우 "교육감"은 "도교육감"으로 본다.

제6절 교육재정

第83条(보통교부금 등에 관한 특례) ① 교육부장관이 제주자치도에 교부하는 보통교부금은 「지방교육재정교부금법」 제5조에도 불구하고 같은 법에 따른 보통교부금 총액의 1만분의 157로 산정한다.

② 국가는 국제자유도시 조성과 관련하여 교육목적 달성을 위하여 필요하다고 인정하면 제주자치도에 제1항에 따라 교부하는 보통교부금 외에 「지방교육재정교부금법」에 따른 지방교육재정교부금을 대통령령으로 정하는 바에 따라 특별지원할 수 있다.

第84条(교육비특별회계 전출 비율 등에 관한 특례) ① 「지방교육재정교부금법」 제11조제2항제3호에도 불구하고 제주자치도세 총액에서 도조례로 정하는 비율의 금액을 매 회계연도 일반회계예산에 계상하여 교육비특별회계로 전출(轉出)하여야 한다. 추가경정예산에 따라 증감될 경우에도 또한 같다.

② 제주자치도는 「지방교육재정교부금법」 제11조에도 불구하고 고등학교 이하 각급 학교 및 고등교육기관에 대하여 부지의 매입, 시설의 건축 또는 학교의 운영에 필요한 자금을 지원할 수 있다.

第85条(지방채 등의 발행에 관한 특례) 도교육감은 「지방교육자치에 관한 법률」 제3조에 따라 준용되는 「지방자치법」 제139조제1항 및 「지방재정법」 제11조에도 불구하고 제주자치도의 교육·학예와 관련이 있는 사업의 경우 등 필요한 경우에는 도의회의 의결을 마친 후 지방채를 발행할 수 있다. 이 경우 교육부장관이 정하는 지방채 발행 한도액을 초과하여 지방채를 발행할 때에는 도의회 재적의원 과반수가 출석하고 출석의원 3분의 2 이상이 찬성하여야 한다. 〈개정 2021. 1. 12.〉

第86条(「지방교육자치에 관한 법률」의 준용) 교육재정에 관하여 이 법에서 규정한 사항을 제외하고는 「지방교육자치에 관한 법률」 제4장(같은 법 제3조에 따라 준용되는 「지방자치법」 제139조에 관한 사항은 제외한다)을 준용한다. 이 경우 "교육감"은 "도교육감"으로 본다. 〈개정 2021. 1. 12.〉

제7장 자치경찰

제1절 총칙

제87조(다른 법률과의 관계) ① 자치경찰(제88조에 따라 두는 경찰을 말한다. 이하 같다)과 자치경찰공무원에 관하여 이 법에서 규정하지 아니한 사항은 「지방자치법」과 「지방공무원법」에 따른다. 〈개정 2020. 12. 29.〉

② 제1항에 따라 「지방공무원법」을 자치경찰공무원에 적용할 때에는 다음 각 호에 따른다. 〈개정 2021. 10. 8.〉

1. 「지방공무원법」 제14조제2항 각 호 외의 부분 단서, 제30조의4제1항, 제62조제4항, 제65조의3제3항, 제67조의2제2항·제4항 및 제73조의2제3항 중 "인사위원회"는 각각 "자치경찰공무원 인사위원회"로 본다.
2. 「지방공무원법」 제30조의5제1항 본문 및 제41조 중 "직급"은 각각 "계급"으로 본다.
3. 「지방공무원법」 제60조 본문, 제69조제1항제1호, 제71조제7항 본문 및 같은 조 제8항 본문 중 "이 법"은 각각 "이 법 및 「제주특별자치도 설치 및 국제자유도시 조성을 위한 특별법」"으로 본다.

제2절 자치경찰의 조직과 사무

제88조(자치경찰기구의 설치) ① 제90조에 따른 자치경찰사무를 처리하기 위하여 「국가경찰과 자치경찰의 조직 및 운영에 관한 법률」 제18조에 따라 설치되는 제주특별자치도자치경찰위원회(이하 "자치경찰위원회"라 한다) 소속으로 자치경찰단을 둔다. 〈개정 2020. 12. 29.〉

② 자치경찰단의 조직과 자치경찰공무원의 정원 등에 관한 사항은 도조례로 정한다.

제89조(자치경찰단장의 임명) ① 자치경찰단장은 도지사가 임명하며, 자치경찰위원회의 지휘·감독을 받는다. 〈개정 2020. 12. 29.〉

② 자치경찰단장은 자치경무관으로 임명한다. 다만, 도지사는 필요하다고 인정하면 개방형직위로 지정하여 운영할 수 있다.

③ 도지사는 자치경찰단장의 직위를 개방형직위로 지정하여 운영하는 경우에는 임용기간이 끝나는 날에 60세를 넘지 아니하는 사람으로서 다음 각 호의 어느 하나에 해당하는 사람을 임용하여야 한다. 이 경우 미리 제108조에 따른 자치경찰공무원 인사위원회의 심의·의결을 마쳐야 한다. 〈개정 2020. 12. 22.〉

1. 자치경찰단장에 임명할 수 있는 계급에 있거나 바로 아래 하위 계급에 있는

사람으로서 승진에서 제112조제5항·제6항에 따른 계급별 최저근무연수가 지난 자치경찰공무원

2. 제1호에 상응하는 경찰공무원
3. 제1호 또는 제2호에 해당하였던 사람으로서 퇴직한 날부터 2년이 지나지 아니한 사람
4. 법관·검사 또는 변호사의 직에 5년 이상 근무한 사람

④ 개방형직위로 지정·운영되는 자치경찰단장의 임용절차·임용기간 등은 도조례로 정한다.

제90조(사무) 자치경찰은 다음 각 호의 사무(이하 "자치경찰사무"라 한다)를 처리한다.

1. 주민의 생활안전활동에 관한 사무
   가. 생활안전을 위한 순찰 및 시설 운영
   나. 주민참여 방범활동의 지원 및 지도
   다. 안전사고와 재해·재난 등으로부터의 주민보호
   라. 아동·청소년·노인·여성 등 사회적 보호가 필요한 사람의 보호와 가정·학교 폭력 등의 예방
   마. 주민의 일상생활과 관련된 사회질서의 유지와 그 위반행위의 지도·단속
2. 지역교통활동에 관한 사무
   가. 교통안전과 교통소통에 관한 사무
   나. 교통법규위반 지도·단속
   다. 주민참여 지역교통활동의 지원·지도
3. 공공시설과 지역행사장 등의 지역경비에 관한 사무
4. 「사법경찰관리의 직무를 수행할 자와 그 직무범위에 관한 법률」에서 자치경찰공무원의 직무로 규정하고 있는 사법경찰관리의 직무
5. 「즉결심판에 관한 절차법」 등에 따라 「도로교통법」 또는 「경범죄 처벌법」 위반에 따른 통고처분 불이행자 등에 대한 즉결심판 청구 사무

제91조(국가경찰과의 협약 체결) ① 제90조에도 불구하고 같은 조 제1호부터 제3호까지의 사무를 처리할 때 국가경찰과 자치경찰 간의 사무분담과 사무수행방법은 도지사와 제주자치도경찰청장이 협약으로 정하여 공표하여야 한다. 이 경우 도지사는 미리 자치경찰위원회의 의견을 들어야 한다. 〈개정 2020. 12. 22., 2020. 12. 29.〉

② 제1항에 따라 협약을 체결할 때 협약당사자가 의견을 달리하여 협약이 체결되지 아니하는 경우에는 협약당사자의 신청으로 「국가경찰과 자치경찰의 조직 및 운영에 관한 법률」 제7조에 따른 국가경찰위원회(이하 "국가경찰위원회"라

한다)의 심의·의결을 거쳐 행정안전부장관이 조정한다. 다만, 협약이 체결되지 아니하는 상태가 지속되어 공익을 현저히 저해하여 조속한 조정이 필요하다고 인정되는 경우에는 협약당사자가 신청하지 아니하였을 때에도 국가경찰위원회의 심의·의결을 거쳐 행정안전부장관이 조정할 수 있다. 〈개정 2017. 7. 26., 2020. 12. 22.〉

③ 제2항에 따라 행정안전부장관이 협약의 체결을 조정하였을 때에는 서면으로 지체 없이 협약당사자에게 통보하여야 하며, 통보를 받은 협약당사자는 그 내용을 협약에 포함시켜야 한다. 〈개정 2017. 7. 26.〉

④ 제1항에 따른 국가경찰과 자치경찰 간의 사무분담과 사무수행의 방법에 관한 기준 및 협약의 공표에 필요한 사항은 도조례로 정한다. 이 경우 제주자치도경찰청장의 의견을 들어야 한다. 〈개정 2020. 12. 22.〉

제3절 자치경찰 활동의 목표·평가 및 운영

제92조(자치경찰 활동의 목표 설정 및 평가) ① 자치경찰위원회는 매년 도지사의 의견을 들어 자치경찰 활동의 목표를 수립하고 공표하여야 한다. 〈개정 2020. 12. 29.〉

② 자치경찰위원회는 제1항에 따른 목표를 기준으로 매년 자치경찰 활동을 평가하고 도지사의 의견을 들어 그 결과를 공표하여야 한다. 〈개정 2020. 12. 29.〉

제93조(자치경찰의 운영) ① 도지사는 자치경찰의 조직 및 규모의 적정화와 운영의 합리화를 위하여 인력 및 장비 등의 운용계획을 수립하여야 한다.

② 도지사는 자치경찰사무의 처리에 필요한 사무소, 무기고 등의 시설물을 갖추어야 하고, 국가경찰과 항시 긴밀한 연락체계를 유지하여야 하며, 이를 위하여 유선·무선 통신망 등의 설비를 갖추어야 한다.

제4절 삭제 〈2020. 12. 29.〉

제94조 삭제 〈2020. 12. 29.〉

제95조 삭제 〈2020. 12. 29.〉

제5절 자치경찰의 직무수행

제96조(「경찰관 직무집행법」의 준용) ① 자치경찰공무원이 자치경찰사무를 수행할 때에는 「경찰관 직무집행법」 제3조부터 제7조까지, 제10조, 제10조의2부터 제10조의4까지, 제11조 및 제12조를 준용한다.

② 제1항에 따라 「경찰관 직무집행법」을 준용할 때에는 다음 각 호에 따른다. 〈개정 2017. 7. 26.〉

1. "경찰관"은 "자치경찰공무원"으로 본다.
2. 「경찰관 직무집행법」 제3조제2항 전단 중 "경찰서·지구대·파출소 또는 출장소(지방해양경찰관서를 포함하며, 이하 "경찰관서"라 한다)"는 "경찰서·지구대·파출소·출장소(지방해양경찰관서를 포함한다) 또는 자치경찰단 사무소"로 보고, 같은 조 제6항 중 "경찰관서"는 "경찰서·지구대·파출소·출장소(지방해양경찰관서를 포함한다) 또는 자치경찰단 사무소"로 보며, 같은 법 제4조제1항 각 호 외의 부분, 같은 조 제3항 및 제7항 중 "경찰관서"는 각각 "자치경찰단 사무소"로 보고, 같은 법 제4조제5항 및 제6항 중 "소속 경찰서장 또는 지방해양경찰관서의 장"은 각각 "자치경찰단장"으로 본다.

제97조(무기와 장비의 사용) ① 제96조에 따라 준용되는 「경찰관 직무집행법」 제10조의4에도 불구하고 도지사의 신청으로 제주자치도경찰청장의 승인을 받은 자치경찰공무원만 무기를 휴대·사용할 수 있다. 〈개정 2020. 12. 22.〉

② 자치경찰공무원이 무기를 사용한 경우에는 무기의 사용자와 사용 일시·장소·대상·경위를 소속 자치경찰단장을 거쳐 즉시 제주자치도경찰청장에게 통보하여야 한다. 〈개정 2020. 12. 22.〉

③ 자치경찰공무원이 사용하는 경찰장비에는 표지를 부착하되, 국가경찰의 장비와 구별될 수 있도록 하여야 한다.

제98조(범죄의 발견 시 조치) ① 자치경찰공무원이 직무수행 중에 범죄를 발견한 경우에는 범죄의 내용 또는 증거물 등을 소속 자치경찰단장을 거쳐 즉시 제주자치도경찰청장 또는 경찰서장(해양경찰서장을 포함한다)에게 통보하고 그 사무를 인계하여야 한다. 다만, 제90조제4호의 직무에 속하는 범죄와 「경범죄 처벌법」 제7조 및 「도로교통법」 제163조에 따른 통고처분의 대상이 되는 범칙행위의 경우에는 그러하지 아니하다. 〈개정 2017. 7. 26., 2020. 12. 22.〉

② 자치경찰공무원이 현행범인을 발견하여 현장에서 체포한 경우에는 즉시 경찰공무원에게 인도하여야 한다. 다만, 제90조제4호의 직무를 수행하는 중에 현장에서 체포한 현행범인의 경우에는 그러하지 아니하다. 〈개정 2020. 12. 22.〉

③ 제2항에 따라 자치경찰공무원이 현행범인을 체포하는 경우에는 범죄사실의 요지, 체포의 이유와 변호인을 선임할 수 있음을 알려주고 변명할 기회를 주어야 한다.

제99조(복제) 자치경찰공무원은 도조례로 정하는 바에 따라 제복을 착용하되, 경찰

공무원의 제복과 구별될 수 있도록 하여야 한다. 〈개정 2020. 12. 22.〉

제6절 경찰 상호 간의 관계

제100조(국가경찰과 자치경찰의 협조) ① 국가경찰과 자치경찰은 치안행정의 연계성을 확보하고 지역특성에 맞는 치안서비스를 제공하기 위하여 자치경찰사무의 범위에서 필요한 정보와 기술을 제공하는 등 협조하여야 한다.

② 국가경찰과 자치경찰은 직무수행에 필요한 범위에서 유·무선의 통신망과 시설물을 함께 이용할 수 있다.

③ 도지사와 제주자치도경찰청장은 경찰인력 및 장비 등의 효율적인 운영을 위하여 경찰인력 및 장비 등의 운영상황과 계획을 서로 통보하여야 한다. 이 경우 통보절차 및 방법 등에 관한 사항은 도조례로 정하되, 제주자치도경찰청장의 의견을 들어야 한다. 〈개정 2020. 12. 22.〉

제101조(경찰통계) 도지사는 해당 관할구역에서의 단속현황, 경찰장비 보유현황과 그 밖의 통계자료를 제주자치도경찰청장에게 통보하여야 한다. 〈개정 2020. 12. 22.〉

제102조(조례 및 규칙 등의 통보) 도지사는 자치경찰의 사무와 운영에 관련된 조례나 규칙을 제정·개정 또는 폐지할 때에는 조례안은 지방의회에서 이송된 날부터 10일 이내에, 규칙안은 공포 예정 15일 전에 제주자치도경찰청장에게 전문을 첨부하여 통보하여야 한다. 〈개정 2020. 12. 22.〉

제7절 자치경찰에 대한 지원 및 감독

제103조(재정지원) 국가는 제주자치도가 자치경찰을 설치·운영하는 데 필요한 경비를 지원할 수 있다.

제104조(시정명령 등) ① 행정안전부장관은 자치경찰사무와 관련하여 「지방자치법」 제188조에 따른 시정명령을 하려면 미리 국가경찰위원회의 의견을 들어야 한다. 〈개정 2017. 7. 26., 2020. 12. 22., 2021. 1. 12.〉

② 행정안전부장관은 자치경찰사무와 관련한 도의회의 의결에 대하여 「지방자치법」 제192조에 따른 재의를 요구하려면 미리 국가경찰위원회의 의견을 들어야 한다. 〈개정 2017. 7. 26., 2020. 12. 22., 2021. 1. 12.〉

제105조(자치경찰사무에 대한 감사) 도지사는 제131조에 따라 감사위원회가 자치경찰사무에 대한 감사를 할 때에는 제주자치도경찰청장 또는 경찰서장에게 참여를 요청할 수 있다. 〈개정 2020. 12. 22.〉

제8절 자치경찰공무원

제106조(계급구분) 자치경찰공무원의 계급은 다음과 같이 구분한다.

1. 자치경무관
2. 자치총경
3. 자치경정
4. 자치경감
5. 자치경위
6. 자치경사
7. 자치경장
8. 자치순경

제107조(임용권자) 도지사는 소속 자치경찰공무원의 임명·휴직·면직과 징계를 할 권한을 가진다.

제108조(자치경찰공무원 인사위원회의 설치) ① 자치경찰공무원의 인사에 관한 사항을 심의·의결하기 위하여 자치경찰공무원 인사위원회(이하 "자치경찰인사위원회"라 한다)를 둔다.

② 자치경찰인사위원회 위원장은 제3항에 따른 위촉위원 중에서 호선한다.

③ 자치경찰인사위원회의 구성·운영에 관한 사항은 「지방공무원법」 제7조, 제8조제2항, 제9조(제1항 중 자치경찰인사위원회 위원장에 관한 사항은 제외한다), 제9조의2, 제10조, 제10조의2, 제10조의3 및 제11조를 준용한다. 이 경우 "인사위원회"는 "자치경찰인사위원회"로, 「지방공무원법」 제7조제5항 각 호 외의 부분 본문 중 "해당 지방자치단체의 공무원(국가공무원을 포함한다)"은 "자치경찰공무원 또는 경찰공무원"으로, 같은 항 제3호 중 "공무원(국가공무원을 포함한다)"은 "자치경찰공무원 또는 경찰공무원"으로 본다. 〈개정 2019. 12. 10., 2020. 12. 22.〉

제109조(자치경찰인사위원회의 기능) 자치경찰인사위원회는 다음 각 호의 사항을 관장한다. 〈개정 2019. 12. 10.〉

1. 자치경찰공무원 충원계획의 사전심의
2. 자치경찰공무원 각종 임용시험의 실시
3. 도지사의 요구에 따른 자치경찰공무원의 보직관리기준과 승진·전보임용기준의 사전의결
4. 자치경찰공무원 승진임용의 사전심의
5. 도지사의 요구에 따른 자치경찰공무원의 징계의결 및 「지방공무원법」 제69조의2에 따른 징계부가금 부과 의결

6. 도지사가 도의회에 제출하는 자치경찰공무원의 인사와 관련된 조례안과 규칙안의 사전심의
7. 자치경찰단장의 개방형직위 지정·운영에 관한 사항
8. 그 밖에 도지사가 자치경찰공무원의 인사에 관하여 회의에 부치는 사항

제110조(신규임용) ① 자치경찰공무원의 신규임용은 공개경쟁시험으로 한다.

② 다음 각 호의 어느 하나에 해당하는 경우에는 특별임용시험으로 자치경찰공무원을 신규임용(이하 "특별임용"이라 한다)할 수 있다. 〈개정 2020. 12. 22.〉

1. 경찰공무원을 그 계급에 상응하는 자치경찰공무원으로 임용하는 경우
2. 퇴직한 자치경찰공무원 또는 경찰공무원을 퇴직한 날부터 2년 이내에 퇴직 시에 재직한 계급 또는 그 계급에 상응하는 계급의 자치경찰공무원으로 재임용하는 경우
3. 공개경쟁시험으로 임용하는 것이 부적당한 경우에 임용예정직무와 관련된 자격증 소지자를 임용하는 경우
4. 관광지·환경기초시설·항만·자연공원·공공청사의 경비 등에 5년 이상의 근무실적 또는 연구실적이 있거나 전문지식을 가진 사람을 임용하는 경우
5. 「지방공무원법」 제41조의4에 따라 재학 중 장학금을 받고 졸업한 사람을 임용하는 경우
6. 섬, 외딴 곳 등의 특수지역에 근무할 사람을 임용하는 경우
7. 외국어에 능통한 사람을 임용하는 경우

③ 제2항에 따라 특별임용할 때에는 동일한 사유에 해당하는 다수를 대상으로 제한경쟁의 방법으로 임용할 수 있다.

④ 제2항제1호에 따라 경찰공무원을 자치경찰공무원으로 임용하는 경우에는 특별임용시험을 거치지 아니할 수 있다. 〈개정 2020. 12. 22.〉

⑤ 제2항에 따라 특별임용할 수 있는 자치경찰공무원의 계급, 임용예정직과 관련된 자격증의 구분, 근무실적 또는 연구실적, 전보제한 등에 필요한 사항은 도조례로 정한다.

제111조(국가경찰공무원과 자치경찰공무원 간의 인사교류 등) ① 경찰청장과 도지사는 자치경찰공무원의 능력을 발전시키고 국가경찰사무와 자치경찰사무의 연계성을 높이기 위하여 국가경찰과 자치경찰 간 또는 다른 지방자치단체의 자치경찰 상호 간에 긴밀한 인사교류가 될 수 있도록 노력하여야 한다.

② 도지사는 제1항에 따른 인사교류를 하는 경우 매년 소속 자치경찰공무원 정원의 100분의 5 범위에서 국가경찰 또는 소속을 달리하는 자치경찰조직에 근무

할 수 있도록 해당 임용권자와 협의를 거쳐야 한다.

③ 제2항에 따른 인사교류의 기준·방법 및 절차 등에 관하여 필요한 사항은 도조례로 정한다. 이 경우 제주자치도경찰청장의 의견을 들어야 한다. 〈개정 2020. 12. 22.〉

제112조(승진) ① 자치경찰공무원은 바로 아래 하위 계급에 있는 자치경찰공무원 중에서 근무성적·경력평정과 그 밖의 능력을 실증(實證)하여 승진임용한다.

② 자치경찰공무원의 승진은 승진심사에 따른다. 다만, 자치경정 이하 계급으로 승진하는 경우 도조례로 정하는 비율에 따라 승진시험을 병행할 수 있다.

③ 도지사는 자치경정 이하의 자치경찰공무원에 대하여 도조례로 정하는 바에 따라 계급별로 승진대상자명부를 작성하여야 한다.

④ 자치경찰인사위원회는 제3항에 따라 작성된 승진대상자명부의 높은 순위에 있는 사람(제2항 단서에 따른 승진시험에 합격한 승진후보자는 제외한다)부터 차례로 도조례로 정하는 범위에서 승진후보자를 심사·선발하고, 승진후보자명부에 등재하여야 한다.

⑤ 자치경찰공무원의 승진에 필요한 계급별 최저근무연수는 대통령령으로 정한다. 다만, 계급별 최저근무연수의 기간을 계산할 때에는 휴직기간·직위해제기간 및 징계처분기간을 포함하지 아니한다.

⑥ 제5항에 따른 계급별 최저근무연수의 산입에 관한 사항, 승진의 제한과 그 밖에 승진에 필요한 사항은 도조례로 정한다.

제113조(근속승진) ① 제112조제2항에도 불구하고 해당 계급에서 대통령령으로 정하는 기간 동안 재직한 사람은 자치경장·자치경사·자치경위 및 자치경감으로 근속승진임용을 할 수 있다.

② 제1항에 따라 근속승진한 자치경찰공무원이 근무하는 기간 동안에는 그에 해당하는 직급의 정원이 따로 있는 것으로 보고, 종전의 직급의 정원은 감축된 것으로 본다.

③ 제1항에 따른 근속승진임용의 기준, 절차 등에 관하여 필요한 사항은 도조례로 정한다.

제114조(시험실시기관 및 응시자격 등) ① 도지사는 제109조제2호에도 불구하고 도조례로 정하는 바에 따라 각종 임용시험의 실시업무를 경찰청장 또는 제주자치도경찰청장에게 위탁할 수 있다. 〈개정 2020. 12. 22.〉

② 제1항에 따른 각종 시험의 응시자격·시험방법과 그 밖에 임용시험의 실시에 필요한 사항은 도조례로 정한다.

제115조(교육훈련) ① 도지사는 모든 자치경찰공무원에게 균등한 교육훈련의 기회가 부여되도록 하여야 한다.

② 도지사는 치안활동과 관련된 전문지식·기술 및 활용능력을 높이기 위하여 자치경찰공무원이 정해진 교육과정을 이수하게 하여야 한다. 이 경우 자치경찰공무원의 교육훈련을 도조례로 정하는 바에 따라 국가경찰의 교육훈련기관에 위탁할 수 있다.

③ 도지사는 제2항 후단에 따라 자치경찰공무원의 교육훈련을 위탁하려는 경우에는 다음 해의 자치경찰공무원 교육훈련계획을 수립하여 경찰청장에게 제출하여야 한다.

제116조(직권면직) ① 도지사는 자치경찰공무원이 다음 각 호의 어느 하나에 해당하는 경우에는 직권으로 면직시킬 수 있다.

1. 「지방공무원법」 제62조제1항제1호·제2호·제5호 및 제6호의 어느 하나에 해당하는 경우
2. 자치경찰공무원으로서 부적합할 정도로 직무수행능력 또는 성실성이 현저히 결여된 사람으로서 도조례로 정하는 사유에 해당된다고 인정되는 경우
3. 성격 또는 도덕적 결함으로 자치경찰공무원으로서의 직무를 수행하기 곤란하다고 인정되는 사람으로서 도조례로 정하는 사유에 해당된다고 인정되는 경우

② 도지사는 제1항에 따라 면직시킬 경우에는 미리 자치경찰인사위원회의 의견을 들어야 한다. 다만, 제1항제2호·제3호 및 「지방공무원법」 제62조제1항제5호에 따라 면직시킬 경우에는 자치경찰인사위원회의 동의를 받아야 한다.

제117조(정년) 자치경찰공무원의 정년은 60세로 한다.

제118조(징계의 절차) ① 자치경찰공무원의 징계는 자치경찰인사위원회의 의결을 마친 후 도지사가 한다.

② 도지사는 자치경찰인사위원회의 의결이 가볍다고 인정할 때에는 그 처분을 하기 전에 자치경찰인사위원회에 재의결을 요청할 수 있다. 이 경우에는 소속공무원을 대리인으로 지정할 수 있다.

제119조(「경찰공무원법」의 준용) ① 자치경찰공무원의 인사 운영에 관하여는 「경찰공무원법」 제8조, 제11조, 제12조, 제13조, 제18조, 제19조, 제21조, 제24조, 제25조, 제27조 및 제29조를 준용한다. 〈개정 2020. 12. 22.〉

② 제1항에 따라 「경찰공무원법」을 준용할 때에는 "경찰공무원"은 "자치경찰공

무원"으로, "자치경찰공무원"은 "경찰공무원"으로, "경찰청장 또는 해양경찰청장"은 "도지사"로, "경무관"은 "자치경무관"으로, "경정"은 "자치경정"으로, "경위"는 "자치경위"로, 같은 법 제13조제3항 중 "「국가공무원법」 제68조"는 "「지방공무원법」 제60조"로, 같은 법 제19조제1항제1호 중 "「국가공무원법」 제40조의4제1항제1호부터 제4호까지"는 "「지방공무원법」 제39조의3제1항제1호부터 제4호까지"로, 같은 법 제29조제1항 중 "「국가공무원법」 제71조제1항제4호"는 "「지방공무원법」 제63조제1항제3호"로, "같은 법 제72조제3호"는 "「지방공무원법」 제64조제3호"로 본다. 〈개정 2017. 7. 26., 2020. 12. 22.〉

제8장 자치재정

제120조(제주특별자치도세) ① 도지사는 「지방세기본법」 제8조제2항 및 제4항에도 불구하고 도세와 시·군세의 세목을 제주특별자치도세(이하 "제주자치도세"라 한다)의 세목으로 부과·징수한다.

② 「지방세기본법」과 그 밖의 다른 법령에서 지방세, 도세 또는 시·군세를 인용하고 있으면 제주자치도세를 포함한 것으로 보아 해당 법령을 적용한다.

제121조(지방세에 관한 특례) ① 「지방세기본법」 제26조제1항, 같은 조 제2항 단서, 제42조제2항 후단, 제83조제1항 본문, 같은 조 제2항, 제88조제1항제3호 및 제147조제2항에서 대통령령으로 정하도록 한 사항은 도조례로 정할 수 있다. 〈개정 2016. 12. 27.〉

② 「지방세징수법」 제7조제1항·제2항, 제11조제1항 단서, 같은 조 제6항, 제26조제1항 및 제106조제1항제4호에서 대통령령으로 정하도록 한 사항은 도조례로 정할 수 있다. 〈신설 2016. 12. 27.〉

③ 「지방세법」 제19조 각 호 외의 부분, 같은 조 제4호, 제30조제2항·제3항, 제46조제1항·제2항, 제63조제2항, 제64조제1항, 제130조제3항 단서, 제131조제4항 및 제152조제3항에서 대통령령 또는 행정안전부령으로 정하도록 한 사항은 도조례로 정할 수 있다. 〈개정 2016. 12. 27., 2017. 7. 26., 2019. 12. 10.〉

④ 「지방세특례제한법」 제4조제4항, 제9조제1항, 제183조제1항 본문 및 제184조에서 대통령령으로 정하도록 한 사항은 도조례로 정할 수 있다. 〈개정 2016. 12. 27.〉

제122조(세액 감면에 관한 특례) 제주자치도는 「지방세특례제한법」 제6조, 제8조, 제10조부터 제14조까지, 제15조, 제18조부터 제21조까지, 제23조부터 제31조까지, 제32조, 제34조, 제35조, 제36조부터 제40조까지, 제40조의2, 제42조, 제45조부터 제47조까지, 제48조, 제49조, 제52조부터 제54조까지, 제56조, 제

58조, 제59조, 제60조, 제62조, 제63조, 제64조, 제69조, 제71조, 제72조, 제75조부터 제81조까지, 제85조, 제86조부터 제88조까지, 제177조, 제179조, 제180조, 제183조 및 제184조에도 불구하고 제주자치도에 있는 부동산에 대하여 도조례로 정하는 바에 따라 같은 규정에 따른 취득세, 등록면허세, 재산세 및 지역자원시설세 감면액의 100분의 50 범위에서 가감 조정할 수 있다.

제123조(세율 조정에 관한 특례) ① 다음 각 호의 제주자치도세의 세율은 「지방세법」에 따른 세율(표준세율과 중과기준세율을 포함한다. 이하 같다)에도 불구하고 도조례로 정하는 바에 따라 해당 세목 세율의 100분의 100 범위에서 가감 조정할 수 있다. 다만, 제6호에 따라 도조례로 지역자원시설세의 세율을 가감 조정하였을 때에는 「지방세법」 제146조제3항제2호에 따른 화재위험 건축물에 대해서는 그 가감 조정된 세율의 100분의 200으로 하고, 같은 법 제146조제2항제2호의2에 따른 대형 화재위험 건축물에 대해서는 그 가감 조정된 세율의 100분의 300으로 한다. 〈개정 2019. 12. 31., 2020. 12. 29.〉

1. 「지방세법」 제11조부터 제15조까지의 규정에 따른 취득세의 세율
2. 「지방세법」 제28조제1항제1호에 따른 부동산 등기에 대한 등록면허세의 세율
3. 「지방세법」 제81조제1항제1호에 따른 세율
4. 「지방세법」 제111조 및 제112조에 따른 재산세의 세율
5. 「지방세법」 제127조에 따른 자동차세의 세율
6. 「지방세법」 제146조제1항 및 같은 조 제3항제1호에 따른 지역자원시설세의 세율
7. 「지방세법」 제151조(같은 조 제1항제3호에 따른 표준세율은 제외한다)에 따른 지방교육세의 세율

② 종합합산과세대상과 별도합산과세대상 토지에 대한 재산세의 세율은 「지방세법」 제113조제1항제1호 및 제2호에도 불구하고 다음 각 호의 구분에 따른다.

1. 종합합산과세대상: 납세의무자가 소유하고 있는 행정시별 동지역(동지역으로 보는 것이 부적합하다고 도조례로 정하는 지역은 제외한다. 이하 이 조에서 같다)에 있는 종합합산과세대상이 되는 토지의 가액을 모두 합한 금액을 각각 과세표준액으로, 행정시별 읍·면지역(동지역에 있는 지역으로서 동지역에 적용하는 것이 부적합하다고 도조례로 정하는 지역을 포함한다. 이하 이 조에서 같다)에 있는 종합합산과세대상이 되는 토지의 가액을 모두 합한 금액을 각각 과세표준액으로 하여 제1항제4호에 따라 도조례로 정하는 재산세의 세율을 적용한다.

2. 별도합산과세대상: 납세의무자가 소유하는 행정시별 동지역에 있는 별도합산과세대상이 되는 토지의 가액을 모두 합한 금액을 각각 과세표준액으로, 행정시별 읍·면지역에 있는 별도합산과세대상이 되는 토지의 가액을 모두 합한 금액을 각각 과세표준액으로 하여 제1항제4호에 따라 도조례로 정하는 재산세의 세율을 적용한다.

③ 레저세의 세율은 「지방세법」 제42조에도 불구하고 도조례로 정하는 바에 따라 같은 조 제2항에 따른 레저세 세율의 100분의 100 범위에서 가감 조정할 수 있다.

④ 면허에 대한 등록면허세의 세율은 「지방세법」 제34조에도 불구하고 행정시의 동지역에는 같은 조 제1항에 따른 그 밖의 시에 대한 면허에 대한 등록면허세의 세율을 적용하고, 행정시의 읍·면지역에는 같은 조 제1항에 따른 군에 대한 면허에 대한 등록면허세의 세율을 적용한다. 이 경우 도조례로 정하는 바에 따라 그 등록면허세 세율의 100분의 100 범위에서 가감 조정할 수 있다.

⑤ 「지방세법」 제81조제1항 및 제84조의3제1항에도 불구하고 주민세 사업소분(「지방세법」 제81조제1항제2호에 따라 부과되는 세액으로 한정한다. 이하 이 항에서 같다)과 주민세 종업원분의 세율 상한은 다음 각 호의 구분에 따른 세율로 하되, 같은 법 제81조제1항제2호 단서에 따른 오염물질 배출 사업소의 세율은 제1호에 따른 세율 이하에서 도조례로 정한 세율의 100분의 200(사업소 연면적 1제곱미터당 500원 미만인 경우에는 500원)으로 한다. 〈개정 2020. 12. 29.〉

1. 주민세 사업소분: 사업소 연면적 1제곱미터당 500원
2. 주민세 종업원분: 종업원 급여총액의 100분의 1

제124조(지방교부세에 관한 특례) 「지방교부세법」 제6조제1항에도 불구하고 행정안전부장관은 제주자치도에 같은 법에 따른 보통교부세 총액의 100분의 3을 보통교부세로 교부한다. 〈개정 2017. 7. 26.〉

제125조(제주자치도에 대한 국가의 재정지원) ① 국가는 제주자치도에 대한 재정지원이 제주자치도 설치 이전에 지원한 수준 이상이 되도록 보장한다.

② 국가는 제주자치도의 발전을 위한 안정적인 재정확보를 위하여 중앙행정기관의 권한 이양과 각종 국가보조사업의 수행 등에 드는 비용에 대하여 「국가균형발전 특별법」의 국가균형발전특별회계에 별도 계정을 설치하여 지원할 수 있다. 〈개정 2018. 3. 20.〉

제126조(지방채 등의 발행 특례) 도지사는 제주자치도의 발전과 관계가 있는 사업을 위하여 필요하면 「지방재정법」 제11조에도 불구하고 도의회의 의결을 마친 후

외채 발행과 지방채 발행 한도액의 범위를 초과한 지방채 발행을 할 수 있다. 이 경우 「지방재정법」 제11조제2항에서 대통령령으로 정하는 지방채 발행 한도액을 초과하여 지방채를 발행하려면 도의회 재적의원 과반수가 출석하고 출석의원 3분의 2 이상의 찬성을 받아야 한다.

제127조(예산편성 과정의 주민참여) ① 도지사는 예산편성 과정에 주민이 공모방식 등으로 참여할 수 있도록 하여야 한다.

② 주민참여 예산의 범위, 참여 주민의 선정 방법·절차, 주민참여과정 등에 관하여 필요한 사항은 도조례로 정한다.

제128조 삭제 〈2019. 12. 10.〉

제129조(지방공기업의 관리에 관한 특례) ① 「지방공기업법」 제7조제2항, 제14조제1항 각 호 외의 부분 단서, 제17조제3항, 제33조제4항, 제43조 및 제71조제2항에서 대통령령으로 정하도록 한 사항은 도조례로 정할 수 있다. 〈개정 2019. 12. 10.〉

② 제303조제1항에 따른 풍력의 발전사업을 시행하기 위하여 다음 각 호의 요건을 갖춘 법인에 지방공기업이 출자하는 경우 해당 지방공기업의 총 출자한도는 「지방공기업법」 제54조제3항에도 불구하고 직전 사업연도 말 해당 지방공기업 자본금의 100분의 25 이내의 범위에서 대통령령으로 정한다. 〈신설 2019. 12. 10.〉

1. 풍력 발전설비가 설치된 지역에 1년 이상 주민등록이 되어 있는 자 등 도조례로 정하는 요건에 해당하는 주민이 출자한 법인일 것
2. 제1호에 따른 주민이 100분의 10 이상의 범위에서 도조례로 정하는 비율 이상 출자한 법인일 것

③ 제2항에 따라 지방공기업이 출자한 법인 중 「지방자치단체 출자·출연 기관의 운영에 관한 법률」이 적용되지 아니하는 법인에 관하여는 「지방공기업법」 제66조 및 제73조제1항을 준용한다. 〈신설 2019. 12. 10.〉

제130조(공유재산 및 물품 관리에 관한 특례) 「공유재산 및 물품 관리법」 제11조제1호, 제20조제2항제1호, 제22조제1항, 제23조제1항, 제24조제1항제4호, 같은 조 제2항, 제25조제3항, 제28조제2항, 제29조제1항 단서, 같은 조 제2항, 제30조, 제31조제1항 각 호 외의 부분 단서, 제32조제1항, 제34조제1항제2호, 같은 조 제2항, 제35조제3항, 제37조제1항 본문·단서, 제39조제2항, 제40조제1항제5호, 제43조, 제43조의2제1항, 제43조의4, 제55조제1항·제2항, 제64조, 제74조제3항, 제76조제2항, 제84조, 제85조 각 호 외의 부분 후단 및 제96조제3항에서 대통령령으로 정하도록 한 사항은 도조례로 정할 수 있다.

제9장 감사위원회

제131조(감사위원회의 설치 및 직무 등) ① 「지방자치법」 제190조(「지방교육자치에 관한 법률」 제3조에 따라 준용되는 경우를 포함한다) 및 「지방공무원법」 제81조에도 불구하고 제주특별자치도와 그 소속기관 등 도조례로 정하는 기관(이하 "감사대상기관"이라 한다) 및 그 기관에 속한 사람의 모든 업무와 활동 등을 조사·점검·확인·분석·검증하고 이 법 제135조에 따라 그 결과를 처리하는 사무(이하 "자치감사"라 한다)를 수행하기 위하여 도지사 소속으로 감사위원회(이하 "감사위원회"라 한다)를 둔다. 〈개정 2021. 1. 12.〉

② 감사위원회는 감사위원회의 위원장(이하 "감사위원장"이라 한다) 1명을 포함한 7명 이내의 감사위원으로 성별을 고려하여 구성한다.

③ 감사위원은 도조례로 정하는 자격을 갖춘 사람 중에서 도지사가 임명하거나 위촉하되, 감사위원 중 3명은 도의회가 추천한 사람을 위촉하고, 1명은 도교육감이 추천한 사람을 위촉한다.

④ 제주자치도 소속 공무원이 아닌 감사위원의 임기는 3년으로 한다.

⑤ 자치감사의 구체적인 방법과 범위, 자치감사 활동의 기준 등 자치감사에 필요한 세부적인 사항은 감사위원회의 의결을 마친 후 감사위원장이 정한다.

⑥ 감사위원회는 직무상 독립된 지위를 가지고, 조직·인사 및 감사활동에 필요한 예산의 편성에서 독립성이 최대한 존중되어야 한다.

⑦ 제1항부터 제6항까지에서 규정한 사항 외에 감사위원회의 구성·운영 등에 필요한 사항은 도조례로 정한다.

제132조(감사위원장의 직무) ① 감사위원장은 도의회의 동의를 받아 도지사가 임명한다.

② 감사위원장은 감사위원회를 대표하고 감사위원회의 업무를 총괄한다.

③ 감사위원장의 임기는 3년으로 한다.

④ 감사위원장이 부득이한 사유로 직무를 수행할 수 없을 때에는 감사위원 중에서 도조례로 정하는 바에 따라 선임된 감사위원이 그 직무를 대행한다.

제133조(감사위원회 사무국) ① 감사위원회의 자치감사 활동을 지원하고 감사위원회의 행정사무를 처리하기 위하여 감사위원회에 사무국을 두며, 사무국의 직원은 감사위원장의 추천에 따라 도지사가 임명한다.

② 제1항에 따른 사무국의 직원은 지방공무원으로 한다.

③ 제1항에 따른 사무국의 조직, 직무 및 운영 등에 필요한 사항은 도조례로 정한다.

제134조(자치감사계획 등) ① 감사위원회는 자치감사를 체계적·효과적으로 수행하기 위하여 그 감사를 수행하기 전에 자치감사의 목적·대상·기관 및 범위를 포함한 자치감사계획을 수립하여야 한다. 다만, 자치감사계획의 변경이 필요한 경우에는 자치감사 실시 중에도 자치감사계획을 변경할 수 있다.

② 감사위원회는 제1항에 따른 자치감사계획의 주요내용과 변경된 자치감사계획의 내용을 감사예정일 30일 이전에 자치감사대상 기관의 장에게 통보하여야 한다. 다만, 신속히 자치감사를 실시하여야 할 급박한 사정이 있거나 자치감사의 실효성을 거두기 위하여 부득이한 때에는 그러하지 아니하다.

③ 감사위원회는 제1항에 따른 자치감사계획(그 계획을 변경한 경우에는 변경된 계획을 말한다)을 감사원, 교육부장관, 행정안전부장관 및 도지사(교육·학예에 관한 사항인 경우 도교육감을 포함한다. 이하 이 장에서 같다)에게 그 계획을 수립한 날부터 2주 이내에 통보하여야 한다. 〈개정 2017. 7. 26.〉

④ 감사위원회는 자치감사를 위하여 필요한 때에는 다음 각 호의 구분에 따른 조치를 요구할 수 있다. 이 경우 요구는 자치감사에 필요한 최소한도에 그쳐야 하고, 조치를 요구받은 사람은 정당한 사유가 없으면 요구에 따라야 한다.

1. 감사대상 기관 또는 그 기관에 속한 사람: 출석 또는 답변, 관련 자료의 제출, 물품 등의 봉인, 전산정보시스템에 입력된 자료의 조사 등
2. 그 밖에 감사사항과 관련이 있다고 인정되는 사람: 출석 또는 답변과 관련 자료의 제출 협조 요구

⑤ 감사위원회는 전문지식이나 실무경험이 요구되는 분야의 업무를 감사할 때에는 중앙행정기관의 감사담당공무원 및 제주자치도의 소속직원이나 회계법인·연구기관 등 외부전문기관 또는 전문가를 참여시켜 관련 사항을 조사·확인·분석하게 할 수 있다.

제135조(자치감사결과의 처리 등) ① 감사위원회는 특별한 사정이 없으면 자치감사를 마친 후 60일 이내에 도지사에게 자치감사의 결과를 보고하여야 한다. 다만, 교육·학예에 관한 자치감사의 결과는 도교육감에게 통보하여야 한다.

② 제1항에 따른 자치감사결과에는 변상명령, 징계 또는 문책, 시정, 주의, 개선, 권고, 고발 등의 조치사항이 포함되어야 한다.

③ 도지사 또는 도교육감은 제1항에 따라 보고받거나 통보받은 자치감사결과에 따른 조치사항이 다른 기관의 장의 권한에 속하는 경우에는 그 권한이 있는 기관의 장에게 관련 사실을 통보하여야 한다.

제136조(징계·문책사유의 시효정지 등) ① 감사위원회는 특정사건의 조사를 시작하

였을 때와 마쳤을 때에는 10일 이내에 도지사와 감사대상 기관 또는 부서의 장에게 그 사실을 통보하여야 한다.

② 도지사는 제1항에 따라 감사위원회로부터 특정사건에 대한 조사개시의 통보를 받은 날부터 해당 사건에 대한 징계 또는 문책절차를 진행하지 못한다.

③ 제2항에 따라 징계 또는 문책절차를 진행하지 못하여 징계 또는 문책사유의 시효기간이 끝나거나 그 남은 기간이 1개월에 미치지 못할 때에는 그 시효기간은 제1항에 따른 조사종료의 통보를 받은 날부터 1개월이 지난 날에 끝나는 것으로 본다.

제137조(비밀유지 및 신분보장) ① 감사위원회의 공무원이 아닌 감사위원 및 제134조제5항에 따라 감사에 참여한 사람 중 공무원이 아닌 사람은 재직 중은 물론 퇴직 후에도 직무상 알게 된 비밀을 누설하여서는 아니 된다.

② 감사위원은 다음 각 호의 어느 하나에 해당하는 경우를 제외하고는 임기 안에 본인의 의사에 반하여 면직되거나 해촉되지 아니한다.

1. 신체상 또는 정신상의 장애로 직무를 수행할 수 없게 된 경우
2. 「지방공무원법」 제31조 각 호의 어느 하나에 해당하는 경우
3. 국회의원이나 지방자치단체의 장 또는 지방의회의원으로 선출된 경우
4. 감사위원회의 감사대상이 되는 기관의 공무원 또는 임직원으로 임명된 경우
5. 제138조에 따른 정치운동 금지를 위반한 경우

③ 감사위원이 제2항제1호에 해당하는 경우에는 감사위원회의 재적위원 3분의 2 이상의 의결을 거쳐 도지사가 면직하거나 해촉한다. 다만, 감사위원장의 경우에는 도의회의 동의를 받아야 한다.

제138조(정치운동의 금지) 공무원이 아닌 감사위원은 「지방공무원법」 제57조에서 정하는 정치운동을 할 수 없으며, 「지방공무원법」 제82조를 적용할 때에는 공무원으로 본다.

제139조(감사 등에 관한 특례) ① 중앙행정기관의 장은 제131조제1항에 따른 감사위원회의 자치감사 대상기관에 대해서는 그 행정 전반 또는 특정한 정책·사업·업무 및 예산 등에 대한 감사를 실시할 수 없다. 다만, 국회의 국정감사, 감사원감사 및 「지방자치법」 제21조에 따른 주민감사청구 사항의 경우에는 그러하지 아니하다. 〈개정 2021. 1. 12.〉

② 중앙행정기관의 장은 국가사무와 국가의 보조를 받은 사업에 대한 감사가 필요하다고 인정하면 감사위원회에 감사를 의뢰하여야 한다.

③ 제2항에 따라 의뢰를 받은 감사위원회는 특별한 사유가 없으면 그에 관하여

감사를 실시하여야 한다.
④ 감사위원회는 제3항에 따른 감사결과를 감사원과 제2항에 따라 감사를 의뢰한 중앙행정기관의 장, 도지사 및 감사대상기관에 통보하여야 한다.
⑤ 중앙행정기관의 장은 제4항에 따라 통보받은 감사결과가 미흡하다고 판단되는 경우에는 감사위원회에 재감사를 의뢰할 수 있다. 이 경우 감사위원회는 특별한 사정이 없으면 60일 이내에 재감사를 실시하고 그 결과를 해당 중앙행정기관의 장, 도지사 및 감사대상기관에 통보하여야 한다.
⑥ 감사위원회는 제5항에 따른 재감사를 실시하는 경우 중앙행정기관의 장이 추천하는 감사담당공무원을 재감사에 참여시켜야 한다.

제3편 국제자유도시의 개발 및 기반 조성

제1장 국제자유도시의 개발에 관한 계획

제1절 개발에 관한 계획의 수립

제140조(종합계획의 수립) ① 도지사는 다음 각 호의 사항을 포함하는 국제자유도시의 개발에 관한 종합계획(이하 "종합계획"이라 한다)을 수립한다. 〈개정 2019. 12. 10.〉

1. 제주자치도의 장기적인 발전 방향 및 제주자치도를 환경친화적인 국제자유도시로 개발하기 위한 기본시책에 관한 사항
2. 세계평화의 섬 지정 등 국제교류·협력의 증진에 관한 사항
3. 관광산업 육성 및 관광자원의 이용·개발 및 보전에 관한 사항
4. 교육의 진흥 및 인재육성에 관한 사항
5. 의료·보건 및 사회복지에 관한 사항
6. 농업·임업·축산업·수산업의 진흥에 관한 사항
7. 첨단지식산업, 물류산업, 금융산업 등 지역산업의 진흥에 관한 사항
8. 토지·물과 그 밖의 천연자원의 이용·개발 및 보전에 관한 사항
9. 해양의 이용·개발 및 보전에 관한 사항
10. 자연환경의 보전 및 오염방지에 관한 사항
11. 지역사회의 개발 및 생활환경 개선에 관한 사항
12. 향토문화의 보존과 문화예술의 진흥에 관한 사항
13. 외국인의 생활편의 증진에 관한 사항
14. 도로·항만·정보통신 등 사회간접자본시설에 관한 사항
15. 수자원·전력과 그 밖의 에너지 개발에 관한 사항

16. 지역정보화의 기반구축과 진흥에 관한 사항
17. 개발사업(종합계획에 따라 시행되는 개발사업을 말한다. 이하 같다) 등에 필요한 투자재원의 조달과 연도별 투자계획의 수립에 관한 사항
18. 그 밖에 도지사가 필요하다고 인정하는 사항

② 도지사는 종합계획을 수립하고자 할 때에는 공청회를 개최하여야 하며, 제144조에 따른 제주국제자유도시 종합계획 심의회의 심의를 마쳐야 한다.

③ 종합계획은 다른 법령에 따른 개발계획에 우선한다. 다만, 군사에 관한 사항은 그러하지 아니하다.

④ 종합계획의 수립절차 및 방법은 대통령령으로 정한다.

제141조(종합계획의 결정) ① 도지사는 종합계획을 수립할 때에는 도의회의 동의를 받아야 한다.

② 도지사는 종합계획을 변경하거나 폐지하는 경우에는 도의회의 동의를 받아야 한다. 다만, 대통령령으로 정하는 경미한 사항은 제144조에 따른 제주국제자유도시 종합계획 심의회의 심의를 마친 후 변경할 수 있다.

③ 도지사는 종합계획을 변경하거나 폐지하는 경우 관련 주민의 재산상 손실을 방지하기 위한 예방대책을 마련하여야 한다.

④ 도지사는 제1항 및 제2항에 따라 수립·변경 또는 폐지된 종합계획을 대통령령으로 정하는 바에 따라 고시하고, 지원위원회·도교육감 및 개발센터에 통보하여야 한다.

제142조(광역시설계획) ① 도지사는 종합계획의 원활한 추진을 위하여 동일한 생활권을 이루고 있는 지역을 광역적으로 개발할 필요가 있는 경우 광역시설계획(이하 이 절에서 "광역시설계획"이라 한다)을 수립하여 시행할 수 있다.

② 광역시설계획의 내용에는 교통시설, 용수공급시설, 하수처리시설, 폐기물처리시설, 에너지공급시설 및 정보·통신시설 등에 관한 사업계획이 포함되어야 하며, 필요한 경우 개별시설로 한정하여 계획을 수립할 수 있다.

③ 도지사는 광역시설계획을 수립할 때에는 제144조에 따른 제주국제자유도시 종합계획 심의회의 심의를 마친 후 도의회의 동의를 받아 확정하고, 도조례로 정하는 바에 따라 고시하여야 한다.

④ 제3항에 따라 확정·고시된 광역시설계획에 따른 사업시행은 해당 사업과 관련된 법률에서 정하는 절차에 따른다.

제143조(민자유치추진계획) ① 도지사는 제140조제1항제17호에 따른 연도별 투자계획의 수립과 민자유치 촉진을 위하여 다음 각 호의 사항을 내용으로 하는 민

자유치추진계획을 작성하여야 한다.

1. 민자유치 대상사업의 범위
2. 민자유치의 지원에 관한 사항

② 도지사는 제1항에 따른 민자유치추진계획을 작성하였을 때에는 도조례로 정하는 바에 따라 공고하고 개발사업에 참여하려는 자에게 설명회를 개최하여야 한다.

③ 제1항에 따른 민자유치추진계획을 심의하고 민자유치 활동을 지원하기 위하여 제주자치도에 민자유치위원회를 두며, 도지사 소속으로 민자유치지원본부를 설치한다.

④ 제3항에 따른 민자유치위원회와 민자유치지원본부의 구성과 운영 등에 필요한 사항은 도조례로 정한다.

제144조(제주국제자유도시 종합계획 심의회) ① 종합계획에 관한 다음 각 호의 사항을 심의하기 위하여 제주자치도에 제주국제자유도시 종합계획 심의회(이하 "종합계획심의회"라 한다)를 둔다.

1. 종합계획의 수립에 필요한 목표·지침과 기준에 관한 사항
2. 종합계획의 종합적 조정에 관한 사항
3. 광역시설계획의 심의에 관한 사항
4. 종합계획에 대한 주민의견 반영과 주민참여에 관한 사항
5. 개발이익의 지역 환원에 관한 사항
6. 종합계획의 평가에 관한 사항
7. 제주투자진흥지구의 지정·해제에 관한 사항
8. 그 밖에 도조례로 정하는 사항

② 종합계획심의회는 위원장 1명과 부위원장 2명을 포함한 23명 이내의 위원으로 구성한다.

③ 종합계획심의회의 위원장은 도지사로 하고, 부위원장은 도지사가 정하는 부지사와 종합계획심의회에서 선출된 1명으로 한다.

④ 종합계획심의회의 위원은 도조례로 정하는 바에 따라 도지사가 임명하거나 위촉한다. 다만, 제79조제1항 단서에 따라 국가공무원으로 임명하는 부교육감은 당연직 위원으로 한다.

⑤ 제1항부터 제4항까지에서 규정한 사항 외에 종합계획심의회의 조직과 운영 등에 필요한 사항은 도조례로 정한다.

제2절 개발사업의 시행

제145조(기초조사) ① 도지사, 개발센터 또는 개발사업을 시행하려는 자는 제140조에 따른 종합계획, 제147조제3항에 따른 사업계획 또는 제171조제1항에 따른 개발센터시행계획의 수립을 위하여 도조례로 정하는 바에 따라 기초조사를 할 수 있다.

② 제1항에 따른 기초조사에는 해당 개발사업지구의 자연생태와 경관에 미치는 영향과 그 밖에 도조례로 정하는 사항이 포함되어야 한다.

③ 도지사, 개발센터 또는 개발사업을 시행하려는 자는 제1항에 따른 기초조사를 위하여 필요하다고 인정하는 경우에는 타인이 소유하거나 점유하는 토지에 출입하거나 그 토지를 재료적치장·통로 또는 임시도로로 잠시 사용할 수 있다.

④ 제3항에 따른 토지 출입과 토지의 일시 사용에 대한 손실보상에 관하여는 「국토의 계획 및 이용에 관한 법률」 제130조 및 제131조를 준용한다.

제146조(사업시행예정자 지정) ① 도지사는 개발사업 중 제364조에 따른 환경영향평가 대상인 사업과 「국토의 계획 및 이용에 관한 법률」 제30조에 따른 도시·군관리계획의 변경(같은 법 제6조제1호에 따른 도시지역 외의 지역에서 이루어지는 도시·군관리계획의 변경으로 한정한다)이 선행되어야 하는 사업을 시행하려는 자(국가 또는 개발센터를 포함한다. 이하 같다)를 도조례로 정하는 바에 따라 개발사업의 시행예정자로 지정할 수 있다.

② 제1항에 따라 개발사업의 시행예정자(이하 "사업시행예정자"라 한다)로 지정된 자는 지정받은 날부터 2년 이내에 제147조에 따른 개발사업 시행승인을 받아야 하며, 그 시행승인을 받지 못한 경우에는 사업시행예정자로 지정받은 날부터 2년이 되는 날의 다음날부터 사업시행예정자 지정의 효력을 잃는다. 다만, 환경영향평가의 절차이행 등 부득이한 사유로 개발사업의 시행승인기한 연기가 불가피한 경우에는 1년의 범위에서 한 차례만 연기할 수 있다.

제147조(개발사업의 시행승인 등) ① 개발사업을 시행하려는 자는 도지사의 시행승인을 받아야 한다. 다만, 개발사업을 시행하려는 자가 국가 또는 개발센터인 경우에는 도지사의 의견을 들어야 한다.

② 제1항에 따라 도지사의 시행승인을 받거나 의견을 들어야 하는 개발사업의 범위는 도조례로 정한다.

③ 제1항에 따라 개발사업의 시행승인을 받으려는 자 또는 의견을 들으려는 자는 도조례로 정하는 바에 따라 사업계획과 첨부서류 등을 작성하여 도지사에게 제출하여야 한다. 이 경우 도지사에게 제출하는 사업계획과 첨부서류에는 제주자치도의 주민을 우선적으로 고용하는 내용이 포함되어야 한다.

④ 도지사는 제3항에 따라 개발사업의 시행승인을 받으려는 자의 사업계획과 첨부서류 등을 제출받은 경우에는 도조례로 정하는 바에 따라 주민 및 관계 전문가 등의 의견을 들어야 하고, 그 의견이 타당하다고 인정되는 경우에는 이를 사업계획에 반영하는 것을 조건으로 그 개발사업의 시행승인을 할 수 있다. 〈신설 2017. 10. 24.〉

⑤ 도지사는 도조례로 정하는 바에 따라 첨부서류 등의 일부 요건이 미비된 경우 이를 보완하는 것을 조건으로 하여 제1항에 따른 개발사업의 시행승인을 할 수 있다. 〈개정 2017. 10. 24.〉

⑥ 도지사는 개발사업을 시행하려는 자가 농어업인단체인 경우에는 도조례로 정하는 바에 따라 우선적으로 그 개발사업의 시행승인을 할 수 있다. 〈개정 2017. 10. 24.〉

⑦ 개발사업의 착수기한은 제1항에 따라 개발사업의 시행승인을 받은 날부터 1년 이내로 한다. 다만, 도지사는 사업착수기한의 연기가 불가피하다고 인정되는 경우에는 1년의 범위에서 한 차례만 사업착수기한을 연기할 수 있다. 〈개정 2017. 10. 24.〉

⑧ 제1항에 따라 개발사업의 시행승인을 받은 날부터 제7항에 따른 사업착수기한까지 그 사업에 착수하지 아니하면 사업착수기한이 끝나는 날의 다음날에 그 개발사업의 시행승인은 효력을 잃는다. 이 경우 도지사는 그 사실을 도조례로 정하는 바에 따라 공고하여야 한다. 〈개정 2017. 10. 24.〉

⑨ 도지사는 제1항에 따른 시행승인을 받으려는 자의 신청이 있는 경우 특별한 사유가 없으면 담당공무원을 지명하여 사업시행승인에 관한 업무를 처리하도록 하여야 한다. 〈개정 2017. 10. 24.〉

⑩ 기존의 개발사업의 내용을 변경할 경우에는 제1항부터 제6항까지 및 제9항을 준용한다. 다만, 도조례로 정하는 경미한 사항을 변경할 경우에는 그러하지 아니하다. 〈개정 2017. 10. 24.〉

⑪ 외국인투자에 의한 개발사업은 제1항부터 제10항까지의 규정에도 불구하고 「외국인투자 촉진법」에 따른다. 〈개정 2017. 10. 24.〉

⑫ 산업단지개발사업은 제1항부터 제10항까지의 규정에도 불구하고 「산업입지 및 개발에 관한 법률」에 따른다. 〈개정 2017. 10. 24.〉

⑬ 도지사가 개발사업의 시행승인을 하는 경우에는 도조례로 정하는 바에 따라 고시하여야 한다. 시행승인을 받은 개발사업의 내용을 변경하는 경우에도 또한 같다. 〈개정 2017. 10. 24.〉

제148조(인·허가 등의 의제) ① 개발사업을 시행하려는 자가 제147조에 따른 개발

사업의 시행승인을 받거나 의견을 들은 경우에는 다음 각 호의 허가·인가·지정·승인·협의·신고 등(이하 "허가등"이라 한다)을 받은 것으로 보며, 제147조제13항에 따른 개발사업의 시행승인 고시가 있으면 관계 법률에 따른 허가등의 고시·공고 등이 있는 것으로 본다. 〈개정 2016. 5. 29., 2016. 12. 27., 2017. 2. 8., 2017. 10. 24., 2019. 12. 10., 2020. 1. 29., 2020. 3. 31.〉

1. 「건축법」 제11조 및 제14조에 따른 건축허가·건축신고, 같은 법 제20조에 따른 가설건축물 허가·신고
2. 「골재채취법」 제22조에 따른 골재채취의 허가
3. 「공유수면 관리 및 매립에 관한 법률」 제8조에 따른 공유수면의 점용·사용허가, 같은 법 제17조에 따른 점용·사용 실시계획의 승인(매립면허를 받은 매립예정지는 제외한다), 같은 법 제28조에 따른 공유수면의 매립면허, 같은 법 제33조에 따른 매립면허의 고시, 같은 법 제35조에 따른 국가 등이 시행하는 매립의 협의 또는 승인 및 같은 법 제38조에 따른 공유수면매립실시계획의 승인·고시
4. 「공유재산 및 물품 관리법」 제19조제1항 단서에 따른 양여 등의 허용
5. 「공익사업을 위한 토지 등의 취득 및 보상에 관한 법률」 제20조제1항에 따른 사업인정
6. 「관광진흥법」 제15조에 따른 사업계획승인, 같은 법 제52조에 따른 관광지 및 관광단지의 지정 및 같은 법 제54조에 따른 조성계획의 승인
7. 「국유재산법」 제30조에 따른 행정재산의 사용허가
8. 「국토의 계획 및 이용에 관한 법률」 제30조에 따른 도시·군관리계획(대통령령으로 정하는 도시·군계획시설, 같은 법 제51조제3항에 따른 지구단위계획구역 및 지구단위계획에 관한 도시·군관리계획으로 한정한다)의 결정, 같은 법 제56조에 따른 개발행위의 허가, 같은 법 제86조에 따른 도시·군계획시설사업의 시행자의 지정 및 같은 법 제88조에 따른 실시계획의 인가. 이 경우 관광개발사업에 대해서는 「국토의 계획 및 이용에 관한 법률」 제30조에 따른 도시·군관리계획(같은 법 제51조에 따른 지구단위계획구역 및 지구단위계획에 관한 도시·군관리계획에 한정한다)의 결정, 같은 법 제32조제2항에 따른 지형도면의 승인, 같은 법 제36조에 따른 용도지역 중 도시지역이 아닌 지역의 계획관리지역 지정 및 같은 법 제37조에 따른 용도지구 중 개발진흥지구의 지정이 추가적으로 된 것으로 본다.
9. 「농어촌정비법」 제23조에 따른 농업생산기반시설의 사용허가, 같은 법 제82조에 따른 농어촌 관광휴양단지의 개발 사업계획의 승인, 같은 법 제83조에

따른 관광농원의 개발 사업계획의 승인 및 같은 법 제86조에 따른 농어촌민박사업자의 신고

10. 「농지법」 제31조에 따른 농업진흥지역 등의 변경·해제 및 같은 법 제34조에 따른 농지의 전용허가·협의
11. 「도로법」 제36조에 따른 도로공사 시행의 허가, 같은 법 제61조에 따른 도로의 점용 허가 및 같은 법 제107조에 따른 도로관리청과의 협의 또는 승인
12. 「도시개발법」 제11조에 따른 도시개발사업시행자의 지정, 같은 법 제13조에 따른 조합의 설립인가, 같은 법 제17조 및 제18조에 따른 실시계획의 인가·고시 등
13. 「도시 및 주거환경정비법」 제50조 및 「빈집 및 소규모주택 정비에 관한 특례법」 제29조에 따른 사업시행계획인가
14. 「물류시설의 개발 및 운영에 관한 법률」 제28조에 따른 물류단지개발실시계획의 승인
15. 「박물관 및 미술관 진흥법」 제18조에 따른 사립박물관 및 사립미술관의 설립 계획 승인
16. 「사도법」 제4조에 따른 사도 개설허가
17. 「사방사업법」 제14조에 따른 벌채 등의 허가 및 같은 법 제20조에 따른 사방지 지정의 해제
18. 「산업입지 및 개발에 관한 법률」 제8조에 따른 농공단지의 지정, 같은 법 제16조에 따른 산업단지개발사업 시행자의 지정 및 같은 법 제19조에 따른 농공단지개발실시계획의 승인
19. 「산업집적활성화 및 공장설립에 관한 법률」 제13조제1항에 따른 공장설립 등의 승인
20. 「산지관리법」 제14조 및 제15조에 따른 산지전용허가 및 신고, 같은 법 제15조의2에 따른 산지일시사용허가·신고, 「산림자원의 조성 및 관리에 관한 법률」 제36조제1항·제4항에 따른 입목벌채등의 허가 및 신고, 「산림보호법」 제9조제1항 및 같은 조 제2항제1호·제2호에 따른 산림보호구역(산림유전자원보호구역은 제외한다)에서의 행위의 허가·신고 및 같은 법 제11조제1항제1호에 따른 산림보호구역의 지정해제
21. 「소하천정비법」 제6조에 따른 소하천정비종합계획의 승인, 같은 법 제10조에 따른 소하천공사의 시행허가 및 같은 법 제14조에 따른 소하천 점용허가
22. 「수도법」 제17조 및 제49조에 따른 일반수도사업 및 공업용수도사업의 인

가와 같은 법 제52조 및 제54조에 따른 전용상수도 및 전용공업용수도 설치의 인가
23. 「에너지이용 합리화법」 제10조에 따른 에너지사용계획의 협의
24. 「온천법」 제10조에 따른 온천개발계획의 승인
25. 「장사 등에 관한 법률」 제27조에 따른 타인의 토지 등에 설치된 분묘의 개장허가
26. 「전기사업법」 제7조에 따른 발전사업(이 법 제303조제1항에 따른 발전사업은 제외한다)·송전사업·배전사업 또는 전기판매사업의 허가, 같은 법 제61조의 전기사업용전기설비 공사계획의 인가 또는 신고 및 「전기안전관리법」 제8조에 따른 자가용전기설비 공사계획의 인가 또는 신고
27. 「집단에너지사업법」 제4조에 따른 집단에너지의 공급타당성에 관한 협의
28. 「체육시설의 설치·이용에 관한 법률」 제12조에 따른 사업계획의 승인
29. 「초지법」 제21조의2제1항에 따른 토지의 형질변경 등의 허가 및 같은 법 제23조에 따른 초지전용 허가
30. 「택지개발촉진법」 제9조에 따른 택지개발사업 실시계획의 승인
31. 「폐기물관리법」 제29조제2항제2호에 따른 폐기물처리시설 신고(도지사가 설치하는 경우는 제외한다)
32. 「폐기물처리시설 설치촉진 및 주변지역지원 등에 관한 법률」 제9조에 따른 폐기물처리시설의 입지 선정 및 같은 법 제11조의3에 따른 폐기물처리시설 설치계획의 승인
33. 「하수도법」 제11조에 따른 공공하수도(분뇨처리시설에 한정한다)의 설치인가, 같은 법 제16조에 따른 공공하수도공사의 시행허가 및 같은 법 제24조에 따른 공공하수도의 점용허가
34. 「하천법」 제6조에 따른 하천관리청과의 협의 또는 승인, 같은 법 제30조에 따른 하천공사 시행의 허가, 같은 법 제33조에 따른 하천의 점용허가 및 같은 법 제50조에 따른 하천수의 사용허가
35. 「항만법」 제9조제2항에 따른 항만개발사업 시행의 허가 및 같은 법 제10조제2항에 따른 항만개발사업실시계획의 승인
36. 제162조에 따른 투자진흥지구의 지정

② 도지사가 제147조에 따라 개발사업의 시행승인을 하거나 의견을 제시하려는 경우 그 사업계획에 제1항 각 호의 어느 하나에 해당하는 사항이 포함되어 있으면 관계 행정기관의 장과 미리 협의하여야 한다.

③ 제2항에 따라 도지사로부터 협의를 요청받은 관계 행정기관의 장은 협의요청

을 받은 날부터 30일 이내에 구체적인 사유가 명시된 의견을 제출하여야 하며, 그 기간 내에 의견 제출이 없으면 협의한 것으로 본다.

④ 관계 행정기관의 장은 제2항에 따른 협의내용에 각종 위원회의 심의를 필요로 하는 사항이 포함된 경우에는 해당 위원회의 심의를 거친 후 그 결과에 따라 협의를 하여야 한다.

⑤ 제1항에 따른 허가등의 의제를 받으려는 자는 개발사업의 시행승인 신청을 할 때에 해당 법률에서 정하는 관련 서류를 함께 제출하여야 한다.

제149조(개발사업 시행승인의 처리기간과 만료 시 조치) ① 도지사는 제147조에 따른 개발사업의 시행승인을 도조례로 정하는 처리기간 내에 처리하여야 하며, 그 처리기간 내에 승인의 거부에 관한 통지를 하지 아니하면 처리기간이 끝나는 날의 다음날에 그 승인을 한 것으로 본다. 이 경우 처리기간 내에 승인의 거부에 관하여 통지를 할 때에는 도조례로 정하는 바에 따라 서면으로 개발사업을 시행하려는 자에게 그 사유를 통보하여야 한다.

② 제1항에 따라 승인을 한 것으로 보는 경우 도지사는 개발사업을 시행하려는 자의 신청에 따라 지체 없이 그 승인을 하였음을 증명하는 서류를 교부하여야 한다.

③ 도지사는 제1항에 따라 거부통지를 받은 개발사업을 시행하려는 자가 그 거부사유를 해소하여 관계 법령에 따른 승인의 요건을 충족하였음을 증명하는 서류를 제출하면 도조례로 정하는 기간에 처음의 승인을 하여야 한다.

④ 제148조제2항에 따른 협의에 관하여는 제1항을 준용한다. 다만, 제1항에 따라 개발사업의 시행승인과 관련하여 협의기간과 구비서류 등을 정할 경우에는 미리 관계 행정기관의 장과 협의하여야 한다.

제150조(개발사업에 관한 일괄처리기구) ① 제147조에 따른 개발사업의 시행승인에 관한 사무와 「외국인투자 촉진법」 제17조제2항에 따른 직접처리민원사무를 신속하고 한꺼번에 처리하기 위하여 도지사 소속으로 일괄처리기구를 둘 수 있다.

② 도지사는 제1항에 따른 일괄처리기구의 구성을 위하여 필요한 경우에는 관계 행정기관과 관계 기관·단체에 공무원 또는 임직원의 파견을 요청할 수 있다.

③ 제2항에 따른 요청에 따라 공무원 또는 임직원을 파견한 관계 행정기관 또는 관계 기관·단체의 장은 파견자에게 승진·전보·후생복지 등에서 불리한 처우를 해서는 아니 된다.

④ 도지사는 제1항에 따른 사무를 수행할 때 필요하면 관계 행정기관 또는 관계 기관·단체에 자료 제출 등의 협조를 요청할 수 있다.

⑤ 제1항부터 제4항까지에서 규정한 사항 외에 제1항에 따른 일괄처리기구의 구성·운영에 필요한 사항은 도조례로 정한다.

제151조(제한적 토지수용) ① 다음 각 호의 어느 하나에 해당하는 사업시행자(제147조제1항에 따라 개발사업의 시행승인을 받거나 도지사의 의견을 들은 자를 말한다)는 사업대상 토지면적 중 국유지·공유지를 제외한 토지의 3분의 2 이상을 소유하고 토지소유자 총수의 2분의 1 이상의 동의를 받고, 개발사업에 따른 사업규모가 도조례로 정하는 일정 면적 이상이면 개발사업에 필요한 토지·건물 또는 토지에 정착한 물건과 이에 관한 소유권 외의 권리를 수용 또는 사용할 수 있다.

1. 제171조제1항에 따른 개발센터시행계획에 의한 개발사업을 시행하는 개발센터
2. 「관광진흥법」 제2조제7호에 따른 관광단지의 사업시행자
3. 「국토의 계획 및 이용에 관한 법률」 제2조제6호에 따른 기반시설 중 유원지 시설에 대한 사업시행자

② 제147조제13항에 따른 개발사업의 시행승인 고시가 있는 때에는 「공익사업을 위한 토지 등의 취득 및 보상에 관한 법률」 제20조제1항 및 제22조에 따른 사업인정과 사업인정의 고시가 있는 것으로 본다. 다만, 재결의 신청은 「공익사업을 위한 토지 등의 취득 및 보상에 관한 법률」 제23조제1항 및 제28조제1항에도 불구하고 개발사업의 시행기간 안에 할 수 있다. 〈개정 2017. 10. 24.〉

③ 제1항에 따른 수용 또는 사용에 관하여 이 법에서 규정한 사항을 제외하고는 「공익사업을 위한 토지 등의 취득 및 보상에 관한 법률」을 준용한다.

제152조(토지특별회계의 설치·운영) ① 도지사는 토지가격의 안정과 개발용 토지의 효율적인 개발·공급 및 바람직한 개발을 유도하고, 공공용지의 조기 확보로 공공사업의 원활한 추진을 도모하기 위하여 토지특별회계를 설치·운영할 수 있다.

② 토지특별회계의 세입은 다음 각 호와 같다.

1. 국가와 다른 지방자치단체의 출연금
2. 제주자치도의 일반회계와 다른 특별회계로부터의 전입금
3. 「지방세법」 제117조에 따라 물납받은 부동산(토지특별회계 자금으로 취득한 부동산을 포함한다) 수익
4. 공유재산의 처분 또는 임대 수입
5. 토지채권의 발행금

③ 토지특별회계의 세출은 다음 각 호와 같다.

1. 토지취득을 위한 자금
2. 토지특별회계의 관리·운영에 필요한 모든 경비
3. 토지채권 발행금의 상환
4. 그 밖에 토지특별회계를 설치한 목적을 달성하기 위하여 도조례로 정하는 사업에 필요한 자금

④ 제2항제3호에 따라 물납받은 토지와 제3항제1호에 따라 취득한 토지는 「공유재산 및 물품 관리법」 제19조부터 제21조까지, 제28조, 제29조, 제36조, 제39조 및 제40조에도 불구하고 도조례로 정하는 바에 따라 임대하거나 교환·양여·매각 등의 처분을 할 수 있다.

⑤ 도지사는 개발용 토지를 안정적으로 취득·처분하기 위하여 「지방자치법」 제47조제1항제6호 및 「공유재산 및 물품 관리법」 제10조에도 불구하고 도의회의 의결을 받지 아니하고 취득·처분을 할 수 있다. 이 경우 도지사는 도의회에 개발용 토지의 취득·처분에 대한 결과를 보고하여야 한다. 〈개정 2021. 1. 12.〉

⑥ 제1항부터 제5항까지에서 규정한 사항 외에 토지특별회계의 설치·운영에 필요한 사항은 도조례로 정한다.

제153조(토지등의 취득업무 위탁) ① 사업시행자는 개발사업을 위한 토지등(「공익사업을 위한 토지 등의 취득 및 보상에 관한 법률」 제2조제1호의 토지등을 말한다. 이하 같다)의 취득업무·손실보상업무 및 매매관리업무 등을 도조례로 정하는 바에 따라 도지사, 「공공기관의 운영에 관한 법률」에 따른 공공기관, 「지방공기업법」에 따른 지방공기업이나 그 밖에 도조례로 정하는 자에게 위탁할 수 있다.

② 제1항에 따라 토지등의 취득업무·손실보상업무 및 매매관리업무 등을 위탁하는 경우 그 위탁수수료 등은 도조례로 정한다.

제154조(개발사업지구에서의 공공시설의 귀속과 이주대책) ① 제147조에 따라 개발사업의 시행승인을 받은 개발사업지구에서 공공시설의 귀속에 관하여는 「산업입지 및 개발에 관한 법률」 제26조를 준용한다. 〈개정 2019. 12. 10.〉

② 제1항에 따른 개발사업지구에서 토지·물건 또는 권리를 제공함으로써 생활의 근거를 잃게 되는 자의 이주대책에 관하여는 「공익사업을 위한 토지 등의 취득 및 보상에 관한 법률」 제78조를 준용한다.

[제목개정 2019. 12. 10.]

제155조(조세의 감면) 개발사업의 원활한 추진을 위하여 필요하면 투자진흥지구·과학기술단지·자유무역지역의 투자가 또는 입주기업 등과 개발사업지구에 대한 투자 또는 개발사업지구의 토지등의 양도나 취득에 대하여 「조세특례제한법」, 「관

세법」 및 「지방세특례제한법」에서 정하는 바에 따라 법인세·소득세·관세·취득세·등록면허세·재산세 등의 조세를 감면할 수 있다.

제156조(부담금 등의 감면) 개발사업의 원활한 시행을 위하여 필요하면 「개발이익 환수에 관한 법률」, 「국토의 계획 및 이용에 관한 법률」, 「농지법」, 「초지법」, 「산지관리법」, 「공유수면 관리 및 매립에 관한 법률」 및 「하천법」에서 정하는 바에 따라 개발부담금, 기반시설설치비용, 농지보전부담금, 대체초지조성비, 대체산림자원조성비, 공유수면 점용료·사용료 및 하천 점용료·사용료를 감면할 수 있다

제157조(토지매도인 등에 대한 지원) ① 도지사 또는 개발센터는 사업시행자로 하여금 개발사업에 필요한 토지를 매도한 자에게 다음 각 호의 지원조치를 마련하도록 권장할 수 있다.

1. 개발사업지구의 토지매도인이 해당 개발사업장에서 관광토산품 판매점, 농산물·임산물·축산물·수산물 등의 직판장, 휴게소 등의 경영을 원할 경우 그 운영권의 부여
2. 토지매도인이 토지 또는 현금출자를 원할 경우 그 사업시행자와의 공동개발

② 제1항에 따른 도지사 또는 개발센터의 권장이 있을 경우 사업시행자는 개발사업의 시행에 특별한 지장이 없으면 권장조치에 따라야 한다.

③ 도지사는 해당 개발사업지구의 토지소유자가 「농업·농촌 및 식품산업 기본법」 제3조제2호에 따른 농업인 또는 「수산업·어촌 발전 기본법」 제3조제3호에 따른 어업인인 경우 우선적으로 개발사업에 투자하게 할 수 있고 제160조에 따른 제주특별자치도개발사업특별회계에서 이를 지원할 수 있다. 〈개정 2019. 12. 10.〉

제158조(특별개발우대사업) ① 도지사는 다음 각 호의 어느 하나에 해당하는 사업(이하 "특별개발우대사업"이라 한다)을 도조례로 정하는 바에 따라 육성하여야 한다.

1. 주민이 총 투자자본의 100분의 50 이상을 출자한 사업이거나 전체 고용인의 100분의 80 이상이 주민인 사업
2. 농업·임업·축산업 및 수산업에 대한 경제적 또는 환경적 파급효과가 현저한 사업
3. 향토 문화·예술의 창달과 문화관광의 진흥을 위하여 필요한 사업
4. 관광토산품제조업, 전통민속주의 제조·판매업 등 관광진흥을 위하여 육성이 필요한 사업
5. 그 밖에 주민복지 향상을 위하여 도지사가 필요하다고 인정하는 사업

② 도지사는 특별개발우대사업을 원활히 추진하기 위하여 필요하면 해당 사업을 경영하는 자에게 보조금을 지급하거나 융자할 수 있다.

제159조(개발사업지구 인근지역의 지원) 도지사 또는 개발센터는 제147조에 따라 시행승인을 받거나 의견을 들은 개발사업의 시행으로 인하여 발생하는 주민의 불편을 해소하거나 생활환경을 개선하기 위한 사업을 지원할 수 있으며, 그 지역주민의 소득향상을 위하여 소득사업 등에 융자 또는 보조할 수 있다

제160조(제주특별자치도개발사업특별회계의 설치) ① 개발사업에 필요한 사업비를 확보·지원하기 위하여 제주특별자치도개발사업특별회계(이하 "개발사업특별회계"라 한다)를 설치한다.

② 개발사업특별회계는 도지사가 관리·운영한다.

③ 개발사업특별회계의 세입은 다음 각 호와 같다.

1. 국가와 지방자치단체의 출연금
2. 제주자치도의 일반회계와 다른 특별회계로부터의 전입금
3. 개인, 법인 및 조합과 그 밖의 단체의 출연금
4. 「복권 및 복권기금법」 제23조제1항에 따라 배분된 복권수익금
5. 제461조제1항에 따른 출자로 인한 이익금
6. 제1호부터 제5호까지의 규정에 따른 금액 외의 수입금

④ 개발사업특별회계의 세출은 다음 각 호와 같다. 〈개정 2016. 5. 29.〉

1. 향토문화와 문화재의 보존·관리를 위한 자금
2. 농업·임업·축산업 및 수산업의 진흥을 위한 자금
3. 관광산업의 진흥을 위한 자금
4. 생활환경개선·보건위생 및 사회복지사업을 위한 자금
5. 지역환경의 개선과 그 보전을 위한 자금
6. 교육·문화 및 예술의 진흥을 위한 자금

6의2. 중소기업의 건전한 육성·지원을 위하여 도조례로 설치한 기금으로의 전출

7. 제158조에 따른 특별개발우대사업을 하는 경우 그 사업에 필요한 자금의 융자
8. 개발사업에 투자하려는 농어민 단체에 대한 보조금 또는 융자금
9. 지역주민이 공동으로 추진하는 소득증대사업의 보조금과 융자금
10. 지방자치단체가 사업시행자인 경우 해당 개발사업지구의 토지를 매입하기 위한 자금
11. 개발사업특별회계의 관리·운영에 필요한 자금
12. 지역정보화 사업추진을 위한 자금

13. 그 밖에 개발사업특별회계의 설치 목적을 달성하기 위하여 도조례로 정하는 사업에 필요한 자금

⑤ 개발사업특별회계의 편성·운영에 필요한 사항은 도조례로 정한다.

제161조(제주첨단과학기술단지의 조성 및 관리) ① 국토교통부장관은 제주자치도에 생물산업·정보통신산업 등 첨단지식산업의 육성과 관련 기술의 연구촉진 및 전문인력 양성 등을 위하여 「산업입지 및 개발에 관한 법률」 제6조에 따른 국가산업단지인 제주첨단과학기술단지(이하 "과학기술단지"라 한다)를 조성할 수 있다.

② 과학기술단지의 조성은 「산업입지 및 개발에 관한 법률」에 따른 국가산업단지의 지정과 개발에 관한 절차에 따른다. 다만, 개발센터는 같은 법 제11조제1항에도 불구하고 국토교통부장관에게 과학기술단지의 지정을 요청할 수 있으며, 국토교통부장관은 같은 법 제16조제1항에도 불구하고 개발센터를 사업시행자로 지정할 수 있다.

③ 국토교통부장관이 과학기술단지를 지정할 때에는 지원위원회의 심의를 마쳐야 한다. 이 경우 지원위원회의 심의는 「산업입지 및 개발에 관한 법률」 제3조에 따른 산업입지정책심의회의 심의로 본다.

④ 과학기술단지의 관리는 「산업집적활성화 및 공장설립에 관한 법률」에 따른 산업단지의 관리절차에 따른다. 다만, 산업통상자원부장관은 같은 법 제30조제2항에도 불구하고 개발센터에 과학기술단지 관리업무의 전부 또는 일부를 위탁할 수 있다.

제162조(제주투자진흥지구의 지정) ① 도지사는 제주자치도에 대통령령으로 정하는 기준에 해당하는 투자를 유치하기 위하여 필요하면 다음 각 호의 어느 하나에 해당하는 지역을 종합계획심의회의 심의를 마친 후 제주투자진흥지구(이하 "투자진흥지구"라 한다)로 지정할 수 있다.

1. 투자자가 희망하는 지역
2. 투자유치를 촉진하는 데 유리한 지역으로서 대통령령으로 정하는 조건을 갖춘 지역

② 도지사는 제1항에 따라 투자진흥지구를 지정할 때에는 다음 각 호의 사항을 고시하여야 한다. 〈개정 2019. 12. 10.〉

1. 투자진흥지구의 명칭·위치 및 면적
2. 투자진흥지구의 개발 또는 관리 방법
3. 투자진흥지구의 투자금액, 투자이행기간, 고용계획 등 주요 사업내용
4. 그 밖에 도조례로 정하는 사항

③ 투자진흥지구는 도지사가 관리한다.

④ 도지사는 제2항에 따른 고시 내용에 따라 투자가 실행되는지 여부를 조사하기 위하여 필요하면 투자자에게 관련 자료를 제출하도록 요구할 수 있다. 〈신설 2019. 12. 10.〉

⑤ 도지사는 관계 중앙행정기관, 정부출연기관 또는 정부출자기관의 장에게 투자진흥지구의 효율적 관리 및 지역경제에 미치는 영향 등을 분석하기 위하여 필요한 자료·통계 등의 제공을 요청할 수 있다. 〈신설 2019. 12. 10.〉

⑥ 투자진흥지구의 지정 절차·방법 및 관리에 필요한 사항은 도조례로 정한다. 〈개정 2019. 12. 10.〉

제163조(투자진흥지구의 지정 해제) ① 도지사는 제162조에 따른 투자가 대통령령으로 정하는 기준에 적합하지 아니하게 된 경우에는 종합계획심의회의 심의를 마친 후 투자진흥지구의 지정을 해제하여야 한다.

② 제1항에 따른 투자진흥지구의 지정 해제에 관한 절차 등에 관하여 필요한 사항은 도조례로 정한다.

제164조(자금지원 등) ① 국가 또는 제주자치도는 개발센터가 과학기술단지의 조성, 투자진흥지구의 입주기업에 임대할 용지매입비의 융자, 토지 등의 임대료 감면과 그 밖의 개발사업에 드는 자금의 지원을 요청하면 최대한 지원하여야 한다.

② 제1항에 따라 국가가 개발센터에 지원하는 자금지원의 기준·절차는 대통령령으로 정하는 바에 따라 지원위원회가 정한다.

③ 국가 또는 제주자치도는 제주자치도의 연륙(連陸) 교통시설(공항과 항만을 말한다) 확충을 위한 사업에 행정적·재정적 지원을 할 수 있다.

④ 도지사는 제주자치도에 대한 투자를 촉진하기 위하여 필요하면 도조례로 정하는 바에 따라 제주자치도에 투자하는 기업에 고용보조금, 교육훈련보조금 등을 지급할 수 있다.

제165조(국유재산·공유재산의 임대 및 매각의 특례) ① 기획재정부장관, 국유재산의 관리청 또는 도지사는 「국유재산법」과 「공유재산 및 물품 관리법」에도 불구하고 과학기술단지 또는 투자진흥지구에 입주하는 기업·국제기구(이하 이 조에서 "입주기업"이라 한다)에 국가 또는 제주자치도가 소유하는 토지·공장과 그 밖의 국유재산·공유재산(이하 이 조에서 "재산등"이라 한다)을 수의(隨意)의 방법으로 사용·수익 또는 대부(이하 "임대"라 한다)하거나 매각할 수 있다. 〈개정 2019. 12. 10.〉

② 제1항에 따라 국가 또는 제주자치도가 소유하는 재산등을 임대하는 경우의 임대기간은 「국유재산법」 제35조제1항 및 제46조제1항과 「공유재산 및 물품 관

리법」 제21조제1항 및 제31조제1항에도 불구하고 50년 이내로 할 수 있다. 이 경우 임대기간은 갱신할 수 있으며 갱신기간은 갱신할 때마다 50년을 초과할 수 없다.

③ 제1항에 따라 국가 또는 제주자치도가 소유하는 재산등을 임대하는 경우에는 「국유재산법」 제18조 및 「공유재산 및 물품 관리법」 제13조에도 불구하고 그 토지 위에 공장이나 그 밖의 영구시설물을 축조하게 할 수 있다. 이 경우 해당 시설물의 종류 등을 고려하여 임대기간이 끝날 때에 이를 국가 또는 제주자치도에 기부하거나 원상으로 회복하여 반환하는 조건으로 토지를 임대할 수 있다.

④ 제1항에 따라 임대하는 재산등의 임대료는 「국유재산법」 제32조제1항·제33조(같은 법 제47조에 따라 준용되는 경우를 포함한다)와 「공유재산 및 물품 관리법」 제22조제1항, 제23조, 제32조 및 제33조에도 불구하고 국유재산은 대통령령으로, 공유재산은 도조례로 정하는 바에 따르되, 필요하면 외화(外貨)로 표시할 수 있다.

⑤ 제1항에 따른 재산등을 입주기업에 매각할 경우 매입하는 자가 매입대금을 일시불로 납부하기 곤란하다고 인정되면 「국유재산법」 제50조제1항·제2항 및 「공유재산 및 물품 관리법」 제37조제1항에도 불구하고 국유재산은 대통령령으로, 공유재산은 도조례로 정하는 바에 따라 납부기일을 연기하거나 분할 납부하게 할 수 있다.

⑥ 제1항에 따라 입주기업에 임대하는 재산등은 다음 각 호의 법률의 규정에도 불구하고 국유재산은 대통령령으로, 공유재산은 도조례로 정하는 바에 따라 재산등의 임대료를 감면할 수 있다.

1. 과학기술단지에서 재산등을 임대하는 경우 「산업집적활성화 및 공장설립에 관한 법률」 제34조와 「산업입지 및 개발에 관한 법률」 제38조
2. 「국유재산법」 제34조(같은 법 제47조에 따라 준용되는 경우를 포함한다)
3. 「공유재산 및 물품 관리법」 제24조 및 제34조

⑦ 제1항에 따라 과학기술단지 또는 투자진흥지구에 입주하는 기업에 대하여 공유재산을 매각하려는 경우 해당 기업은 도조례로 정하는 요건을 갖추어야 한다. 〈신설 2019. 12. 10.〉

⑧ 제147조에 따라 개발사업의 시행승인을 받은 개발사업지구에서 국유지·공유지 매각처분의 제한에 관하여는 「산업입지 및 개발에 관한 법률」 제27조를 준용한다. 〈신설 2019. 12. 10.〉

⑨ 제147조에 따라 개발사업의 시행승인을 받은 자에게 공유지를 매각하려는 경우 해당 사업자는 도조례로 정하는 요건을 갖추어야 한다. 〈신설 2019. 12. 10.〉

⑩ 도지사는 「공유재산 및 물품 관리법」에도 불구하고 제147조에 따라 개발사업의 시행승인을 받은 자에게 공유재산을 수의의 방법으로 임대할 수 있으며, 이 경우의 임대에 대해서는 제2항부터 제4항까지 및 제6항에 따른다. 〈신설 2019. 12. 10.〉

제3절 제주국제자유도시 개발센터

제166조(설립) 국제자유도시 개발사업의 효율적 추진을 위하여 제주국제자유도시 개발센터를 설립한다.

제167조(법인격 및 사무소) ① 개발센터는 법인으로 한다.

② 개발센터의 주된 사무소의 소재지는 정관으로 정한다.

③ 개발센터는 정관으로 정하는 바에 따라 지사 또는 분사무소를 둘 수 있다.

제168조(등기) ① 개발센터는 그 주된 사무소의 소재지에서 설립등기를 함으로써 성립한다.

② 개발센터의 설립등기와 그 밖의 등기에 필요한 사항은 대통령령으로 정한다.

③ 개발센터는 등기가 필요한 사항에 관하여 등기를 한 후가 아니면 제3자에게 대항하지 못한다.

제169조(정관) ① 개발센터의 정관에는 다음 각 호의 사항이 포함되어야 한다.

1. 목적
2. 명칭
3. 주된 사무소의 소재지
4. 업무와 그 집행에 관한 사항
5. 재산과 회계에 관한 사항
6. 임원과 직원에 관한 사항
7. 이사회에 관한 사항
8. 정관의 변경에 관한 사항
9. 공고에 관한 사항
10. 사채의 발행
11. 그 밖에 「공공기관의 운영에 관한 법률」 제16조제1항제14호에 따른 사항

② 개발센터가 정관을 변경할 때에는 국토교통부장관의 인가를 받아야 한다.

제170조(사업) ① 개발센터는 다음 각 호의 업무를 수행한다. 〈개정 2019. 12. 10.〉

1. 제171조제1항에 따른 개발센터시행계획의 수립·집행
2. 국제자유도시 개발을 위한 다음 각 목의 사업

가. 토지의 취득·개발·비축·관리·공급 및 임대
나. 개발센터에서 개발·관리하는 관광단지·산업단지·영어교육도시의 의료산업·건강산업 육성·지원 및 주택사업
다. 투자진흥지구의 조성 및 관광단지·산업단지·영어교육도시의 조성·관리
라. 외국교육기관·국제학교, 그 밖에 교육관련 기관의 유치·설립·운영 및 지원
마. 외국의료기관의 유치와 설립·운영 지원
바. 국가 또는 제주자치도로부터 위탁받은 가목부터 마목까지의 업무
사. 그 밖에 도민소득 향상과 국제화를 위한 지원사업 등
아. 가목부터 사목까지의 사업에 딸린 사업
자. 다른 법률에 따라 개발센터가 시행할 수 있는 사업

3. 국제자유도시와 관련된 다음 각 목의 투자유치업무
가. 국내외 투자유치와 이를 위한 마케팅 및 홍보
나. 국내외 투자자에 대한 상담·안내·홍보·조사와 민원사무의 처리대행 등의 종합적 지원업무
다. 그 밖에 내·외국인 투자지원을 위하여 필요한 사항

4. 국제자유도시 개발에 필요한 자금조성을 위한 다음 각 목의 수익사업
가. 대통령령으로 정하는 면세품판매장(이하 "지정면세점"이라 한다) 운영
나. 옥외광고사업
다. 그 밖에 국토교통부장관이 승인한 사업

② 개발센터는 제1항에 따른 사업을 효율적으로 시행하기 위하여 이사회의 의결을 받아 자회사를 설립하고 그 자본금의 전부 또는 일부를 출자할 수 있다.

제171조(개발센터시행계획) ① 개발센터는 종합계획에 따라 개발센터가 추진할 개발센터시행계획을 수립하여 국토교통부장관의 승인을 받아야 한다. 계획을 변경할 때에도 또한 같다.
② 국토교통부장관이 제1항에 따른 개발센터시행계획(이하 "개발센터시행계획"이라 한다)을 승인할 때에는 도지사의 의견을 듣고 관계 중앙행정기관의 장과 협의를 하여야 한다. 다만, 대통령령으로 정하는 경미한 사항의 변경은 그러하지 아니하다.
③ 개발센터시행계획의 내용, 수립절차 및 방법에 관하여 필요한 사항은 대통령령으로 정한다.
④ 개발센터는 제1항에 따라 승인받은 개발센터시행계획에 따라 「국토의 계획 및 이용에 관한 법률」에 따른 도시·군계획시설사업의 시행자가 된다.
⑤ 국가는 예산의 범위에서 개발센터시행계획에서 정하는 개발사업의 기반시설

(도로, 상·하수도, 통신, 에너지공급시설 등을 말한다)의 조성에 필요한 자금의 전부 또는 일부를 제주자치도에 지원할 수 있다.

제172조(임원) ① 개발센터에는 이사장을 포함한 11명 이내의 이사(이사장을 포함한 상임이사의 수는 이사 수의 2분의 1 미만으로 한다)와 감사 1명을 둔다.

② 임원의 임기 등 임면에 관한 사항은 「공공기관의 운영에 관한 법률」 제25조와 제28조에 따른다.

제173조(임원의 직무) ① 이사장은 개발센터를 대표하고 개발센터의 업무를 총괄하며, 경영성과에 대하여 책임을 진다.

② 이사장이 부득이한 사유로 직무를 수행할 수 없을 때에는 정관으로 정하는 바에 따라 이사 중 1명이 그 직무를 대행한다.

③ 이사는 이사회에 부쳐진 안건을 심의하고 의결에 참여한다.

④ 감사는 개발센터의 업무와 회계를 감사한다.

제174조(대리인의 선임) 이사장은 정관으로 정하는 바에 따라 직원 중에서 개발센터의 업무에 관한 재판상 또는 재판 외의 모든 행위를 할 수 있는 권한을 가진 대리인을 선임할 수 있다.

제175조(대표권의 제한) 개발센터의 이익과 이사장의 이익이 어긋나는 사항에 관하여는 이사장이 개발센터를 대표하지 못하며, 감사가 개발센터를 대표한다.

제176조(임원의 결격사유) 다음 각 호의 어느 하나에 해당하는 사람은 개발센터의 임원이 될 수 없다.

1. 미성년자·피성년후견인 또는 피한정후견인
2. 파산선고를 받고 복권되지 아니한 사람
3. 금고 이상의 실형을 선고받고 그 집행이 종료(집행이 종료된 것으로 보는 경우를 포함한다)되거나 집행이 면제된 날부터 2년이 지나지 아니한 사람
4. 금고 이상의 형의 집행유예를 선고받고 그 유예기간 중에 있는 사람
5. 법률 또는 법원의 판결에 따라 자격이 정지되거나 상실된 사람

제177조(이사회) 개발센터 이사회의 구성 및 운영에 관하여는 이 법에서 정한 경우를 제외하고 「공공기관의 운영에 관한 법률」 제17조부터 제19조까지의 규정을 따른다.

제178조(직원의 임면) 개발센터의 직원은 정관으로 정하는 바에 따라 이사장이 임면한다.

제179조(비밀누설 등의 금지) 개발센터의 임원 또는 직원이나 그 직에 있었던 사람

은 직무상 알게 된 비밀을 누설하거나 도용해서는 아니 된다.

제180조(유사명칭의 사용금지) 이 법에 따른 개발센터가 아닌 자는 제주국제자유도시 개발센터 또는 이와 유사한 명칭을 사용하지 못한다.

제181조(공무원의 파견요청 등) 개발센터는 그 업무수행을 위하여 필요하면 대통령령으로 정하는 바에 따라 관계 행정기관·법인 또는 단체에 「국가공무원법」 제2조와 「지방공무원법」 제2조에서 정한 공무원, 법인 또는 단체의 임직원의 파견을 요청할 수 있다.

제182조(자금의 조달) 개발센터는 제170조에 따른 업무를 수행하기 위하여 필요한 자금을 다음 각 호의 재원으로 조달한다.

1. 국가와 국가 외의 자의 출연금 또는 보조금
2. 채권발행으로 조성한 자금
3. 차입금(외국으로부터 차입한 자금과 도입한 물자를 포함한다. 이하 같다)
4. 수익사업의 수익금
5. 그 밖의 수입금

제183조(국유 또는 공유재산의 대부 등) ① 국가 또는 지방자치단체는 제170조에 따른 개발센터의 사업을 효율적으로 수행하기 위하여 필요하면 개발센터에 국유재산 또는 공유재산을 무상으로 대부하거나 사용·수익하게 할 수 있다.

② 개발센터는 제1항에 따라 대부받거나 사용·수익의 허가를 받은 국유재산 또는 공유재산에 건물이나 그 밖의 영구시설물을 축조할 수 있다.

③ 제1항에 따른 무상 대부·사용·수익의 내용·조건 및 절차 등은 해당 재산 또는 물품의 관리청과 개발센터의 계약으로 정한다.

제184조(옥외광고물 등) 개발센터는 제주국제자유도시개발에 필요한 자금을 조달하기 위하여 제451조와 「옥외광고물 등의 관리와 옥외광고산업 진흥에 관한 법률」에 따라 제주자치도에서 옥외광고를 통한 수익사업을 할 수 있다. 〈개정 2016. 1. 6.〉

제185조(자료제공 요청) ① 개발센터는 사업을 시행할 때 필요하면 행정기관, 단체 등에 자료의 제공을 요청할 수 있다.

② 제1항에 따라 요청을 받은 행정기관 또는 단체의 장은 특별한 사유가 없으면 요청에 따라야 한다.

제186조(예산서 등의 승인) ① 개발센터의 이사장은 다음 회계연도가 시작되기 1개월 전까지 다음 해의 사업계획서와 예산서를 작성하여 국토교통부장관의 승인을

받아야 한다. 이 경우 대통령령으로 정하는 사항에 관하여는 미리 도지사와 협의하여야 한다.

② 사업계획서와 예산서를 변경하는 경우에는 제1항을 준용한다.

제187조(결산보고) 개발센터는 매 사업연도의 세입세출결산보고서에 해당 연도의 사업실적을 첨부하여 매 회계연도 종료 후 2개월 이내에 국토교통부장관과 기획재정부장관에게 제출하고, 기획재정부장관으로부터 결산에 관한 승인을 받아야 한다.

제188조(사업연도) 개발센터의 사업연도는 정부의 회계연도에 따른다.

제189조(회계규정 등) 개발센터는 조직·예산 등에 관한 사항을 정하여 국토교통부장관의 승인을 받아야 한다. 이를 변경할 때에도 또한 같다.

제190조(자금의 차입 등) ① 개발센터는 제182조제3호에 따른 차입금을 재원으로 조달하려면 국토교통부장관의 승인을 받아 관계 법률에서 정하는 바에 따라 자금을 차입할 수 있다.

② 국토교통부장관은 제1항에 따른 자금의 차입을 승인하려는 경우에는 미리 관계 중앙행정기관의 장과 협의하여야 한다.

제191조(다른 사업에 대한 출자 등) ① 개발센터는 제170조에 따른 사업을 효율적으로 수행하기 위하여 제170조에 따른 사업과 관련된 사업 또는 제250조제1항에 따른 지방공사에 출자(出資)하거나 출연(出捐)할 수 있다. 〈개정 2019. 12. 10.〉

② 개발센터는 제1항에 따라 출자할 경우 개발센터시행계획에 반영된 개발사업을 시행할 목적으로 취득한 토지를 현물로 출자할 수 있다. 〈개정 2019. 12. 10.〉

③ 제1항 및 제2항에 따른 출자 또는 출연에 필요한 사항은 대통령령으로 정한다. 〈신설 2019. 12. 10.〉

제192조(개발사업의 지원 등) ① 개발센터는 개발센터시행계획에 포함된 개발사업에 대한 투자를 촉진하기 위하여 필요하면 투자자에 대한 재정적 지원 등을 할 수 있다.

② 개발센터는 제1항에 따른 지원규모·지원방법 등을 정할 때에는 국민경제와 지역경제에 대한 기여도 등을 고려하여야 한다.

제193조(채권의 발행 등) ① 개발센터는 제170조에 따른 사업의 수행에 필요한 자금을 조달하기 위하여 채권을 발행할 수 있다.

② 개발센터는 제1항에 따른 채권을 발행하려는 경우에는 국토교통부장관의 승인을 받아야 한다. 이 경우 국토교통부장관은 미리 관계 중앙행정기관의 장과

협의하여야 한다.

③ 정부는 개발센터가 발행하는 채권의 원리금 상환을 보증할 수 있다.

④ 정부는 개발센터가 발행하는 채권의 이자지급에 필요한 비용의 일부를 보조할 수 있다.

⑤ 채권의 소멸시효는 상환일부터 기산하여 원금은 5년, 이자는 2년으로 완성된다.

⑥ 그 밖에 채권의 발행 등에 필요한 사항은 대통령령으로 정한다.

제194조(지도·감독) ① 국토교통부장관은 개발센터의 업무 중 다음 각 호의 사항에 대하여 지도·감독한다.

1. 경영목표와 예산 및 운영계획에 관한 사항
2. 경영실적과 결산에 관한 사항
3. 제170조에 따른 업무의 적정한 수행에 관한 사항
4. 그 밖에 관계 법령과 정관으로 정하는 사항

② 국토교통부장관은 필요하면 제1항 각 호의 사항을 보고하게 하거나, 소속 공무원에게 장부·서류·시설이나 그 밖의 물건을 검사하게 할 수 있다.

③ 제2항에 따른 검사를 하는 공무원은 그 권한을 표시하는 증표를 지니고 관계인에게 보여 주어야 한다.

제195조(남은 재산의 귀속) 개발센터가 해산하는 경우에 남은 재산의 처리에 관하여는 「공익법인의 설립·운영에 관한 법률」의 규정을 준용한다.

제196조(다른 법률과의 관계) 개발센터의 조직과 운영 등에 관하여 이 법에서 규정한 사항을 제외하고는 「공공기관의 운영에 관한 법률」에 따른다.

제2장 외국인의 자유왕래 및 정주환경 조성

제197조(외국인의 입국·체류에 관한 특례) ① 「출입국관리법」 제10조에 따른 체류자격 중 관광·통과 등의 목적으로 제주자치도에 체류하기 위하여 제주자치도의 공항 또는 항만으로 입국하는 외국인은 법무부장관이 정하여 고시하는 국가의 국민을 제외하고는 같은 법 제7조제1항에도 불구하고 사증 없이 입국할 수 있다.

② 제주자치도에서 외국인투자기업(「외국인투자 촉진법」 제2조제1항제1호 및 제6호에 따른 외국인과 외국인투자기업을 말한다. 이하 같다)에 종사하려는 외국인에게 「출입국관리법」 제8조에 따른 사증의 발급과 관련하여 관계 중앙행정기관의 장의 추천서 발급이 필요한 경우 도지사의 추천서로 갈음할 수 있으며, 그 밖에 도지사의 추천서 발급에 필요한 사항은 대통령령으로 정할 수 있다.

③ 법무부장관은 제1항에 따라 입국하는 외국인의 체류기간을 「출입국관리법」 제10조에도 불구하고 따로 정하여 고시할 수 있다.

제198조(체류지역 확대 허가 등) ① 법무부장관은 제197조에 따라 입국한 외국인 중 법무부장관이 정하여 고시하는 국가의 국민이 대한민국의 다른 지역으로 이동하려는 경우에는 그 외국인의 신청으로 체류지역 확대를 허가할 수 있다.

② 제1항에 따른 허가를 받은 외국인은 사증 없이 대한민국의 다른 지역에 체류할 수 있다.

③ 법무부장관은 체류지역 확대 허가와 관련하여 필요하면 초청자나 그 밖의 관계인에게 그 외국인의 신원을 보증하게 할 수 있다.

④ 법무부장관은 외국인이 다음 각 호의 어느 하나에 해당할 때에는 제1항에 따른 체류지역 확대 허가를 취소할 수 있다.

1. 신원보증인이 보증을 철회하거나 신원보증인이 없어진 경우
2. 거짓이나 그 밖의 부정한 방법으로 허가를 받은 것이 밝혀진 경우
3. 허가사항을 지키지 아니한 경우
4. 사정변경으로 허가상태를 더 이상 유지시킬 수 없는 중대한 사유가 발생한 경우
5. 그 밖에 이 법 또는 다른 법률을 위반한 정도가 중대하거나 출입국관리공무원의 정당한 직무명령을 위반한 경우

⑤ 출입국관리공무원 또는 국가경찰·자치경찰 공무원은 그 직무를 수행할 때 제1항에 따라 체류지역 확대 허가를 받아야 할 외국인이 대한민국 안의 다른 지역에 체류할 목적으로 이동하는 경우에는 공항·항만과 선박·항공기 또는 그 밖의 교통수단에서 그 허가 여부를 확인할 수 있다.

⑥ 제1항에 따른 허가절차, 제3항에 따른 신원보증절차, 제4항에 따른 허가의 취소절차 및 제5항에 따른 체류지역 확대 허가의 확인 절차는 대통령령으로 정한다.

제199조(선박 등의 제공금지) ① 누구든지 제198조제1항에 따른 체류지역 확대 허가를 받지 아니한 외국인을 대한민국의 다른 지역으로 이동시키거나 이를 알선해서는 아니 된다.

② 누구든지 제198조제1항에 따른 체류지역 확대 허가를 받지 아니한 외국인을 대한민국의 다른 지역으로 이동시킬 목적으로 선박·항공기 또는 그 밖의 교통수단(이하 "선박등"이라 한다)이나 여권을 제공하여서는 아니 된다.

③ 누구든지 제198조제1항을 위반하여 대한민국의 다른 지역으로 이동하였거나

이동하는 외국인을 은닉 또는 도피하게 하거나 그러한 목적으로 선박등을 제공해서는 아니 된다.

제200조(운수업자 등의 의무) ① 제주자치도와 대한민국의 다른 지역 사이를 운항하는 선박등의 장 또는 운수업자는 제198조제1항에 따라 허가받은 외국인이 대한민국의 다른 지역으로 이동하기 위하여 선박등에 탑승하려 하는 경우 그 외국인에 대한 체류지역 확대 허가 여부를 확인하고 그 외국인이 허가를 받지 아니한 경우에는 탑승을 거부하여야 한다.

② 선박등의 장 또는 운수업자는 제198조제1항에 따른 허가를 받지 아니한 외국인이 탑승한 사실을 알게 된 경우에는 그 사실을 즉시 지방출입국·외국인 관서의 장에게 통보하여야 한다.

제201조(공무원 등의 통보의무) 국가 또는 지방자치단체의 공무원은 그 직무를 수행할 때 제198조제1항에 따른 체류지역 확대 허가를 받지 아니하고 대한민국의 다른 지역으로 이동하였거나 이동하는 외국인을 발견한 경우에는 지체 없이 지방출입국·외국인 관서의 장에게 통보하여야 한다.

제202조(「출입국관리법」의 적용) ① 제197조에 따라 입국한 외국인의 체류실태조사에 관하여는 「출입국관리법」 제81조를 적용한다.

② 제198조제1항에 따른 체류지역 확대 허가를 받지 아니하고 대한민국의 다른 지역으로 이동한 외국인에 관하여는 「출입국관리법」 제46조제1항제1호에 해당하는 사람의 처리와 절차에 관한 규정을 적용한다.

제203조(「출입국관리법」의 준용 등) ① 제199조를 위반한 자에 관하여는 「출입국관리법」 제12조의3을 위반한 사람의 처리와 절차에 관한 규정을 준용한다.

② 이 법에 따른 출입국심사·체류관리·조사·보호·강제퇴거 등의 업무처리절차에 관하여는 이 법에 특별한 규정이 없으면 「출입국관리법」의 관계규정을 준용한다.

③ 법무부장관은 제198조제1항·제3항·제4항에 따른 권한을 대통령령으로 정하는 바에 따라 지방출입국·외국인 관서의 장에게 위임할 수 있다.

제204조(외국어 교육 지원) ① 국가는 제주자치도의 외국어 교육 지원을 위하여 노력하여야 한다. 이 경우 국제자유도시의 특성이 반영되도록 하여야 한다.

② 국가와 제주자치도는 외국어 교육의 발전을 위하여 필요한 경우 고등학교 이하 각급 학교에 채용되는 외국인 교원의 인건비 등에 대하여 재정적 지원을 할 수 있다.

제205조(외국어 서비스 제공) ① 국가와 제주자치도는 외국인투자자 등의 편의증진을 위하여 제주자치도에서 외국어로 작성된 공문서를 접수·처리하는 등의 외국어 서비스를 제공하여야 한다.

② 제1항에 따른 외국어 서비스의 제공범위와 방법 등에 관하여 필요한 사항은 대통령령으로 정한다.

제206조(외국방송의 재송신) 제주자치도를 방송구역으로 하는 종합유선방송사업자는 「방송법」 제78조의2제7항에도 불구하고 대통령령으로 정하는 범위에서 외국방송을 재송신하는 채널의 수를 구성·운용할 수 있다.

제207조(경상거래에 따른 지급) 제주자치도에서 대통령령으로 정하는 규모 이하의 경상거래에 따른 대가는 거래당사자 간에 「외국환거래법」 제3조제1항제4호에 따른 대외지급수단으로 직접 지급할 수 있다.

제208조(외국인에 대한 주택공급) 「주택법」 제2조제10호에 따른 사업주체가 민영주택을 건설하여 공급하는 경우에는 도조례로 정하는 사람으로서 무주택자인 외국인(「재외동포의 출입국과 법적 지위에 관한 법률」 제2조제1호의 재외국민을 포함한다)에게 그 건설량의 100분의 10 범위에서 특별공급할 수 있다. 다만, 도지사의 승인을 받은 경우에는 100분의 10을 초과하여 특별공급할 수 있다. 〈개정 2016. 1. 19.〉

제209조(외국인 자녀 전용 어린이집의 설치 등) ① 도지사 또는 「사회복지사업법」 제16조에 따른 사회복지법인은 외국인 자녀의 효과적인 보육을 위하여 외국인 자녀 전용 어린이집을 설치·운영할 수 있으며, 도지사는 사회복지법인에 지원을 할 수 있다. 이 경우 그 전용 어린이집의 설치·운영에 필요한 사항은 도조례로 정한다.

② 도지사는 제1항에 따라 외국인 자녀 전용 어린이집을 이용하는 아동에게 필요하면 보육비용을 보조할 수 있으며, 그에 따른 지급대상과 지급절차 등의 세부기준은 도조례로 정한다.

제210조(외국인투자기업에 대한 다른 법률의 적용 배제) 제주자치도 안의 외국인투자기업에 대해서는 「국가유공자 등 예우 및 지원에 관한 법률」 제33조의2 및 「고용상 연령차별금지 및 고령자고용촉진에 관한 법률」 제12조를 적용하지 아니한다. 이 경우 도지사는 외국인투자기업이 국가유공자와 고령자를 채용하면 도조례로 정하는 바에 따라 예산의 범위에서 고용보조금을 지원할 수 있다.

제3장 교육환경의 조성

제1절 각급 교육기관의 설립·운영

제211조(학교법인 설립·운영에 관한 특례) ①「사립학교법」 제10조제1항, 제11조, 제20조제2항 후단, 제33조, 제34조제2항, 제35조제2항, 제36조제2항, 제45조제2항부터 제4항까지, 제47조제1항, 제47조의2 및 제74조제5항(이양된 권한에 따른 과태료의 부과·징수에 한정한다)에 따른 교육부장관의 권한은 같은 법 제4조제1항제1호의 학교를 설치·경영하는 학교법인에 대해서는 도교육감의 권한으로 하고, 같은 법 제4조제3항제1호의 사립학교를 설치·경영하는 학교법인에 대해서는 도지사의 권한으로 한다. 다만,「사립학교법」 제4조제3항제1호의 학교와 그 밖의 사립학교를 동시에 설치·경영하는 학교법인에 대해서는 도지사의 권한으로 한다. 〈개정 2019. 12. 10.〉

②「사립학교법」 제4조제3항에도 불구하고 같은 항 각 호에 해당하는 자는 도지사의 지도·감독을 받는다.

③「사립학교법」 제5조제2항, 제8조의2, 제10조제1항 각 호 외의 부분 전단·후단, 같은 조 제3항, 제10조의2제2항, 제14조제4항 단서, 같은 조 제6항, 제18조의2제4항 단서, 같은 조 제5항, 제20조의2제2항 단서, 제21조제1항 단서, 같은 조 제6항, 제26조제3항, 제26조의2제2항, 제28조제1항 단서, 같은 조 제2항, 제29조제2항, 제31조제1항·제5항, 제32조제2항, 제35조의2제6항, 제36조제3항, 제53조의2제9항 및 제62조제5항에서 대통령령 또는 교육부령으로 정하도록 한 사항은 도조례로 정할 수 있다. 〈개정 2016. 5. 29.〉

④「사립학교법」 제40조를 제주자치도에 적용할 때 "교육부장관"은 "교육부장관 또는 도지사"로 한다.

제212조(남은 재산의 귀속에 관한 특례) ①「사립학교법」 제35조제1항에도 불구하고 사립학교를 설치·경영하는 학교법인이 해산하는 경우(합병·파산의 경우는 제외한다) 청산종결의 신고는 같은 법 제4조제1항제1호의 학교를 설치·경영하는 학교법인은 도교육감에게, 같은 법 제4조제3항제1호의 학교를 설치·경영하는 학교법인은 도지사에게 한다.

②「사립학교법」 제35조제2항에도 불구하고 같은 조 제1항에 따라 처분되지 아니한 재산 중 대학교육기관을 설치·경영하는 학교법인의 재산은 제주자치도에 귀속된다. 이 경우 제주자치도에 귀속된 재산은「사립학교법」 제35조제4항에도 불구하고 도지사가 관리한다.

③ 도교육감 또는 도지사(도지사의 경우는 제2항에 따라 도지사가 관리하는 재

산만 해당한다)가 「사립학교법」 제35조제3항에 따른 양여 등을 할 때에는 같은 조 제4항에 따른 교육부장관의 동의가 필요하지 아니하다.

제213조(유아교육에 관한 특례) ① 「유아교육법」 제13조제3항에 따른 교육부장관의 권한은 도교육감의 권한으로 한다.

② 「유아교육법」 제5조제3항, 제6조제2항, 제8조제1항·제4항, 제10조제2항, 제12조제3항, 제16조제2항, 제17조제3항, 제19조제3항(제19조제1항에 따른 평가에 관한 사항만 해당한다), 제23조제2항, 제24조제1항·제5항(제24조제2항에 따른 지원방법에 관한 사항만 해당한다), 제25조제1항 각 호 외의 부분 전단, 같은 조 제2항·제5항, 제26조제3항, 제27조 및 제30조제2항에서 대통령령 또는 교육부령으로 정하도록 한 사항은 도조례로 정할 수 있다.

제214조(초·중등교육에 관한 특례) ① 「초·중등교육법」 제4조제1항, 제13조제4항, 제14조제2항, 제18조의2제4항, 제18조의3제2항, 제27조제3항, 제30조제3항(교원 배치기준에 관한 사항은 제외한다), 제31조제3항, 제33조제2항, 제34조, 제34조의2제4항, 제43조제2항, 제47조제2항, 제60조제3항, 제60조의2제3항, 제60조의3제3항 및 제63조제2항에서 대통령령 또는 교육부령으로 정하도록 한 사항은 도조례로 정할 수 있다. 〈개정 2020. 12. 22.〉

② 「초·중등교육법」 제43조 및 제47조에도 불구하고 같은 법 제60조의2에 따른 외국인학교의 경우 그 입학자격은 도조례로 달리 정할 수 있다.

제215조(외국인 기간제교원 임용의 특례) 제주자치도에 소재하는 「초·중등교육법」 제2조에 따른 초등학교·중학교 또는 고등학교에서 외국어교육을 위하여 필요한 경우 교원의 임용권자는 「초·중등교육법」 제21조, 「교육공무원법」 제6조 및 제32조제1항, 「사립학교법」 제52조, 제54조의4제1항 및 제3항에도 불구하고 도조례로 정하는 바에 따라 외국인을 기간제교원으로 임용할 수 있다.

제216조(학교 및 교육과정 운영의 특례) ① 제주자치도에 소재하는 국립·공립·사립의 초·중등학교는 도교육감의 지정을 받아 「초·중등교육법」 제8조, 제19조제4항, 제21조제1항, 제22조제2항, 제23조제2항·제3항, 제24조, 제26조제1항, 제29조, 제31조, 제39조, 제42조 및 제46조를 적용하지 아니하는 학교 또는 교육과정(이하 "자율학교"라 한다)을 운영할 수 있다.

② 국공립 자율학교의 장은 도교육감 또는 교육장에게 자율학교 운영에 필요한 교원의 임용 또는 소속 교원의 전보유예를 요청할 수 있다.

③ 도교육감은 「교육공무원법」 제35조와 「지방공무원법」 제45조에도 불구하고 국공립 자율학교에 근무하는 교직원에게 특별수당을 지급할 수 있다.

④ 제1항에서 적용되지 아니하는 사항과 제2항 및 제3항에 따른 자율학교의 운영에 필요한 사항은 대통령령으로 정한다.

⑤ 「초·중등교육법」 제2조에 따른 초등학교·중학교 또는 고등학교에 상응하는 자율학교에서 교육과정 전부를 이수한 사람은 각각 초등학교·중학교 또는 고등학교를 졸업한 사람과 같은 수준의 학력이 있는 것으로 본다.

⑥ 자율학교의 교원과 학생은 자율학교 근무 또는 수학(受學)으로 인하여 불이익을 받아서는 아니 된다.

제217조(국제고등학교의 설립·운영) ① 국가·제주자치도 또는 학교법인은 국제화된 전문인력의 양성을 목적으로 하는 고등학교(이하 "국제고등학교"라 한다)를 설립·운영할 수 있다.

② 국제고등학교에 대해서는 「초·중등교육법」 제9조·제19조·제19조의2·제21조·제23조·제24조·제26조·제29조·제31조 및 제46조를 적용하지 아니할 수 있다.

③ 국제고등학교의 장은 「초·중등교육법」 제47조에도 불구하고 고등학교 과정에 수학할 능력이 있다고 인정되는 외국인에게 입학(재입학·전학·편입학을 포함한다)을 허용할 수 있다.

④ 국제고등학교에는 「초·중등교육법」 제21조, 「교육공무원법」 제6조 및 제32조제1항, 「사립학교법」 제52조, 제54조의4제1항 및 제3항에도 불구하고 교육과정 운영에 필요한 외국인을 기간제교원으로 임용할 수 있다.

⑤ 제1항과 제3항에 따른 국제고등학교의 설립·운영에 필요한 사항, 제2항에 따라 적용하지 아니하는 사항 및 제4항에 따른 기간제교원의 보수 등은 「교육공무원법」 제35조에도 불구하고 대통령령으로 정한다.

⑥ 국제고등학교의 교원임용과 국제고등학교 졸업자의 학력인정 등에 관하여는 제216조제2항·제3항·제5항 및 제6항을 준용한다. 이 경우 "자율학교"는 "국제고등학교"로 본다.

제218조(대학설립·운영에 관한 특례) ① 「고등교육법」 제4조제2항·제3항, 제5조, 제24조, 제27조제2항, 제50조의2제2항, 제60조제1항·제2항, 제61조제1항·제3항, 제62조 및 제63조에 따른 교육부장관의 권한은 도지사의 권한으로 한다. 다만, 「고등교육법」 제3조에 따른 국립학교에 대해서는 교육부장관의 권한을 도지사에게 이양하지 아니한다.

② 「고등교육법」 제4조제1항·제3항, 제5조제2항, 제6조제2항, 제7조제2항, 제19조제1항, 제20조제2항, 제21조제1항 단서, 제23조제1항(제4호의 사항만 해

당한다), 제24조, 제32조(보건의료정원과 사범계열정원에 관한 사항은 제외한다), 제35조제6항, 제36조제2항, 제40조제2항, 제40조의2 및 제60조제2항에서 대통령령 또는 교육부령으로 정하도록 한 사항은 도조례로 정할 수 있다. 다만, 「고등교육법」 제3조에 따른 국립학교에 관한 사항에 대해서는 도조례로 정하지 아니하며, 같은 법 제4조제1항의 사항을 도조례로 정하는 경우에는 교육부장관과 협의하여야 한다.

③ 「고등교육법」에도 불구하고 제주자치도에 학사학위과정과 전문학사학위과정을 함께 운영하는 대학(「고등교육법」 제2조제1호·제2호 및 제4호에 따른 대학·산업대학 및 전문대학을 말한다. 이하 이 조에서 같다)을 설립·운영할 수 있다.

④ 제3항에 따라 설립된 대학의 학사학위과정 또는 전문학사학위과정의 수업연한·학위수여·교과목이수인정·산업체위탁교육·전공심화과정 및 편입학에 관하여는 「고등교육법」 제31조, 제35조, 제38조, 제40조 및 제48조부터 제50조까지, 제50조의2, 제50조의3 및 제51조를 준용한다.

⑤ 제3항에 따라 설립된 대학은 「고등교육법」 제21조제1항 단서에도 불구하고 외국대학(전문대학에 상응하는 교육기관을 포함한다)과 교육과정을 공동운영하거나 연계하여 운영할 수 있다.

제219조(외국대학 교육과정 설치 등) ① 외국대학은 「고등교육법」 제2조 각 호에 따른 학교에 외국대학 교육과정(외국대학이 설치·운영하는 학위과정 또는 비학위과정을 말한다. 이하 이 조에서 같다)을 설치·운영할 수 있다.

② 외국대학 교육과정의 설치·운영에 관하여는 「경제자유구역 및 제주국제자유도시의 외국교육기관 설립·운영에 관한 특별법」의 외국교육기관 설립·운영에 관한 규정을 준용한다.

제220조(외국교육기관 설립·운영에 관한 특례) ① 외국학교법인(「경제자유구역 및 제주국제자유도시의 외국교육기관 설립·운영에 관한 특별법」 제2조제1호에 따른 외국학교법인을 말한다. 이하 같다)은 외국교육기관(「경제자유구역의 지정 및 운영에 관한 특별법」 제2조제5호에 따른 외국교육기관을 말한다. 이하 같다)을 설립할 수 있다.

② 제1항에 따라 외국교육기관을 설립하는 경우 고등학교 이하 각급 학교에 해당하는 외국교육기관의 설립은 도교육감의 승인을, 외국대학의 설립은 도지사의 승인을 받아야 한다.

③ 제2항에 따라 도교육감 또는 도지사가 외국교육기관의 설립을 승인하는 경우 각각 제5항에 따른 외국교육기관설립운영심의위원회(이하 이 조에서 "위원회"라

한다)의 심의·의결을 마쳐야 한다.

④ 외국교육기관의 설립기준, 설립승인 절차 및 그 밖에 설립에 필요한 사항은 도조례로 정한다. 다만, 외국대학의 설립기준에 관하여 도조례로 정할 때에는 미리 교육부장관과 협의하여야 한다.

⑤ 도교육감과 도지사는 외국교육기관의 설립·운영에 관한 사항을 심의하기 위하여 각각에 소속되는 위원회를 둔다.

⑥ 위원회의 기능, 구성 및 운영에 관한 사항은 도조례로 정한다.

⑦ 외국교육기관의 설립·운영에 관하여 이 법에서 규정하고 있는 사항을 제외하고는 「경제자유구역 및 제주국제자유도시의 외국교육기관 설립·운영에 관한 특별법」을 적용한다. 이 경우 "교육부장관"은 고등학교 이하 각급 학교에 해당하는 외국교육기관은 "도교육감"으로, 외국대학은 "도지사"로 보고, "대통령령"(같은 법 제10조제1항 본문 중 대통령령은 제외한다) 또는 "교육부령"은 "도조례"로 본다.

⑧ 국가 또는 제주자치도는 외국교육기관에 대통령령으로 정하는 바에 따라 부지의 매입, 시설의 건축 또는 학교의 운영에 필요한 자금을 지원하거나 부지를 제공할 수 있다.

⑨ 제1항에 따라 설립되는 외국교육기관으로서 고등학교 이하 각급 학교에 해당하는 외국교육기관에 입학할 수 있는 내국인의 수는 대통령령으로 정하는 비율의 범위에서 외국교육기관의 장이 정한다.

⑩ 제주자치도가 「경제자유구역 및 제주국제자유도시의 외국교육기관 설립·운영에 관한 특별법」 제13조 또는 제14조에 따라 외국학교법인 또는 외국교육기관을 지원한 경우에는 같은 법 제15조제1항제1호에도 불구하고 해당 외국학교법인 또는 외국학교기관의 의사결정기구에 대한 참여 여부와 참여 방법을 도조례로 달리 정할 수 있다.

제2절 영어교육도시의 조성

제221조(영어교육도시의 지정 등) ① 국가 또는 제주자치도는 제주자치도의 일정 지역을 국제적인 교육환경 조성을 목적으로 하는 교육도시(이하 "영어교육도시"라 한다)로 지정할 수 있다.

② 영어교육도시의 개발은 「도시개발법」 제3조, 제3조의2 및 제4조부터 제10조까지의 규정에 따른 도시개발구역의 지정절차를 따른다.

제222조(공유재산의 무상양여 등) ① 제주자치도는 「공유재산 및 물품 관리법」에도

불구하고 영어교육도시에 있는 공유재산 등을 「도시개발법」 제11조에 따른 사업시행자에게 무상 또는 시가(時價) 이하로 양여(讓與)하거나 대부·사용·수익(이하 이 조에서 "무상양여등"이라 한다)하게 할 수 있다.

② 사업시행자는 제1항에 따라 무상양여를 받은 공유재산 등을 매각하거나 분양할 때에는 미리 도지사와 협의하여야 한다.

③ 도지사는 제1항에 따라 공유재산 등의 무상양여등을 하는 경우 사업시행자가 양여목적에 맞게 사용하도록 필요한 조치를 하여야 한다.

제223조(국제학교 설립 등) ① 영어교육도시에 국민의 외국어 능력 향상과 국제화된 전문인력 양성을 목적으로 하는 학교(이하 "국제학교"라 한다)를 설립·운영할 수 있다.

② 국제학교는 유치원·초등학교·중학교 및 고등학교 과정으로 하되, 필요한 경우 학교 간 상호 병설 또는 통합하여 운영할 수 있다.

제224조(다른 법률과의 관계) 이 법에 따라 설립되는 국제학교에 대해서는 이 법에서 따로 정한 경우를 제외하고는 「유아교육법」, 「초·중등교육법」 및 「사립학교법」을 적용하지 아니한다.

제225조(국제학교 설립자격) 영어교육도시에서 국제학교를 설립·운영할 수 있는 자는 다음 각 호와 같다.

1. 국가 또는 제주자치도
2. 이 법, 다른 법령 또는 외국의 법령(이 법 또는 다른 법령에 상응하는 외국의 법령을 말한다. 이하 이 절에서 같다)에 따라 설립된 법인으로서 도조례로 정하는 법인

제226조(설립승인 등) ① 제225조제1호의 자가 국제학교를 설립·운영하려면 도조례로 정하는 시설·설비 등 요건을 갖추어 미리 도교육감과 협의하여야 한다.

② 제225조제2호의 자가 국제학교를 설립·운영하려면 도조례로 정하는 시설·설비 등 요건을 갖추어 미리 도교육감의 승인을 받아야 한다. 다만, 도교육감은 영리를 목적으로 하는 법인이 국제학교 설립을 신청하는 경우 교육부장관의 동의를 받아 승인하여야 한다.

③ 국제학교를 설립·운영하려는 자는 제1항 또는 제2항에 따라 협의 또는 승인을 신청할 경우 신청서에 국제학교의 명칭, 설립목적, 학사운영계획 등 도조례로 정하는 사항을 적은 서류를 첨부하여 도교육감에게 제출하여야 한다.

④ 국제학교의 설립·운영자는 제1항 또는 제2항에 따른 협의 또는 승인 사항 중 도조례로 정하는 주요 사항은 제1항 또는 제2항에 따라 변경하여야 한다.

⑤ 제1항부터 제4항까지에서 규정한 사항 외에 국제학교의 설립 협의 또는 승인과 그 변경에 필요한 사항은 도조례로 정한다.

제227조(위탁운영 등) ① 제226조제2항에 따라 국제학교 설립승인을 받은 법인(이하 "국제학교법인"이라 한다)은 도교육감의 승인을 받아 국제학교의 운영을 제225조제2호의 자에게 위탁할 수 있다.

② 제225조제1호의 자는 설립한 국제학교의 운영을 도교육감과 협의하여 제225조제2호의 자에게 위탁할 수 있다. 이 경우 위탁을 받아 운영되는 국제학교는 국제학교법인이 설립한 학교로 본다.

③ 제1항과 제2항에 따른 국제학교의 위탁운영에 필요한 사항은 도조례로 정한다.

제228조(국제학교의 운영 등) ① 국제학교의 설립목적을 달성할 수 있도록 학교운영의 자율성을 최대한 보장하여야 한다.

② 국제학교의 교육과정에 관한 사항은 국제학교의 장이 정하되, 국어 교과와 대통령령으로 정하는 사회 교과의 교육과정은 교육부장관이 정하는 바에 따른다. 이 경우 제5항에 따라 입학하는 외국인에게는 국어 교과와 사회 교과의 교육과정에 관한 규정을 적용하지 아니할 수 있다.

③ 국제학교의 장은 대통령령으로 정하는 바에 따라 학교 운영에 필요한 다음 각 호의 사항을 정할 수 있다.

1. 학년도, 학기·수업일수·학급편성 등 수업에 관한 사항
2. 학년제, 수업연한 등에 관한 사항
3. 국제학교의 교과용 도서 사용에 관한 사항
4. 학교운영위원회 구성과 운영에 관한 사항
5. 입학자격, 입학방법 및 절차 등에 관한 사항

④ 국제학교의 학교규칙 제정에 관한 사항, 재학 중인 학생과 학교의 평가, 평가의 절차 및 평가결과의 공개에 관한 사항, 수업료와 그 밖의 납부금 징수에 관한 사항은 도조례로 정한다. 다만, 유치원·초등학교·중학교 과정인 국공립 국제학교의 수업료에 관한 사항은 「유아교육법」 및 「초·중등교육법」에 따른다.

⑤ 국제학교의 장은 초등학교·중학교 또는 고등학교 과정을 수학할 능력이 있다고 인정되는 외국인에게 해당 학교 과정에 입학(재입학·전학·편입을 포함한다)하는 것을 허용할 수 있다.

⑥ 국제학교 졸업자의 학력인정에 관하여는 제216조제5항 및 제6항을 준용한다. 이 경우 "자율학교"는 "국제학교"로 본다.

⑦ 국제학교의 학생은 국제학교 수학으로 인하여 합리적 이유 없이 불이익을 받아서는 아니 된다. 〈신설 2019. 12. 10.〉

제229조(다른 법률의 적용) ① 국제학교에 다니는 학생의 징계, 학교생활기록, 학생 관련 자료의 제공에 관하여는 「유아교육법」 제14조, 「초·중등교육법」 제18조, 제25조제1항 및 제30조의6을 적용한다. 다만, 학생생활기록의 구체적인 작성과 그 방법은 도조례로 정할 수 있다.

② 도교육감은 필요한 경우 「유아교육법」 제31조 및 「초·중등교육법」 제64조에 따라 휴업명령·휴원처분 또는 휴교처분을 할 수 있다.

제230조(교원임용 등) ① 국제학교에 두는 교원의 자격과 교직원의 정원 및 배치기준 등은 대통령령으로 정한다.

② 국제학교법인(외국의 법령에 따라 설립된 법인은 제외한다)이 설립·운영하는 국제학교에 두는 교원과 직원의 임면, 복무, 신분보장·사회보장 등에 관하여는 「사립학교법」 제54조, 제54조의2, 제56조부터 제58조까지, 제58조의2, 제59조, 제60조, 제60조의2, 제61조부터 제64조까지, 제64조의2, 제65조, 제66조, 제66조의2, 제66조의3, 제66조의4 및 제70조의2를 준용한다. 다만, 같은 법 제54조의4에 따른 기간제교원에게는 같은 법 제56조, 제58조제2항, 제58조의2, 제59조, 제61조부터 제64조까지, 제64조의2, 제65조, 제66조, 제66조의2, 제66조의3제2항·제3항 및 제66조의4를 적용하지 아니한다.

③ 국제학교는 도조례로 정하는 바에 따라 교육과정 운영에 필요한 외국인을 교원으로 임용할 수 있다.

④ 제3항에 따른 외국인 교원(국공립 국제학교의 교원에 한정한다)의 보수에 관한 사항 중 「교육공무원법」 제35조 각 호의 사항은 도조례로 달리 정할 수 있다.

⑤ 국공립 국제학교의 교원임용과 교직원 등에 관하여는 제216조제2항 및 제3항을 준용한다. 이 경우 "자율학교"는 "국제학교"로 본다.

제231조(회계처리 등) ① 국제학교의 회계는 학교에 속하는 회계와 법인의 업무에 속하는 회계로 구분하여 처리한다.

② 제1항에 따른 학교에 속하는 회계는 도교육감이 정하는 회계기준 등에 따라 처리하고, 법인의 업무에 속하는 회계의 처리는 그 법인의 설립근거가 되는 법령을 따른다.

③ 국제학교의 학교에 속하는 회계의 잉여금은 학교 설립목적을 위하여 사용되어야 한다.

④ 국제학교법인의 기관과 해산·합병은 그 법인의 설립근거가 되는 법령에 따른

다. 다만, 영리를 목적으로 하지 아니하는 국제학교법인의 기관에 관하여는 「사립학교법」 제20조의2, 제20조의3, 제23조, 제24조, 제25조, 제25조의2 및 제25조의3을 준용한다.

제232조(국제학교의 설치등기 등) ① 국제학교법인은 설립승인을 받은 국제학교에 대하여 도조례로 정하는 바에 따라 설립승인일부터 3주 안에 「민법」 제50조에 따른 법인의 분사무소 설치와 동일한 등기를 하여야 한다.

② 국제학교는 제1항에 따라 설치등기를 함으로써 성립한다.

제233조(「경제자유구역 및 제주국제자유도시의 외국교육기관 설립·운영에 관한 특별법」의 준용) 국제학교의 지도·감독, 재정지원 및 이에 따른 조치, 국제학교의 폐쇄승인 등에 관하여는 「경제자유구역 및 제주국제자유도시의 외국교육기관 설립·운영에 관한 특별법」 제9조 및 제14조부터 제20조까지의 규정을 준용한다. 이 경우 "외국학교법인"은 "국제학교법인"으로, "외국교육기관"은 "국제학교"로, "외국교육기관의 장"은 "국제학교의 장"으로, "교육부장관"은 "도교육감"으로, "대통령령"은 "도조례"로, "학과"는 "학교"로 본다.

제234조(영어사용 환경 조성) ① 국가와 제주자치도는 영어교육도시의 영어사용 환경조성을 위하여 다음 각 호의 시책을 단계적으로 추진한다.

1. 공공기관의 영어 서비스 제공
2. 공공시설물의 영어 표기
3. 근린생활시설과 문화시설 및 복지시설 등의 영어사용 환경 조성
4. 그 밖에 영어사용 환경 조성을 위하여 필요한 사항

② 제1항에 따른 영어사용 환경 조성에 필요한 사항은 도조례로 정할 수 있다.

제4장 세계평화의 섬 지정

제235조(세계평화의 섬의 지정) ① 국가는 세계평화에 기여하고 한반도의 안정과 평화를 정착시키기 위하여 제주자치도를 세계평화의 섬으로 지정할 수 있다.

② 국가와 제주자치도는 제1항에 따른 세계평화의 섬에 다음 각 호의 사업을 시행할 수 있다.

1. 국제평화와 협력 관련 기구의 유치
2. 국제협력에 관한 연구소의 설립
3. 국제평화와 협력 관련 국제회의의 유치
4. 남북교류와 협력에 관한 사업
5. 평화이념 확산을 위한 기념사업

6. 그 밖의 국제평화와 협력을 위한 사업

③ 국가는 「국유재산법」에도 불구하고 제2항제5호에 따른 기념사업을 위하여 필요한 경우 제236조에 따른 민군복합형 관광미항이 신설되는 서귀포시 관할구역의 국유재산 중 일부를 제주자치도와 협의하여 무상 또는 대체재산 제공을 조건으로 제주자치도에 양여할 수 있다.

④ 국가는 제2항에 따른 사업시행에 필요한 행정적·재정적 지원을 하여야 한다.

⑤ 제1항부터 제4항까지의 규정에 따른 세계평화의 섬 지정과 사업의 시행 및 행정적·재정적 지원 등에 필요한 사항은 대통령령으로 정한다.

제236조(민군복합형 관광미항 관련 지역발전계획 수립) ① 행정안전부장관은 민군복합형 관광미항(제주자치도 서귀포시에 신설하는 해군기지와 크루즈항 부대시설을 말한다) 설치지역의 발전을 촉진하고 주민생활을 증진하기 위한 발전계획(이하 이 조에서 "지역발전계획"이라 한다)을 수립하여야 한다. 〈개정 2017. 7. 26.〉

② 지역발전계획에는 다음 각 호의 사항이 포함되어야 한다.

1. 지역발전을 위한 사업(이하 이 조에서 "지역발전사업"이라 한다)을 촉진하기 위한 기본시책에 관한 사항
2. 지역발전사업 적용 지역범위
3. 지역사회 개발과 생활환경에 관한 사항
4. 지역산업 진흥에 관한 사항
5. 환경보전에 관한 사항
6. 지역발전사업 등에 필요한 투자재원에 관한 사항
7. 연차별·사업별 투자계획에 관한 사항
8. 그 밖에 지역발전을 위하여 필요하다고 인정되는 사항

③ 행정안전부장관은 지역발전계획을 수립하거나 변경하는 경우 관계 중앙행정기관의 장 및 도지사와 협의를 하여야 한다. 〈개정 2017. 7. 26.〉

④ 국가와 제주자치도는 지역발전계획에 따른 지역발전사업의 효율적 추진을 위하여 예산의 범위에서 지역발전사업을 시행하는 자에게 자금을 보조·융자하거나 알선하는 등 필요한 조치를 하여야 한다.

⑤ 국가와 제주자치도는 지역발전사업을 시행하는 자에게 행정적·재정적 지원 등을 함으로써 지역발전사업이 원활하게 집행되도록 노력하여야 한다.

제237조(국고보조금의 인상지원) 국가는 제236조제4항에 따라 지역발전사업을 시행하는 자에게 자금을 보조하는 경우에는 다른 법률에 따른 보조율에도 불구하고 대통령령으로 정하는 보조율에 따라 국고보조금을 인상하여 지원할 수 있다.

제4편 산업발전 및 자치분권 강화

제1장 관광 및 문화의 진흥

제1절 관광의 진흥

제238조(관광산업의 육성과 진흥) ① 국가는 제주자치도가 자율적으로 관광정책을 시행할 수 있도록 관련 법령의 정비를 추진하여야 하며, 관광진흥과 관련된 계획을 수립하고 사업을 시행할 경우 제주자치도의 관광진흥에 관한 사항을 고려하여야 한다.

② 제주자치도는 자율과 책임에 따라 지역의 관광여건을 조성하고 관광자원을 개발하며 관광산업을 육성함으로써 국가의 관광진흥에 이바지하여야 한다.

③ 국가는 전국 단위의 관광정책 수립과 관광객 안전, 소비자 보호 및 관광 표준 등과 관련하여 필요한 경우 제주자치도에 협조를 요청할 수 있다.

제239조(제주자치도 관광개발계획) ① 도지사는 제주자치도의 관광자원을 효율적으로 개발하고 관리하기 위하여 종합계획을 수립할 때에 다음 각 호의 사항을 포함하는 제주자치도 관광개발계획(이하 이 조에서 "관광개발계획"이라 한다)을 종합계획의 일부로서 수립하여야 한다.

1. 관광 여건과 관광 동향에 관한 사항
2. 관광 수요와 공급에 관한 사항
3. 관광자원의 보호·개발·이용·관리 등에 관한 사항
4. 관광지 및 관광단지의 조성·정비·보완 등에 관한 사항
5. 관광지 연계에 관한 사항
6. 관광사업의 추진에 관한 사항
7. 환경보전에 관한 사항
8. 그 밖에 관광자원의 개발과 관리를 위하여 필요한 사항

② 관광개발계획은 「관광진흥법」 제49조제2항에 따른 권역별 관광개발계획으로 본다.

③ 관광개발계획의 시행에 필요한 사항은 도조례로 정할 수 있다.

제240조(관광숙박업의 등급 지정에 관한 특례) ① 「관광진흥법」 제19조제1항부터 제4항까지의 규정에 따른 문화체육관광부장관의 권한(야영장업에 관한 사항은 제외한다)은 도지사의 권한으로 한다.

② 「관광진흥법」 제19조제1항 단서 및 제5항에서 대통령령 또는 문화체육관광부령으로 정하도록 한 사항(야영장업에 관한 사항은 제외한다)은 도조례로 정할 수 있다.

제241조(우수관광사업체의 지정·운영) ① 도지사는 제주자치도의 관광사업의 품질 향상과 서비스 개선을 위하여 우수관광사업체 지정제도를 운영할 수 있다.

② 제1항에 따른 우수관광사업체의 지정·운영에 필요한 사항은 도조례로 정할 수 있다.

제242조(관광지 등의 조성계획 등에 관한 특례) 「관광진흥법」 제55조, 제56조 및 제58조에도 불구하고 제140조제1항제17호에 따른 개발사업에 의하지 아니하는 관광지·관광단지 조성계획의 시행, 효력상실 및 승인 또는 변경승인을 받은 경우의 인·허가 등에 관한 사항에 관하여는 제147조·제148조 및 제153조를 준용한다.

제243조(외국인투자의 촉진을 위한 「관광진흥법」 적용의 특례) ① 도지사는 제주자치도에 대한 외국인투자(「외국인투자 촉진법」 제2조제1항제4호에 따른 외국인투자를 말한다. 이하 이 항에서 같다)를 촉진하기 위하여 카지노업의 허가를 받으려는 자가 외국인투자를 하려는 경우로서 다음 각 호의 요건을 모두 갖추었으면 「관광진흥법」 제21조에도 불구하고 같은 법 제5조제1항에 따른 카지노업(외국인전용의 카지노업으로 한정한다)의 허가를 할 수 있다. 이 경우 도지사는 필요하면 허가에 조건을 붙이거나 제1호에 따른 외국인투자의 금액 등을 고려하여 둘 이상의 카지노업 허가를 할 수 있다.

1. 관광사업에 투자하려는 외국인투자의 금액이 미합중국화폐 5억달러 이상일 것
2. 투자자금이 「범죄수익은닉의 규제 및 처벌 등에 관한 법률」 제2조제4호에 따른 범죄수익등에 해당하지 아니할 것(이 경우 범죄수익은 해당 범죄에 대한 형의 확정판결이 있는 경우에 한정한다)
3. 투자자의 신용상태 등이 대통령령으로 정하는 사항을 충족할 것

② 제1항에 따른 카지노업의 허가를 받으려는 자는 투자계획서 등 도조례로 정하는 서류를 갖추어 도지사에게 허가를 신청하여야 한다.

③ 제1항에 따른 카지노업의 허가와 관련하여 영업의 장소와 개시시기 등에 필요한 사항은 도조례로 정한다.

④ 제1항에 따라 카지노업의 허가를 받은 자는 영업을 시작하기 전까지 「관광진흥법」 제23조제1항의 시설과 기구를 갖추어야 한다.

⑤ 도지사는 제1항에 따른 허가를 받은 자가 다음 각 호의 어느 하나에 해당하는 경우에는 그 허가를 취소하여야 한다.

1. 제1항제1호의 투자를 이행하지 아니하는 경우
2. 투자자금이 「범죄수익은닉의 규제 및 처벌 등에 관한 법률」 제2조제4호에 따

른 범죄수익등에 해당하는 경우(이 경우 범죄수익은 해당 범죄에 대한 형의 확정판결이 있는 경우에 한정한다)

3. 제1항 각 호 외의 부분 후단에 따른 허가조건을 위반한 경우

⑥ 제1항에 따른 허가를 받은 자는 「관광진흥법」 제11조에도 불구하고 카지노업의 운영에 필요한 시설을 타인이 경영하게 할 수 있다. 이 경우 수탁경영자는 「관광진흥법」 제22조에 따른 결격사유에 해당되지 아니하여야 한다.

제244조(「관광진흥법」에 관한 특례) ① 「관광진흥법」 제5조제1항, 제8조제4항·제8항, 제21조부터 제27조까지, 제35조(제1항제9호의2는 제외한다)부터 제40조까지, 제47조제1항, 제77조, 제78조 및 제86조제2항(이양된 권한에 따른 과태료의 부과·징수에 한정한다)에 따른 문화체육관광부장관의 권한은 도지사의 권한으로 한다. 〈개정 2018. 12. 11.〉

② 「관광진흥법」 제3조제1항제3호나목, 같은 조 제2항(야영장업에 관한 사항은 제외한다), 제4조제3항부터 제5항까지, 제5조제1항부터 제6항까지, 제6조, 제8조제2항·제8항, 제9조, 제10조제1항·제4항, 제11조제1항제2호, 제12조, 제13조제1항·제4항, 제15조제1항부터 제3항까지, 제16조제5항 각 호 외의 부분 단서, 같은 항 제2호, 제17조제1항·제4항·제6항, 제20조제1항, 같은 조 제2항제1호, 같은 항 제2호 단서, 같은 조 제4항, 같은 조 제5항 각 호 외의 부분, 같은 항 제7호, 제21조제1항제1호·제2호, 같은 조 제2항, 제23조제1항·제2항, 제24조제1항 본문, 제25조제2항부터 제4항까지, 제26조제1항, 같은 조 제2항 전단, 제28조제1항 각 호 외의 부분, 같은 조 제2항 각 호 외의 부분 전단, 제31조제1항 본문, 제33조제1항 전단, 같은 조 제5항(안전교육의 내용·기간·방법 등은 제외한다), 제34조제1항, 제35조제1항제8호, 같은 조 제3항, 제37조제2항, 제38조제1항 본문, 같은 조 제2항 본문·단서, 제40조 각 호 외의 부분 본문, 제48조제2항, 제52조제1항 본문, 같은 조 제5항 후단, 제79조 각 호 외의 부분 및 제80조제3항(제4호의2는 제외한다) 각 호 외의 부분에서 대통령령 또는 문화체육관광부령으로 정하도록 한 사항은 도조례로 정할 수 있다. 〈개정 2018. 6. 12., 2018. 12. 11., 2019. 12. 10.〉

제245조(관광진흥개발기금 납부에 관한 특례) ① 「관광진흥법」 제30조제2항에 따른 문화체육관광부장관의 권한은 도지사의 권한으로 한다.

② 「관광진흥법」 제30조제4항에서 대통령령으로 정하도록 한 사항은 도조례로 정할 수 있다.

③ 「관광진흥법」 제30조제1항에도 불구하고 카지노사업자는 총 매출액의 100분

의 10 범위에서 일정 비율에 해당하는 금액을 제246조에 따른 제주관광진흥기금에 납부하여야 한다.

제246조(관광진흥개발기금 등에 관한 특례) ①「관광진흥개발기금법」 제2조제1항에도 불구하고 제주자치도의 관광사업을 효율적으로 발전시키고, 관광외화수입의 증대에 기여하기 위하여 제주관광진흥기금을 설치한다.

② 제1항에 따른 제주관광진흥기금은 다음 각 호의 재원으로 조성한다. 〈개정 2019. 12. 10.〉

1. 국가 또는 제주자치도의 출연금
2. 제245조제3항에 따른 납부금
3. 제3항에 따른 출국납부금
4. 제4항에 따른 전입금

③「관광진흥개발기금법」 제2조제3항에도 불구하고 제주자치도에 있는 공항과 항만을 통하여 출국하는 사람으로서 대통령령으로 정하는 사람은 1만원의 범위에서 대통령령으로 정하는 금액을 제주관광진흥기금에 납부하여야 한다.

④「관광진흥개발기금법」 제2조제2항제4호에도 불구하고 문화체육관광부장관은 제주자치도에 있는 보세판매장(지정면세점을 포함한다) 특허수수료의 100분의 50에 해당하는 금액을 제주관광진흥기금으로 전출하여야 한다. 〈신설 2019. 12. 10.〉

제247조(제주관광진흥기금의 관리) ① 제주관광진흥기금은 도지사가 관리한다.

② 민간전문가의 고용 등을 포함한 제주관광진흥기금의 관리에 필요한 사항은 도조례로 정할 수 있다.

제248조(제주관광진흥기금 운용계획안의 수립) 도지사는 매년「지방자치단체 기금관리기본법」에 따라 기금운용계획안을 수립하여야 한다.

제249조(「관광진흥개발기금법」의 준용) 제주관광진흥기금에 관하여 이 법과 도조례로 정한 사항을 제외하고는「관광진흥개발기금법」을 준용한다. 이 경우 "문화체육관광부장관"은 "도지사"로, "대통령령"은 "도조례"로 각각 본다.

제250조(관광진흥 관련 지방공사의 설립) ① 제주자치도는 관광정책의 추진과 관광사업의 활성화를 위하여「지방공기업법」에 따른 지방공사를 설립할 수 있다.

② 제주자치도는 제1항에 따른 지방공사를 설립할 때에는「지방공기업법」 제49조제3항을 적용하지 아니한다.

제251조(휴양펜션업의 등록 등) ① 관광객의 숙박·취사와 자연체험관광에 적합한 시설을 갖추어 해당 시설의 회원, 공유자나 그 밖의 관광객에게 제공하거나 숙박

등에 이용하게 하는 업(이하 “휴양펜션업”이라 한다)을 하려는 자는 도지사에게 등록하여야 한다. 등록사항 중 도조례로 정하는 중요한 사항을 변경할 때에도 또한 같다.

② 휴양펜션업을 하려는 자는 제1항에 따른 등록을 하기 전에 해당 사업에 대한 사업계획을 작성하여 도지사의 승인을 받아야 한다. 승인을 받은 사업계획을 변경할 때에도 또한 같다.

③ 제1항 및 제2항에 따라 휴양펜션업을 등록한 자 또는 그 사업계획의 승인을 받은 자는 「관광진흥법」 제20조제1항에도 불구하고 휴양펜션업의 시설에 대하여 분양 또는 회원모집을 할 수 있다.

④ 제1항에 따른 등록과 변경등록의 기준·절차, 제2항에 따른 사업계획의 승인 또는 변경승인의 기준·절차, 제3항에 따른 분양과 회원 모집기준, 피분양 및 회원권의 발급 등은 도조례로 정한다.

⑤ 휴양펜션업을 양수한 자 또는 경매 등으로 휴양펜션업을 인수한 자가 등록·사업계획승인 또는 신고에 따른 권리·의무를 승계하려면 휴양펜션업을 양수하거나 인수한 날부터 1개월 이내에 도조례로 정하는 바에 따라 도지사에게 신고하여야 한다. 〈개정 2020. 12. 22.〉

⑥ 도지사는 제5항에 따른 신고를 받은 날부터 15일 이내에 신고수리 여부를 신고인에게 통지하여야 한다. 이 경우 도지사가 전단에서 정한 기간 내에 신고수리 여부 또는 민원 처리 관련 법령에 따른 처리기간의 연장을 신고인에게 통지하지 아니하면 그 기간(민원 처리 관련 법령에 따라 처리기간이 연장 또는 재연장된 경우에는 해당 처리기간을 말한다)이 끝난 날의 다음 날에 신고를 수리한 것으로 본다. 〈신설 2020. 12. 22.〉

⑦ 제5항에 따른 신고가 수리된 경우(제6항 후단에 따라 신고를 수리한 것으로 보는 경우를 포함한다)에는 휴양펜션업을 양수한 자 또는 경매 등으로 휴양펜션업을 인수한 자는 그 양수일 또는 인수일부터 종전의 휴양펜션업을 등록한 자 또는 그 사업계획의 승인을 받은 자의 지위를 승계한다. 〈신설 2020. 12. 22.〉

⑧ 제2항에 따라 휴양펜션업 사업계획의 승인 또는 변경승인을 받은 경우 그 사업계획에 따른 숙박시설과 그 시설 안의 이용시설로서 「국토의 계획 및 이용에 관한 법률」에 따라 지정된 용도지역·용도지구 중 대통령령으로 정하는 용도지역·용도지구의 시설은 같은 법 제76조제1항 및 같은 조 제5항제1호를 적용하지 아니한다. 〈개정 2020. 12. 22.〉

⑨ 도지사는 휴양펜션업을 등록한 자 또는 사업계획의 승인을 받은 자가 다음 각 호의 어느 하나에 해당하는 경우에는 등록 또는 승인을 취소하거나 6개월 이

내의 기간을 정하여 사업의 정지 또는 시설·운영의 개선을 명할 수 있다. 〈개정 2020. 12. 22.〉

1. 제2항에 따라 사업계획의 승인을 받은 자가 정당한 사유 없이 도조례로 정하는 기간 이내에 휴양펜션업의 시설을 착공하지 아니하거나 준공하지 아니한 경우
2. 휴양펜션업의 경영 또는 사업계획을 추진할 때 거짓이나 그 밖의 부정한 방법을 사용하거나 부당한 금품을 수수한 경우
3. 이 법 또는 이 법에 따른 명령이나 처분을 위반한 경우

⑩ 제9항에 따른 취소·정지처분의 세부적인 기준은 그 사유와 위반정도를 고려하여 도조례로 정한다. 〈개정 2020. 12. 22.〉

⑪ 도지사는 휴양펜션업을 등록한 자가 제9항에 따라 등록·승인의 취소 또는 사업의 정지명령을 받았음에도 불구하고 계속하여 영업을 하는 경우에는 해당 영업소를 폐쇄하기 위한 조치를 할 수 있다. 이 경우 영업소의 폐쇄에 관한 방법·절차 등에 관하여는 「관광진흥법」 제36조를 준용한다. 〈개정 2020. 12. 22.〉

제252조(수상레저산업 등의 진흥) ① 도지사는 수상레저산업과 수상레저활동의 진흥을 위하여 필요한 시책을 마련하여 시행하여야 한다.

② 국가는 제1항에 따른 수상레저산업과 수상레저활동의 진흥을 위하여 필요한 경우 지원할 수 있다.

제253조(유어장의 지정 등) ① 도지사는 해양레저활동의 활성화를 위하여 「수산업법」 제9조에 따라 마을어업 또는 협동양식어업의 면허를 받은 자가 유어장(遊漁場)의 지정을 신청한 경우에는 그 면허를 받은 어업에 지장이 없는 범위에서 그 어장의 일부에 대하여 유어장(遊漁場)으로 지정할 수 있다. 이 경우 유어장에서의 수산동식물의 포획·채취방법에 대해서는 「수산업법」을 적용하지 아니한다.

② 제1항에 따른 유어장의 지정기준, 유어행위, 수산동식물의 포획·채취 방법·수량 및 유어장의 관리·운영 등에 필요한 사항은 도조례로 정한다.

③ 도지사는 제1항에 따라 유어장을 지정받은 자가 그 유어장을 제2항에서 정하는 바에 따라 운영하지 아니하면 그 지정을 취소할 수 있다.

제253조(유어장의 지정 등) ① 도지사는 해양레저활동의 활성화를 위하여 「수산업법」 제8조에 따라 마을어업 또는 협동양식어업의 면허를 받은 자가 유어장(遊漁場)의 지정을 신청한 경우에는 그 면허를 받은 어업에 지장이 없는 범위에서 그 어장의 일부에 대하여 유어장(遊漁場)으로 지정할 수 있다. 이 경우 유어장에서의 수산동식물의 포획·채취방법에 대해서는 「수산업법」을 적용하지 아니한다. 〈개정 2022. 1. 11.〉

② 제1항에 따른 유어장의 지정기준, 유어행위, 수산동식물의 포획·채취 방법·수량 및 유어장의 관리·운영 등에 필요한 사항은 도조례로 정한다.

③ 도지사는 제1항에 따라 유어장을 지정받은 자가 그 유어장을 제2항에서 정하는 바에 따라 운영하지 아니하면 그 지정을 취소할 수 있다.

[시행일: 2023. 1. 12.] 제253조

제254조(국제회의산업 육성을 위한 특례) ① 문화체육관광부장관은 국제회의산업을 육성·지원하기 위하여 「국제회의산업 육성에 관한 법률」 제14조에도 불구하고 제주자치도를 국제회의도시로 지정·고시할 수 있다.

② 도지사는 제주자치도 내의 국제회의산업의 육성과 진흥을 통하여 국가발전에 기여하고 지역경제가 향상될 수 있도록 다음 각 호의 사업에 대한 행정상·재정상의 지원조치를 마련하여야 한다.

1. 국제회의산업육성계획의 수립
2. 국제회의 유치·개최 지원
3. 국제회의시설의 건립과 운영 촉진
4. 국제회의 전문인력 양성
5. 국제회의산업 육성기반 조성과 확충
6. 국제협력의 촉진
7. 전자국제회의기반 확충
8. 그 밖에 국제회의산업 육성·진흥에 필요한 사업

③ 제2항의 사업을 추진하기 위하여 필요한 사항은 도조례로 정할 수 있다.

제255조(제주자치도 여행객에 대한 관세 등의 면제 또는 환급) ① 제주자치도 여행객이 지정면세점에서 물품을 구입하여 대한민국의 다른 지역으로 반출하는 경우에는 「조세특례제한법」, 「지방세특례제한법」 등에서 정하는 바에 따라 관세·부가가치세·개별소비세·주세·교육세·농어촌특별세·담배소비세 및 지방교육세를 면제하거나 환급할 수 있다.

② 제주자치도 여행객이 제주자치도에서 구입·소비하는 관광 관련 재화·용역은 「조세특례제한법」에서 정하는 바에 따라 부가가치세액을 환급할 수 있다.

제256조(골프장 입장행위 등에 대한 조세 및 부가금의 면제) ① 제주자치도에 소재하는 골프장 입장행위에 대하여 「조세특례제한법」에서 정하는 바에 따라 개별소비세, 농어촌특별세 및 교육세를 면제할 수 있다.

② 제주자치도에 소재하는 골프장(회원제로 운영하는 골프장으로 한정한다)은 「국민체육진흥법」 제20조제1항제3호 및 제23조에 따라 골프장의 입장료에 부과

되는 부가금을 면제한다.

제2절 문화의 진흥

제257조(향토문화예술의 진흥) ① 도지사는 전통문화예술을 계승하고 향토문화를 발전시키기 위하여 5년마다 향토문화예술진흥계획(이하 "진흥계획"이라 한다)을 수립·시행하여야 한다. 〈개정 2019. 12. 10.〉

② 진흥계획에는 다음 각 호의 사항이 포함되어야 한다. 〈개정 2019. 12. 10.〉

1. 향토문화예술진흥에 관한 기본시책과 계획
2. 전통문화예술의 전승계발에 관한 사항
3. 향토문화예술단체의 지원에 관한 사항
4. 문화예술활동과 문화산업육성지원에 관한 사항
5. 문화예술 관련시설의 확충·정비에 관한 사항
6. 문화예술의 교류증진과 세계화에 관한 사항
7. 「지역문화진흥법」 제6조제4항에 따른 시행계획에 반영되어야 할 사항
8. 그 밖에 향토문화예술의 진흥에 필요한 사항

③ 진흥계획을 수립할 때에는 「지역문화진흥법」 제19조에 따른 지역문화예술위원회의 심의를 마쳐야 한다. 〈개정 2019. 12. 10.〉

④ 국가 또는 제주자치도는 향토문화의 진흥사업을 위하여 필요하면 향토문화진흥사업을 하는 자에게 국유재산·공유재산 등을 출연하거나 사용·수익 또는 대부할 수 있다.

⑤ 진흥계획 중 제2항제7호에 따른 사항이 반영된 부분은 「지역문화진흥법」 제6조제4항에 따른 시행계획으로 본다. 〈신설 2019. 12. 10.〉

제257조의2(건축물에 대한 미술작품의 설치 등에 관한 특례) 제주자치도에 건축하는 건축물에 대해서는 「문화예술진흥법」 제9조제1항에도 불구하고 일정 금액을 미술작품의 설치에 사용하여야 하는 건축물의 종류별 규모 기준을 대통령령으로 달리 정할 수 있다.

[본조신설 2019. 12. 10.]

제257조의3(문화예술의 섬 조성) ① 도지사는 제주자치도가 고유한 문화예술의 전통을 지속적으로 계승·발전시켜 나가는 섬(이하 "문화예술의 섬"이라 한다)이 될 수 있도록 노력하여야 한다.

② 도지사는 문화예술의 섬 조성을 위하여 다음 각 호의 사업을 시행하여야 하며, 국가는 이를 지원할 수 있다.

1. 국제문화예술교류 활성화
2. 문화예술 창작 및 향유 활성화 지원
3. 문화시설의 설치·운영 지원
4. 전통 및 지역문화의 진흥 지원
5. 「문화예술진흥법」 제7조에 따른 전문예술법인의 육성
6. 문화예술시장의 조성기반 구축
7. 그 밖에 문화예술의 섬 조성을 위하여 필요한 사업

[본조신설 2019. 12. 10.]

제258조(공연활동의 진흥 등에 관한 특례) ①「공연법」 제5조제3항, 제6조제1항·제2항 및 제7조제1항·제2항에 따른 영상물등급위원회의 권한은 도지사의 권한으로 한다. 다만, 다른 특별시·광역시·도지역과 연계되는 공연과 선전물의 경우에는 그에 관한 권한을 이양하지 아니한다.

②「공연법」 제6조제3항, 제7조제1항제4호 및 제33조제2항에서 대통령령 또는 문화체육관광부령으로 정하도록 한 사항 중 도지사의 권한에 관한 사항은 도조례로 정할 수 있다. 〈개정 2019. 12. 10.〉

③ 도지사는 「공연법」 제39조제1항에도 불구하고 같은 항 제1호와 제2호의 경우에 도조례로 정하는 바에 따라 수수료를 받을 수 있다.

제259조(도서관 육성 등에 관한 특례) 「도서관법」 제5조제3항(도서관의 시설 및 도서관자료의 기준에 한정한다), 제6조제1항, 제31조제1항 전단, 제33조 및 제40조제2항 전단에서 대통령령으로 정하도록 한 사항은 도조례로 정할 수 있다. 〈개정 2019. 12. 10.〉

제259조(도서관 육성 등에 관한 특례) 「도서관법」 제36조(사립 공공도서관에 한정한다), 제45조제1항·제4항(도서관의 시설 및 도서관자료의 기준에 한정한다) 및 제48조에서 대통령령으로 정하도록 한 사항은 도조례로 정할 수 있다. 〈개정 2019. 12. 10., 2021. 12. 7.〉

[시행일: 2022. 12. 8.] 제259조

제260조(향토문화관광지구의 지정 등) ① 도지사는 향토문화의 발굴·유지·보존 및 계승·발전과 관광 진흥을 위하여 필요한 경우 도조례로 정하는 바에 따라 향토문화관광지구를 지정·육성할 수 있다.

② 제1항에 따라 향토문화관광지구의 지정을 받으려는 자는 도조례로 정하는 바에 따라 조성계획을 작성하여 도지사의 승인을 받아야 한다. 이를 변경할 때에도 또한 같다.

③ 도지사는 제1항에 따른 향토문화관광지구의 개발에 필요한 경비의 일부를 보조하거나 지구 조성을 위한 도로·용수시설·하수시설·통신시설 및 에너지공급시설 등의 기반시설을 지원할 수 있다.

제261조(영상산업진흥지구의 지정 등) ① 도지사는 제주자치도 영상산업의 발전을 위하여 필요한 경우 도조례로 정하는 바에 따라 영상산업진흥지구를 지정·육성할 수 있다.

② 제1항에 따라 영상산업진흥지구의 지정을 받으려는 자는 도조례로 정하는 바에 따라 조성·육성 계획을 작성하여 도지사의 승인을 받아야 한다. 이를 변경할 때에도 또한 같다.

③ 도지사는 제1항에 따른 영상산업진흥지구의 개발에 필요한 경비의 일부를 보조하거나 지구 조성을 위한 도로·용수시설·하수시설·통신시설 및 에너지공급시설 등의 기반시설을 지원할 수 있다.

④ 도지사는 영상산업의 발전과 육성을 위하여 제주영상위원회를 설치할 수 있으며, 제주영상위원회의 구성·운영에 필요한 사항은 정관으로 정한다.

⑤ 국가 또는 제주자치도는 영상물을 제작하려는 자에게 국유재산·공유재산을 무상으로 사용하게 할 수 있다. 이 경우 제주자치도는 행정적 지원을 제공할 수 있다.

제262조(영화 및 비디오물의 진흥에 관한 특례) ①「영화 및 비디오물의 진흥에 관한 법률」 제87조제3항 및 제99조(이양된 권한에 따른 과태료의 부과·징수에 한정한다)에 따른 문화체육관광부장관의 권한은 도지사의 권한으로 한다.

②「영화 및 비디오물의 진흥에 관한 법률」 제26조제3항, 제57조제3항, 제58조제1항 각 호 외의 부분 본문, 같은 조 제3항, 제60조, 제61조제1항·제3항·제4항, 제62조제5호, 제63조제3항, 제64조제1항·제2항, 제67조제5항, 제68조제1항 각 호 외의 부분, 제88조, 제89조제2항 및 제99조(이양된 권한에 따른 과태료의 부과·징수에 한정한다)에서 대통령령 또는 문화체육관광부령으로 정하도록 한 사항은 도조례로 정할 수 있다. 〈개정 2019. 12. 10.〉

제263조(뉴스통신사업 등록에 관한 특례) ①「뉴스통신 진흥에 관한 법률」 제8조제1항·제2항, 제9조제5항, 제9조의3제1항·제2항·제5항·제7항, 제9조의5제1항·제2항 및 제37조제2항(이양된 권한에 따른 과태료의 부과·징수에 한정한다)에 따른 문화체육관광부장관의 권한은 도지사의 권한으로 하며, 같은 법 제9조의4제1항에도 불구하고 도지사 소속으로 등록취소심의위원회를 둔다.

②「뉴스통신 진흥에 관한 법률」 제8조제1항 각 호 외의 부분 전단(뉴스통신 등

록에 관한 대통령령에 한정한다), 같은 항 제6호, 제9조의4제2항, 제9조의5제1항 및 제37조제2항(이양된 권한에 따른 과태료의 부과·징수에 한정한다)에서 대통령령으로 정하도록 한 사항은 도조례로 정할 수 있다.

제264조(신문 등의 등록에 관한 특례) ①「신문 등의 진흥에 관한 법률」 제28조제1항·제2항 및 제39조제2항(이양된 권한에 따른 과태료의 부과·징수에 한정한다)에 따른 문화체육관광부장관의 권한은 도지사의 권한으로 한다.

②「신문 등의 진흥에 관한 법률」 제9조제1항 각 호 외의 부분 본문·단서, 제24조제2항, 제28조제1항 및 제39조제2항(이양된 권한에 따른 과태료의 부과·징수에 한정한다)에서 대통령령으로 정하도록 한 사항은 도조례로 정할 수 있다.

제265조(잡지 등 정기간행물의 진흥에 관한 특례) ①「잡지 등 정기간행물의 진흥에 관한 법률」 제29조제1항·제2항에 따른 문화체육관광부장관의 권한은 도지사의 권한으로 한다.

②「잡지 등 정기간행물의 진흥에 관한 법률」 제29조제1항에서 대통령령으로 정하도록 한 사항은 도조례로 정할 수 있다.

제266조(체육시설의 설치·이용에 관한 특례) ①「체육시설의 설치·이용에 관한 법률」 제11조제2항에 따른 문화체육관광부장관의 권한은 도지사의 권한으로 한다.

②「체육시설의 설치·이용에 관한 법률」 제7조제2항, 제8조제3항, 제10조제2항, 제11조제1항·제2항, 제12조 전단·후단, 제16조제1항 단서, 같은 조 제2항, 제17조제2항·제3항, 제18조, 제19조, 제20조, 제22조제2항, 제23조제1항·제2항, 제24조제1항, 제26조 본문·단서, 제29조제1항·제2항, 제32조제3항 및 제40조제2항(이양된 권한에 따른 과태료의 부과·징수에 한정한다)에서 대통령령 또는 문화체육관광부령으로 정하도록 한 사항은 도조례로 정할 수 있다. 〈개정 2020. 12. 8.〉

제2장 농업·임업·축산업·수산업 및 식품산업의 진흥

제267조(농업·임업·축산업·수산업 및 식품산업의 진흥) ① 도지사는 농업·임업·축산업·수산업 및 식품산업의 경쟁력 강화와 농어업인의 안정적 소득보장 및 다른 산업과의 균형적 발전을 도모하기 위하여 농업·임업·축산업·수산업 및 식품산업 발전계획(이하 "발전계획"이라 한다)을 수립하여 추진하여야 한다. 이 경우 발전계획은「농업·농촌 및 식품산업 기본법」 제14조제5항에 따른 농업·농촌 및 식품산업 발전계획과「수산업·어촌 발전 기본법」 제7조제5항에 따른 수산업·어촌 발전계획으로 본다.

② 발전계획에는 다음 각 호의 사항이 포함되어야 한다.

1. 종자·종묘·종축·종패 등 육종산업의 육성에 관한 사항
2. 지역특성에 맞는 농산물·임산물·축산물·수산물의 환경친화적 생산체계 구축에 관한 사항
3. 농업·임업·축산업·수산업의 경쟁력 강화를 위한 기술의 개발·보급에 관한 사항
4. 농업·임업·축산업·수산업의 생산과 유통구조 개선에 관한 사항
5. 농산물·임산물·축산물·수산물 가공산업의 육성에 관한 사항
6. 농산물·임산물·축산물·수산물의 수출진흥에 관한 사항
7. 감귤산업 진흥과 구조 개선을 위하여 필요한 사항
8. 농산물의 생산자를 위한 소득보조 등의 각종 지원과 복지증진에 관한 사항
9. 농업·임업·축산업·수산업의 생명공학산업·치유과학기술산업 등 다른 산업과의 연계를 통한 농외소득 향상에 관한 사항
10. 농업·임업·축산업·수산업의 인력 육성에 관한 사항
11. 식품산업의 진흥에 관한 사항
12. 「농업·농촌 및 식품산업 기본법」 제14조제1항에 따라 농림축산식품부장관이 수립한 농업·농촌 및 식품산업 발전계획과 「수산업·어촌 발전 기본법」 제7조제1항에 따라 해양수산부장관이 수립한 수산업·어촌 발전 기본계획
13. 그 밖에 농업·임업·축산업·수산업 및 식품산업의 발전을 위하여 필요한 사항

③ 발전계획의 시행에 필요한 재원을 조달·공급하기 위하여 도조례로 정하는 바에 따라 지역농어촌진흥기금을 설치한다.

④ 개발센터는 직전 회계연도 손익계산서 상의 순이익금의 일부를 제3항에 따른 지역농어촌진흥기금에 출연할 수 있다.

⑤ 제3항에 따른 지역농어촌진흥기금은 도지사가 관리·운용한다.

⑥ 국가와 제주자치도는 발전계획의 시행을 위하여 필요한 사업에 대해서는 자금을 우선 지원할 수 있도록 노력하여야 한다.

제268조(농업·임업·축산업·수산업의 수급 안정) ① 도지사는 제주자치도에서 생산되는 농산물·임산물·축산물·수산물의 수급안정, 상품성·안전성 제고 및 유통능률의 향상을 위하여 농산물·임산물·축산물·수산물의 생산조정·출하조정·품질검사 등에 필요한 조치를 할 수 있다.

② 제1항에 따른 생산조정·출하조정·품질검사 등에 관한 대상품목·방법·절차 및 필요한 조치 등에 필요한 사항은 도조례로 정한다.

제268조의2(「농업기계화 촉진법」에 관한 특례) 「농업기계화 촉진법」 제8조의5제2항 및 제4항에서 대통령령 또는 농림축산식품부령으로 정하도록 한 사항(시설기준 및 보관소의 면적에 한정한다)은 도조례로 정할 수 있다.

[본조신설 2019. 12. 10.]

제269조(농산물·임산물·축산물·수산물의 해상운송비 지원 등에 관한 특례) 국가와 제주자치도는 농어업인이 제주자치도에서 생산한 「농업·농촌 및 식품산업 기본법」 제3조제6호에 따른 농수산물을 육지로 운반할 경우에는 예산의 범위에서 「해운법」 제23조제1호에 따른 내항 화물운송사업의 운임·요금 등의 유통구조 개선에 필요한 재원을 지원할 수 있다.

제270조(농어촌지역의 지정에 관한 특례) ① 다음 각 호에 해당하는 지역(이하 "농어촌지역"이라 한다)은 「농업·농촌 및 식품산업 기본법」, 「수산업·어촌 발전 기본법」, 「농어촌정비법」, 「어촌·어항법」, 「농어업인 삶의 질 향상 및 농어촌지역 개발촉진에 관한 특별법」 및 그 밖의 다른 법령을 적용할 때에 농촌·농어촌·어촌 및 농산어촌으로 본다.

1. 읍·면의 전지역
2. 동의 지역 중 「국토의 계획 및 이용에 관한 법률」 제36조제1항제1호에 따라 지정된 주거지역·상업지역 및 공업지역을 제외한 지역

② 도지사는 제1항제2호에도 불구하고 주거지역의 전부 또는 일부를 농어촌지역으로 지정할 수 있다. 이 경우 그 지정에 필요한 사항은 도조례로 정한다.

제271조(농어촌정비 등에 관한 특례) ① 도지사는 「농어촌정비법」 제101조제4항에 따른 농림축산식품부장관의 승인을 받지 아니하고 마을정비구역을 지정·고시할 수 있다.

② 「농어촌정비법」 제112조제1항(공유지에 대한 권한에 한정한다)에 따른 농림축산식품부장관 또는 해양수산부장관의 권한은 도지사의 권한으로 한다.

③ 「농어촌정비법」 제81조제2항, 제85조제2항 전단, 제86조제1항 전단, 같은 조 제4항·제5항, 제89조제3항, 제101조제7항, 제102조 단서, 제112조제1항(공유지만 해당한다), 제113조 및 제126조제2항·제4항에서 대통령령, 농림축산식품부령 또는 해양수산부령으로 정하도록 한 사항은 도조례로 정할 수 있다. 〈개정 2019. 12. 10.〉

④ 제3항에 따라 도조례로 정하는 농어촌 관광휴양사업 중 그 규모가 「농어촌정비법」 제81조제2항에서 정하는 규모의 상한을 초과하는 경우에는 그 초과 면적에 대하여 「농지법」 제38조제6항에 따른 농지보전부담금 감면 규정과 「산지관리법」

제19조제5항에 따른 대체산림자원조성비의 감면 규정을 적용하지 아니한다.

제272조(농어촌도로 정비에 관한 특례) ① 삭제 〈2017. 3. 21.〉

② 「농어촌도로 정비법」 제5조제2항, 제6조제2항제8호, 같은 조 제6항, 제7조제2항제4호, 같은 조 제3항, 같은 조 제4항 전단, 같은 조 제5항, 제8조제3항, 제9조제2항, 같은 조 제5항 전단, 제14조제2항, 제18조제2항 및 제22조 본문에서 대통령령 또는 행정안전부령으로 정하도록 한 사항은 도조례로 정할 수 있다. 〈개정 2017. 3. 21., 2017. 7. 26.〉

제273조(친환경농업 육성계획 등에 관한 특례) ① 도지사는 「친환경농어업 육성 및 유기식품 등의 관리·지원에 관한 법률」 제7조 및 제8조에도 불구하고 친환경농업의 발전을 위하여 제3항에 따른 친환경농업 육성위원회의 심의를 마친 후 다음 각 호의 사업을 포함하는 친환경농업 육성실천계획(이하 "친환경농업계획"이라 한다)을 5년마다 수립하여 농림축산식품부장관에게 제출하여야 한다.

1. 광역친환경농업단지 조성사업
2. 친환경농업지구 조성사업
3. 친환경농산물유통센터 설치사업
4. 토양개량제 지원사업
5. 친환경농업 직접지불사업
6. 친환경농산물 학교급식 지원사업
7. 그 밖에 친환경농업 육성에 필요한 사업

② 국가는 제1항 각 호의 사업의 시행과 제주자치도의 지하수 및 토양환경의 보전에 필요한 비용을 지원할 수 있다.

③ 친환경농업계획과 친환경농업에 관한 주요사항 등을 심의하기 위하여 도지사 소속으로 친환경농업 육성위원회를 둔다.

④ 친환경농업계획의 실천에 관한 세부사항과 제3항에 따른 친환경농업 육성위원회의 구성과 운영 등에 필요한 사항은 도조례로 정한다.

제274조(농업진흥지역 지정 등에 관한 특례) ① 도지사는 「농지법」 제30조제1항 및 제31조제2항에도 불구하고 농림축산식품부장관의 승인을 받지 아니하고 농업진흥지역을 지정·변경 또는 해제할 수 있다.

② 「농지법」 제28조제2항제1호에 따른 농림축산식품부장관의 권한과 같은 법 제30조제3항에 따른 국토교통부장관과의 협의에 관한 농림축산식품부장관의 권한은 도지사의 권한으로 한다.

③ 「농지법」 제30조제4항 및 제31조제1항·제2항에서 대통령령으로 정하도록

한 사항은 도조례로 정할 수 있다.

④ 「농지법」 제34조제1항[농지를 「도로법」에 따른 도로(고속국도는 제외한다)로 전용하기 위한 협의만 해당한다]에 따른 국토교통부장관의 권한은 도지사의 권한으로 한다.

제275조(농지의 전용허가·협의 등에 관한 특례) ① 「농지법」 제34조에 따른 농지의 전용허가(변경허가를 포함한다. 이하 이 조에서 같다)·협의 및 「국토의 계획 및 이용에 관한 법률」 제30조제1항에 따른 협의(농지에 관한 사항으로 한정한다)에 관한 농림축산식품부장관의 권한은 도지사의 권한으로 한다.

② 「농지법」 제34조제1항 각 호 외의 부분 전단, 제35조제1항 각 호 외의 부분 전단, 같은 조 제2항, 제36조제1항 각 호 외의 부분 본문, 같은 조 제3항·제5항 및 제39조제1항 각 호 외의 부분 본문에서 대통령령 또는 농림축산식품부령으로 정하도록 한 사항은 도조례로 정할 수 있다. 〈개정 2019. 12. 10.〉

제276조(여성농어업인 관련시설의 운영비 지원 등에 관한 특례) 「여성농어업인 육성법」에 따른 여성농어업인 관련시설의 운영에 필요한 경비의 지원에 관한 사항은 도조례로 정할 수 있다.

제277조(농지전용허가 등의 제한에 관한 특례) 「농지법」 제37조제1항 각 호에서 대통령령으로 정하도록 한 시설은 도조례로 정할 수 있다.

제278조(농지보전부담금 부과·징수에 관한 특례) 「농지법」 제38조제13항에서 대통령령으로 정하도록 한 사항은 도조례로 정할 수 있다.

제279조(농지분할에 관한 특례) 「농지법」 제22조제2항에도 불구하고 도조례로 정하는 바에 따라 농지를 분할할 수 있다. 다만, 「농지법」 제28조에 따라 농업진흥지역으로 지정된 경우에는 그러하지 아니하다.

제280조(산지관리에 관한 특례) ① 「산지관리법」 제8조제1항, 제9조제1항부터 제3항까지, 제11조제1항, 제13조의2제1항·제2항, 제14조제1항부터 제3항까지, 제15조제1항·제3항·제4항, 제17조제1항·제2항, 제18조제1항부터 제3항까지, 제20조, 제21조제1항, 제22조제1항제2호, 제25조의3제1항제5호, 제25조의5제1항, 제29조제1항·제2항·제4항·제5항, 제30조제1항·제3항, 제37조제1항부터 제4항까지, 제38조제1항부터 제4항까지, 제39조제2항·제3항, 제40조제1항부터 제3항까지, 제41조, 제42조제1항·제2항, 제43조제1항·제2항, 제44조제1항·제2항(이양된 권한에 관한 사항에 한정한다), 제47조제1항(이양된 권한에 관한 사항을 조사하는 경우에 한정한다), 제48조제1항부터 제3항까지(이양된 권한에 관한

행위로 인한 손실보상의 경우에 한정한다), 제49조(이양된 권한에 관한 청문에 한정한다), 제50조(이양된 권한에 따른 수수료에 한정한다) 및 제57조제3항(이양된 권한에 따른 과태료의 부과·징수에 한정한다)에 따른 산림청장의 권한은 도지사의 권한으로 한다. 〈개정 2016. 12. 2.〉

② 「산지관리법」 제8조제1항·제2항, 제9조제1항부터 제3항까지, 제10조제3호부터 제5호까지, 같은 조 제10호, 제11조제1항제4호, 제12조제1항제2호부터 제6호까지, 같은 항 제8호, 같은 항 제10호부터 제16호까지, 같은 조 제2항제3호, 같은 항 제4호 각 목 외의 부분, 같은 호 가목 단서, 같은 항 제5호부터 제8호까지, 같은 조 제3항제2호, 제13조제4항, 제13조의2제3항, 제14조제1항·제2항, 제15조제1항 각 호 외의 부분 후단, 같은 조 제2항·제3항, 제17조제1항제1호 본문, 같은 항 제2호 본문, 같은 조 제2항, 제18조제2항제1호·제2호, 같은 조 제4항, 같은 조 제5항 본문·단서, 제20조제1항 각 호 외의 부분 본문, 제21조제1항 각 호 외의 부분 본문, 같은 조 제2항·제3항, 제22조제4항, 제25조제1항 각 호 외의 부분 본문·단서, 같은 조 제2항, 같은 조 제3항제1호·제2호, 같은 조 제4항, 제25조의2 각 호 외의 부분 단서, 제25조의3제1항제1호·제2호·제4호, 제25조의4제2호부터 제4호까지, 제26조, 제28조제1항제2호·제4호, 같은 항 제5호 본문, 같은 조 제2항 각 호 외의 부분, 같은 항 제2호·제3호, 같은 조 제3항 전단, 제29조제1항 전단, 같은 조 제3항·제5항, 제30조제1항·제3항, 같은 조 제5항 본문, 제37조제1항 각 호 외의 부분, 같은 조 제4항, 제38조제1항·제2항, 제39조제2항 각 호 외의 부분 본문, 같은 조 제3항·제5항, 제40조제1항 전단, 같은 조 제3항·제4항, 제42조제2항·제3항, 제43조제3항, 제47조제5항, 제49조 각 호 외의 부분, 제50조 각 호 외의 부분 본문·단서(도지사의 권한에 관한 수수료에 한정한다) 및 제57조제3항(이양된 권한에 따른 과태료의 부과·징수에 한정한다)에서 대통령령 또는 농림축산식품부령으로 정하도록 한 사항은 도조례로 정할 수 있다. 〈개정 2016. 12. 2., 2017. 4. 18.〉

제281조(산지전용제한지역 등의 심의에 관한 특례) 「산지관리법」 제18조제4항 및 제22조제1항제1호에도 불구하고 다음 각 호의 사항에 대하여 같은 법 제22조제2항에 따른 지방산지관리위원회에서 심의할 수 있다.

1. 「산지관리법」 제9조의 산지전용·일시사용제한지역의 지정
2. 「산지관리법」 제11조의 산지전용·일시사용제한지역 지정의 해제
3. 「산지관리법」 제18조제4항의 산지전용타당성

제282조(산림문화·휴양에 관한 특례) ① 「산림문화·휴양에 관한 법률」 제13조제2

항·제4항, 제14조제3항, 제19조제1항·제2항, 제20조제4항 및 제27조제1항·제2항에 따른 산림청장의 권한은 도지사의 권한으로 한다. 〈개정 2016. 12. 27., 2018. 2. 21.〉

② 「산림문화·휴양에 관한 법률」 제5조제2항, 제13조제2항 후단, 제14조제2항 전단, 같은 조 제4항, 제18조제3항, 같은 조 제4항 단서, 제20조제2항·제5항, 제21조의5제2항 본문·단서, 제22조, 제22조의3제7항·제8항, 제25조제2항, 같은 조 제3항 단서 및 제27조제2항에서 대통령령 또는 농림축산식품부령으로 정하도록 한 사항은 도조례로 정할 수 있다. 〈개정 2016. 12. 27., 2018. 2. 21.〉

제283조(산림자원의 조성 및 관리에 관한 특례) ① 「산림자원의 조성 및 관리에 관한 법률」 제9조제1항부터 제4항까지, 제28조제1항부터 제3항까지, 같은 조 제6항, 제29조제1항, 제37조제1항·제2항, 제38조 및 제51조제1항·제2항에 따른 산림청장의 권한은 도지사의 권한으로 한다.

② 「산림자원의 조성 및 관리에 관한 법률」 제9조제2항부터 제5항까지, 제10조제1항 단서, 같은 조 제4항, 제13조제1항, 같은 조 제3항 전단, 같은 조 제4항·제5항·제7항, 제14조제2항, 같은 조 제3항 전단, 제15조제3호 본문·단서, 제16조제5항, 제19조제5항 각 호 외의 부분 단서, 같은 조 제8항, 제20조제2항, 제23조제4항제3호, 같은 조 제6항, 제28조제2항제1호·제2호, 같은 조 제3항·제9항, 제29조제1항제3호, 제36조제1항 전단·후단, 같은 조 제2항 본문, 같은 조 제3항·제4항·제7항, 제38조제1항·제2항·제4항·제5항 및 제51조제1항과 「산림보호법」 제8조제2항, 제9조제1항제4호, 같은 조 제2항 각 호 외의 부분, 같은 항 제1호부터 제3호까지, 제11조제1항제1호다목부터 사목까지, 제14조제1항·제5항, 제34조제1항 각 호 외의 부분 및 같은 조 제2항제1호·제2호에서 대통령령 또는 농림축산식품부령으로 정하도록 한 사항은 도조례로 정할 수 있다. 〈개정 2019. 12. 10.〉

제284조(가축·수산물 및 식물의 도 외 반출입 방역) ① 도지사는 청정환경 유지를 위하여 유해 동물·식물 또는 병해충의 예비관찰·예방 및 구제, 발생실태 조사 등 필요한 시책을 마련하여야 한다.

② 도지사는 제주자치도의 청정지역 유지를 위하여 필요하면 제주자치도 내외로 반출·반입되는 수산물, 식물 및 가축과 그 생산물 등에 대하여 검사, 주사, 격리, 억류, 반출·반입 금지 등 필요한 조치를 할 수 있다.

③ 제2항에 따른 반출·반입 금지대상, 방역을 받아야 할 대상·방법·절차 및 필요한 조치 등에 관한 사항은 도조례로 정한다.

제285조(가축방역관의 역할 등에 관한 특례) 「가축전염병 예방법」 제7조(가축방역관의 자격과 임명·위촉에 관한 사항에 한정한다) 및 제25조제1항에서 대통령령 또는 농림축산식품부령으로 정하도록 한 사항은 도조례로 정할 수 있다.

제286조(수의사의 업무 등에 관한 특례) ① 도지사는 「수의사법」 제21조제1항에도 불구하고 동물병원을 운영하지 아니하거나 동물병원에서 근무하지 아니하는 수의사에게도 같은 항 제2호·제5호의 업무로 한정하여 위촉할 수 있다.

② 제1항과 「수의사법」 제21조에 따른 동물진료 업무에 관한 수의사의 위촉·운영에 관한 세부사항은 도조례로 정할 수 있다.

③ 「수의사법」 제17조제3항 전단 및 제33조 각 호 외의 부분에서 농림축산식품부령으로 정하도록 한 사항은 도조례로 정할 수 있다.

제287조(제주흑우의 보호·육성) ① 도지사는 제주흑우의 혈통을 보존하기 위한 시험·연구와 보호·육성 등에 필요한 조치를 할 수 있다.

② 도지사는 제1항의 조치를 위하여 필요한 경우에는 제주흑우, 제주흑우의 수정란 또는 정액을 제주자치도의 관할구역 밖으로 반출하는 것을 제한할 수 있다.

③ 제1항에 따른 제주흑우의 사육실태조사, 그 유전자원의 수집·보존·관리 및 반출의 제한 등에 필요한 사항은 도지사가 「축산법」 제5조제3항에 따른 가축개량총괄기관의 장과 협의를 한 뒤에 도조례로 정한다.

제288조(직접지불·소득보조 등에 관한 특례) ① 도지사는 「세계무역기구협정의 이행에 관한 특별법」 제11조제2항 각 호에 따른 정부의 지원조치와 별도로 제주자치도의 농수산물의 생산자를 위하여 세계무역기구협정에서 허용하는 범위에서 직접지불·소득보조 등의 같은 법 제11조제2항 각 호에 따른 지원조치를 할 수 있다. 이 경우 정부는 필요한 재원을 지원할 수 있다.

② 제1항에 따른 대상품목의 선정기준, 지급기준·지급절차, 산출방법 및 시행기간 등은 도조례로 정할 수 있다.

제289조(수산업에 관한 특례) ① 「양식산업발전법」 제43조에 따른 양식업(육상해수양식업) 및 「수산업법」 제47조에 따른 신고어업과 관련된 같은 법 제48조제1항부터 제3항까지 및 제54조제1항에 따른 해양수산부장관의 권한은 도지사의 권한으로 한다. 〈개정 2015. 7. 24., 2019. 8. 27.〉

② 「수산업법」 제8조제3항, 제19조제1항 각 호 외의 부분 단서, 제27조제5항, 제29조제5항(정치망어업의 어업권 보호구역에 한정한다), 제38조제1항, 제41조제4항(연안어업의 부속선에 관한 사항에 한정한다), 제47조제1항 및 같은 조 제

4항 단서, 제48조제4항(신고어업에 관한 사항에 한정한다), 제65조제1항·제3항, 같은 조 제4항제2호, 같은 조 제5항 전단 및 같은 조 제6항, 「수산자원관리법」 제36조제5항(같은 조 제3항에 따라 도지사가 세운 총허용어획량계획에 한정한다) 및 「수산종자산업육성법」 제21조제6항, 제23조제3항에서 대통령령 또는 해양수산부령으로 정하도록 한 사항은 도조례로 정할 수 있다. 〈개정 2015. 7. 24., 2019. 8. 27., 2019. 12. 10.〉

③ 제2항에 따라 연안어업(무동력어선 또는 총톤수 10톤 미만의 동력어선으로 초망 또는 들망을 사용하여 수산동물을 포획하는 어업으로 한정한다)의 부속선에 관하여 도조례를 정할 경우 「수산업법」과 그에 따른 관계 법령으로 정하는 부속선의 정수 또는 규모를 초과할 때에는 부속선의 정수와 그 규모를 미리 해양수산부장관과 협의하여야 한다.

④ 「양식산업발전법」 제32조제2항, 제41조제5항, 제42조제1항, 제43조제2항(육상해수양식업에 한정한다) 및 제50조제3항(육상해수양식업에 관한 사항에 한정한다)에서 대통령령 또는 해양수산부령으로 정하도록 한 사항은 시·도 조례로 정할 수 있다. 〈신설 2019. 8. 27.〉

제289조(수산업에 관한 특례) ① 「양식산업발전법」 제43조에 따른 양식업(육상해수양식업) 및 「수산업법」 제48조에 따른 신고어업과 관련된 같은 법 제49조제1항부터 제3항까지 및 「양식산업발전법」 제61조제1항에 따른 해양수산부장관의 권한은 도지사의 권한으로 한다. 〈개정 2015. 7. 24., 2019. 8. 27., 2022. 1. 11.〉

② 「수산업법」 제7조제3항, 제19조제1항제2호, 제27조제5항, 제28조제5항(정치망어업의 어업권 보호구역에 한정한다), 제37조제1항, 제40조제4항(연안어업의 부속선에 관한 사항에 한정한다), 제48조제1항 및 같은 조 제4항 단서, 제49조제4항(신고어업에 관한 사항에 한정한다), 제62조제1항·제3항, 같은 조 제4항제2호, 같은 조 제5항 전단 및 같은 조 제6항, 「수산자원관리법」 제36조제5항(같은 조 제3항에 따라 도지사가 세운 총허용어획량계획에 한정한다) 및 「수산종자산업육성법」 제21조제6항, 제23조제3항에서 대통령령 또는 해양수산부령으로 정하도록 한 사항은 도조례로 정할 수 있다. 〈개정 2022. 1. 11.〉

③ 제2항에 따라 연안어업(무동력어선 또는 총톤수 10톤 미만의 동력어선으로 초망 또는 들망을 사용하여 수산동물을 포획하는 어업으로 한정한다)의 부속선에 관하여 도조례를 정할 경우 「수산업법」과 그에 따른 관계 법령으로 정하는 부속선의 정수 또는 규모를 초과할 때에는 부속선의 정수와 그 규모를 미리 해양수산부장관과 협의하여야 한다.

④ 「양식산업발전법」 제32조제2항, 제41조제5항, 제42조제1항, 제43조제2항

(육상해수양식업에 한정한다) 및 제50조제3항(육상해수양식업에 관한 사항에 한정한다)에서 대통령령 또는 해양수산부령으로 정하도록 한 사항은 시·도 조례로 정할 수 있다. 〈신설 2019. 8. 27.〉

[시행일: 2023. 1. 12.] 제289조

제290조(수산물 품질관리 등에 관한 특례) ① 「농수산물 품질관리법」 제75조제1항, 제76조제2항, 같은 조 제4항부터 제6항까지(제2항에 따른 권한에 한정한다), 제78조, 제114조제1항제10호 및 제123조제3항(이양된 권한에 따른 과태료의 부과·징수에 한정한다)에 따른 해양수산부장관의 권한은 도지사의 권한으로 한다. 다만, 「농수산물 품질관리법」 제75조제1항, 제76조제2항 및 제78조에 관한 권한은 같은 법 제70조제4항에 따른 생산단계에서의 위해요소중점관리기준을 이행하는 시설로서 같은 법 제74조제1항에 따라 등록한 시설에 관한 권한으로 한정한다. 〈개정 2019. 1. 15.〉

② 「수산식품산업의 육성 및 지원에 관한 법률」 제16조, 제17조제1항 각 호 외의 부분, 같은 조 제3항 및 「농수산물 품질관리법」 제104조제3항에서 대통령령, 농림축산식품부령 또는 해양수산부령으로 정하도록 한 사항은 도조례로 정할 수 있다. 〈개정 2020. 2. 18.〉

제291조(어장관리 등에 관한 특례) ① 「어장관리법」 제3조, 제6조제1항·제2항 및 제14조제1항에 따른 해양수산부장관의 권한은 도지사의 권한으로 한다. 이 경우 도지사는 같은 법 제6조에 따른 어장환경조사의 결과를 지체 없이 해양수산부장관에게 통보하여야 한다.

② 「어장관리법」 제6조제3항, 제8조제6항, 제9조제6항, 제14조제5항 및 제23조제4항에서 대통령령 또는 해양수산부령으로 정하도록 한 사항은 도조례로 정할 수 있다.

③ 도지사는 「어장관리법」 제3조제3항에도 불구하고 제1항에 따라 어장관리 기본계획을 수립하거나 변경할 때에는 미리 「수산업법」 제88조에 따른 시·도수산조정위원회의 심의를 마쳐야 한다.

제291조(어장관리 등에 관한 특례) ① 「어장관리법」 제3조, 제6조제1항·제2항 및 제14조제1항에 따른 해양수산부장관의 권한은 도지사의 권한으로 한다. 이 경우 도지사는 같은 법 제6조에 따른 어장환경조사의 결과를 지체 없이 해양수산부장관에게 통보하여야 한다.

② 「어장관리법」 제6조제3항, 제8조제6항, 제9조제6항, 제14조제5항 및 제23조제4항에서 대통령령 또는 해양수산부령으로 정하도록 한 사항은 도조례로 정

할 수 있다.

③ 도지사는 「어장관리법」 제3조제3항에도 불구하고 제1항에 따라 어장관리 기본계획을 수립하거나 변경할 때에는 미리 「수산업법」 제95조에 따른 시·도수산조정위원회의 심의를 마쳐야 한다. 〈개정 2022. 1. 11.〉

[시행일: 2023. 1. 12.] 제291조

제292조(수산자원 관리 등에 관한 특례) ① 「수산자원관리법」 제41조제1항제7호 및 같은 조 제2항에 따른 해양수산부장관의 권한은 도지사의 권한으로 한다. 〈개정 2019. 8. 27.〉

② 「양식산업발전법」 제62조제4항, 「수산생물질병 관리법」 제37조의12제3항 전단, 제37조의13제2항 및 제37조의15제3항, 「수산자원관리법」 제44조제2항제5호, 같은 조 제4항 후단, 같은 조 제5항 및 제49조제7항제5호에서 대통령령 또는 해양수산부령으로 정하도록 한 사항은 도조례로 정할 수 있다. 〈개정 2019. 8. 27.〉

제293조(낚시어선의 이용 등에 관한 특례) ① 「낚시 관리 및 육성법」 제25조제1항·제3항, 제38조제3항 및 제55조제3항(이양된 권한에 따른 과태료의 부과·징수에 한정한다)에서 대통령령 또는 해양수산부령으로 정하도록 한 사항은 도조례로 정할 수 있다.

② 「낚시 관리 및 육성법」 제2조제8호에 따른 낚시어선업자는 「유선 및 도선 사업법」 제3조에도 불구하고 제주자치도 해역에서는 「낚시 관리 및 육성법」 제2조제7호에 따른 낚시어선(도조례로 정하는 안전시설을 갖춘 낚시어선에 한정한다)을 이용하여 해양레저를 목적으로 스킨다이빙 또는 스쿠버다이빙을 하려는 사람을 운송할 수 있다.

제294조(어촌·어항의 개발 및 관리 등에 관한 특례) ① 도지사는 「어촌·어항법」 제17조제3항 및 제21조제2항 본문에도 불구하고 해양수산부장관과 협의를 하지 아니하고 같은 법 제16조제2호에 따른 지방어항을 지정하거나 같은 법 제19조(국가어항은 제외한다)에 따라 어항개발계획을 수립하거나 변경할 수 있다.

② 도지사는 「어촌·어항법」 제38조제10항에도 불구하고 어항시설의 사용 또는 점용허가의 결과를 해당 지정권자에게 통보하지 아니하되, 그 결과를 따로 관리하여야 한다. 〈개정 2019. 12. 10.〉

③ 「어촌·어항법」 제9조제1항제5호, 같은 조 제2항, 같은 조 제3항 단서, 같은 조 제4항 본문, 제10조제1항 각 호 외의 부분 본문·단서, 같은 조 제3항 단서, 제11조제1항, 제12조제2항, 제13조제2항, 제14조제1항 본문·단서, 제17조제2

항, 제18조제1항부터 제3항까지, 제19조제1항 본문, 같은 조 제2항 각 호 외의 부분, 같은 조 제5항, 같은 조 제6항 단서, 제21조제1항 본문·단서, 같은 조 제2항 단서, 같은 조 제3항, 제23조제2항 각 호 외의 부분 본문, 같은 조 제3항, 같은 조 제4항 단서, 같은 조 제6항, 제26조제1항 단서, 같은 조 제2항제1호, 같은 조 제3항, 같은 조 제4항 후단, 같은 조 제7항·제8항, 제31조제2항, 제36조, 제37조제2항, 제38조제8항·제11항, 제42조제1항 단서 및 제44조제2항에서 대통령령 또는 해양수산부령으로 정하도록 한 사항은 도조례로 정할 수 있다. 다만, 「어촌·어항법」 제2조제3호가목에 따른 국가어항에 관한 사항은 제외한다. 〈개정 2019. 12. 10.〉

④ 「어촌·어항법」 제7조제3항부터 제5항까지, 제9조제2항·제3항, 제10조제1항제1호, 같은 조 제2항, 제12조제2항·제3항, 제14조제1항, 제15조, 제19조제5항, 제23조, 제26조제1항·제3항·제4항, 제27조제1항·제2항, 제28조, 제50조, 제51조제1항, 제54조, 제55조 및 제62조제4항(이양된 권한에 따른 과태료의 부과·징수에 한정한다)에 따른 해양수산부장관의 권한은 도지사의 권한으로 한다. 이 경우 같은 법 제19조제5항, 제23조, 제26조제1항·제3항·제4항, 제27조제1항·제2항, 제28조의 규정은 국가어항에 한정한다. 〈개정 2019. 12. 10.〉

제3장 지식경제산업의 진흥

제295조(정보통신산업의 기반조성) ① 도지사는 공공·산업 부문과 개인생활의 정보화를 촉진하고, 각급 기관과 기업·가정을 정보통신망으로 상호 연결하여 제주자치도를 전세계로 연결하는 세계정보통신의 거점지역으로 발전시키기 위하여 필요한 시책을 마련하여야 한다.

② 도지사는 제1항에 따른 시책 추진과 정보통신산업 육성을 위하여 다음 각 호의 사항을 포함하는 제주자치도 정보화 촉진 기본계획을 수립·시행하여야 한다.

1. 지역정보화 촉진에 관한 사항
2. 첨단정보통신 관련시설 유치·지원에 관한 사항
3. 정보교류 선도지역화 추진에 관한 사항
4. 정보통신기술인력의 양성에 관한 사항
5. 공항·항만을 통하여 제주자치도를 방문하는 여행자의 성향별 과학적 통계자료 확보를 위한 관광안내 조정실 설치에 관한 사항
6. 그 밖에 정보통신산업의 육성을 위하여 필요한 사항

③ 국가는 제1항에 따른 시책 추진과 제2항에 따른 제주자치도 정보화 촉진 기본계획의 효율적인 추진을 위하여 필요하면 기술지원 등의 행정적·재정적 지원

을 할 수 있다.

제296조(벤처기업집적시설의 지정 등에 관한 특례) ①「벤처기업육성에 관한 특별조치법」 제16조의4제2항·제3항, 제17조의2제1항·제3항·제4항, 제17조의4제4항, 제17조의5, 제17조의6 및 제29조(이양된 권한에 따른 청문에 한정한다)에 따른 중소벤처기업부장관의 권한은 도지사의 권한으로 한다. 〈개정 2017. 7. 26.〉

②「벤처기업육성에 관한 특별조치법」 제16조의4제3항, 제17조의2제2항, 같은 조 제3항 후단, 같은 조 제4항, 제17조의3제1호, 제17조의4제1항·제7항, 제18조제1항 전단, 같은 조 제2항제1호부터 제3호까지, 같은 조 제6항, 제21조제2항 및 같은 조 제3항 전단에서 대통령령 또는 중소벤처기업부령으로 정하도록 한 사항은 도조례로 정할 수 있다. 〈개정 2017. 7. 26.〉

제297조(기술개발제품의 우선구매에 관한 특례)「중소기업제품 구매촉진 및 판로지원에 관한 법률」 제13조제2항에 따른 중소벤처기업부장관 또는 관계 중앙행정기관의 장의 권한 중 우선구매조치를 요구할 수 있는 권한은 도지사의 권한으로 한다. 〈개정 2017. 7. 26.〉

제298조(창의적 전파활용지구 지정 등) ① 국가 또는 제주자치도는 제주자치도의 일정지역을 방송·통신 융합기술의 촉진 등 전파산업의 창의적 육성과 관련사업의 국제경쟁력 확보를 목적으로 하는 창의적 전파활용지구로 지정할 수 있다.

② 국가 또는 제주자치도는 제1항에 따라 창의적 전파활용지구를 지정한 경우에는 지체 없이 고시하여야 한다.

③ 국가와 제주자치도는 제1항에 따른 창의적 전파활용지구의 운용에 대하여 다음 각 호의 사항을 포함하는 협약을 체결할 수 있다.

1. 창의적 주파수 활용을 위한 시범사업의 발굴·추진
2. 방송통신 관련 산업의 유치·지원에 관한 사항
3. 그 밖에 전파산업의 창의적 육성을 위하여 필요한 사항

④ 제1항에 따른 창의적 전파활용지구의 지정절차·방법·관리 등에 필요한 사항은 국가와 제주자치도가 협의하여 정한다.

제299조(공장입지 등의 지도 및 감독에 관한 특례)「산업집적활성화 및 공장설립에 관한 법률」 제49조제1항에 따른 산업통상자원부장관의 권한은 도지사의 권한으로 한다.

제300조 삭제 〈2020. 2. 18.〉

제301조(중소기업지원에 관한 특례) 다음 각 호에 따른 중소벤처기업부장관의 권한

은 도지사의 권한으로 한다. 〈개정 2016. 3. 29., 2017. 7. 26., 2021. 7. 27.〉

1. 「중소기업진흥에 관한 법률」 제5조, 제43조제1항 및 제45조
2. 「중소기업제품 구매촉진 및 판로지원에 관한 법률」 제26조
3. 「여성기업지원에 관한 법률」 제4조, 제9조제3항·제4항 및 제11조
4. 삭제 〈2016. 3. 29.〉
5. 「장애인기업활동 촉진법」 제4조제1항 및 제10조
6. 「지역중소기업 육성 및 혁신촉진 등에 관한 법률」 제19조제2항

제302조(수탁 및 위탁거래에 관한 특례) 「대·중소기업 상생협력 촉진에 관한 법률」 제26조제1항, 제27조제1항·제2항 및 제40조제1항제1호에 따른 중소벤처기업부장관의 권한 중 제주자치도에 소재한 위탁기업의 수탁과 위탁거래 이행사항에 관한 권한은 도지사의 권한으로 한다. 〈개정 2017. 7. 26.〉

제303조(전기사업에 관한 특례) ① 「전기사업법」 제7조, 제9조, 제10조, 제12조, 제13조, 제61조제1항부터 제4항까지, 제71조, 제108조제3항(이양된 권한에 따른 과태료의 부과·징수에 한정한다) 및 「전기안전관리법」 제8조제1항, 제20조, 제52조제3항(이양된 권한에 따른 과태료의 부과·징수에 한정한다)에 따른 산업통상자원부장관의 권한(전기사업으로서 「신에너지 및 재생에너지 개발·이용·보급 촉진법」에 따른 신에너지 및 재생에너지 중 풍력의 발전사업에 관한 것에 한정한다)은 도지사의 권한으로 한다. 다만, 2만킬로와트를 초과하는 풍력의 발전사업을 허가하는 경우에는 산업통상자원부장관과 협의하여야 한다. 〈개정 2020. 3. 31.〉

② 제1항에 해당하는 발전사업(3천킬로와트를 초과하는 경우에 한정한다)의 허가·인가 등에 관한 사항을 심의하기 위하여 도지사 소속으로 위원회를 두되, 그 구성과 기능 등에 필요한 사항은 도조례로 정한다.

③ 도지사가 제1항에 따라 허가·인가 등을 할 때에는 제2항에 따른 위원회의 심의를 마친 경우 「전기사업법」 제7조제2항, 제10조제2항 및 제12조제1항에도 불구하고 같은 법에 따른 전기위원회의 심의를 마친 것으로 본다.

④ 도지사는 제147조에 따라 승인을 받아야 하는 개발사업의 범위에 풍력 발전사업이 포함된 경우에는 「전기사업법」 제7조제6항에 따라 산업통상자원부령으로 정하는 사항 외에 지역적 특성을 고려한 풍력 발전사업의 구체적인 기준과 절차를 도조례로 정할 수 있다.

⑤ 「전기사업법」 제10조제3항, 제12조제5항, 제61조제1항 전단, 같은 조 제2항, 같은 조 제3항 전단, 같은 조 제4항·제5항, 「전기안전관리법」 제8조제1항 전단, 같은 조 제2항 전단, 같은 조 제3항·제5항에서 산업통상자원부령으로 정

하도록 한 사항은 도조례로 정할 수 있다. 다만, 「신에너지 및 재생에너지 개발·이용·보급 촉진법」에 따른 신에너지 및 재생에너지 중 풍력의 발전사업에 관한 것으로 한정한다. 〈개정 2020. 3. 31.〉

제304조(풍력자원의 공공적 관리) ① 도지사는 제주자치도의 풍력자원을 공공의 자원으로 관리하여야 한다.

② 도지사는 풍력자원의 적정관리와 조사, 풍력발전설비의 사후관리 및 풍력자원의 개발과 이용 등을 위하여 노력하여야 한다.

③ 제303조제1항에 따라 풍력 발전사업 허가를 받으려는 자는 다음 각 호의 어느 하나에 해당하는 자이어야 한다.

1. 제주자치도가 「지방공기업법」에 따라 설립하고 도조례로 정하는 운영능력을 갖춘 지방공기업(「지방자치단체 출자·출연 기관의 운영에 관한 법률」 제2조제1항에 따른 출자법인·출연법인을 포함한다)
2. 도조례로 정하는 기준 이상의 재정적·기술적 능력을 갖춘 자
3. 도조례로 정하는 발전설비용량 미만의 소규모 풍력 발전사업을 하려는 자

④ 제3항과 제303조제1항에 따라 풍력 발전사업 허가를 받고 풍력 발전설비를 설치한 자는 안정적인 풍력발전을 위하여 도조례로 정하는 바에 따라 필요한 조치를 하여야 한다.

⑤ 도지사는 제4항에 따른 조치를 게을리하는 자에게 도조례로 정하는 바에 따라 시정명령 또는 이용중지 등 필요한 조치를 할 수 있다.

⑥ 도지사는 풍력자원의 체계적인 개발과 풍력발전의 활성화를 위하여 필요하면 도조례로 정하는 바에 따라 풍력발전지구를 지정·육성할 수 있다.

⑦ 도지사는 제6항에 따른 풍력발전지구의 지정으로 인하여 불이익을 당하는 주변지역을 신에너지 및 재생에너지 특성화 마을로 지정하여 행정적·재정적 지원을 할 수 있으며, 이에 대한 세부사항은 도조례로 정할 수 있다.

제305조(액화석유가스의 안전관리 등에 관한 특례) ① 「액화석유가스의 안전관리 및 사업법」 제5조제3항·제6항·제9항, 제6조제1항제5호가목, 제8조제2항, 제11조제1항, 제12조제1항부터 제3항까지, 제13조제3항, 제14조제2항, 제25조제1항 후단, 같은 조 제3항, 제28조, 제33조제1항, 제34조제5항, 제44조제2항·제4항·제5항, 제48조제1항, 같은 조 제3항 본문, 제53조(조정명령에 필요한 액화석유가스의 비축 및 저장시설에 관한 기준에 한정한다), 제55조제1항 후단, 제60조제1항 각 호 외의 부분, 제73조제6항(이양된 권한에 따른 과태료의 부과·징수에 한정한다)과 「도시가스사업법」 제12조제2항 및 제14조제2항에서 대통령령 또는

산업통상자원부령으로 정하도록 한 사항은 도조례로 정할 수 있다. 〈개정 2022. 2. 3.〉

② 도지사는 「액화석유가스의 안전관리 및 사업법」 제28조에도 불구하고 자연환경 보전을 위하여 제주자치도 내 경유자동차를 액화석유가스자동차로 대체하기 위하여 필요하면 도조례로 정하는 바에 따라 자동차 또는 그 사용자에게 액화석유가스를 연료로 사용하게 할 수 있다.

③ 제2항에 따라 액화석유가스를 연료로 사용하는 자동차 중 「액화석유가스의 안전관리 및 사업법」 제28조에 따른 자동차 외의 자동차는 대통령령으로 정한 경우를 제외하고는 제주자치도 외의 지역으로 반출하여서는 아니 된다.

제4장 의료·보건복지 및 보훈의 증진

제1절 의료서비스의 증진

제306조(보건의료 발전계획의 수립 등) ① 도지사는 제주자치도의 의료 발전을 위한 환경을 조성하기 위하여 제3항에 따른 보건의료정책 심의위원회의 심의를 마친 후 보건의료 발전계획을 4년마다 수립하고, 매년 보건의료 발전계획의 추진방안을 수립·시행하여야 한다. 〈개정 2019. 12. 10.〉

② 제1항에 따른 보건의료 발전계획에 포함되어야 할 사항은 다음 각 호와 같다.

1. 보건의료 발전을 위한 주요 시책과 단계별 추진방안
2. 우수병원 유치와 의료관광 활성화 방안
3. 공공의료 육성과 의료기관의 공공성·경쟁력 확보 방안
4. 그 밖에 보건의료 발전에 필요하다고 인정되는 사항

③ 제307조에 따른 의료기관의 허가와 보건의료 발전계획의 수립 등에 관한 사항을 심의하기 위하여 도지사 소속으로 보건의료정책 심의위원회를 둔다.

④ 제3항에 따른 보건의료정책 심의위원회는 보건의료 분야 등에 학식과 경험이 풍부한 사람으로 구성하되, 그 밖에 보건의료정책 심의위원회의 기능·구성 및 운영에 필요한 사항은 도조례로 정한다.

⑤ 도지사는 제1항에 따른 보건의료 발전계획을 수립하기 위하여 직전에 수립한 보건의료 발전계획의 시행결과를 도조례로 정하는 바에 따라 평가할 수 있다. 〈신설 2019. 12. 10.〉

제307조(의료기관 개설 등에 관한 특례) ① 「의료법」 제33조제2항에도 불구하고 외국인(「외국인투자 촉진법」 제2조제1항제1호에 따른 외국인을 말한다)이 설립한 법인은 도지사의 허가를 받아 제주자치도에 의료기관(이하 "외국의료기관"이라

한다)을 개설할 수 있다. 이 경우 외국의료기관의 종류는 「의료법」 제3조제2항 제3호에 따른 병원·치과병원·요양병원·종합병원으로 한다.
② 제1항에 따른 법인의 종류와 요건 및 외국의료기관의 개설요건은 도조례로 정한다.
③ 제1항에 따라 외국의료기관의 개설을 허가하거나 제2항에 따라 도조례를 정할 때에는 미리 보건의료정책 심의위원회의 심의를 마쳐야 한다. 이 경우 도지사는 그 심의를 마치기 전에 보건복지부장관의 승인을 받아야 한다.
④ 외국의료기관은 「국민건강보험법」 제42조제1항에 따른 요양기관과 「의료급여법」 제9조제1항에 따른 의료급여기관으로 보지 아니한다.
⑤ 도지사는 제1항부터 제3항까지의 규정에 따라 개설된 외국의료기관이 외국의료기관 개설에 관한 요건을 충족하지 못하는 경우 보건의료정책 심의위원회의 심의를 마친 후 도조례로 정하는 바에 따라 외국의료기관 개설허가를 취소할 수 있다.
⑥ 외국의료기관이 보건복지부장관이 정하여 고시하는 외국의 의료기관 인증을 받은 경우 「의료법」 제58조 및 제58조의3에 따른 의료기관 인증을 받은 것으로 본다. 이 경우 외국의료기관은 그 결과를 보건복지부장관에게 제출하여야 하며, 보건복지부장관은 그 결과를 공표할 수 있다.
⑦ 외국의료기관에 종사하는 의사와 치과의사는 「의료법」 제17조·제18조에 따른 진단서, 검안서(檢案書), 증명서 및 처방전을 도조례로 정하는 바에 따라 외국어로 적을 수 있다. 이 경우 도조례에 대하여 미리 보건복지부장관과 협의하여야 한다.
⑧ 외국의료기관에 종사하는 의사, 치과의사 또는 간호사는 「의료법」 제22조에 따른 진료기록부, 조산기록부, 간호기록부, 그 밖의 진료에 관한 기록 및 같은 법 제23조에 따른 전자의무기록을 도조례로 정하는 바에 따라 외국어로 적을 수 있다. 이 경우 도조례에 대하여 미리 보건복지부장관과 협의하여야 한다.

제308조(외국인전용약국 개설 등에 관한 특례) ① 「약사법」 제20조에도 불구하고 외국인(「외국인투자 촉진법」 제2조제1항제1호에 따른 외국인을 말한다)은 도지사에게 등록하는 경우 제주자치도에 외국인전용약국(이하 "외국인전용약국"이라 한다)을 개설할 수 있다.
② 외국인전용약국에 종사하는 약사는 내국인을 대상으로 의약품의 조제 또는 판매를 할 수 없다. 다만, 외국의료기관에서 처방전을 발급받은 내국인에게 그 처방전에 따른 의약품을 조제하거나 판매할 수 있다.
③ 외국인전용약국의 등록요건에 관한 사항은 보건의료정책 심의위원회의 심의

를 마친 후 도조례로 정한다.

④ 외국인전용약국은 「국민건강보험법」 제42조제1항에 따른 요양기관과 「의료급여법」 제9조제1항에 따른 의료급여기관으로 보지 아니한다.

제309조(외국의료기관·외국인전용약국의 법 적용) 외국의료기관과 외국인전용약국에 대하여 이 법에서 정하지 아니한 사항에 관하여는 「의료법」과 「약사법」을 준용한다.

제310조(외국면허 소지자의 종사인정에 관한 특례) ① 「의료법」 제27조제1항, 「약사법」 제3조 및 「의료기사 등에 관한 법률」 제4조에도 불구하고 외국의 의사·치과의사·간호사·의료기사 또는 약사 면허 소지자(이하 "외국면허 소지자"라 한다)는 보건복지부장관이 정하여 고시하는 기준을 충족하는 경우 외국의료기관과 외국인전용약국에 종사할 수 있다.

② 외국면허 소지자는 「의료법」 제2조 및 「의료기사 등에 관한 법률」 제3조에 따라 허용된 종별업무범위를 벗어날 수 없다.

③ 외국의료기관과 외국인전용약국에 종사하는 외국면허 소지자에 대한 자격정지에 관한 사항은 도조례로 정한다.

제311조(특수의료장비의 설치·운영기준 인정에 관한 특례) 외국의료기관은 「의료법」 제38조에도 불구하고 도조례로 정하는 설치·운영 기준에 따라 특수의료장비를 설치·운영할 수 있다.

제312조(외국인전용약국 개설자의 표시 의무) 외국인전용약국 개설자는 시설의 내부·외부에 외국인전용약국임을 내국인이 알 수 있도록 명확하게 표시하여야 한다.

제313조(원격의료에 관한 특례) 외국의료기관에 종사하는 외국의 의사·치과의사 면허소지자는 「의료법」 제34조제1항에도 불구하고 컴퓨터·화상통신 등의 정보통신기술을 활용하여 원격지의 의료인에게 의료지식 또는 기술을 지원하거나 지원받는 원격의료를 할 수 있다.

제314조(외국인진료소 지정 등) ① 도지사는 외국인에게 진료의 편의를 제공하기 위하여 「의료법」 제3조제2항에 따른 의료기관 중에서 외국인진료소를 지정할 수 있다. 이 경우 지정기준 등은 도조례로 정한다.

② 의료인과 의료기관은 외국인 응급환자에 대하여 「응급의료에 관한 법률」로 정하는 바에 따라 내국인과 같이 최선의 조치를 하여야 하며, 제1항에 따라 지정된 외국인진료소나 제307조에 따라 개설된 외국의료기관으로 이송할 수 있다.

③ 도지사는 외국인에게 신속하고 효과적인 응급의료를 제공하기 위하여 제307조에 따라 개설된 외국의료기관 중에서 외국인지역응급의료센터를 지정할 수 있다. 이 경우 지정기준 등은 도조례로 정한다.

제315조(의료인의 의료기관 비전속 진료허용에 관한 특례) ①「의료법」 제33조제1항에도 불구하고 의료인은 의료기관을 개설하지 아니한 경우에도 제주자치도 내의 의료기관에서 의료행위를 할 수 있으며, 특정 의료기관에 소속된 경우에도 제주자치도의 다른 의료기관에서 의료행위를 할 수 있다. 다만, 제310조에 따라 의료기관에 종사하는 외국의 의사·치과의사 면허 소지자는 그러하지 아니하다.

② 제1항에 따른 의료행위의 범위 등은 보건복지부장관과 협의하여 도조례로 정한다.

제316조(부대사업 범위에 관한 특례) 제주자치도에 의료기관을 개설한 의료법인은 「의료법」 제49조제1항 각 호의 부대사업 외에 도조례로 정하는 부대사업을 할 수 있다.

제317조(의료에 관한 특례) ①「의료법」 제63조 및 제64조제1항에 따른 보건복지부장관의 권한은 도지사의 권한으로 한다. 〈개정 2018. 3. 27.〉

②「의료법」 제16조제2항·제5항(의료기관에서 나오는 세탁물 처리 시설·장비에 관한 기준에 한정한다), 제33조제3항, 같은 조 제4항 전단, 같은 조 제5항, 제35조제2항, 제40조제2항 단서, 제42조제2항, 제43조제5항 본문, 제47조제2항, 제48조제1항 및 제61조제3항에서 대통령령 또는 보건복지부령으로 정하도록 한 사항은 도조례로 정할 수 있다. 〈개정 2018. 3. 27.〉

제318조(응급의료에 관한 특례)「응급의료에 관한 법률」 제13조의6제4항, 제14조제4항, 제24조제1항, 제32조제5항, 제33조제2항, 제34조, 제35조의2제1항 본문, 제44조제3항, 제45조제1항제5호, 제51조제1항 전단, 같은 조 제3항·제4항, 제52조제2항, 제53조, 제54조제3항 및 제55조제5항(같은 조 제3항에 따른 행정처분 중 응급환자이송업에 대한 행정처분에 한정한다)에서 대통령령, 보건복지부령 또는 보건복지부와 국토교통부의 공동부령으로 정하도록 한 사항은 도조례로 정할 수 있다. 〈개정 2019. 12. 10., 2020. 12. 29.〉

제319조(의료관광 지원·육성) 도지사는 제주자치도에 적합한 의료관광 모델 개발을 위한 연구와 마케팅·홍보 등에 관한 지원을 할 수 있으며, 그 지원범위와 방법 등에 필요한 사항은 도조례로 정한다.

제2절 보건복지의 향상

제320조(국민건강 증진에 관한 특례) ①「국민건강증진법」 제8조제4항, 제9조제4항 및 제19조제4항에서 대통령령 또는 보건복지부령으로 정하도록 한 사항은 도조례로 정할 수 있다.

② 도지사는「국민건강증진법」 제9조제4항에 따른 금연구역 외에 도조례로 정하는 바에 따라 별도의 금연구역을 지정·운영할 수 있다.

제321조(식품위생에 관한 특례)「식품위생법」 제36조제1항 각 호 외의 부분(제3호의 식품접객업에 한정한다), 제37조제1항 전단·후단, 같은 조 제4항 전단·후단, 제39조제3항, 제41조제1항·제8항, 제43조제2항, 제44조제1항, 제47조제1항·제2항·제4항, 제51조제1항 본문, 제56조제2항, 제75조제5항, 제82조제1항 본문·단서, 같은 조 제2항, 같은 조 제4항 각 호 외의 부분 본문, 같은 조 제5항 후단, 같은 조 제6항, 제89조제2항제4호, 같은 조 제3항제8호, 같은 조 제4항, 제90조제2항, 제92조 각 호 외의 부분(도지사의 권한에 관한 수수료에 한정한다) 및 제101조제4항(이양된 권한에 따른 과태료의 부과·징수에 한정한다)에서 대통령령 또는 총리령으로 정하도록 한 사항은 도조례로 정할 수 있다. 다만,「식품위생법」 제75조제5항, 제82조제1항 단서 및 같은 조 제2항에 대하여 도조례를 정할 경우에는 대통령령 또는 총리령으로 정하도록 한 사항을 포함하여야 한다. 〈개정 2019. 12. 3.〉

제322조(공중위생업의 관리 등에 관한 특례)「공중위생관리법」 제3조제1항·제5항, 제3조의2제4항, 제4조제2항 각 호 외의 부분 후단, 같은 조 제3항제1호 후단, 같은 조 제4항제2호 후단, 같은 조 제5항 후단, 같은 조 제7항, 제11조제2항, 제11조의2제2항, 제13조제4항, 제14조제4항 후단, 제17조제5항에서 대통령령 또는 보건복지부령으로 정하도록 한 사항은 도조례로 정할 수 있다. 다만,「공중위생관리법」 제11조제2항 및 제11조의2제2항에 대하여 도조례로 정할 경우에는 대통령령 또는 보건복지부령으로 정하도록 한 사항을 포함하여야 한다. 〈개정 2019. 12. 10.〉

제323조(사회복지사업에 관한 특례)「사회복지사업법」 제10조제2항, 제17조제2항 단서, 제18조제6항, 같은 조 제7항 단서, 제22조의3제4항, 제34조제6항, 제34조의4제5항, 제36조제4항, 제37조, 제38조제2항, 같은 조 제3항 각 호 외의 부분, 제40조제3항, 제41조 단서, 제42조제1항, 제44조, 제45조제2항, 제58조제4항(이양된 권한에 따른 과태료의 부과·징수에 한정한다),「노숙인 등의 복지 및 자립지원에 관한 법률」 제15조제2항·제4항, 제17조제2항·제4항 및 제18조제2

항에서 대통령령 또는 보건복지부령으로 정하도록 한 사항은 도조례로 정할 수 있다. 〈개정 2019. 1. 15., 2019. 12. 10.〉

제324조(국민기초생활 보장에 관한 특례) 「국민기초생활 보장법」 제12조제1항, 제16조제5항 및 제32조 각 호 외의 부분에서 대통령령 또는 보건복지부령으로 정하도록 한 사항과 같은 법 제18조의3제1항에 따른 자활기금의 적립·관리 및 사용에 관한 사항은 도조례로 정할 수 있다.

제325조(아동복지에 관한 특례) 「아동복지법」 제16조제4항제3호, 제30조, 제31조제1항·제3항, 제32조제2항, 제45조제5항, 제50조제4항, 제51조제1항, 제53조제2항·제3항 및 제54조제2항에서 대통령령 또는 보건복지부령으로 정하도록 한 사항은 도조례로 정할 수 있다. 〈개정 2016. 3. 22., 2019. 1. 15., 2019. 12. 10.〉

제326조(영·유아보육에 관한 특례) ① 「영유아보육법」 제23조제1항에 따른 보건복지부장관의 권한은 도지사의 권한으로 한다.

② 「영유아보육법」 제6조제3항, 제7조제4항, 제11조제3항, 제13조제4항, 제14조제3항, 제15조, 제17조제5항, 제19조제2항, 제23조제5항, 제24조제1항·제4항, 제25조제1항 단서, 같은 조 제6항, 제28조제1항제8호, 제29조제5항, 제37조 및 제43조에서 대통령령 또는 보건복지부령으로 정하도록 한 사항은 도조례로 정할 수 있다. 〈개정 2019. 4. 30., 2019. 12. 10.〉

제327조(노인복지 등에 관한 특례) 「노인복지법」 제23조의2제3항, 제24조제2항제5호, 제26조제1항, 제27조제1항 전단, 제30조제2항, 제32조제2항, 제33조제4항, 제33조의2제6항, 제36조제2항, 제37조제5항, 제39조의5제4항, 제46조제1항·제4항, 제51조제2항 및 제61조의2제4항(이양된 권한에 따른 과태료의 부과·징수에 한정한다), 「치매관리법」 제10조제6항 및 제17조제3항에서 대통령령 또는 보건복지부령으로 정하도록 한 사항은 도조례로 정할 수 있다. 〈개정 2018. 3. 13.〉

제328조(장애인복지에 관한 특례) 「장애인복지법」 제13조제2항, 제33조제3항, 제36조제2항, 제37조제3항, 제38조제2항, 제43조제2항, 제49조제3항, 제50조제3항, 제54조제2항, 제56조제2항, 제58조제2항, 제59조제6항, 제66조제3항, 제69조제1항 전단·후단 및 제80조제1항에서 대통령령 또는 보건복지부령으로 정하도록 한 사항은 도조례로 정할 수 있다. 〈개정 2019. 1. 15.〉

제329조(정신건강증진에 관한 특례) 「정신건강증진 및 정신질환자 복지서비스 지원에 관한 법률」 제12조제6항, 제22조제7항, 제24조, 제25조제4항, 제26조제4

항, 제28조, 제29조제4항, 제52조제1항 본문, 제53조제8항, 제55조제2항, 제60조제2항, 제63조제4항 및 제66조제5항 본문에서 대통령령 또는 보건복지부령으로 정하도록 한 사항은 도조례로 정할 수 있다. 〈개정 2016. 5. 29., 2019. 12. 10.〉

[제목개정 2016. 5. 29.]

제330조(입양에 관한 특례) 「입양특례법」 제10조제1항제5호, 제20조제5항·제6항, 제35조제3항 및 제39조제2항에서 대통령령 또는 보건복지부령으로 정하도록 한 사항은 도조례로 정할 수 있다.

제331조(장애인·노인·임산부 등의 편의증진보장에 관한 특례) 「장애인·노인·임산부 등의 편의증진 보장에 관한 법률」 제7조 각 호 외의 부분, 제8조제1항, 같은 조 제2항 전단, 제9조, 제15조제1항제4호, 같은 조 제3항, 제16조제2항, 제16조의2 전단, 제23조제1항, 제24조제2항, 제27조제4항(이양된 권한에 따른 과태료의 부과·징수에 한정한다)에서 대통령령 또는 보건복지부령으로 정하도록 한 사항은 도조례로 정할 수 있다.

제332조(농어촌주민의 보건복지증진에 관한 특례) 「농어촌주민의 보건복지 증진을 위한 특별법」 제15조제2항, 제17조제3항, 제24조제2항, 제25조제1항·제2항 및 제26조에서 대통령령 또는 보건복지부령으로 정하도록 한 사항은 도조례로 정할 수 있다.

제333조(장사 등에 관한 특례) 「장사 등에 관한 법률」 제5조제6항, 제7조제2항 단서, 제8조제6항, 제10조제3항, 제13조제7항, 제14조제2항 전단·후단, 같은 조 제3항 전단·후단, 같은 조 제5항 단서, 같은 조 제8항, 제15조제1항 전단·후단, 같은 조 제5항, 제16조제2항 전단·후단, 같은 조 제3항 전단·후단, 같은 조 제5항제2호, 같은 조 제8항, 제17조제4호, 제18조제4항, 제19조제5항, 제25조제1항, 같은 조 제3항 전단, 제31조 각 호 외의 부분, 제32조제1항 각 호 외의 부분, 같은 조 제2항, 제34조제6항, 제35조제3항 및 제42조제2항(이양된 권한에 따른 과태료의 부과·징수에 한정한다)에서 대통령령 또는 보건복지부령으로 정하도록 한 사항은 도조례로 정할 수 있다. 〈개정 2015. 12. 29.〉

제334조(건강가정지원에 관한 특례) 「건강가정기본법」 제30조제2항·제4항, 제32조제3항 및 제35조제4항·제5항에서 대통령령 또는 여성가족부령으로 정하도록 한 사항은 도조례로 정할 수 있다.

제335조(가정폭력방지 및 피해자보호 등에 관한 특례) 「가정폭력방지 및 피해자보호

등에 관한 법률」 제5조제5항 및 제7조제4항에서 여성가족부령으로 정하도록 한 사항은 도조례로 정할 수 있다. 〈개정 2019. 12. 10.〉

제336조(성폭력의 방지 및 피해자 보호 등에 관한 특례) 「성폭력방지 및 피해자보호 등에 관한 법률」 제10조제3항 및 제12조제5항에서 여성가족부령으로 정하도록 한 사항은 도조례로 정할 수 있다. 〈개정 2015. 12. 1.〉

제337조(성매매방지 및 피해자보호 등에 관한 특례) 「성매매방지 및 피해자보호 등에 관한 법률」 제9조제2항·제3항, 제10조제4항, 제13조제4항, 제17조제5항 및 제23조제2항에서 여성가족부령으로 정하도록 한 사항은 도조례로 정할 수 있다. 〈개정 2019. 12. 10.〉

제338조(청소년활동 진흥에 관한 특례) 「청소년활동 진흥법」 제4조제3항, 제11조제3항 후단, 제12조제1항제4호, 같은 조 제2항, 제13조제1항 후단, 같은 조 제3항, 제14조제1항 본문·단서, 제21조제2호 단서, 제26조제2항 각 호 외의 부분, 제27조제1항·제2항, 제28조제3항, 제31조제2항제5호, 같은 조 제3항, 제32조제4항, 제47조제2항 단서, 같은 조 제4항, 제48조제2항·제4항 및 제68조 각 호 외의 부분에서 대통령령 또는 여성가족부령으로 정하도록 한 사항은 도조례로 정할 수 있다. 〈개정 2019. 12. 10.〉

제339조(청소년복지 지원에 관한 특례) 「청소년복지 지원법」 제14조제3항, 제19조제4항 및 제21조제3항에서 대통령령 또는 여성가족부령으로 정하도록 한 사항은 도조례로 정할 수 있다.

제340조(한부모가족복지에 관한 특례) 「한부모가족지원법」 제5조제1항 및 제20조제5항에서 여성가족부령으로 정하도록 한 사항은 도조례로 정할 수 있다.

제3절 보훈의 증진

제341조(독립유공자에 관한 특례) 「독립유공자예우에 관한 법률」 제6조, 제6조의2, 제12조제2항, 제13조, 제14조, 제15조제3항(「국가유공자 등 예우 및 지원에 관한 법률」의 준용규정 중 같은 법 제26조제1항에 따른 권한에 한정한다), 제16조제4항(「국가유공자 등 예우 및 지원에 관한 법률」의 준용규정 중 같은 법 제31조의2, 제32조제2항·제3항, 제33조제1항부터 제3항까지, 제33조의3, 제34조제1항부터 제4항까지, 제34조의2제2항, 제36조제2항·제3항, 제37조, 제38조제2항 전단 및 제39조제1항에 따른 권한에 한정한다), 제18조제3항[「국가유공자 등 예우 및 지원에 관한 법률」의 준용규정 중 같은 법 제52조제1항·제2항(대부결

정기준 마련은 제외한다), 제56조, 제59조, 제60조 및 제62조제2항에 따른 권한에 한정한다], 제26조, 제35조, 제36조, 제38조제1항·제2항, 제39조제1항부터 제5항까지 및 제45조(이양된 권한에 따른 과태료의 부과·징수에 한정한다)에 따른 국가보훈처장의 권한은 도지사의 권한으로 하며, 국가사무로서 국가보훈처장이 처리하던 사무는 도지사가 처리한다. 〈개정 2015. 12. 22.〉

제342조(국가유공자 등에 관한 특례) 「국가유공자 등 예우 및 지원에 관한 법률」 제6조제1항부터 제4항까지, 제6조의2제1항·제2항, 제6조의3제3항제3호, 제6조의5, 제9조제4항·제5항, 제12조제1항부터 제3항까지, 제14조제1항, 제14조의2제1항·제2항, 제14조의3제1항·제3항·제4항, 제14조의4제1항부터 제3항까지, 같은 조 제5항·제6항, 제15조제1항, 제15조의2제1항, 제16조제1항, 제16조의2제1항, 제16조의3제1항, 제17조제1항부터 제3항까지, 제18조, 제22조제3항·제4항(이양된 권한에 한정한다), 제26조제1항, 제31조의2, 제32조제2항·제3항, 제33조제1항부터 제3항까지, 제33조의3제1항부터 제3항까지, 제34조제1항부터 제4항까지, 제34조의2제2항, 제36조제2항·제3항, 제37조, 제38조제1항, 같은 조 제2항 전단, 제39조제1항, 제52조제1항·제2항(대부결정기준 마련은 제외한다), 제56조, 제59조, 제60조제1항·제2항, 제62조제2항, 제63조의2제2항(이양된 권한에 한정한다), 제74조의10(이양된 권한에 한정한다), 제74조의18제1항·제3항, 제75조제1항부터 제3항까지, 제76조제1항, 제77조제1항, 제78조제1항·제2항, 제79조제1항부터 제5항까지, 제82조의6제1항·제2항 및 제86조제3항(이양된 권한에 따른 과태료의 부과·징수에 한정한다)에 따른 국가보훈처장의 권한은 도지사의 권한으로 하며, 국가사무로서 국가보훈처장이 처리하던 사무는 도지사가 처리한다. 〈개정 2019. 12. 10.〉

제343조(보훈대상자 등에 관한 특례) 「보훈보상대상자 지원에 관한 법률」 제4조제1항부터 제4항까지, 제5조, 제6조제2항(「국가유공자 등 예우 및 지원에 관한 법률」 제6조의3제3항제3호 및 제6조의5에 따른 권한에 한정한다), 제8조제4항·제5항, 제11조제1항부터 제3항까지, 제13조제1항, 제14조제1항·제2항, 제15조제1항부터 제4항까지, 제16조제1항부터 제3항까지, 같은 조 제5항·제6항, 제17조제1항, 제18조제1항, 제19조제1항, 제20조제1항부터 제3항까지, 제21조, 제25조제3항·제4항, 제31조제1항, 제36조, 제37조제2항·제3항, 제38조, 제40조, 제41조, 제42조제2항, 제45조제2항·제3항, 제46조, 제48조제1항, 같은 조 제2항 전단, 제49조제1항, 제61조제1항·제2항(대부결정기준 마련은 제외한다), 제63조부터 제65조까지, 제67조제2항, 제68조, 제69조제1항, 제70조제1항, 제71

조, 제72조 및 제76조제3항(이양된 권한에 따른 과태료의 부과·징수에 한정한다)에 따른 국가보훈처장의 권한은 도지사의 권한으로 하며, 국가사무로서 국가보훈처장이 처리하던 사무는 도지사가 처리한다.

제344조(참전유공자에 관한 특례) 「참전유공자 예우 및 단체설립에 관한 법률」 제5조제1항·제2항·제4항, 제5조의2, 제6조제1항부터 제3항까지 및 제6항 (「국가유공자 등 예우 및 지원에 관한 법률」 제18조에 따른 권한에 한정한다), 제9조제4항·제5항 및 제42조제2항(이양된 권한에 따른 과태료의 부과·징수에 한정한다)에 따른 국가보훈처장의 권한은 도지사의 권한으로 하며, 국가사무로서 국가보훈처장이 처리하던 사무는 도지사가 처리한다. 〈개정 2015. 12. 22.〉

제345조(5·18 민주유공자에 관한 특례) 「5·18민주유공자예우 및 단체설립에 관한 법률」 제7조제1항부터 제3항까지, 제8조, 제17조제1항, 제22조의2, 제23조제2항, 제24조제1항부터 제3항까지, 제24조의3제1항부터 제3항까지, 제25조제1항부터 제4항까지, 제26조제2항, 제28조제2항·제3항, 제29조, 제30조제1항, 같은 조 제2항 전단, 제31조제1항, 제45조제1항·제2항(대부결정기준 마련은 제외한다), 제49조, 제52조제1항·제2항, 제54조제2항, 제64조, 제65조제1항, 제66조, 제67조 및 제71조제3항(이양된 권한에 따른 과태료의 부과·징수에 한정한다)에 따른 국가보훈처장의 권한은 도지사의 권한으로 하며, 국가사무로서 국가보훈처장이 처리하던 사무는 도지사가 처리한다. 〈개정 2015. 12. 22., 2021. 1. 5.〉

제346조(고엽제후유의증 환자에 관한 특례) 「고엽제후유의증 등 환자지원 및 단체설립에 관한 법률」 제4조제1항부터 제3항까지, 같은 조 제5항부터 제7항까지, 제4조의2제1항·제2항, 제6조제1항(신체검사는 제외한다), 제6조의2(「국가유공자 등 예우 및 지원에 관한 법률」 제6조의3제3항제3호에 따른 권한에 한정한다), 제7조제4항·제5항(등록부 등록은 제외한다), 제7조의3제1항부터 제3항까지(등급판정은 제외한다), 제7조의5(「국가유공자 등 예우 및 지원에 관한 법률」 제3장의 이양된 권한에 한정한다), 제7조의9(「국가유공자 등 예우 및 지원에 관한 법률」 제4장의 이양된 권한에 한정한다), 제8조제4항, 제25조, 제26조제1항, 제27조제1항·제2항, 제28조제1항부터 제5항까지 및 제34조제3항(이양된 권한에 따른 과태료의 부과·징수에 한정한다)에 따른 국가보훈처장의 권한은 도지사의 권한으로 하며, 국가사무로서 국가보훈처장이 처리하던 사무는 도지사가 처리한다. 〈개정 2015. 12. 22.〉

제347조(제대군인에 관한 특례) 「제대군인지원에 관한 법률」 제4조제1항·제2항, 제8조, 제14조제2항(「국가유공자 등 예우 및 지원에 관한 법률」의 준용규정 중 같

은 법 제32조제2항·제3항, 제33조제1항부터 제3항까지, 제33조의3제1항부터 제3항까지, 제34조제1항부터 제4항까지 및 제36조제2항·제3항에 따른 권한에 한정한다), 제21조제1항·제5항[「국가유공자 등 예우 및 지원에 관한 법률」 제52조제1항·제2항(대부결정기준 마련은 제외한다), 제56조, 제60조제1항·제2항 및 제62조제2항에 따른 권한에 한정한다]·제6항, 제24조, 제25조제1항부터 제3항까지 및 제29조제3항(이양된 권한에 따른 과태료의 부과·징수에 한정한다)에 따른 국가보훈처장의 권한은 도지사의 권한으로 하며, 국가사무로서 국가보훈처장이 처리하던 사무는 도지사가 처리한다.

제348조(특수임무유공자에 관한 특례) 「특수임무유공자 예우 및 단체설립에 관한 법률」 제6조제1항·제2항, 제7조, 제16조제1항, 제20조의2, 제22조제1항부터 제3항까지, 제23조, 제25조제2항, 제27조제2항·제3항, 제28조, 제29조제1항, 같은 조 제2항 전단, 제29조의2제1항, 제30조제1항부터 제3항까지, 제44조제1항·제2항(대부결정기준 마련은 제외한다), 제48조제1항부터 제3항까지, 같은 조 제5항부터 제9항까지, 제51조, 제53조제2항, 제77조, 제78조제1항, 제79조, 제80조 및 제83조제3항(이양된 권한에 따른 과태료의 부과·징수에 한정한다)에 따른 국가보훈처장의 권한은 도지사의 권한으로 하며, 국가사무로서 국가보훈처장이 처리하던 사무는 도지사가 처리한다. 〈개정 2015. 12. 22., 2019. 12. 10.〉

제349조(보훈기금에 관한 특례) 「보훈기금법」 제12조에 따른 국가보훈처장의 권한은 도지사의 권한으로 하며, 국가사무로서 국가보훈처장이 처리하던 사무는 도지사가 처리한다.

제350조(보훈사무의 행정심판에 관한 특례) 「행정심판법」 제6조제3항에도 불구하고 제341조부터 제349조까지의 보훈사무에 관한 제주자치도 소속 행정청의 처분 또는 부작위에 대한 행정심판의 청구는 같은 법 제6조제2항에 따른 중앙행정심판위원회에서 심리·재결한다.

제5장 환경의 보전

제1절 자연환경의 관리·보전

제351조(자연환경 보전·관리의 기본방향) ① 제주자치도는 정책·계획을 수립·시행할 때 환경적으로 건전하고 지속가능한 발전이 이루어지도록 하며, 자연환경의 혜택은 주민이 함께 공유할 수 있도록 함과 동시에 장래의 세대가 같은 기회를 가지고 자연을 이용할 수 있도록 보전·관리하여야 한다.

② 제주자치도는 자연환경을 체계적으로 보전·관리하고 주민이 쾌적한 자연환경

에서 여유 있고 건강한 생활을 할 수 있도록 하기 위하여 환경기본조례의 제정과 다음 각 호의 사항이 포함된 환경보전기본계획의 수립·시행을 위하여 노력하여야 한다.

1. 환경보전 목표와 방향 제시
2. 지역환경 특성 분석과 미래전망
3. 자연환경과 생태계 보전·복원 계획 등
4. 도시와 자연경관의 보전·관리에 관한 사항
5. 유네스코가 지정한 제주자치도 생물권보전지역의 관리에 관한 사항

③ 도지사는 유네스코가 지정한 제주자치도 생물권보전지역의 체계적 보전·관리를 위하여 생물권보전지역 간의 협력활동과 교류에 적극 노력하고, 도조례로 정하는 바에 따라 관리하여야 한다.

④ 도지사는 환경적으로 지속가능한 발전을 계속하기 위하여 지역사회 전체가 공유하여야 할 기본적 가치관과 이념을 담은 실천과제 등을 수립·시행하기 위하여 노력하여야 한다.

⑤ 도지사는 제2항에 따른 환경보전기본계획의 시행에 필요한 재원을 조성하기 위하여 도조례로 정하는 바에 따라 제주자치도에 환경보전기금을 설치할 수 있다.

⑥ 제5항에 따른 환경보전기금은 다음 각 호의 재원으로 조성한다. 다만, 제1호부터 제4호까지의 재원은 제주자치도 귀속분으로 한정한다. 〈개정 2017. 1. 17.〉

1. 「환경개선비용 부담법」에 따른 환경개선부담금 징수비용교부금
2. 「대기환경보전법」에 따른 배출부과금 징수비용교부금
3. 「물환경보전법」에 따른 배출부과금 징수비용교부금
4. 「환경영향평가법」, 「대기환경보전법」, 「물환경보전법」 등 환경관계 법률 위반자에게 부과하는 과태료
5. 제주자치도의 일반회계와 다른 특별회계로부터의 전입금

⑦ 국가는 제5항에 따른 환경보전기금에 재정지원을 할 수 있다.

제351조의2(환경자원총량의 설정과 환경자원총량유지·관리계획의 수립 등) ① 도지사는 제주자치도가 보유한 우수한 환경자원을 인위적 훼손으로부터 보호하고, 환경가치가 높은 자연생태계를 체계적으로 보전·관리하며, 환경자원의 가치를 온전하게 보전하기 위하여 제주자치도의 지역적 환경특성 등을 반영하여 10년 단위로 제주자치도 환경자원 유지·존속을 위한 목표 수준(이하 "환경자원총량"이라 한다)을 설정하고, 환경자원총량을 유지·관리하기 위한 계획(이하 "환경자원총량유지·관리계획"이라 한다)을 수립·시행하여야 한다.

② 도지사는 제주자치도의 환경 특성에 따라 환경자원을 등급화하여 관리할 수

있다.

③ 제1항에 따른 환경자원총량의 설정, 환경자원총량유지·관리계획의 수립·시행 및 제2항에 따른 환경자원 등급 분류에 관한 사항을 심의하기 위하여 도지사 소속으로 환경자원총량관리위원회를 둔다.

④ 제3항에 따른 환경자원총량관리위원회의 구성·운영 등에 필요한 사항은 도조례로 정한다.

[본조신설 2019. 12. 10.]

제352조(환경교육 시범도 지정 및 육성 등) ① 도지사는 「환경정책기본법」 제25조에 따라 주민 스스로 환경보전에 참여하고 일상생활에서 실천할 수 있도록 하기 위하여 필요한 계획(이하 "환경교육계획"이라 한다)을 도조례로 정하는 바에 따라 수립·시행하여야 한다.

② 도지사는 제1항에 따른 환경교육계획을 수립할 때에는 체험 환경교육에 관한 사항이 포함되도록 하여야 하며, 도교육감과 협의하여 「유아교육법」 제2조제2호에 따른 유치원과 「초·중등교육법」 제2조 및 「고등교육법」 제2조에 따른 학교를 대상으로 체험 환경교육을 실시할 수 있다.

③ 환경부장관은 제1항에 따른 제주자치도의 환경교육계획 시행이 국민의 환경보전의식을 향상시켰다고 인정되는 경우에는 제주자치도를 환경교육 시범도로 지정할 수 있으며, 이의 육성·발전을 위하여 필요한 행정적·재정적 지원을 할 수 있다.

④ 제3항에 따른 환경교육 시범도의 지정·운영에 필요한 사항은 대통령령으로 정한다.

제353조(저탄소 녹색성장의 이념이 구현된 도시의 조성) ① 국가는 저탄소 녹색성장의 선도적 실현을 위하여 제주자치도를 저탄소 녹색성장의 이념이 모범적으로 구현된 도시(이하 이 조에서 "저탄소 녹색도시"라 한다)로 조성할 수 있다.

② 국가는 제주자치도를 저탄소 녹색도시로 조성하기 위하여 국책사업과 연계한 각종 시범사업, 녹색기술 산업 및 기후변화사업 등의 녹색성장 사업을 실시할 수 있다.

③ 국가는 제2항에 따른 저탄소 녹색도시 조성사업의 시행에 필요한 행정적·재정적 지원을 할 수 있다.

제354조(곶자왈 보전) ① 국가 또는 제주자치도는 제주도 화산활동 중 분출한 용암류가 만들어낸 불규칙한 암괴지대로서 숲과 덤불 등 다양한 식생을 이루는 곳(이하 "곶자왈"이라 한다)의 보전을 위하여 노력하여야 한다.

② 국가 또는 제주자치도는 곶자왈의 토지를 취득하고 보전·관리하는 단체에 대하여 예산의 범위에서 보전·관리에 직접 소요되는 경비의 일부를 보조할 수 있다.

③ 도지사는 곶자왈 중 특별히 보전할 가치가 있는 지역을 도조례로 정하는 바에 따라 곶자왈 보호지역으로 지정하여 그 보호에 필요한 조치를 할 수 있다. 〈신설 2019. 12. 10.〉

제355조(절대보전지역) ① 도지사는 도의회의 동의를 받아 다음 각 호의 어느 하나에 해당하는 지역을 자연환경의 고유한 특성을 보호하기 위한 지역(이하 "절대보전지역"이라 한다)으로 지정할 수 있다. 이를 변경할 때에도 도의회의 동의를 받아야 한다.

1. 한라산·기생화산·계곡·하천·호소(湖沼)·폭포·도서·해안·연안·용암동굴 등으로서 자연경관이 뛰어난 지역
2. 수자원과 문화재의 보존을 위하여 필요한 지역
3. 야생동물의 서식지 또는 도래지
4. 자연림지역으로서 생태학적으로 중요한 지역
5. 그 밖에 자연환경의 보전을 위하여 도조례로 정하는 지역

② 도지사가 제1항에 따라 절대보전지역을 지정하거나 변경한 경우에는 도조례로 정하는 바에 따라 지체 없이 고시하여야 한다.

③ 제1항에 따른 절대보전지역에서는 그 지역 지정의 목적에 위배되는 건축물의 건축, 인공 구조물과 그 밖의 시설의 설치, 토지의 형질변경, 토지의 분할, 공유수면의 매립, 수목의 벌채, 흙·돌의 채취, 도로의 신설 등과 이와 유사한 행위를 할 수 없다. 다만, 제1호부터 제5호까지의 어느 하나에 해당하는 행위로서 도지사의 허가를 받은 경우에는 그러하지 아니하다.

1. 국가 또는 제주자치도가 시행하는 등산로, 산책로, 임도, 도로, 공중화장실, 정자, 기상관측시설과 「자연공원법」에 따른 공원시설의 설치
2. 「산림자원의 조성 및 관리에 관한 법률」 제13조에 따른 산림경영계획으로 시행하는 사업으로서 모두 베기나 토지의 형질변경을 수반하지 아니하는 행위
3. 학술적 조사·연구를 목적으로 하는 행위
4. 절대보전지역 지정 전에 건축된 기존 종교시설 경내에서의 건축물 증축·개축 행위
5. 그 밖에 자연자원의 원형을 훼손하거나 변형시키지 아니하는 범위에서 도조례로 정하는 행위

④ 제1항에 따른 절대보전지역 지정 당시에 이미 관계 법령에 따라 건축물의 건

축, 인공 구조물과 그 밖의 시설의 설치 또는 토지의 형질변경 등에 관하여 인가·허가·승인 등을 받아 공사 또는 사업(관계 법령에 따라 인가 등을 받을 필요가 없는 공사 또는 사업을 포함한다)에 착수한 자는 제3항 단서에도 불구하고 도지사의 허가를 받지 아니하고 그 공사 또는 사업을 계속 시행할 수 있다.

제356조(상대보전지역) ① 도지사는 도의회의 동의를 받아 다음 각 호의 어느 하나에 해당하는 지역을 자연환경의 보전과 적정한 개발을 유도하기 위한 지역(이하 "상대보전지역"이라 한다)으로 지정할 수 있다. 이를 변경할 때에도 또한 같다.

1. 기생화산·하천·계곡·주요도로변·해안 등 생태계 또는 경관보전이 필요한 지역
2. 절대보전지역을 제외한 지역 중 보전할 필요가 있는 지역

② 제1항에 따른 상대보전지역에서는 그 지역 지정목적에 위배되는 건축물의 건축, 인공 구조물과 그 밖의 시설의 설치 및 토지의 형질변경 등이나 이와 유사한 행위를 할 수 없다. 다만, 다음 각 호의 어느 하나에 해당하는 행위로서 도지사의 허가를 받은 경우에는 그러하지 아니하다. 〈개정 2017. 4. 18.〉

1. 제355조제3항제1호에 해당하는 시설의 설치
2. 제355조제3항제2호부터 제5호까지의 어느 하나에 해당하는 행위
3. 「박물관 및 미술관 진흥법」 제2조에 따른 박물관·미술관의 건축
4. 농업·임업·축산업·수산업을 영위하거나 숙박, 판매 등의 소득과 연관되는 2층 이하의 건축물(부대건축물과 부설 주차장시설을 포함한다)의 건축
5. 「국토의 계획 및 이용에 관한 법률」 제37조제1항제6호에 따른 취락지구, 같은 법 제51조제3항에 따른 지구단위계획구역 또는 「공간정보의 구축 및 관리 등에 관한 법률」 제67조에 따른 지목이 대(垈)인 토지에서의 2층 이하 건축물의 건축
6. 도로, 하천유량 및 지하수 관측시설, 배수로의 설치 또는 이와 유사한 농업·임업·축산업·수산업에 부수되는 인공 구조물 또는 시설의 설치
7. 수목의 벌채 또는 토석의 채취
8. 이동이 쉽지 아니한 물건의 설치 또는 퇴적
9. 그 밖에 도조례로 정하는 종류와 규모의 건축물의 건축, 인공 구조물·시설물의 설치 또는 토지의 형질변경

③ 상대보전지역에 관하여는 제355조제2항·제4항을 준용한다.

제357조(관리보전지역의 지정) ① 도지사는 한라산국립공원, 「국토의 계획 및 이용에 관한 법률」 제6조제1호에 따른 도시지역 및 제주자치도의 부속도서를 제외한 지역 중 지하수자원·생태계 및 경관을 보전하기 위하여 필요한 지역을 관리보전

지역으로 지정할 수 있다.

② 제1항에 따른 관리보전지역(이하 "관리보전지역"이라 한다)은 그 환경특성에 따라 지하수자원보전지구·생태계보전지구 및 경관보전지구(이하 "보전지구"라 한다)로 세분하여 지정하되, 보전지구는 다시 제1등급·제2등급 등 등급별로 세분할 수 있다. 이 경우 보전지구의 지정기준과 등급기준은 도조례로 정한다.

③ 도지사는 제1항에 따라 관리보전지역을 지정할 때에는 다음 각 호의 사항을 조사하여야 한다.

1. 지하수자원보전지구
   가. 숨골·용암동굴·함몰지 등의 투수성 지질구조요소
   나. 토양의 오염지수 등 토양요소
2. 생태계보전지구
   가. 희귀·멸종위기·특산·자생 식물군락지, 자연림 등의 식물상 요소
   나. 희귀·멸종위기·천연기념 동물 서식지, 수림지역 등 서식환경지역의 동물상 요소
3. 경관보전지구: 기생화산·하천·구릉·주요도로변 등의 경관미 요소

④ 도지사는 제1항에 따라 관리보전지역을 지정할 경우에는 도의회의 동의를 받아야 한다.

⑤ 도지사는 제1항에 따라 관리보전지역을 지정하였을 때에는 도조례로 정하는 바에 따라 지체 없이 고시하여야 한다.

⑥ 관리보전지역의 변경·해제에 관하여는 제3항부터 제5항까지의 규정을 준용한다. 다만, 관리보전지역을 해제할 경우에 제2항에 따른 보전지구별 제1등급 지역을 해제하더라도 제355조에 따른 절대보전지역으로 지정된 것으로 보며, 보전지구별 제2등급 지역을 해제하더라도 제356조에 따른 상대보전지역으로 지정된 것으로 본다. 이 경우 도조례로 정하는 바에 따라 고시하여야 한다.

⑦ 제주자치도에서는「자연환경보전법」제34조에도 불구하고 토지이용과 개발계획을 수립하거나 시행할 때에는 제1항부터 제3항까지의 규정에 따른 관리보전지역을 활용하여야 한다. 다만,「자연환경보전법」제34조에 따라 작성된 생태·자연도는 제주자치도의 생태연구 발전의 목적 등으로 활용할 수 있다.

제358조(관리보전지역에서의 행위제한) ① 관리보전지역에서는 다음 각 호의 행위를 제한할 수 있다. 이 경우 보전지구별·등급별 행위제한의 구체적인 내용은 도조례로 정한다.

1. 지하수자원보전지구에서의 다음 각 목의 행위
   가. 폐수배출시설의 설치행위

나. 폐기물 처리시설의 설치행위
다. 생활하수 발생시설의 설치행위
라. 가축분뇨 배출시설의 설치행위
마. 토지의 형질변경행위

2. 생태계보전지구에서의 산림훼손과 토지의 형질변경행위
3. 경관보전지구에서의 건축물의 건축, 인공 구조물과 그 밖의 시설의 설치 및 토지의 형질변경행위

② 다음 각 호의 어느 하나에 해당하는 행위에 대해서는 제1항을 적용하지 아니한다.

1. 관리보전지역 지정 당시의 기존 건축물·시설물의 개축과 동일 용도의 증축(기존건축물의 연면적을 포함한 2배 이하 증축하는 경우에 한정한다)
2. 관리보전지역 지정(등급의 지정을 포함한다) 당시에 이미 관계 법령에 따라 인가·허가 등을 받아 시행 중인 사업(인가·허가 등이 신청된 사업을 포함한다)의 시행
3. 제355조제3항 각 호의 어느 하나에 해당하는 행위
4. 「산림자원의 조성 및 관리에 관한 법률」에 따른 산림경영계획과 조림·숲가꾸기 사업의 시행
5. 「국토의 계획 및 이용에 관한 법률」에 따른 취락지구에서의 단독주택·창고·축사(가축분뇨 배출시설 설치신고대상 미만 시설에 한정한다)·선과장(選果場)과 그 밖에 이와 유사한 시설의 설치행위
6. 이 법 시행 당시 이미 설치된 제1항제1호가목부터 라목까지의 규정에 따른 시설 중 새로운 오염물질의 발생과 오수량·폐수량의 증가 없이 방지시설을 보수·보강하기 위한 시설의 설치행위
7. 그 밖에 도조례로 정하는 시설로서 부득이하게 관리보전지역에 있어야 하는 공공시설의 설치행위

③ 이 법 또는 이 법에 따른 조례에 따라 관리보전지역에 설치되는 시설이 오수 또는 폐수를 발생하는 시설이거나 폐기물 처리시설인 경우에는 그 시설에서 배출되는 방류수의 수질이 도조례로 정하는 방류수 수질기준 이하가 되도록 그 처리시설을 갖추어야 한다.

제359조(토지의 적성 평가에 관한 특례) 제355조부터 제357조까지의 규정에 따라 절대보전지역·상대보전지역 및 관리보전지역으로 지정된 지역은 「국토의 계획 및 이용에 관한 법률」 제27조제3항에도 불구하고 토지의 토양, 입지, 활용가능성 등 토지의 적성에 대한 평가를 하지 아니할 수 있다.

제360조(토지분할제한에 관한 특례) 제357조에 따라 지정된 관리보전지역에서는 「공간정보의 구축 및 관리 등에 관한 법률」 제79조에도 불구하고 도로예정선 등을 구획하여 하는 택지형의 토지분할행위는 할 수 없다. 다만, 도조례로 정하는 토지분할행위는 그러하지 아니하다.

제361조(보존자원의 지정) ① 도지사는 제주자치도의 자원보호를 위하여 필요하면 제주자치도에서 서식하는 희귀 동물·식물과 부존하는 자원 등을 도조례로 정하는 바에 따라 보존자원으로 지정할 수 있다.

② 도지사는 제1항에 따라 보존자원을 지정한 경우에는 지체 없이 고시하여야 한다.

③ 도지사는 보존자원의 보호를 위하여 필요하면 도조례로 정하는 바에 따라 이를 포획하는 행위나 벌채·채취·훼손하는 행위를 금지할 수 있으며, 이를 신고하게 하거나 공개금지·이동금지·장애물제거 등을 명하거나 그 밖에 필요한 조치를 할 수 있다.

④ 도지사는 보존자원을 보호하기 위하여 필요하면 그 관리 또는 보호 등에 필요한 경비를 부담하거나 보조할 수 있다.

⑤ 보존자원을 제주자치도에서 매매하거나 제주자치도 밖으로 반출하려는 자는 도조례로 정하는 바에 따라 도지사의 허가를 받아야 한다.

⑥ 도지사는 제3항에 따른 처분으로 인하여 손실을 입은 자에게 그 손실을 보상하여야 한다.

제362조(토지의 매수청구 등) ① 다음 각 호의 어느 하나에 해당하는 토지 중 지목이 대(垈)인 토지(토지에 있는 건축물과 정착물을 포함한다. 이하 이 조에서 같다)로서 다음 각 호의 어느 하나에 해당하는 지역의 지정으로 인하여 종래의 용도로 사용할 수 없게 된 토지의 소유자는 도조례로 정하는 바에 따라 도지사에게 해당 토지의 매수를 청구할 수 있다.

1. 관리보전지역의 토지 중 도조례로 정하는 토지
2. 「국토의 계획 및 이용에 관한 법률」에 따른 도시지역에 지정된 절대보전지역의 토지

② 도지사는 절대보전지역 및 관리보전지역을 지정한 목적을 달성하기 위하여 필요한 경우에는 제1항 각 호의 토지를 예산의 범위에서 그 소유자와 협의하여 매수할 수 있다. 〈신설 2019. 12. 10.〉

③ 도지사는 제2항 및 제7항에 따라 토지를 매수할 때에는 현금으로 그 대금을 지급한다. 다만, 다음 각 호의 어느 하나에 해당하는 경우에는 「지방자치법」 제

139조에 따라 채권(이하 이 조에서 "보전지역채권"이라 한다)을 발행하여 지급할 수 있다. 〈개정 2019. 12. 10., 2021. 1. 12.〉

1. 토지소유자가 원하는 경우
2. 도조례로 정하는 부재 부동산소유자의 토지 또는 비업무용 토지의 매수대금이 도조례로 정하는 일정금액을 초과하는 경우로서 그 초과하는 금액을 지급하는 경우

④ 보전지역채권의 상환기간은 10년 이내로 하고, 그 이율은 채권발행 당시 「은행법」에 따른 인가를 받은 은행 중 전국을 영업지역으로 하는 은행이 적용하는 1년 만기 정기예금금리의 평균 이상이어야 하며, 그 구체적인 상환기간과 이율은 도조례로 정한다. 〈개정 2019. 12. 10.〉

⑤ 제2항 및 제7항에 따라 매수하는 토지의 매수가격·매수절차 등에 관하여 이 법에 특별한 규정이 있는 경우를 제외하고는 「공익사업을 위한 토지 등의 취득 및 보상에 관한 법률」의 규정을 준용한다. 〈개정 2019. 12. 10.〉

⑥ 보전지역채권의 발행절차와 그 밖에 필요한 사항에 관하여 이 법에 특별한 규정이 있는 경우를 제외하고는 「지방재정법」에서 정하는 바에 따른다. 〈개정 2019. 12. 10.〉

⑦ 도지사는 제1항에 따라 매수 청구된 토지를 매수청구가 있었던 날부터 4년 이내에 매수하여야 한다. 〈개정 2019. 12. 10.〉

[제목개정 2019. 12. 10.]

제363조(전략 환경영향평가 등에 관한 특례) ① 「환경영향평가법」 제16조 또는 제44조에도 불구하고 같은 법 제9조에 따른 전략환경영향평가 대상 개발기본계획 또는 같은 법 제43조에 따른 소규모 환경영향평가 대상사업 중 중앙행정기관의 장, 도지사 또는 제주자치도가 설립한 「지방공기업법」에 따른 지방공기업 외의 자가 시행하는 계획 및 사업은 도지사에게 전략환경영향평가 또는 소규모 환경영향평가에 대한 협의를 요청하여야 한다. 〈개정 2019. 12. 10.〉

② 도지사는 제1항에 따른 전략환경영향평가 또는 소규모 환경영향평가에 대한 협의를 할 때에는 제364조제3항에 따른 환경영향평가전문기관의 의견을 듣고 최대한 반영하여야 한다.

③ 도지사는 제1항에 따른 전략환경영향평가에 대한 협의를 하는 때에는 제2항에 따른 절차 외에 제주자치도 전략환경영향평가 자문위원회(이하 이 조에서 "자문위원회"라 한다)의 검토·자문을 받아야 한다. 〈신설 2019. 12. 10.〉

④ 자문위원회의 구성과 운영에 필요한 사항은 도조례로 정한다. 〈신설 2019. 12. 10.〉

⑤ 제1항에 따라 도지사에게 협의를 요청하도록 하는 사항에 관한 「환경영향평가법」 제16조부터 제19조까지 및 제21조에 따른 환경부장관의 권한은 도지사의 권한으로 한다. 〈신설 2019. 12. 10.〉

⑥ 제1항에 따른 전략환경영향평가 대상 개발기본계획은 제148조제1항제8호 또는 「환경영향평가법」 제50조에도 불구하고 전략환경영향평가를 실시하여야 한다. 〈신설 2019. 12. 10.〉

제364조(환경영향평가 협의 등에 관한 특례) ① 「환경영향평가법」 제22조에 따른 사업자는 같은 법 제27조에도 불구하고 같은 법 제27조에 따라 작성된 환경영향평가서에 대하여 도지사에게 협의를 요청하여야 한다. 다만, 중앙행정기관의 장, 도지사 또는 제주자치도가 설립한 「지방공기업법」에 따른 지방공기업이 사업시행자인 경우에는 도지사는 그 환경영향평가서에 관하여 환경부장관의 의견을 듣고 최대한 반영하여야 한다. 〈개정 2019. 12. 10.〉

② 도지사는 제1항에 따른 협의를 위하여 제출한 평가서를 검토할 때 제1항 단서에 따른 환경부장관의 의견을 듣는 사업 외의 사업에 대해서는 환경영향평가전문기관의 의견을 들어야 하며, 그 심의를 위하여 제주자치도 환경영향평가 심의위원회(이하 "평가심의위원회"라 한다)를 둔다.

③ 제2항에 따른 환경영향평가전문기관은 「환경영향평가법」 제7조에 따른 평가항목을 검토할 수 있는 전문성을 갖추어야 하며, 도지사는 환경부장관과 협의하여 그 환경영향평가전문기관을 정하여 고시하여야 한다.

④ 평가심의위원회의 구성과 운영에 필요한 사항은 도조례로 정한다.

⑤ 제1항 본문에 따라 협의를 한 사업에 관하여 「환경영향평가법」 제39조 및 제40조에 따른 협의내용의 관리·감독에 필요한 사항은 도조례로 정한다. 다만, 제1항 단서에 따라 환경부장관의 의견을 듣는 사업에 대한 관리·감독에 필요한 사항을 정할 때는 환경부장관과 협의하여야 하고, 환경부장관은 그 사업에 대하여 「환경영향평가법」 제39조 및 제40조에 따라 협의내용의 이행 여부를 연 1회 확인하고, 협의내용이 이행되지 아니한 경우에는 이행관리에 필요한 조치를 할 수 있다. 〈개정 2019. 12. 10.〉

⑥ 도지사는 「환경영향평가법」 제35조제3항과 관련한 관리책임자를 「국가기술자격법」 제2조제3호에 따른 국가기술자격 직무분야 중 환경직무분야 기술사 또는 기사로 지정할 수 있다.

⑦ 제주자치도는 「환경영향평가법」 제42조제1항 단서에도 불구하고 도조례로 정하는 바에 따라 같은 법 제43조에 따른 소규모 환경영향평가 대상사업에 대하여 환경영향평가를 실시할 수 있다. 다만, 중앙행정기관의 장, 도지사 또는 제주

자치도가 설립한 「지방공기업법」에 따른 지방공기업이 시행하는 소규모 환경영향평가 대상사업에 대해서는 그러하지 아니하다. 〈신설 2019. 12. 10.〉

⑧ 제7항 본문에 따라 환경영향평가를 실시하는 경우 환경영향평가 분야 및 세부 항목, 환경영향평가서의 작성 및 의견수렴과 환경영향평가서의 협의 및 협의 내용의 관리 등의 절차와 그 밖에 필요한 사항은 도조례로 정한다. 〈신설 2019. 12. 10.〉

⑨ 「환경영향평가법」 제34조제2항·제3항, 제36조, 제37조, 제39조 및 제40조에 따른 해양수산부장관의 권한은 도지사의 권한으로 한다. 다만, 다음 각 호의 공사에 대한 권한으로 한정한다. 〈개정 2019. 12. 10., 2020. 1. 29.〉

1. 「항만법」 제9조제1항에 따라 해양수산부장관이 시행하는 항만개발사업
2. 「항만법」 제9조제2항 및 제10조제2항에 따라 시행허가와 항만개발사업실시계획의 승인을 받아 비관리청이 시행하는 항만개발사업
3. 「산업입지 및 개발에 관한 법률」 제17조 및 제18조에 따라 실시계획을 승인한 항만건설사업에 관한 산업단지개발

⑩ 「환경영향평가법」 제8조, 제24조, 제28조부터 제35조까지, 제36조제1항·제2항·제5항, 제37조, 제38조, 제41조, 제51조, 제52조, 제66조 및 제76조제6항(이양된 권한에 따른 과태료의 부과·징수에 한정한다)에 따른 환경부장관의 권한은 도지사의 권한으로 하며, 같은 법 제41조제1항·제2항에 따른 한국환경연구원의 장의 권한은 제3항에 따른 환경영향평가전문기관의 장의 권한으로 한다. 〈개정 2019. 12. 10., 2021. 8. 17.〉

⑪ 「환경영향평가법」 제24조제4항, 제29조제1항 전단, 제31조제2항·제4항, 제35조제2항·제3항, 제37조 각 호 외의 부분, 제38조제2항, 제51조제4항, 제66조제3항 및 제76조제6항(이양된 권한에 따른 과태료의 부과·징수에 한정한다)에서 대통령령 또는 환경부령으로 정하도록 한 사항은 도조례로 정할 수 있다. 〈개정 2019. 12. 10.〉

제365조(자연환경 보전 등에 관한 특례) ① 「자연환경보전법」 제28조제1항에도 불구하고 「환경영향평가법」 제9조에 따른 전략환경영향평가, 같은 법 제22조에 따른 환경영향평가 또는 같은 법 제43조에 따른 소규모 환경영향평가의 대상이 되는 개발사업 등에 대한 자연경관영향협의에 관하여는 제363조 또는 제364조의 전략환경영향평가, 환경영향평가 또는 소규모 환경영향평가 협의의 절차·방법을 준용한다. 다만, 그 심의는 평가심의위원회에서 할 수 있다.

② 「자연환경보전법」 제38조제2항·제4항(도지사가 자연환경보전·이용시설을 설치·운영하는 경우에 한정한다), 제39조제1항 전단, 제40조제3호, 제58조제3항

(도지사가 자연환경보전명예지도원을 위촉하는 경우에 한정한다) 및 「생물다양성 보전 및 이용에 관한 법률」 제16조제2항·제4항(도지사가 생태계서비스지불제계약을 체결하는 경우에 한정한다)에서 대통령령 또는 환경부령으로 정하도록 한 사항은 도조례로 정할 수 있다. 〈개정 2019. 12. 10.〉

제366조(도립공원관리 등에 관한 특례) ① 「자연공원법」 제4조의3제2항 및 제73조의2제3항(도립공원에 대한 권한에 한정한다)에 따른 환경부장관의 권한은 도지사의 권한으로 한다.

② 「자연공원법」 제4조의3제1항 각 호 외의 부분 후단, 같은 조 제2항·제4항, 제6조, 제8조제1항제1호, 제9조제2항·제3항, 제15조제1항 단서, 같은 조 제3항, 제16조, 제17조제2항, 제17조의2제3항, 제18조제2항 각 호 외의 부분 단서, 제19조제2항, 제20조제2항 단서, 같은 조 제5항, 제22조제3항 전단, 제23조제1항 각 호 외의 부분 본문·단서, 같은 조 제3항 전단·후단, 제24조제2항 본문, 같은 조 제4항, 제24조의2제3항, 제27조제1항제12호, 제29조제1항, 제35조제2항, 제36조, 제71조제3항, 제73조의2제2항·제4항, 제77조제3항, 제78조제4항 및 제86조제5항(이양된 권한에 따른 과태료의 부과·징수에 한정한다)에서 대통령령 또는 환경부령으로 정하도록 한 사항은 도조례로 정할 수 있다. 다만, 도조례로 정할 수 있는 범위는 도립공원에 관한 사항으로 한정한다. 〈개정 2019. 12. 10.〉

제367조(야생생물보호에 관한 특례) ① 「야생생물 보호 및 관리에 관한 법률」 제24조제1항·제2항, 제33조제5항, 제42조제5항, 제43조제1항·제3항 및 제53조제2항에 따른 환경부장관의 권한은 도지사의 권한으로 한다. 이 경우 도지사가 같은 법 제43조제3항에 따라 야생동물의 종류와 서식밀도 등에 대한 조사를 하였을 때 그 결과를 환경부장관에게 보고하여야 한다.

② 「야생생물 보호 및 관리에 관한 법률」 제2조제5호, 제19조제3항 각 호 외의 부분 단서, 같은 조 제5항·제6항, 제23조제1항·제7항, 제33조제3항, 같은 조 제5항 각 호 외의 부분 본문, 제34조의4제2항·제4항(도지사가 야생동물 질병연구와 구조·치료기관을 지정하는 경우에 한정한다), 제42조제1항 본문·단서, 같은 조 제6항, 제50조제1항·제2항, 같은 조 제3항 본문, 제53조제1항·제2항·제4항, 제54조제12호, 제55조제7호 및 제61조(도지사가 명예 야생생물 보호원을 위촉하는 경우에 한정한다)에서 대통령령 또는 환경부령으로 정하도록 한 사항은 도조례로 정할 수 있다. 다만, 「야생생물 보호 및 관리에 관한 법률」 제50조제3항에 따라 대통령령으로 정하도록 한 사업을 도조례로 정하는 경우 그 범위

는 야생동물보호 관련 사업으로 한정한다.

제368조(도지사가 지정하는 습지보호지역 등의 관리에 관한 특례) ① 「습지보전법」 제16조제2항에 따른 환경부장관 또는 해양수산부장관의 권한은 도지사의 권한으로 한다. 다만, 도지사가 「습지보전법」 제3조제3항의 습지보호지역등을 지정하는 경우에 한정한다.

② 연안습지에 관한 「습지보전법」 제11조, 제12조제1항 및 제22조의3에 따른 환경부장관 또는 해양수산부장관의 권한은 도지사의 권한으로 한다.

③ 「습지보전법」 제6조제2항, 제7조제5항, 제8조제5항·제6항, 제10조제1항, 제12조제1항제4호, 같은 조 제3항, 제13조제1항 각 호 외의 부분 단서, 같은 항 제5호, 같은 조 제4항, 같은 조 제5항제3호, 같은 조 제6항, 제15조제1항제5호, 같은 조 제2항, 제16조제1항, 제18조의2제4항, 제19조, 제22조의3제2항·제3항 및 제27조제2항(이양된 권한에 따른 과태료의 부과·징수에 한정한다)에서 대통령령, 환경부령 또는 환경부와 해양수산부의 공동부령으로 정하도록 한 사항은 도조례로 정할 수 있다. 다만, 도조례의 제정범위는 도지사의 권한에 관한 사항에 한정한다.

제369조(대기환경보전에 관한 특례) ① 「대기환경보전법」 제16조제2항·제6항, 제32조제7항, 제82조제1항(같은 법 제16조에 따른 배출허용기준 준수 여부에 대한 검사에 한정한다)·제2항, 제85조(이양된 권한에 관한 청문에 한정한다), 제86조 및 제94조제7항(이양된 권한에 따른 과태료의 부과·징수에 한정한다)에 따른 환경부장관의 권한은 도지사의 권한으로 한다. 〈개정 2020. 12. 29.〉

② 「대기환경보전법」 제16조제1항, 제23조제1항부터 제4항까지, 같은 조 제8항, 제26조제1항 단서, 같은 조 제2항제2호, 제28조 단서, 제29조제3항, 제30조제1항·제2항, 제31조제2항, 제32조제2항·제4항·제5항, 제33조, 제34조제2항, 제42조 본문·단서, 제43조제1항 전단, 제77조제1항·제2항(도지사가 실시하는 교육에 한정한다), 제82조제1항 각 호 외의 부분(도지사의 권한에 관한 사항에 한정한다), 제84조(도지사의 권한에 관한 행정처분기준에 한정한다), 제86조 각 호 외의 부분 및 제94조제7항(이양된 권한에 따른 과태료의 부과·징수에 한정한다)에서 대통령령 또는 환경부령으로 정하도록 한 사항은 도조례로 정할 수 있다. 〈개정 2019. 12. 10.〉

③ 도지사가 제1항에 따라 「대기환경보전법」 제37조에 따른 과징금처분을 하여 징수한 경우 환경부장관은 같은 법 제35조제8항을 준용하여 과징금의 징수에 든 경비를 제주자치도에 지급하여야 한다.

제370조(소음·진동관리에 관한 특례) ①「소음·진동관리법」 제7조제2항, 제26조 후단 및 제39조제1항에 따른 환경부장관의 권한은 도지사의 권한으로 한다.

②「소음·진동관리법」 제7조제1항, 제8조제1항 본문·단서, 같은 조 제2항, 같은 조 제3항 전단, 제9조제2호, 제12조제2항, 제15조, 제16조제1항 후단, 같은 조 제2항, 제19조제5항, 제20조제1항, 제21조제1항·제2항, 제22조제1항·제2항, 같은 조 제3항제1호, 같은 조 제4항, 제24조제2항, 제26조 전단, 제27조제3항, 제29조제2항, 제46조제1항·제2항(도지사가 실시하는 교육에 한정한다), 제47조제1항 각 호 외의 부분(도지사의 권한에 관한 보고 및 검사 등에 한정한다), 제49조(도지사의 권한에 관한 행정처분의 기준에 한정한다) 및 제60조제4항(이양된 권한에 따른 과태료의 부과·징수에 한정한다)에서 대통령령 또는 환경부령으로 정하도록 한 사항은 도조례로 정할 수 있다. 〈개정 2019. 12. 10.〉

제371조(물환경 보전에 관한 특례) ①「물환경보전법」 제12조제1항·제2항, 제17조제4항, 제20조제2항, 제32조제2항·제5항·제8항, 제33조, 제34조, 제35조제3항, 제37조제1항·제3항·제4항, 제39조, 제40조, 제42조(이양된 권한에 관한 취소 또는 조업정지명령 등에 한정한다), 제43조제1항부터 제3항까지(이양된 권한에 관한 과징금처분에 한정한다), 제44조, 제45조(이양된 권한에 관한 명령이행보고의 접수·확인에 한정한다), 제53조제1항·제7항·제8항, 제60조제1항, 같은 조 제5항부터 제7항까지(같은 법 제44조에 따른 사항에 한정한다), 제61조제2항, 제62조제1항, 제64조(이양된 권한에 관한 등록취소 또는 영업정지명령에 한정한다), 제66조제1항·제2항(이양된 권한에 관한 과징금처분에 한정한다), 제68조제1항·제2항(이양된 권한에 관한 보고 및 검사 등에 한정한다), 제72조(이양된 권한에 관한 청문에 한정한다), 제73조 및 제82조제4항(이양된 권한에 따른 과태료의 부과·징수에 한정한다)에 따른 환경부장관의 권한은 도지사의 권한으로 한다. 〈개정 2018. 10. 16.〉

②「물환경보전법」 제12조제3항, 제13조, 제17조제1항 각 호 외의 부분, 같은 조 제2항제7호, 같은 조 제4항, 제18조제2항, 제19조제2항, 제19조의3제2항·제5항, 제20조제1항 전단, 같은 조 제2항 전단, 제32조제1항, 제33조제1항 본문, 같은 조 제2항 본문·단서, 같은 조 제3항·제4항, 같은 조 제6항·제7항, 같은 조 제9항제3호, 제34조제1항, 제35조제1항 단서, 같은 조 제2항·제6항, 제37조제1항 전단·후단, 같은 조 제2항 전단·후단, 같은 조 제3항(제3항의 경우 기간에 관한 사항에 한정한다), 제38조제3항, 제39조, 제45조제2항, 제47조제1항·제5항, 제53조제1항 각 호 외의 부분 전단·후단, 같은 항 제1호부터 제3호

까지, 같은 조 제2항, 같은 조 제5항 각 호 외의 부분 본문, 같은 항 제1호, 같은 조 제6항제2호·제3호, 같은 조 제7항·제8항·제10항, 제59조제1항·제2항, 제60조제1항 전단, 같은 조 제4항·제5항, 제61조제1항 본문, 같은 조 제2항, 제62조제1항 전단·후단, 같은 조 제2항제5호, 제67조제1항(도지사가 실시하는 교육에 한정한다), 제71조(도지사의 권한에 관한 행정처분의 기준에 한정한다), 제73조 각 호 외의 부분(도지사의 권한에 관한 수수료에 한정한다) 및 제82조제4항(이양된 권한에 따른 과태료의 부과·징수에 한정한다)에서 대통령령 또는 환경부령으로 정하도록 한 사항은 도조례로 정할 수 있다. 〈개정 2018. 10. 16.〉

③ 제1항에 따라 「물환경보전법」 제43조 및 제66조에 따른 과징금처분을 도지사가 하여 징수한 경우 환경부장관은 같은 법 제41조제7항을 준용하여 과징금의 징수에 든 경비를 제주자치도에 지급하여야 한다.

[전문개정 2017. 1. 17.]

제372조(하수처리시설 등의 관리에 관한 특례) ①「하수도법」 제25조제2항(공공하수처리시설과 분뇨처리시설로 한정한다), 제67조제1항부터 제3항까지 및 제80조제6항(이양된 권한에 따른 과태료의 부과·징수에 한정한다)에 따른 환경부장관의 권한은 도지사의 권한으로 한다.

②「하수도법」 제7조제1항 각 호 외의 부분 본문, 제8조제2항 단서, 같은 조 제6항, 제9조제3항, 제11조제2항 전단, 제15조제1항, 제16조제1항 단서, 같은 조 제2항, 제19조제1항, 같은 조 제2항 각 호 외의 부분, 같은 조 제4항, 제23조제1항 각 호 외의 부분, 제24조, 제25조제1항제3호, 제27조제3항, 제28조 각 호 외의 부분 후단, 같은 조 제3호, 제34조제1항제3호·제4호, 같은 조 제2항 전단, 같은 조 제4항·제5항, 제35조제1항 본문·단서, 제36조제1항, 제37조제3항, 제39조제2항부터 제4항까지, 같은 조 제7항 전단, 같은 조 제12항 단서, 제40조제1항·제2항·제4항, 제41조제2항·제5항, 제43조제1항, 제44조제1항 본문, 같은 조 제2항·제4항·제5항, 제45조제1항·제2항·제5항·제7항, 제47조제2항, 제49조제2항, 제50조제3항(제50조제2항에 따른 사항에 한정한다), 제56조(분뇨수집·운반업자에 한정한다), 제65조제1항 후단, 제66조제1항 각 호 외의 부분 본문, 제67조제4항, 제69조제4항(도지사의 권한에 속하는 사항에 관한 증표에 한정한다) 및 제70조 각 호 외의 부분(도지사의 권한에 관한 수수료에 한정한다), 「물의 재이용 촉진 및 지원에 관한 법률」 제9조제1항 각 호 외의 부분 본문, 같은 항 제7호, 같은 조 제3항 및 제10조제3항에서 대통령령 또는 환경부령으로 정하도록 한 사항은 도조례로 정할 수 있다. 〈개정 2021. 1. 5.〉

第373條(가축분뇨의 관리 및 이용에 관한 특례) ①「가축분뇨의 관리 및 이용에 관한 법률」 제5조제1항·제2항, 제7조제1항·제5항 및 제24조제3항에 따른 농림축산식품부장관 또는 환경부장관의 권한은 도지사의 권한으로 한다.

②「가축분뇨의 관리 및 이용에 관한 법률」 제8조제4항, 제11조제1항·제2항, 같은 조 제3항 전단·후단, 제12조제1항 단서, 제12조의2제1항·제2항, 같은 조 제3항 본문·단서, 같은 조 제4항, 제13조제1항 전단·후단, 제15조제1항 본문·단서, 같은 조 제3항, 같은 조 제4항 전단, 같은 조 제5항·제7항, 제17조제2항·제4항·제5항, 제18조제2항, 제18조의2제4항, 제19조제1항, 제21조제1항 전단, 제22조제2항, 제26조제2항, 제27조제1항 본문, 같은 조 제2항·제4항·제5항, 제38조제2항·제3항, 제45조 각 호 외의 부분(도지사의 권한에 관한 수수료에 한정한다) 및 제53조제4항(이양된 권한에 따른 과태료의 부과·징수에 한정한다)에서 대통령령, 농림축산식품부령 또는 환경부령으로 정하도록 한 사항은 도조례로 정할 수 있다. 〈개정 2021. 4. 13.〉

第374條(토양환경보전에 관한 특례) ① 도지사는「토양환경보전법」 제17조제1항에도 불구하고 환경부장관 및 관계 중앙행정기관의 장과 협의하여 토양보전대책지역을 지정할 수 있으며, 도지사가 토양보전대책지역을 지정한 경우에는 같은 조 제2항·제4항 및 제22조제1항에 따른 환경부장관의 권한은 도지사의 권한으로 한다.

② 도지사는「토양환경보전법」 제18조제1항 및 제6항에도 불구하고 토양보전대책지역에 대하여 대책계획을 수립·시행할 수 있으며, 대책계획을 수립하였을 때에는 환경부장관과 관계 중앙행정기관의 장에게 보고하여야 한다.

③「토양환경보전법」 제4조의2, 제11조제3항, 제12조제1항·제2항, 제14조제1항 각 호 외의 부분, 제15조제1항, 같은 조 제3항 각 호 외의 부분 본문, 제15조의2제1항, 제15조의3제1항, 제16조, 제17조제1항 단서, 같은 조 제3항, 같은 조 제4항 전단, 제18조제2항제5호, 같은 조 제4항·제5항, 제19조제2항 전단·후단, 제20조, 제21조제1항 단서, 같은 조 제2항, 제26조의2제1항 및 제32조제3항(이양된 권한에 따른 과태료의 부과·징수에 한정한다)에서 대통령령 또는 환경부령으로 정하도록 한 사항은 도조례로 정할 수 있다.

第375條(폐기물관리에 관한 특례) ①「폐기물관리법」 제17조제5항·제6항, 제25조제1항부터 제4항까지, 같은 조 제7항, 같은 조 제14항제1호부터 제3호까지, 같은 조 제15항·제16항, 제27조, 제28조제1항, 제29조제2항부터 제4항까지, 제31조제2항부터 제5항까지, 같은 조 제7항, 같은 조 제10항, 제32조제4항, 제33조제

3항, 제38조제3항(같은 조 제2항에 따른 전용용기 제조업 등록을 한 자는 제외한다), 제39조, 제40조제2항·제3항, 같은 조 제8항부터 제11항까지, 제48조(이양된 권한에 대한 조치명령으로 한정한다), 제49조, 제61조제4호 및 제68조제4항(이양된 권한에 따른 과태료의 부과·징수에 한정한다)에 따른 환경부장관의 권한은 도지사의 권한으로 한다. 다만, 같은 법 제39조의 경우는 다음 각 호에 해당하는 자에 대한 권한에 한정한다. 〈개정 2017. 4. 18., 2019. 12. 10.〉

1. 지정폐기물을 배출하는 사업자(환경부령으로 정하는 양 이상의 것에 한정한다)
2. 감염성폐기물을 배출하는 종합병원
3. 지정폐기물처리업의 허가를 받은 자
4. 지정폐기물처리시설 설치 승인을 받거나 신고를 한 자

② 「폐기물관리법」 제18조제3항, 제19조제2항(지정폐기물에 한정한다), 제25조제15항, 제29조제1항, 같은 조 제2항제1호·제2호, 같은 조 제3항, 제30조제1항 전단·후단(폐기물처리시설에 한정한다), 제31조제1항부터 제4항까지, 같은 조 제7항부터 제9항까지 및 제39조제1항(도지사의 권한에 관한 보고·검사 등에 한정한다)에서 대통령령 또는 환경부령으로 정하도록 한 사항은 도조례로 정할 수 있다. 〈개정 2017. 4. 18.〉

제376조(폐기물처리시설 설치 등에 관한 특례) ① 도지사는 제주자치도에서 「폐기물처리시설 설치촉진 및 주변지역지원 등에 관한 법률」 제5조제2항에 따른 관광지 또는 관광단지를 개발·설치·증설하려는 자에게 그 관광지 등에서 발생되는 폐기물 중 대통령령으로 정하는 폐기물(이하 이 조에서 같다)을 처리하기 위한 폐기물처리시설의 설치비용에 해당하는 금액을 부과할 수 있다. 이 경우 그 관광지 등에서 발생되는 폐기물은 제주자치도가 설치하는 처리시설(이하 "공공처리시설"이라 한다)에서 처리하여야 한다.

② 「폐기물처리시설 설치촉진 및 주변지역지원 등에 관한 법률」 제5조제3항에 따른 환경부장관의 권한은 도지사의 권한으로 한다.

③ 「폐기물처리시설 설치촉진 및 주변지역지원 등에 관한 법률」 제5조제3항에서 대통령령으로 정하도록 한 사항은 도조례로 정할 수 있다.

④ 도지사는 제1항 전단에 따라 납부받은 금액을 공공처리시설의 설치에 사용하여야 한다.

⑤ 도지사는 제1항 전단의 설치비용에 해당하는 금액을 납부하여야 할 자가 정해진 기한까지 납부하지 아니하면 지방세 체납처분의 예에 따라 징수한다.

⑥ 제1항 전단에 따른 폐기물처리시설의 설치비용에 해당하는 납부금액의 산정방법, 납부절차 등과 공공처리시설에서의 폐기물 처리기준·처리단가 등에 필요

한 사항은 도조례로 정한다.

제2절 지하수 보전·관리 등

제377조(지하수의 공공적 관리) ① 제주자치도에 부존하는 지하수는 공공의 자원으로서 도지사가 관리하여야 한다.

② 도지사는 지하수의 적정관리와 오염예방, 용수의 안정적 공급, 지하수의 기초조사 및 관측, 대체수자원의 개발 및 이용 등에 최선을 다하여야 한다.

제378조(수자원관리종합계획의 수립 등) ① 도지사는 지하수·온천 등 수자원의 체계적인 개발·이용 및 효율적인 보전·관리를 위하여 다음 각 호의 사항이 포함된 10년 단위의 수자원관리종합계획(이하 "수자원종합계획"이라 한다)을 수립·시행하여야 한다. 이 경우 「지하수법」 제6조의2는 적용하지 아니한다.

1. 수자원 부존특성과 개발 가능량
2. 수자원의 개발·이용 실태
3. 수자원의 보전·관리 계획
4. 수자원 기초조사에 관한 사항 등
5. 대체 수자원의 개발 및 이용에 관한 사항 등

② 수자원종합계획에는 먹는샘물, 기능성 음료, 청량음료, 주류 등의 제조와 워터테마파크 조성 등 수자원 부존여건에 적합한 물산업을 성장동력산업으로 육성하기 위하여 필요한 물산업 클러스터의 조성, 재정지원 등에 관한 사항이 포함되어야 한다.

③ 제1항제3호의 수자원 보전·관리 계획에는 「가축전염병 예방법」 제2조제2호에 따른 가축전염병으로 인한 지하수·온천 등의 수자원 오염을 방지하기 위하여 수질 검사의 주기·방법 등 수자원 오염방지 대책이 포함되어야 한다.

④ 제1항부터 제3항까지 정한 사항 외에 수자원종합계획의 수립·시행 등에 필요한 사항은 도조례로 정한다.

제379조(지하수개발·이용허가 등에 관한 특례) ① 지하수 또는 샘물등을 개발·이용하려는 자는 「지하수법」 제7조, 제7조의2, 제8조 및 「먹는물관리법」 제9조, 제10조에도 불구하고 도조례로 정하는 바에 따라 도지사의 허가를 받아야 한다. 다만, 「지하수법」 제8조제1항제3호에 해당하는 경우에는 도지사에게 신고하여야 한다.

② 제1항 본문에 따라 허가를 받은 자 중 지하수 또는 샘물등의 개발·이용허가의 유효기간을 연장하거나 허가받은 사항을 변경하려는 경우에는 「지하수법」 제

7조의3 및 「먹는물관리법」 제12조에도 불구하고 도조례로 정하는 바에 따라 도지사의 허가를 받아야 한다.

③ 제1항 및 제2항에 따라 허가를 받으려는 자는 도조례로 정하는 바에 따라 지하수영향조사서를 작성·제출하여 심사를 받아야 한다.

④ 도지사는 지하수의 적정한 관리를 위하여 필요한 경우에는 지하수개발·이용허가를 받은 자에게 주변 토지 또는 시설물의 이용자와 지하수를 공동이용하게 하는 조치를 명할 수 있으며, 공동이용의 대상·절차 및 관리와 그 밖의 필요한 사항은 도조례로 정한다.

제380조(지하수개발·이용허가의 제한 및 취소) ① 도지사는 지하수의 적정한 보전·관리를 위하여 다음 각 호의 어느 하나에 해당하는 경우에는 제379조제1항에 따른 허가를 하여서는 아니 된다.

1. 「먹는물관리법」 제3조제3호에 따른 먹는샘물을 제조·판매하려는 경우
2. 「먹는물관리법」 제3조제3호의3에 따른 먹는염지하수를 제조·판매하려는 경우
3. 지하수를 100분의 98 이상 이용하여 음료류 또는 주류 등을 제조·판매하려는 경우
4. 제382조에 따라 지하수자원 특별관리구역으로 지정된 경우
5. 제1호부터 제4호까지의 사항 외에 지하수의 오염과 과다개발의 방지를 위하여 도조례로 정하는 경우

② 도지사는 제1항에도 불구하고 다음 각 호의 어느 하나에 해당하는 경우에는 지하수의 적정한 보전·관리에 지장이 없는 범위에서 제379조제1항에 따른 지하수개발·이용의 허가를 할 수 있다.

1. 제주자치도가 「지방공기업법」에 따라 설립한 지방공기업이 제1항제1호부터 제3호까지에 해당하는 행위를 하려는 경우
2. 도지사가 지정·고시하는 지역에서 「먹는물관리법」 제3조제3호의2에 따른 염지하수를 이용하여 제1항제3호에 해당하는 행위를 하려는 경우
3. 상수도용 또는 가뭄 해소 등에 필요한 공공 농업용 지하수 개발 등의 공공급수를 위한 경우로서 도조례로 정하는 경우

③ 도지사는 제379조에 따라 지하수 또는 샘물등의 개발·이용허가 또는 변경허가를 받은 자가 다음 각 호의 어느 하나에 해당하는 경우에는 그 허가를 취소할 수 있다. 다만, 제1호에 해당하는 경우와 「지하수법」 제10조제1항제1호·제7호 또는 제8호에 해당하는 경우에는 허가를 취소하여야 한다.

1. 「먹는물관리법」 제48조제1항에 따라 영업허가가 취소된 경우
2. 「지하수법」 제10조제1항 각 호의 어느 하나에 해당하는 경우

제381조(지하수 취수량 제한 및 이용중지 등) ① 도지사는 지하수의 적정한 관리를 위하여 다음 각 호의 어느 하나에 해당하는 경우에는 도조례로 정하는 바에 따라 지하수 개발자·이용자의 지하수 취수량을 제한할 수 있다.

1. 지하수의 실제 이용량이 허가량에 현저히 미치지 못하는 경우
2. 가뭄, 과다한 지하수 취수 등으로 인한 지하수의 고갈 등을 방지하기 위하여 필요하다고 인정하는 경우

② 제1항에 따른 지하수의 취수량 산정방법 및 이의신청 등에 필요한 사항은 도조례로 정한다.

③ 도지사는 지하수의 적정관리를 위하여 다음 각 호의 어느 하나에 해당하는 경우에는 도조례로 정하는 바에 따라 지하수 개발자·이용자에게 지하수의 이용중지를 명할 수 있다.

1. 제379조제4항에 따른 지하수의 공동이용조치에 응하지 아니하는 경우
2. 제387조에 따른 지하수원수대금을 체납한 자에게 납부 독촉과 행정절차 등의 안내를 했음에도 불구하고 6개월 이상 지하수원수대금을 납부하지 아니하는 경우

④ 도지사는 제384조제3항에 따른 지하수 기준수위 관측정의 수위가 도조례로 정하는 기준수위보다 낮아지는 경우에는 도조례로 정하는 바에 따라 취수량 제한 또는 일시적 이용중지와 그에 관련된 조치를 단계적으로 취할 수 있다.

⑤ 도지사는 제1항부터 제4항까지의 규정에 따른 취수량 제한 또는 이용중지 사유가 해소된 경우에는 지체 없이 취수량 제한 또는 이용중지 조치를 해제하여야 한다.

제382조(지하수자원 특별관리구역의 지정 및 관리) ① 도지사는 다음 각 호의 어느 하나에 해당하는 지역을 지하수자원 특별관리구역으로 지정·고시할 수 있다. 이를 변경할 경우에도 또한 같다.

1. 지하수위가 현저하게 낮아지고 있거나 낮아질 우려가 높은 지역
2. 해수 또는 염수 침입의 우려가 높거나 지하수 중의 염소이온 농도가 먹는물 수질기준을 초과하고 있는 지역
3. 장래 용수 수요를 위하여 지하수의 개발·이용을 제한할 필요가 있는 지역
4. 제1호부터 제3호까지에서 규정한 사항 외에 지하수의 수량과 수질보전을 위하여 도조례로 정하는 지역

② 도지사는 제1항에 따라 지하수자원 특별관리구역을 지정·고시 하였을 때에는 해당 구역의 지하수자원에 대한 관리계획을 수립하여야 한다.

③ 제1항 및 제2항에 따른 지하수자원 특별관리구역의 지정·고시와 관리계획의 수립에 필요한 사항은 도조례로 정한다.

④ 제주자치도에서 제1항에 따른 지하수자원 특별관리구역 또는 제357조제2항에 따른 지하수자원보전지구로 지정한 경우에는 「지하수법」 제12조 및 제13조를 적용하지 아니한다.

제383조(지하수오염방지명령 등에 관한 특례) ① 누구든지 이 법 또는 다른 법률에서 정하는 기준 이하로 처리하지 아니한 오수·폐수 등 지하수를 오염시킬 수 있는 물질을 지하로 주입·배수·처리하여서는 아니 된다.

② 지하수의 오염방지를 위하여 필요한 지하수개발·이용시설의 설치기준과 지하수개발·이용시설 공사의 감리 등에 관한 사항은 도조례로 정한다.

③ 도지사는 농약으로 인한 지하수오염을 방지하기 위하여 현저하게 지하수를 오염시킬 우려가 있는 농약의 공급·사용을 제한할 수 있다. 이 경우 도조례로 정하는 바에 따라 그 내용을 고시하여야 한다.

④ 제3항에 따른 공급 또는 사용을 제한하는 농약에 해당하는지 여부에 대한 판단은 농약이 지하수오염에 미치는 위험성에 대한 평가결과에 따르되, 그 평가에 필요한 사항은 도조례로 정한다.

제384조(지하수 관측망의 설치·운영 등) ① 도지사는 지하수의 적정관리를 위하여 다음 각 호의 어느 하나에 해당하는 지하수관측시설을 설치·운영하여야 한다.

1. 지하수위 변동실태를 파악하기 위한 지하수위 관측망
2. 해수침투 여부를 관측하기 위한 해수침투감시 관측망
3. 지하수의 수질을 관측하기 위한 수질 관측망
4. 지하수 이용량을 파악하기 위한 지하수 이용량 모니터링 시설

② 도지사는 제1항에 따른 지하수 관측시설의 설치계획을 수자원종합계획에 포함하여야 한다.

③ 도지사는 제1항제1호의 지하수위 관측망 중 지하수위의 과다한 저하와 해수침투의 방지를 위한 기준수위 관측정을 도조례로 정하는 바에 따라 지정·운영하여야 한다.

제385조(지하수관리위원회의 구성 등) 도지사는 다음 각 호의 어느 하나에 해당하는 사항에 대한 자문을 하기 위하여 지하수관리위원회를 두되, 지하수관리위원회의 구성과 운영 등에 필요한 사항은 도조례로 정한다.

1. 지하수의 기초조사와 수자원종합계획의 수립·변경에 관한 사항
2. 제379조제3항에 따른 지하수영향조사서 또는 「먹는물관리법」 제13조에 따른

환경영향조사서의 심사

3. 제382조에 따른 지하수자원 특별관리구역의 지정과 변경에 관한 사항
4. 제388조에 따른 지하수관리특별회계의 운용에 관한 사항
5. 제389조제1항에 따른 농업용수종합계획의 수립에 관한 사항
6. 그 밖에 지하수와 대체 수자원의 개발·이용 및 보전·관리에 관한 사항

제386조(빗물이용시설등의 설치·관리 등) ① 「물의 재이용 촉진 및 지원에 관한 법률」 제8조에도 불구하고 종합경기장, 실내체육관, 공공청사, 골프장, 관광단지 또는 토지의 형질변경이 수반되는 시설물 등 도조례로 정하는 일정규모 이상의 시설물을 설치하려는 자는 빗물의 효율적 활용과 지하수 함양량의 증대를 위하여 빗물이용시설 또는 지하수인공함양시설(이하 "빗물이용시설등"이라 한다)을 설치·운영하여야 한다.

② 도지사는 제1항에 따라 빗물이용시설등을 설치하는 자에게 도조례로 정하는 바에 따라 그 시설비의 일부를 보조할 수 있다.

③ 빗물이용시설등의 설치·운영 기준과 제2항에 따른 시설비 보조 대상 및 보조 등에 필요한 사항은 도조례로 정한다.

제387조(지하수원수대금의 부과·징수 등) ① 도지사는 지하수의 적정한 보전·관리에 필요한 재원의 조성을 위하여 다음 각 호의 어느 하나에 해당하는 자에게 지하수원수대금을 부과·징수할 수 있다. 이 경우 「지하수법」 제30조의3은 적용하지 아니한다.

1. 제379조에 따라 지하수개발·이용허가를 받은 자 또는 같은 조 제4항에 따라 지하수를 공동이용하는 자
2. 「온천법」 제16조제1항에 따라 온천이용허가를 받아 온천수를 이용하는 자 또는 같은 법 제20조제1항에 따라 공동급수한 온천수를 이용하는 자

② 도지사는 제379조 또는 「온천법」 제16조제1항에 따른 허가를 받지 아니하고 지하수 또는 온천수를 사용하거나 부정한 방법으로 지하수원수대금을 면한 자에 대해서는 해당 지하수원수대금 및 그 원수대금의 5배 이내의 범위의 부가금을 징수할 수 있다.

③ 제1항 및 제2항에 따른 지하수원수대금 및 부가금의 산정방법·부과절차·징수절차·감면 등에 관한 사항은 도조례로 정한다.

④ 제1항 및 제2항에 따른 지하수원수대금 또는 부가금을 납입기한까지 납입하지 아니하는 자에 대해서는 지방세 체납처분의 예에 따라 징수한다.

제388조(지하수관리특별회계의 설치 등) ① 도지사는 지하수의 적정한 개발·이용과

보전·관리 사업에 드는 사업비 등을 조달하기 위하여 다음 각 호의 어느 하나에 해당하는 재원으로 지하수관리특별회계를 설치할 수 있다. 이 경우 「지하수법」 제30조의2는 적용하지 아니한다.

1. 제387조에 따른 지하수원수대금
2. 일반회계와 다른 특별회계로부터의 전입금
3. 차입금
4. 제1호와 제2호에 따른 자금의 운용으로부터 발생하는 수익금
5. 제2항에 따른 이행보증금 예탁금
6. 제480조제1항제2호·제3호 및 같은 조 제2항제3호·제4호에 따른 과태료
7. 「지하수법」 제39조 및 제40조에 따른 과태료

② 「지하수법」 제14조에 따라 예치된 이행보증금이 현금인 경우에는 지하수관리특별회계에 예탁한다.

③ 제1항에 따른 지하수관리특별회계는 다음 각 호의 용도로 사용한다.

1. 지하수의 기초조사
2. 수자원종합계획의 수립·시행
3. 지하수자원 특별관리구역의 지정·관리
4. 지하수 관정의 원상복구
5. 오염된 지하수의 정화작업
6. 지하수 관측망의 설치·운영 및 지하수 이용실태조사
7. 제1항제3호에 따른 차입금의 상환
8. 제1항제5호에 따른 이행보증금 예탁금의 상환
9. 그 밖에 대체 수자원 개발 등 지하수의 보전·관리를 위하여 필요한 사업으로서 도조례로 정하는 용도

④ 제1항에 따른 지하수관리특별회계의 예산편성·결산 및 운용 등에 필요한 사항은 도조례로 정한다.

제389조(농업용수종합계획의 수립 등) ① 도지사는 농업용수의 체계적인 개발과 공급·관리를 위하여 다음 각 호의 사항을 포함하는 농업용수종합계획을 수립·시행하여야 하며, 농업용수종합계획의 수립과 시행 등에 관한 세부적인 사항은 도조례로 정한다.

1. 농업용수의 개발과 이용실태
2. 농업용수의 수요예측
3. 농업용수의 개발·공급 계획
4. 농업용수 공급시설의 관리계획

5. 농업용수의 수질관리계획
6. 그 밖에 농업용수 관리에 관한 사항
② 도지사는 농업용수의 체계적인 개발·공급과 효율적인 관리를 위하여 다음 각 호의 어느 하나에 해당하는 전문기관으로 하여금 농업용수를 위탁관리하게 할 수 있으며, 그 위탁관리에 따른 재정지원, 관리비, 결산 등에 관한 사항은 도조례로 정한다.
1. 「지방공기업법」에 따라 제주자치도가 설립한 지방공기업
2. 「한국농어촌공사 및 농지관리기금법」에 따른 한국농어촌공사
3. 그 밖에 농업용수의 위탁관리업무를 수행할 능력이 있다고 도조례로 정하는 법인 또는 단체

제390조(지하수 관리에 관한 특례) ① 「지하수법」 제5조제7항, 제16조제2항, 제16조의3제1항 및 제36조의2(이양된 권한에 관한 대집행과 그 비용징수에 한정한다)에 따른 환경부장관의 권한은 도지사의 권한으로 한다. 〈개정 2018. 6. 8.〉
② 「지하수법」 제5조제1항, 같은 조 제4항 본문·단서, 같은 조 제5항·제6항·제7항, 같은 조 제9항 본문, 같은 조 제10항, 제5조의2제4항, 제9조제1항·제3항, 제9조의2제1항·제2항·제4항, 제9조의3제1항, 제9조의4제1항 각 호 외의 부분 전단·후단, 같은 항 제4호, 같은 조 제4항·제5항, 제9조의5제2항 전단, 같은 조 제4항·제5항, 제10조제2항, 같은 조 제3항 본문, 제11조제1항·제2항, 제12조의2제1항 단서, 같은 조 제2항, 제14조제1항제2호, 같은 조 제2항, 제15조제1항 각 호 외의 부분 단서, 같은 항 제8호, 같은 조 제4항 각 호 외의 부분 전단, 같은 조 제5항, 제16조제1항·제2항, 제16조의2제1항 각 호 외의 부분, 같은 조 제2항 전단, 제16조의3제1항·제3항, 제16조의4제1항 전단, 제17조제1항·제6항, 제20조제1항부터 제3항까지, 제22조제1항 전단·후단, 제24조제1항·제2항, 제25조제2항·제3항, 제27조제1항 전단·후단, 같은 조 제2항, 제29조제2항, 제29조의2제1항 전단·후단, 같은 조 제2항 단서, 제33조제1항 각 호 외의 부분(제1호·제4호 및 제5호에 따른 수수료 납부에 한정한다) 및 제41조(이양된 권한에 따른 과태료의 부과·징수에 한정한다)에서 대통령령 또는 환경부령으로 정하도록 한 사항은 도조례로 정할 수 있다. 〈개정 2018. 6. 8., 2021. 1. 5.〉

제391조(먹는 물 관리에 관한 특례) 「먹는물관리법」 제7조제2항, 제8조제3항, 제13조제2항 및 제56조 각 호 외의 부분(제1호에 따른 수수료 납부에 관한 사항에 한정한다)에서 대통령령 또는 환경부령으로 정하도록 한 사항은 도조례로 정할 수 있다.

제392조(온천관리에 관한 특례) ① 「온천법」 제29조에 따른 행정안전부장관의 권한은 도지사의 권한으로 한다. 〈개정 2017. 7. 26.〉

② 「온천법」 제9조제2항·제5항, 제10조제4항 단서, 제11조, 제12조제1항 전단, 같은 조 제2항 후단, 제12조의2제2항, 제14조제1항 본문, 같은 조 제3항, 제15조제1항 단서, 제16조제1항·제4항, 제19조제1항 전단, 제21조제1항·제2항, 제24조제2항 및 제31조에서 대통령령 또는 행정안전부령으로 정하도록 한 사항은 도조례로 정할 수 있다. 〈개정 2017. 7. 26.〉

③ 도지사는 온천의 적절한 보전·관리를 위하여 다음 각 호의 어느 하나에 해당하는 경우에는 「온천법」 제12조 또는 제15조에도 불구하고 온천 굴착허가를 아니할 수 있다.

1. 온천원보호지구와 온천공보호구역으로 이미 지정된 지역의 경계선으로부터 1천미터 이내 지역
2. 「온천법」 제22조에 따른 온천발견 신고 수리의 제한지역
3. 제357조제2항에 따른 지하수자원보전지구 중 제1등급 지역
4. 제382조제1항에 따른 지하수자원 특별관리구역
5. 그 밖에 온천과 지하수의 보전을 위하여 필요하다고 인정되는 경우로서 도조례로 정하는 경우

제393조(지하수관리조례의 제정·시행 등) 제주자치도는 제주자치도의 지역특성과 여건에 맞는 지하수 관리체계를 구축하고, 지하수의 효율적인 이용을 위하여 필요하면 제377조부터 제392조까지의 규정에서 도조례로 정할 수 있도록 한 사항을 포괄적으로 규정하는 지하수관리조례를 제정하여 시행할 수 있다.

제394조(수도사업 등에 관한 특례) ① 다음 각 호에 따른 환경부장관의 권한은 도지사의 권한으로 한다. 〈개정 2018. 6. 8.〉

1. 「수도법」 제7조제1항·제2항, 제17조제1항·제2항, 제38조제1항, 제62조 및 제66조(정수장에 한정한다)
2. 「수도법」 제17조제1항(정수시설은 제외하되, 지방자치단체가 설치하는 광역상수도를 제외한 광역상수도사업에 한정한다. 이하 이 항에서 같다), 제48조(국가가 설치한 공업용수도시설에 한정한다) 및 제49조(공업용수도사업 중 시설용량이 1일 1만톤을 초과하는 사업에 한정한다. 이하 이 항에서 같다)
3. 「수도법」 제17조제1항 및 제49조와 관련된 같은 법 제42조, 제63조 및 제64조
4. 「수도법」 제79조(이 항 제2호 및 제3호에 따라 이양된 권한에 관한 청문에

한정한다)

② 삭제 〈2018. 6. 8.〉

③ 삭제 〈2018. 6. 8.〉

④ 「수도법」 제15조제1항, 제17조제1항 전단·후단, 제38조제1항 본문 및 제87조제5항(이양된 권한에 따른 과태료의 부과·징수에 한정한다)에서 대통령령으로 정하도록 한 사항은 도조례로 정할 수 있다. 〈개정 2019. 12. 10.〉

⑤ 「수도법」을 적용할 때 같은 법 제3조제7호 중 "둘 이상의 지방자치단체"는 "둘 이상의 행정시"로 한다.

⑥ 「수도법」 제28조제8항은 제주자치도에 적용하지 아니한다.

제6장 고용 및 노동서비스 증진

제395조(직업안정에 관한 특례) ① 「고용정책 기본법」 제11조와 「직업안정법」 제2조의2제1호에도 불구하고 도지사 소속으로 직업소개·직업지도 등의 직업안정업무를 수행하는 직업안정기관을 설치·운영한다.

② 도지사는 「직업안정법」 제4조의4에도 불구하고 제1항에 따른 직업안정기관에 직업소개·직업지도 및 고용정보의 제공 등의 업무를 담당하는 공무원이 아닌 직업상담원을 배치할 수 있다. 이 경우 그 직업상담원의 배치기준과 그 밖에 필요한 사항은 도조례로 정한다.

③ 「직업안정법」 제4조의4제1항, 제6조제2항·제3항, 제14조제2항, 제18조제1항(국외 무료직업소개사업에 한정한다), 제19조제1항(국외 유료직업소개사업에 한정한다), 제23조제1항, 제30조제1항, 제33조제1항·제2항·제4항, 제35조, 제36조제1항·제2항, 제36조의2제2항·제3항, 제36조의3, 제37조제1항(국내 무료·유료직업소개사업에 대한 조치는 제외한다), 제40조의2제1항, 제41조제1항부터 제3항까지, 같은 조 제5항, 제41조의2 및 제50조제3항(이양된 권한에 따른 과태료의 부과·징수에 한정한다)에 따른 고용노동부장관의 권한은 도지사의 권한으로 하며, 국가사무로서 고용노동부장관이 처리하던 사무는 도지사가 처리한다.

④ 「직업안정법」 제8조부터 제10조까지, 제14조제1항 및 제15조부터 제17조까지의 규정에 따른 직업안정기관의 장의 권한은 도지사의 권한으로 한다.

⑤ 「직업안정법」 제4조의4제2항과 제45조의3제2항에서 고용노동부령으로 정하도록 한 사항은 도조례로 정할 수 있다.

제396조(고용상 연령차별 금지 등에 관한 특례) ① 「고용상 연령차별금지 및 고령자고용촉진에 관한 법률」 제7조, 제8조, 제9조제4항, 제11조제1항, 같은 조 제2항

제4호, 같은 조 제3항·제4항, 제11조의2제1항, 제11조의3제1항·제2항, 제11조의4제1항, 제13조제1항부터 제3항까지, 제14조제2항, 제17조제1항·제2항, 제18조, 제20조제1항·제2항, 제21조의2, 제22조, 제23조제1항부터 제3항까지, 같은 조 제5항 및 제24조제3항(이양된 권한에 따른 과태료의 부과·징수에 한정한다)에 따른 고용노동부장관의 권한은 도지사의 권한으로 하며, 국가사무로서 고용노동부장관이 처리하던 사무는 도지사가 처리한다.

② 「고용상 연령차별금지 및 고령자고용촉진에 관한 법률」 제11조의4제2항에서 대통령령으로 정하도록 한 사항은 도조례로 정할 수 있다.

제397조(공인노무사에 관한 특례) ① 「공인노무사법」 제20조제5항에도 불구하고 고용노동부장관 외에 도지사도 징계의결 요구를 할 수 있다.

② 「공인노무사법」 제5조, 제7조의4제1항, 제7조의5제2항, 제7조의6, 제9조, 제18조제1항·제2항·제4항, 제19조제1항, 제22조(이양된 권한에 한정한다) 및 제30조제2항(이양된 권한에 따른 과태료의 부과·징수에 한정한다)에 따른 고용노동부장관의 권한은 도지사의 권한으로 하며, 국가사무로서 고용노동부장관이 처리하던 사무는 도지사가 처리한다.

제398조(근로자직업능력 개발에 관한 특례) ① 「국민 평생 직업능력 개발법」 제16조제1항부터 제3항까지, 제17조제1항·제2항, 제18조제1항·제2항, 제19조제1항부터 제3항까지, 제22조제1항, 제28조제1항부터 제3항까지, 제31조제1항, 제33조제2항, 제35조제1항, 제55조, 제56조제1항부터 제3항까지(수납에 관한 사항은 제외한다), 제57조제1항, 제58조제1항·제2항·제4항(이양된 권한에 한정한다), 제59조제1항(이양된 권한에 한정한다), 제62조제1호·제3호·제5호(이양된 권한에 한정한다) 및 제63조제2항(이양된 권한에 따른 과태료의 부과·징수에 한정한다)에 따른 고용노동부장관의 권한은 도지사의 권한으로 하고, 국가사무로서 고용노동부장관이 처리하던 사무는 도지사가 처리한다. 〈개정 2021. 8. 17.〉

② 「국민 평생 직업능력 개발법」 제18조제3항 및 제63조제2항(이양된 권한에 따른 과태료의 부과·징수에 한정한다)에서 대통령령으로 정하도록 한 사항은 도조례로 정할 수 있다. 〈개정 2021. 8. 17.〉

제399조(노동조합 등에 관한 특례) 「노동조합 및 노동관계조정법」 제10조제1항, 제12조, 제13조, 제18조제3항·제4항, 제21조, 제27조, 제28조제1항제4호, 같은 조 제2항, 제31조제2항·제3항, 제36조, 제42조제3항·제4항, 제46조제2항 및 제96조제3항(이양된 권한에 따른 과태료의 부과·징수에 한정한다)에 따른 고용노동부장관의 권한은 도지사의 권한으로 하며, 국가사무로서 고용노동부장관이

처리하던 사무는 도지사가 처리한다. 다만, 노동조합의 주된 사무소의 소재지가 제주자치도인 경우만 해당하며, 연합단체인 노동조합과 전국규모의 산업별 단위 노동조합에 대한 권한은 제외한다.

제400조(외국인근로자에 관한 특례) ①「외국인근로자의 고용 등에 관한 법률」제18조의2제1항, 제18조의4제1항, 제20조제2항, 제26조제1항 및 제32조제2항(이양된 권한에 따른 과태료의 부과·징수에 한정한다)에 따른 고용노동부장관의 권한은 도지사의 권한으로 하며, 국가사무로서 고용노동부장관이 처리하던 사무는 도지사가 처리한다.

②「외국인근로자의 고용 등에 관한 법률」제6조제2항, 제8조제1항·제3항·제4항, 제12조제2항부터 제4항까지, 같은 조 제6항, 제17조제1항, 제19조제1항, 제20조제1항 및 제25조제1항에 따른 직업안정기관의 장의 권한은 도지사의 권한으로 한다.

제401조(장애인고용 등에 관한 특례)「장애인고용촉진 및 직업재활법」제29조 및 제86조제4항(이양된 권한에 따른 과태료의 부과·징수에 한정한다)에 따른 고용노동부장관의 권한은 도지사의 권한으로 하며, 국가사무로서 고용노동부장관이 처리하던 사무는 도지사가 처리한다.

제402조(산업재해보상보험 등에 관한 특례) ①「산업재해보상보험법」제92조제2항 및 제129조제3항(이양된 권한에 따른 과태료의 부과·징수에 한정한다)에 따른 고용노동부장관의 권한은 도지사의 권한으로 하고, 국가사무로서 고용노동부장관이 처리하던 사무는 도지사가 처리한다.

②「고용보험 및 산업재해보상보험의 보험료징수 등에 관한 법률」제28조제1항, 제29조 및 제50조제3항(이양된 권한에 따른 과태료의 부과·징수에 한정한다)에 따른 고용노동부장관의 권한은 도지사의 권한으로 하고, 국가사무로서 고용노동부장관이 처리하던 사무는 도지사가 처리한다.

③「고용보험법」제15조(원수급인으로부터 제출된 자료의 접수에 관한 권한을 포함한다), 제16조, 제17조, 제20조(일자리 함께하기, 시간선택제고용, 성장유망업종·지역특화산업, 국내복귀기업, 전문인력고용, 세대간 상생고용, 고용환경개선에 대한 지원 등 고용창출에 대한 지원사업에 한정한다), 제21조부터 제23조(고용유지지원금, 고령자 고용연장 지원금, 60세 이상 고령자 고용지원금, 정년을 60세 이상으로 정한 사업 또는 사업장에서의 임금 감액에 따른 지원금, 근로시간 단축 지원금, 출산육아기 고용안정장려금, 고용촉진장려금의 지원에 관한 권한으로 한정한다)까지, 제24조(건설근로자고용안정지원금의 지원에 관한 권한

에 한정한다), 제25조제1항(정규직전환지원금, 시간선택제전환지원금, 일·가정양립지원 환경개선 지원금 등 고용안정 및 취업지원사업에 대한 지원에 한정한다), 제26조(직장어린이집의 운영비용의 지원, 대학취업지원사업 및 전문계고등학교 취업지원사업에 한정한다), 제29조제1항(근로자의 직업능력개발 훈련에 필요한 비용의 지원에 한정한다), 제31조(중소기업컨소시엄사업과 우선선정직종 훈련사업의 지도·감독에 한정한다), 제33조(고용정보의 제공과 고용 지원 기반의 구축 등에 관한 권한에 한정한다. 다만, 고용안정·직업능력개발에 관한 기반의 구축, 전문인력의 배치사업, 고용정보의 수집·분석과 직업안정기관에 대한 정보 제공, 직업·훈련 상담 등의 직업지도에 관한 기법의 연구·개발·보급, 고용정보의 제공·직업지도·직업소개의 평가 및 지원, 고용보험사업에 관련된 전산망 운영은 제외한다), 제35조, 제53조, 제70조, 제73조의2제1항, 제75조, 제76조의2제1항, 제77조의4제1항, 제77조의9제1항, 제108조(이양된 권한의 사무처리에 필요한 경우에 한정한다), 제109조(이양된 사무처리에 필요한 경우에 한정한다), 제110조(이양된 사무처리에 필요한 경우에 한정한다), 제112조제1항 및 제118조제4항(이양된 권한에 따른 과태료의 부과·징수에 한정한다)에 따른 고용노동부장관의 권한은 도지사의 권한으로 하고, 국가사무로서 고용노동부장관이 처리하던 사무는 도지사가 처리한다. 〈개정 2019. 12. 10., 2021. 7. 13.〉

④ 「고용보험법」 제43조제1항·제2항·제4항, 제44조, 제47조, 제51조제1항·제2항, 제52조제1항, 제56조제2항, 제57조제2항, 제58조, 제60조제1항부터 제3항까지, 제61조, 제62조, 제63조, 제64조, 제65조제1항·제2항, 제66조제1항, 제67조제1항, 제68조, 제69조, 제73조, 제74조, 제77조, 제77조의3제1항제3호 단서, 제77조의3제8항, 제77조의5제2항 및 제3항, 제77조의8제1항제3호 단서, 제77조의8제8항, 제77조의10제2항 및 제3항, 제93조제3항, 제97조제2항, 제98조, 제103조 및 제111조에 따른 직업안정기관의 장의 권한은 도지사의 권한으로 한다. 〈개정 2019. 12. 10., 2021. 7. 13.〉

제402조(산업재해보상보험 등에 관한 특례) ① 「산업재해보상보험법」 제92조제2항 및 제129조제3항(이양된 권한에 따른 과태료의 부과·징수에 한정한다)에 따른 고용노동부장관의 권한은 도지사의 권한으로 하고, 국가사무로서 고용노동부장관이 처리하던 사무는 도지사가 처리한다.

② 「고용보험 및 산업재해보상보험의 보험료징수 등에 관한 법률」 제28조제1항, 제29조 및 제50조제3항(이양된 권한에 따른 과태료의 부과·징수에 한정한다)에 따른 고용노동부장관의 권한은 도지사의 권한으로 하고, 국가사무로서 고용노동부장관이 처리하던 사무는 도지사가 처리한다.

③ 「고용보험법」 제20조(일자리 함께하기, 시간선택제고용, 성장유망업종·지역특화산업, 국내복귀기업, 전문인력고용, 세대간 상생고용, 고용환경개선에 대한 지원 등 고용창출에 대한 지원사업에 한정한다), 제21조부터 제23조(고용유지지원금, 고령자 고용연장 지원금, 60세 이상 고령자 고용지원금, 정년을 60세 이상으로 정한 사업 또는 사업장에서의 임금 감액에 따른 지원금, 근로시간 단축 지원금, 출산육아기 고용안정장려금, 고용촉진장려금의 지원에 관한 권한으로 한정한다)까지, 제24조(건설근로자고용안정지원금의 지원에 관한 권한에 한정한다), 제25조제1항(정규직전환지원금, 시간선택제전환지원금, 일·가정양립지원 환경개선 지원금 등 고용안정 및 취업지원사업에 대한 지원에 한정한다), 제26조(직장어린이집의 운영비용의 지원, 대학취업지원사업 및 전문계고등학교 취업지원사업에 한정한다), 제29조제1항(근로자의 직업능력개발 훈련에 필요한 비용의 지원에 한정한다), 제31조(중소기업컨소시엄사업과 우선선정직종 훈련사업의 지도·감독에 한정한다), 제33조(고용정보의 제공과 고용 지원 기반의 구축 등에 관한 권한에 한정한다. 다만, 고용안정·직업능력개발에 관한 기반의 구축, 전문인력의 배치사업, 고용정보의 수집·분석과 직업안정기관에 대한 정보 제공, 직업·훈련 상담 등의 직업지도에 관한 기법의 연구·개발·보급, 고용정보의 제공·직업지도·직업소개의 평가 및 지원, 고용보험사업에 관련된 전산망 운영은 제외한다), 제35조, 제53조, 제70조, 제73조의2제1항, 제75조, 제76조의2제1항, 제77조의4제1항, 제77조의9제1항, 제108조(이양된 권한의 사무처리에 필요한 경우에 한정한다), 제109조(이양된 사무처리에 필요한 경우에 한정한다), 제110조(이양된 사무처리에 필요한 경우에 한정한다), 제112조제1항 및 제118조제4항(이양된 권한에 따른 과태료의 부과·징수에 한정한다)에 따른 고용노동부장관의 권한은 도지사의 권한으로 하고, 국가사무로서 고용노동부장관이 처리하던 사무는 도지사가 처리한다. 〈개정 2019. 12. 10., 2021. 7. 13.〉

④ 「고용보험법」 제43조제1항·제2항·제4항, 제44조, 제47조, 제51조제1항·제2항, 제52조제1항, 제56조제2항, 제57조제2항, 제58조, 제60조제1항부터 제3항까지, 제61조, 제62조, 제63조, 제64조, 제65조제1항·제2항, 제66조제1항, 제67조제1항, 제68조, 제69조, 제73조, 제74조, 제77조, 제77조의3제1항제3호 단서, 제77조의3제8항, 제77조의5제2항 및 제3항, 제77조의8제1항제3호 단서, 제77조의8제8항, 제77조의10제2항 및 제3항, 제93조제3항, 제97조제2항, 제98조, 제103조 및 제111조에 따른 직업안정기관의 장의 권한은 도지사의 권한으로 한다. 〈개정 2019. 12. 10., 2021. 7. 13.〉

[시행일: 2022. 7. 14.] 제402조제3항

제403조(국가기술자격에 관한 특례) ①「국가기술자격법」 제15조의3, 제16조제1항, 제17조(국가기술자격에 관한 법령에 따라 고용노동부장관의 소관에 속하는 국가기술자격에 한정한다) 및 제26조의2제2항(이양된 권한에 따른 과태료의 부과·징수에 한정한다)에 따른 고용노동부장관의 권한은 도지사의 권한으로 하며, 국가사무로서 고용노동부장관이 처리하던 사무는 도지사가 처리한다.

②「국가기술자격법」 제16조제1항 및 제17조(국가기술자격에 관한 법령에 따라 국토교통부장관의 소관에 속하는 국가기술자격에 한정한다)에 따른 국토교통부장관의 권한은 도지사의 권한으로 한다.

제404조(사회적기업에 관한 특례) ①「사회적기업 육성법」 제7조제1항, 제8조제2항, 제9조제2항, 제10조제1항·제2항, 제14조제1항·제2항, 제17조제1항부터 제3항까지, 제18조제1항·제3항 및 제23조제3항(이양된 권한에 따른 과태료의 부과·징수에 한정한다)에 따른 고용노동부장관의 권한은 도지사의 권한으로 하며, 국가사무로서 고용노동부장관이 처리하던 사무는 도지사가 처리한다.

②「사회적기업 육성법」 제10조제2항에서 대통령령으로 정하도록 한 사항은 도조례로 정할 수 있다.

제405조(제주지방노동위원회 이관에 따른 특례) ①「노동위원회법」 제2조제2항 및 제4조제2항에도 불구하고 같은 법 제3조제2항·제4항·제5항에 따른 사건을 관장하는 지방노동위원회를 도지사 소속으로 둔다. 이 경우 도지사는 지방노동위원회의 예산·인사·교육훈련과 그 밖의 행정사무를 총괄하며, 소속 공무원을 지휘·감독한다.

② 제1항에 따른 지방노동위원회의 명칭과 위치는 도조례로 정한다.

③ 제1항에 따른 지방노동위원회의 사무를 처리하기 위하여 사무국을 두되, 사무국의 조직과 운영에 필요한 사항은 도조례로 정한다.

④「노동위원회법」 제6조제3항·제4항에도 불구하고 지방노동위원회의 근로자위원·사용자위원 및 공익위원은 도지사가 위촉하되, 근로자위원은 노동조합이 추천한 사람 중에서, 사용자위원은 사용자단체가 추천한 사람 중에서 지방노동위원회 위원장의 제청으로 위촉하며, 공익위원은 지방노동위원회 위원장·노동조합 및 사용자단체가 각각 추천한 사람 중에서 노동조합과 사용자단체가 차례로 배제하고 남은 사람을 위촉대상 공익위원으로 하고, 그 위촉대상 공익위원 중에서 지방노동위원회 위원장의 제청으로 위촉하며, 같은 법 제9조제2항에도 불구하고 제1항에 따른 지방노동위원회의 위원장은 중앙노동위원회 위원장이 2명 이상을 추천하여 그 중 한 명을 도지사가 임명한다. 〈개정 2019. 12. 10.〉

⑤ 「노동위원회법」 제11조제1항에도 불구하고 제1항에 따른 지방노동위원회의 상임위원은 같은 법 제8조에 따른 공익위원의 자격을 갖춘 사람 중에서 중앙노동위원회 위원장의 추천으로 도지사가 임명한다.

⑥ 「노동위원회법」 제14조의3제2항·제4항에 따른 중앙노동위원회 위원장의 권한은 지방노동위원회 위원장의 권한으로 한다.

⑦ 제1항에 따라 도지사 소속으로 두는 지방노동위원회와 관련하여 이 법에 정한 사항을 제외하고는 「노동위원회법」과 노동관계 법령의 관련 규정을 준용한다.

제7장 토지의 이용 및 교통·항만 등의 개선

제1절 국토의 계획 및 이용

제406조(국토의 계획 및 이용에 관한 특례) ① 도지사는 지역여건상 필요할 때에는 도조례로 정하는 바에 따라 용도지구의 명칭과 지정목적, 건축이나 그 밖의 행위 금지·제한, 개발사업에 따른 토지사용면적의 제한사항 등을 정하여 「국토의 계획 및 이용에 관한 법률」 제37조에 따른 용도지구 외의 용도지구의 지정 또는 변경을 도시·군관리계획으로 결정할 수 있다.

② 제주자치도에 설치하는 도시·군계획시설 중 유원지시설(주민의 복지향상에 기여하기 위하여 설치하는 오락과 휴양을 위한 시설 및 관광객의 관광·휴양을 위하여 설치하는 편의시설·관광시설을 포함한다)의 결정·구조·설치의 기준 및 건폐율·용적률 등에 관한 사항은 「국토의 계획 및 이용에 관한 법률」 제43조제2항, 제77조 및 제78조에도 불구하고 도조례로 정한다. 다만, 관광숙박시설인 경우에는 전체면적의 30퍼센트 이내로 한다. 〈개정 2016. 5. 29.〉

③ 「국토의 계획 및 이용에 관한 법률」 제10조, 제16조제2항(협의에 한정한다), 제29조제2항(제4호에 한정한다), 제49조제2항, 제67조제5항, 제68조제3항, 제70조제3항에 따른 국토교통부장관 또는 관계 행정기관의 장의 권한은 도지사의 권한으로 한다. 〈개정 2016. 1. 19.〉

④ 도지사는 「국토의 계획 및 이용에 관한 법률」 제8조제2항, 제16조 및 제30조제2항과 법률 제7470호 국토의계획및이용에관한법률 일부개정법률 부칙 제2항에도 불구하고 국토교통부장관의 승인을 받지 아니하거나 협의를 하지 아니하고 구역 등의 지정 또는 변경, 광역도시계획의 수립 또는 변경, 도시·군관리계획의 변경 또는 결정 및 최초 도시·군기본계획의 수립을 할 수 있다.

⑤ 제3항과 제4항을 적용할 때 「국토의 계획 및 이용에 관한 법률」 제8조제5항, 제10조제3항, 제16조제2항 및 제30조제3항 중 "중앙도시계획위원회"는 "지방도시계획위원회"로 본다.

⑥ 도지사는 「국토의 계획 및 이용에 관한 법률」 제9조에도 불구하고 다른 법률에서 같은 법에 따른 용도지역·용도지구 또는 용도구역의 지정 또는 변경에 대한 도시·군관리계획의 결정을 의제하는 내용이 포함되어 있는 계획을 허가·인가·승인 또는 결정하려는 경우에는 같은 법 제113조에 따른 지방도시계획위원회의 심의를 받아야 한다.

⑦ 도지사는 「국토의 계획 및 이용에 관한 법률」 제59조제1항에도 불구하고 같은 항에서 정한 행위를 같은 법에 따라 허가하거나 다른 법률에 따라 인가·허가·승인 또는 협의를 하려는 경우에는 같은 법 제113조에 따른 지방도시계획위원회의 심의를 받아야 한다.

⑧ 도지사는 「국토의 계획 및 이용에 관한 법률」 제34조에도 불구하고 같은 조에서 정한 재검토 기간 이내에서 도조례로 정하는 기간마다 도시·군관리계획을 전반적으로 재검토하여 정비하여야 한다.

⑨ 「국토의 계획 및 이용에 관한 법률」 제8조제2항, 같은 조 제4항제4호, 제30조제3항 단서, 제31조제2항 단서, 제39조제1항 본문, 제43조제1항 단서, 제49조제2항, 제51조제1항제10호, 같은 조 제2항제2호, 같은 조 제3항제1호·제2호, 제52조제1항제1호·제2호·제8호, 같은 조 제2항·제3항, 제56조제1항 각 호 외의 부분 본문, 같은 조 제2항 단서, 같은 조 제4항제3호, 제57조제2항·제4항, 제58조제1항제1호, 같은 조 제3항, 제59조제1항(대통령령으로 정하는 행위에 한정한다), 같은 조 제2항제6호, 같은 조 제3항 전단, 제60조제1항 각 호 외의 부분 본문, 같은 조 제2항, 제62조제1항 본문, 제67조제1항제3호, 같은 조 제2항·제4항·제5항, 제68조제2항 단서, 같은 조 제3항, 같은 조 제4항제2호, 같은 조 제6항제2호, 같은 조 제7항, 제69조제1항·제5항, 제70조제2항 단서, 같은 조 제3항, 제76조제1항·제2항, 같은 조 제5항제1호, 제77조제1항 각 호 외의 부분, 같은 조 제2항, 같은 조 제3항 각 호 외의 부분, 같은 조 제4항 각 호 외의 부분, 제78조제1항 각 호 외의 부분, 같은 조 제2항부터 제5항까지, 제81조제1항, 같은 조 제2항제1호부터 제3호까지, 같은 조 제6항, 제85조제1항, 같은 조 제5항 단서, 제88조제1항·제2항, 같은 조 제4항 단서, 같은 조 제5항, 제98조제1항, 제113조제1항제4호, 같은 조 제2항제4호, 같은 조 제3항, 제113조의2 본문·단서, 제113조의3제1항제4호, 제114조제2항에서 대통령령 또는 국토교통부령으로 정하도록 한 사항은 도조례로 정할 수 있다. 〈개정 2016. 1. 19.〉

제407조(건축계획심의에 관한 특례) ① 자연경관이나 도시경관 유지가 필요하다고 인정하여 도지사가 지정·공고하는 구역에 건축물을 건축할 때에는 건축계획에 대한 형태·색채 및 도로 등에 대하여 「건축법」 제4조에 따른 도건축위원회의 심

의를 받은 후 기본설계를 하여야 한다.

② 제1항에 따라 지정·공고한 구역에서 「건축법」 제11조 및 제14조에 따른 건축허가 또는 건축신고(신축의 경우에 한정하며, 이 법 또는 다른 법률에 따라 건축허가 또는 건축신고가 의제되는 경우를 포함한다)를 수리(受理)할 때에는 도건축위원회의 심의를 마쳐야 한다.

③ 제1항에 따른 심의대상 구역의 지정·공고 및 심의 절차·기준 등은 도조례로 정한다.

제408조(건축에 관한 특례) ① 「건축법」 제15조제3항, 제23조제2항·제4항, 제25조제8항·제9항, 제69조제1항, 제71조제1항부터 제5항까지, 같은 조 제8항, 제72조제6항·제7항, 제77조제1항·제2항 및 제87조제1항에 따른 국토교통부장관의 권한은 도지사의 권한으로 한다. 〈개정 2019. 12. 10.〉

② 「건축법」 제4조제5항, 제5조제1항, 제6조, 제8조, 제12조제1항, 제13조제2항, 제14조제1항 각 호 외의 부분, 같은 항 제4호·제5호, 제16조제1항 본문·단서, 같은 조 제2항, 제17조제2항, 제19조제3항 본문·단서, 같은 조 제4항 각 호 외의 부분, 같은 조 제6항, 제20조제2항제3호, 같은 조 제3항·제5항, 제22조제2항 각 호 외의 부분 본문, 같은 조 제3항제2호, 제23조제1항제3호, 같은 조 제4항, 제24조제5항, 제25조제1항 전단, 같은 조 제4항부터 제6항까지, 같은 조 제8항, 제26조, 제27조제1항부터 제3항까지, 제28조제1항, 제29조제1항, 제34조, 제37조제1항·제2항, 제40조제4항, 제41조제1항, 제42조제1항 단서, 제43조제1항 각 호 외의 부분, 같은 조 제2항, 제44조제1항제2호, 같은 조 제2항, 제45조제1항 각 호 외의 부분 본문, 같은 조 제3항, 제46조제1항 단서, 같은 조 제2항, 제54조제1항 본문, 제57조제1항, 제58조, 제59조제1항제1호·제2호, 같은 조 제2항, 제60조제1항 본문·단서, 제61조제1항, 같은 조 제2항 각 호 외의 부분, 같은 조 제3항 각 호 외의 부분, 같은 항 제8호, 제62조, 제64조제1항 전단·후단, 같은 조 제2항 본문·단서, 제69조제1항제1호나목, 같은 항 제2호나목·다목, 제70조제2호·제3호, 제71조제1항제4호 후단, 같은 항 제6호 후단, 같은 항 제7호, 같은 조 제5항, 같은 조 제7항 후단, 제72조제1항 각 호 외의 부분 후단, 같은 조 제5항 전단, 같은 조 제7항, 같은 조 제8항 후단, 제73조제1항제2호, 같은 조 제3항, 제75조제2항 전단·후단, 제78조제4항, 제79조제2항 단서, 같은 조 제4항, 제80조제1항 각 호 외의 부분 단서, 같은 항 제2호, 제83조제1항·제3항, 제85조제1항제5호, 제88조제1항제7호 및 제102조제2항에서 대통령령 또는 국토교통부령으로 정하도록 한 사항은 도조례로 정할 수 있다. 〈개정 2019. 4. 30., 2019. 12. 10.〉

③ 「건축법」 제60조제1항 단서에도 불구하고 가로구역별 건축물의 최고높이를 도조례로 정할 수 있다.

④ 「건축물관리법」 제15조제1항(같은 법 제12조제1항에 따른 사항에 한정한다), 같은 법 제30조제5항에서 대통령령 또는 국토교통부령으로 정하도록 한 사항은 도조례로 정할 수 있다. 〈신설 2019. 4. 30.〉

제409조(측량업 등록 및 지적 등에 관한 특례) ① 「공간정보의 구축 및 관리 등에 관한 법률」 제44조제2항, 제46조제2항, 제48조, 제52조, 제99조, 제100조(이양된 권한에 따른 청문에 한정한다), 제106조(이양된 권한에 따른 수수료의 납부에 한정한다) 및 제111조제2항(이양된 권한에 따른 과태료의 부과·징수에 한정한다)에 따른 국토교통부장관 또는 해양수산부장관의 권한은 도지사의 권한으로 한다.

② 「공간정보의 구축 및 관리 등에 관한 법률」 제27조제2항, 제28조제3항(지방지적위원회에 한정한다), 제29조제1항·제4항, 제44조제5항(지적측량업에 한정한다), 제51조제2항, 제52조제4항, 제69조제4항, 제75조제2항, 제76조제4항(제주자치도에 관한 자료에 한정한다), 제90조 본문·단서, 제106조제1항(제13호·제14호·제15호의 신청에 관한 사항에 한정한다)·제6항(이양된 권한에 따른 수수료에 한정한다) 및 제111조제2항(이양된 권한에 따른 과태료의 부과·징수에 한정한다)에서 대통령령, 국토교통부령 또는 해양수산부령으로 정하도록 한 사항은 도조례로 정할 수 있다.

제409조(측량업 등록 및 지적 등에 관한 특례) ① 「공간정보의 구축 및 관리 등에 관한 법률」 제44조제2항, 제46조제1항, 제48조, 제52조, 제99조, 제100조(이양된 권한에 따른 청문에 한정한다), 제106조(이양된 권한에 따른 수수료의 납부에 한정한다) 및 제111조제2항(이양된 권한에 따른 과태료의 부과·징수에 한정한다)에 따른 국토교통부장관 또는 해양수산부장관의 권한은 도지사의 권한으로 한다. 〈개정 2021. 8. 10.〉

② 「공간정보의 구축 및 관리 등에 관한 법률」 제27조제2항, 제28조제3항(지방지적위원회에 한정한다), 제29조제1항·제4항, 제44조제7항(지적측량업에 한정한다), 제51조제2항, 제52조제4항, 제69조제4항, 제75조제2항, 제76조제4항(제주자치도에 관한 자료에 한정한다), 제90조 본문·단서, 제106조제1항(제13호·제14호·제15호의 신청에 관한 사항에 한정한다)·제6항(이양된 권한에 따른 수수료에 한정한다) 및 제111조제2항(이양된 권한에 따른 과태료의 부과·징수에 한정한다)에서 대통령령, 국토교통부령 또는 해양수산부령으로 정하도록 한 사

항은 도조례로 정할 수 있다. 〈개정 2021. 8. 10.〉

[시행일: 2022. 8. 11.] 제409조

제410조(건설기술 진흥에 관한 특례) 「건설기술 진흥법」 제24조제1항, 제57조제4항, 제60조제4항, 제80조, 제83조(이양된 권한에 관한 청문에 한정한다) 및 제91조제4항(이양된 권한에 따른 과태료의 부과·징수에 한정하되, 「건설산업기본법」 제8조제1항에 따른 종합공사를 시공하는 업종을 등록한 건설사업자와 전문공사를 시공하는 업종을 등록한 건설사업자 및 그에게 소속되어 근무하는 건설기술인은 제외한다)에 따른 국토교통부장관의 권한은 도지사의 권한으로 한다. 〈개정 2018. 8. 14., 2019. 4. 30., 2019. 12. 10.〉

제411조(시설물의 안전 관리 등에 관한 특례) ① 「시설물의 안전 및 유지관리에 관한 특별법」 제31조제2항·제3항 및 제35조에 따른 국토교통부장관의 권한은 도지사의 권한으로 한다. 〈개정 2017. 1. 17.〉

② 도지사는 제1항에 따라 안전진단전문기관의 등록·변경등록이 있을 때와 등록말소·영업정지·시정명령·과태료처분을 한 경우에는 그 날부터 30일 이내에 그 사실을 국토교통부장관에게 통보하여야 한다.

제412조(도로관리 등에 관한 특례) ① 도지사는 「도로법」 제31조제3항에도 불구하고 국가지원지방도의 조사·설계를 할 수 있다. 이 경우 국가지원지방도의 설계는 국토교통부장관의 승인을 받아야 한다.

② 「도로법」에 따른 도로 중 일반국도와 관련된 같은 법 제25조, 제31조제1항, 제32조제1항, 제33조부터 제37조까지, 제39조제1항, 제40조제1항·제2항·제4항, 제48조, 제52조제1항, 제55조부터 제57조까지, 제61조, 제62조, 제65조, 제66조, 제69조, 제70조, 제73조, 제76조, 제77조, 제82조, 제83조, 제89조부터 제91조까지, 제96조(제40조제3항을 위반한 자에 대한 처분 또는 조치는 제외한다), 제97조, 제103조, 제106조, 제117조제4항(이양된 권한에 따른 과태료의 부과·징수에 한정한다) 및 제118조에 따른 국토교통부장관의 권한은 도지사의 권한으로 한다.

③ 「청원경찰법」 제5조 및 제9조의3(일반국도상의 주요구조의 경계를 위하여 배치하는 청원경찰에 한정한다)에 따른 국토교통부장관의 권한은 도지사의 권한으로 한다.

④ 「도로법」 제36조제1항 각 호 외의 부분 본문, 같은 항 제3호, 제40조제2항, 제55조제2항, 제61조제2항, 제62조제2항 전단·후단, 제66조제4항, 제68조 각 호 외의 부분 및 같은 조 제3호에서 대통령령 또는 국토교통부령으로 정하도록

한 사항은 도조례로 정할 수 있다.

⑤ 「도로법」 제12조에 따라 종전의 제주도에 지정된 일반국도를 해제하고, 도지사는 그 해제된 일반국도를 같은 법 제15조에 따라 지방도로 지정한 것으로 본다.

⑥ 도지사는 「도로법」 제21조에도 불구하고 지방도의 도로노선을 인정·폐지 또는 변경할 수 있다. 이 경우 도지사는 그 결과를 국토교통부장관에게 통보하여야 한다.

⑦ 국가는 필요하면 「도로법」 제85조제1항 전단에도 불구하고 다음 각 호의 도로의 건설 또는 유지·관리에 드는 비용을 지원할 수 있다.

1. 제5항에 따라 일반국도에서 지방도로 전환된 도로
2. 「도로법」 제12조제1항의 요건을 갖춘 지방도

⑧ 도지사는 국토교통부장관과 협의하여 제7항 각 호의 도로에 대한 건설 또는 유지·관리 등의 장기적인 정비방향을 제시하는 도로건설·관리계획을 수립하여야 한다.

⑨ 제8항에 따라 수립한 도로건설·관리계획은 국토교통부장관이 「도로법」 제6조에 따라 수립한 도로건설·관리계획으로 본다.

제413조(하천관리에 관한 특례) ① 「하천법」 제50조제1항부터 제3항까지, 제51조제1항·제2항, 제52조제2항·제3항·제5항, 제53조제1항부터 제4항까지 및 제54조제2항에 따른 환경부장관의 권한은 도지사의 권한으로 한다. 〈개정 2017. 1. 17., 2018. 6. 8., 2020. 12. 31.〉

② 「하천법」 중 국가하천에 관한 다음 각 호의 환경부장관의 권한은 도지사의 권한으로 한다. 〈개정 2017. 1. 17., 2018. 6. 8., 2019. 12. 10., 2020. 12. 31.〉

1. 「하천법」 제5조제2항, 제6조(사업시행자가 중앙행정기관의 장인 경우는 제외한다), 제10조, 제12조, 제14조, 제15조, 제27조제1항부터 제3항까지, 같은 조 제5항 본문, 같은 조 제6항·제7항, 제28조, 제30조, 제32조제6항, 제33조제1항제2호(다목적댐은 제외한다)·제3호(다목적댐과 하구둑은 제외한다)·제4호, 제36조, 제47조, 제48조, 제61조제1항·제2항, 제68조부터 제70조까지, 제74조, 제75조, 제78조, 제84조, 제85조, 제90조, 제91조 및 제98조제4항(이양된 권한에 따른 과태료의 부과·징수에 한정한다)
2. 「하천법」 제25조에 따른 하천기본계획의 수립·변경 및 고시

③ 「하천법」 제5조제2항, 제6조제1항, 제12조제1항제2호, 제27조제1항·제3항, 같은 조 제6항 각 호 외의 부분, 같은 조 제7항, 제28조제3항·제4항, 제30조제1항·제4항·제5항, 같은 조 제7항 후단, 같은 조 제10항, 제33조제1항 각 호 외의 부분 전단·후단, 같은 항 제6호, 같은 조 제4항제1호·제2호, 같은 항 제4호

단서, 같은 항 제5호, 같은 조 제7항·제8항, 제35조제3항, 제37조제4항, 같은 조 제5항 각 호 외의 부분, 같은 항 제2호, 제38조제1항 각 호 외의 부분 본문·단서, 제45조, 제46조제6호·제7호, 제47조제1항, 제48조제4항, 제49조제2항, 제50조제1항, 같은 조 제3항제4호, 같은 조 제4항, 제51조제4항, 제52조제1항·제4항, 제53조제1항제3호, 같은 조 제3항, 제54조제1항 각 호 외의 부분, 같은 조 제9항, 제66조, 제68조, 제73조제3항, 제76조제3항, 제79조제2항, 제80조제2항·제3항·제5항, 제81조제2항, 제83조제2항, 제84조제1항, 제85조제1항 각 호 외의 부분에서 대통령령, 환경부령으로 정하도록 한 사항은 도조례로 정할 수 있다. 〈개정 2018. 6. 8., 2019. 12. 10., 2020. 12. 31.〉

④ 제1항 및 제3항을 적용할 때 「하천법」 제51조제1항, 제53조제2항 및 제54조제2항 중 "국가수자원관리위원회"는 "지역수자원관리위원회"로 한다. 〈개정 2017. 1. 17.〉

⑤ 「수자원의 조사·계획 및 관리에 관한 법률」 제7조제1항·제2항·제4항 및 제18조제1항·제2항·제4항에 따른 환경부장관의 권한은 도지사의 권한으로 한다. 〈신설 2017. 1. 17., 2018. 6. 8.〉

제414조(소하천정비에 관한 특례) 「소하천정비법」 제10조제5항에서 대통령령으로 정하도록 한 사항(소요공사비 예치 방법에 한정한다)은 도조례로 정할 수 있다.

제415조(도시개발에 관한 특례) ① 「도시개발법」 제11조제1항제1호에도 불구하고 제주자치도의 경우에는 행정시장을 도시개발사업의 시행자로 지정할 수 있다.

② 「도시개발법」 제3조제1항에 따라 지정된 도시개발구역의 도시개발사업의 시행자를 지정하는 경우 「도시개발법」 제11조제2항 각 호 외의 부분 후단에도 불구하고 도시개발사업을 시행하는 자가 행정시장인 경우에는 도지사가 지정한다.

③ 「도시개발법」 제5조제5항, 제11조제2항, 제32조제6항, 제58조제2항 후단 및 제61조제2항에 따른 국토교통부장관의 권한은 도지사의 권한으로 한다.

④ 「도시개발법」 제3조제5항, 제4조제1항 단서, 같은 조 제4항 후단, 제5조제1항제17호, 같은 조 제3항·제4항, 제6조제1항, 제7조제1항 후단, 같은 조 제2항, 제8조제1항 단서, 제9조제5항 전단, 같은 조 제6항제2호, 제10조제2항제1호 단서, 같은 항 제2호 단서, 같은 조 제4항 전단, 제11조제2항 각 호 외의 부분 전단, 같은 조 제3항·제4항, 같은 조 제5항 본문, 같은 조 제8항제4호, 제12조제1항, 같은 조 제2항 본문, 같은 조 제3항·제4항, 제13조제1항, 같은 조 제2항 단서, 제15조제3항, 제16조제4항, 제17조제1항 전단, 같은 조 제4항 단서, 같은 조 제5항, 제19조제3항 후단, 제20조제2항 각 호 외의 부분, 같은 조 제5항·제

8항, 제21조제2항제1호부터 제3호까지, 같은 조 제3항, 제22조제4항, 제23조제1항 본문, 같은 조 제2항·제3항, 제25조제1항, 제26조제2항, 제27조, 제28조제1항제6호, 같은 조 제3항·제5항, 제29조제2항 단서, 같은 조 제3항 본문·단서, 제31조제2항, 제40조제1항·제4항·제5항, 제44조제3항, 제45조, 제46조제2항, 제50조제1항, 제53조 단서, 제55조제4항·제5항, 제58조제1항·제3항, 같은 조 제4항 전단, 제59조 본문, 제60조제2항제9호, 제61조제1항제3호·제8호, 같은 조 제3항, 제62조제4항, 제63조제1항제3호, 같은 조 제3항 및 제72조제4항·제5항에서 대통령령 또는 국토교통부령으로 정하도록 한 사항은 도조례로 정할 수 있다.

제416조(택지개발에 관한 특례) ①「택지개발촉진법」 제7조제1항에 따른 국토교통부장관의 권한은 도지사의 권한으로 한다.

② 도지사는「택지개발촉진법」 제3조제2항에도 불구하고 관계 행정기관의 장과 협의하고「주거기본법」 제9조에 따른 시·도 주거정책심의위원회의 심의를 마친 후 제1항에 따라 택지개발지구를 지정할 수 있다.

③ 제1항에 따라 택지개발사업시행자로 지정된 자는「택지개발촉진법」 제3조의2에도 불구하고 도지사에게 택지개발지구의 지정을 제안할 수 있다.

④ 제1항에 따라 도지사의 권한으로 된 사항에 대해서는「택지개발촉진법」 제27조에 따른 행정심판은 국토교통부장관이 아닌 도지사에게 제기하여야 한다.

⑤「택지개발촉진법」 제3조의3제1항 본문·단서, 같은 조 제2항, 제6조제1항 전단, 같은 조 제2항제2호, 같은 조 제3항, 제7조제1항제4호 각 목 외의 부분 전단·후단, 같은 조 제2항, 제8조제1항제5호, 같은 조 제2항, 제9조제1항 전단·후단, 같은 조 제5항, 제11조제2항 후단, 제12조제5항, 제12조의2제1항부터 제3항까지, 제13조제1항, 제17조제1항·제2항, 제18조제2항, 제18조의2제1항 각 호 외의 부분 전단, 같은 항 제7호, 같은 조 제2항, 제19조의2제1항 단서, 제21조제2항, 제23조제2항, 제24조제1항, 제25조제1항 전단, 제30조제2항 각 호 외의 부분 및 제35조제2항(이양된 권한에 따른 과태료의 부과·징수에 한정한다)에서 대통령령 또는 국토교통부령으로 정하도록 한 사항은 도조례로 정할 수 있다.

제417조(도시 및 주거환경정비에 관한 특례) ①「도시 및 주거환경정비법」 제10조, 제19조제7항, 제29조제4항, 제32조제2항, 제34조제1항, 제98조제1항 후단, 제101조제5항(승인대상이 도조례인 경우는 제외한다) 및 제111조제1항에 따른 국토교통부장관의 권한은 도지사의 권한으로 한다. 〈개정 2017. 2. 8., 2017. 8. 9.〉

② 「도시 및 주거환경정비법」 제2조제3호나목, 같은 호 다목1) 및 2) 외의 부분, 같은 호 라목, 같은 조 제4호·제5호, 제3조제5호, 제5조제1항제13호, 제6조제3항, 제7조제1항 단서, 같은 조 제4항, 제8조제1항, 제9조제1항제10호 각 목 외의 부분 단서, 같은 호 라목, 같은 항 제12호, 제10조제1항제1호·제2호, 제12조제3항 단서, 같은 조 제4항·제5항·제7항, 제13조제5항, 제14조제2항, 제15조제3항, 제16조제1항 본문, 같은 조 제3항, 제17조제4항·제5항, 제19조제1항제7호, 같은 조 제2항제2호, 같은 조 제3항, 같은 조 제7항 각 호 외의 부분, 제21조제3항, 제24조제3항 단서, 제25조제1항제1호·제2호, 제26조제2항 본문, 제27조제1항 각 호 외의 부분, 같은 조 제2항 본문, 같은 조 제4항 각 호 외의 부분 전단, 제28조제3항, 제29조제4항 단서, 같은 조 제7항, 제31조제1항 각 호 외의 부분, 같은 조 제3항 전단, 같은 조 제4항 후단, 제32조제1항제5호, 같은 조 제3항·제4항, 제34조제1항제7호, 같은 조 제5항, 제35조제2항제2호, 같은 조 제5항 단서, 같은 조 제9항·제10항, 제36조제3항·제4항, 제37조제2항제2호나목, 같은 조 제3항, 제38조제2항, 제39조제2항제5호, 제40조제1항제18호, 같은 조 제4항, 제41조제2항, 같은 조 제5항 단서, 같은 조 제6항, 제45조제1항제13호, 같은 조 제6항, 제46조제4항·제5항, 제47조제3항, 같은 조 제5항제6호, 같은 조 제6항, 제50조제1항 본문·단서, 같은 조 제9항 본문, 제52조제1항제13호, 제55조제4항 본문·단서, 같은 조 제5항, 제56조제1항 본문, 제58조제2항 각 호 외의 부분, 제59조제2항, 같은 조 제3항 전단, 제61조제3항 전단, 제65조제1항 단서, 제66조 각 호 외의 부분, 같은 조 제1호, 제67조제4항제3호, 제68조제2항, 같은 조 제4항 각 호 외의 부분, 같은 항 제6호, 제69조제1항 각 호 외의 부분 본문, 제72조제1항 각 호 외의 부분 본문 및 같은 항 제4호, 같은 조 제3항, 제73조제3항 후단, 제74조제1항 각 호 외의 부분 단서, 같은 항 제9호, 같은 조 제4항, 제76조제2항, 제78조제1항 단서, 같은 조 제2항 단서, 같은 조 제5항, 제79조제3항, 같은 조 제4항 후단, 같은 조 제5항 후단, 같은 조 제6항 본문·단서, 제80조제1항 후단, 같은 조 제2항, 제82조제1항, 제83조제1항, 같은 조 제5항 본문, 같은 조 제6항, 제89조제4항, 제92조제2항제1호, 제94조제1항·제3항, 제95조제1항 각 호 외의 부분 전단, 같은 항 제2호, 제101조제1항제2호, 제102조제1항 각 호 외의 부분 본문·단서, 같은 조 제2항·제3항, 제103조제5호, 제106조제2항, 제108조제2항, 제109조제6항, 제110조제1항제4호, 같은 조 제2항, 제111조제1항부터 제3항까지, 제112조제1항 각 호 외의 부분 본문, 제113조제2항 후단, 제115조, 제117조제1항제3호, 제118조제1항, 제122조제1항제7호, 제123조제1항, 제124조제1항제11호, 같은 조 제2항·

제3항, 같은 조 제4항제3호, 제125조제1항, 제126조제2항제4호·제6호, 제128조제1항, 같은 조 제2항 각 호 외의 부분, 같은 항 제3호, 제140조제3항에서 대통령령 또는 국토교통부령으로 정하도록 한 사항은 도조례로 정할 수 있다. 〈개정 2017. 2. 8., 2017. 8. 9., 2017. 10. 24., 2021. 3. 16.〉

③ 도지사는 「도시 및 주거환경정비법」 제4조제1항에도 불구하고 도시·주거환경정비기본계획을 수립하지 아니할 수 있다. 〈개정 2017. 2. 8.〉

제418조(산업입지 및 개발에 관한 특례) ① 「산업입지 및 개발에 관한 법률」 제4조제1항·제3항, 제7조제7항 및 제7조의4제1항에 따른 국토교통부장관의 권한은 도지사의 권한으로 한다. 〈개정 2019. 12. 10.〉

② 「산업입지 및 개발에 관한 법률」 제6조에 따른 산업단지개발계획 수립 시 국토교통부장관이 지정한 사업시행자와 같은 법 제16조제1항제1호·제2호에 해당하는 사업시행자가 시행하는 국가산업개발사업에 관한 같은 법 제17조제1항·제2항, 제19조의2제1항, 제21조제2항, 제26조제3항, 제27조제2항 전단, 제37조제1항·제2항·제5항, 제47조제1항 및 제48조에 따른 국토교통부장관의 권한은 도지사의 권한으로 한다.

③ 「산업입지 및 개발에 관한 법률」 제4조제4항, 제7조제1항 본문·단서, 제7조의2제1항 본문·단서, 제7조의4제1항, 같은 조 제2항 단서, 제8조제2항 본문·단서, 제18조의2제1항 전단, 제19조제1항, 제19조의2제1항, 제37조제4항·제5항, 제46조의2제3항, 제46조의4제2항 및 제46조의6제4항에서 대통령령 또는 국토교통부령으로 정하도록 한 사항은 도조례로 정할 수 있다. 〈개정 2019. 12. 10.〉

제419조(항만건설사업 관련 실시계획 등에 관한 특례) ① 항만건설사업 및 항만공사에 관한 실시계획 등과 관련된 「산업입지 및 개발에 관한 법률」 제17조제1항, 제18조제1항·제2항, 제19조의2제1항, 제21조제2항·제3항, 제27조제2항 전단, 제37조제1항·제2항·제4항·제5항, 같은 조 제7항 단서 및 제48조에 따른 해양수산부장관의 권한은 도지사의 권한으로 한다.

② 「신항만건설 촉진법」 제5조제4항, 제13조제1항·제2항, 같은 조 제4항 단서, 제18조제1항(제13조제1항·제2항, 같은 조 제4항 단서와 관련하여 이양된 권한에 대한 처분 또는 명령에 한정한다) 및 제26조(이양된 권한에 따른 과태료의 부과·징수에 한정한다)에 따른 해양수산부장관의 권한은 도지사의 권한으로 한다.

제420조(개발이익 환수에 관한 특례) 「개발이익 환수에 관한 법률」 제4조제3항(제주자치도 귀속분에 한정한다), 제7조제5항, 제14조제2항, 제15조제1항·제3항, 제16조제1항·제2항, 제18조제5항, 제19조제2항, 제20조제1항 각 호 외의 부분,

같은 항 제5호, 같은 조 제2항·제3항, 제24조 각 호 외의 부분, 제25조제2항 및 제29조제2항에서 대통령령 또는 국토교통부령으로 정하도록 한 사항은 도조례로 정할 수 있다.

[전문개정 2020. 2. 18.]

제421조(도시공원 및 녹지 등에 관한 특례) ①「도시공원 및 녹지 등에 관한 법률」 제6조제3항에 따른 국토교통부장관의 권한은 도지사의 권한으로 한다.

②「도시공원 및 녹지 등에 관한 법률」 제6조제1항제8호, 같은 조 제3항, 제7조제1항, 제9조제5항, 제11조제4항, 제12조제3항, 제13조제2항, 제14조제1항, 같은 조 제2항 각 호 외의 부분, 제15조제2항, 제16조의2제3항제2호, 같은 조 제4항, 제17조제2항, 제18조제1항, 제19조제7항, 제20조제3항, 제21조제1항·제2항, 제23조제3항·제4항, 제24조제1항 각 호 외의 부분 본문·단서, 같은 조 제3항, 같은 조 제5항 전단, 제26조, 제27조제1항제1호 각 목 외의 부분, 같은 항 제4호, 같은 조 제2항·제3항·제5항, 제28조제2항·제3항, 제29조제3항, 제30조제2항, 같은 조 제3항 후단, 같은 조 제4항, 제31조제2항 각 호 외의 부분 본문, 같은 항 제1호, 제36조제2항, 제37조, 제38조제1항 각 호 외의 부분 본문·단서, 같은 조 제3항, 제40조제1항, 제44조제2항, 제45조 각 호 외의 부분, 제46조제1항 각 호 외의 부분, 제49조제1항제6호 및 제51조제2항에서 대통령령 또는 국토교통부령으로 정하도록 한 사항은 도조례로 정할 수 있다.

제422조(경관의 관리에 관한 특례) ① 도지사는 제주자치도의 지리적 특수성과 특유의 생활 형태 및 정주환경을 고려하여 지역별로 특색 있는 경관을 조성하고, 이를 관광자원으로 활용할 수 있도록 경관관리계획을 수립·시행할 수 있다.

② 제1항에 따른 경관관리계획의 수립·시행 등에 필요한 사항은 도조례로 정한다.

③「경관법」 제16조제2항 후단, 제20조제2항, 제27조제1항, 같은 조 제3항 각 호 외의 부분 본문 및 제29조제1항 단서에서 대통령령으로 정하도록 한 사항은 도조례로 정할 수 있다. 〈개정 2019. 12. 10.〉

제423조(주택건설사업에 관한 특례) ① 국가·지방자치단체·한국토지주택공사 및「지방공기업법」 제49조에 따라 설립된 지방공사인 사업주체는「주거기본법」 제5조제5항에도 불구하고 주거종합계획안을 마련하여 도지사와 협의하여야 하며, 그 주거종합계획에서 정하는 바에 따라 주택건설사업 또는 대지조성사업을 시행하여야 한다.

②「주택법」 제8조제1항, 제10조제1항·제2항, 제14조제1항, 제15조제1항·제6항, 제49조제1항, 제65조제2항, 제93조제1항 및 제96조에 따른 국토교통부장

관의 권한은 도지사의 권한으로 한다. 〈개정 2016. 1. 19.〉

③ 「주택법」 제5조제1항 전단, 같은 조 제2항 전단, 같은 조 제3항 전단, 같은 조 제4항, 제8조제2항, 제10조제1항·제2항, 제11조제7항 본문, 제14조제3항, 제15조제1항 각 호 외의 부분 본문·단서, 같은 조 제4항 단서, 제16조제1항 단서, 같은 조 제2항, 제19조제5항, 제31조제1항, 같은 조 제3항 본문·단서, 제35조제1항 각 호 외의 부분(제4호의 복리시설 설치기준에 한정한다), 제49조제1항 본문, 같은 조 제3항 각 호 외의 부분, 같은 조 제4항 단서, 제60조제2항 각 호 외의 부분, 같은 조 제3항, 제66조제1항·제2항, 제92조 및 제106조제4항(이양된 권한에 따른 과태료의 부과·징수에 한정한다)에서 대통령령 또는 국토교통부령으로 정하도록 한 사항은 도조례로 정할 수 있다. 〈개정 2016. 1. 19.〉

제424조(건설업의 등록 등에 관한 특례) 「건설산업기본법」 제9조제1항·제2항·제4항, 제9조의2제1항·제2항, 제11조제2항, 제13조제3항, 제17조제1항, 제20조의2제1항·제2항, 제49조제1항부터 제3항까지, 제81조(이양된 권한에 따른 명령 또는 지시에 한정한다), 제82조(이양된 권한에 따른 영업정지 또는 과징금 부과에 한정한다), 제82조의2(이양된 권한에 관한 영업정지, 과징금의 부과 또는 등록말소에 한정한다), 제83조(이양된 권한에 따른 등록말소 또는 영업정지에 한정한다), 제85조의2제3항, 제85조의3, 제86조(이양된 권한에 따른 청문에 한정한다), 제92조(이양된 권한에 따른 수수료의 납부에 한정한다) 및 제101조(이양된 권한에 따른 과태료의 부과·징수에 한정한다)에 따른 국토교통부장관의 권한은 도지사의 권한으로 한다.

제425조(골재채취에 관한 특례) 「골재채취법」 제21조제1항, 제21조의2제1항 전단, 같은 조 제2항·제3항, 제22조제1항 각 호 외의 부분 본문, 같은 항 제2호, 같은 조 제4항, 제23조제2항 후단, 제24조, 제25조 단서, 제29조제2항 각 호 외의 부분 본문, 같은 항 제3호, 같은 조 제5항·제8항, 제34조제1항제3호, 같은 조 제3항, 같은 조 제4항 단서, 같은 조 제5항부터 제7항까지, 제34조의2제1항·제2항·제5항, 같은 조 제6항 단서 및 제34조의3제4항에서 대통령령 또는 국토교통부령으로 정하도록 한 사항은 도조례로 정할 수 있다.

제426조(건설기계 관리에 관한 특례) ① 「건설기계관리법」 제13조제1항부터 제3항까지의 규정에 따른 국토교통부장관의 권한 중 같은 조 제1항제4호의 수시검사에 관한 권한은 도지사의 권한으로 한다.

② 「건설기계관리법」 제4조제1항 단서, 같은 조 제2항, 제5조제1항·제4항·제5항, 제6조제4항·제11항, 제7조제1항·제2항, 제8조제1항, 제8조의2제2항·제3

항, 제9조 각 호 외의 부분 본문, 같은 조 제2호, 제13조제1항 각 호 외의 부분(도지사의 수시검사에 관한 권한에 한정한다), 같은 조 제7항·제8항, 제15조제2항·제3항, 제16조의2, 제21조제1항부터 제3항까지, 제22조제3항, 제24조제1항, 제24조의2, 제25조제1항, 같은 조 제2항 각 호 외의 부분, 같은 조 제4항, 제25조의3제3항, 제34조의2제1항부터 제3항까지, 제37조제1항 각 호 외의 부분(이양된 권한에 따른 수수료의 부과·징수에 한정한다) 및 제44조제4항(이양된 권한에 따른 과태료의 부과·징수에 한정한다)에서 대통령령 또는 국토교통부령으로 정하도록 한 사항은 도조례로 정할 수 있다. 〈개정 2019. 12. 10.〉

제426조의2(부동산 거래신고 등에 관한 특례) ①「부동산 거래신고 등에 관한 법률」 제10조제1항부터 제3항까지 및 제6항에 따른 국토교통부장관 또는 관계 행정기관의 장의 권한은 도지사의 권한으로 한다.

②「부동산 거래신고 등에 관한 법률」 제10조제1항 각 호 외의 부분 및 같은 조 제3항에서 대통령령으로 정하도록 한 사항은 도조례로 정할 수 있다.

[본조신설 2016. 1. 19.]

제2절 교통

제427조(여객자동차 운수사업에 관한 특례) ①「여객자동차 운수사업법」 제4조제1항·제3항, 제8조제1항, 제9조제1항, 제10조제1항·제5항, 제13조제1항, 제14조제1항·제2항·제4항, 제15조제1항, 제16조제1항, 제19조제2항, 제85조제1항(이양된 권한에 따른 취소 또는 명령 등에 한정한다), 제86조(이양된 권한에 따른 청문에 한정한다), 제88조제1항·제3항(이양된 권한에 따른 과징금에 한정한다) 및 제94조제5항(이양된 권한에 따른 과태료의 부과·징수에 한정한다)에 따른 국토교통부장관의 권한은 도지사의 권한으로 한다. 〈개정 2017. 3. 21.〉

②「여객자동차 운수사업법」 제4조제1항·제3항, 제5조제1항제2호·제3호, 같은 조 제5항, 제8조제2항 전단, 같은 조 제5항, 제9조제4항, 제10조제1항 단서, 같은 조 제2항 단서, 같은 조 제5항제4호, 같은 조 제6항, 제11조 전단, 제14조제1항·제2항·제4항, 제16조제1항 본문, 같은 조 제2항, 제17조, 제19조제1항, 같은 조 제2항 각 호 외의 부분, 같은 항 제3호, 제20조제2항·제3항·제5항, 제21조제1항·제13항, 제24조제2항, 같은 조 제4항 각 호 외의 부분, 제25조제1항, 제26조제1항제7호·제8호, 제29조, 제30조, 제31조제4항, 제34조제2항 단서, 제36조제1항, 제38조제1항 후단, 같은 조 제2항, 제40조제4항, 제41조제4항, 제43조제1항 단서, 제45조제2항, 제46조제1항 단서, 제80조 본문, 제84조제1

항, 같은 조 제2항 각 호 외의 부분 본문, 같은 항 제2호, 같은 조 제4항, 제85조제1항 각 호 외의 부분 본문, 같은 조 제2항·제3항, 같은 조 제4항 각 호 외의 부분, 제88조제2항, 같은 조 제4항제1호 및 같은 조 제5항·제6항에서 대통령령 또는 국토교통부령으로 정하도록 한 사항은 도조례로 정할 수 있다. 〈개정 2017. 3. 21., 2019. 12. 10.〉

③ 제2항에 따라 「여객자동차 운수사업법」 제5조제1항제2호 및 제3호에서 국토교통부령으로 정하도록 한 사항을 도조례로 정하는 경우 여객자동차운송사업의 면허기준에 「환경친화적 자동차의 개발 및 보급 촉진에 관한 법률」 제2조제2호에 따른 환경친화적 자동차 보유 등 환경 보전을 위한 면허기준을 추가할 수 있다. 〈신설 2019. 12. 10.〉

제427조의2(자동차대여사업 수급조절계획의 수립 등에 관한 특례) ① 도지사는 「여객자동차 운수사업법」에 따른 자동차대여사업의 관할구역 내 수급을 조절하기 위하여 필요한 경우 제2항에 따른 자동차대여사업 수급조절위원회의 심의를 거쳐 자동차대여사업 수급조절계획(이하 이 조에서 "수급조절계획"이라 한다)을 수립할 수 있다.

② 제1항의 수급조절계획을 심의하기 위하여 도지사 소속으로 자동차대여사업 수급조절위원회(이하 이 조에서 "수급조절위원회"라 한다)를 둔다.

③ 도지사는 수급조절계획에 따라 자동차대여사업의 등록을 3년의 범위에서 일정 기간 제한할 수 있다. 다만, 필요한 경우 동일한 절차를 거쳐 2년 단위로 제한을 연장할 수 있다.

④ 수급조절계획의 수립, 수급조절위원회의 구성·운영, 그 밖에 수급조절의 절차 등에 필요한 사항은 도조례로 정한다.

[본조신설 2018. 3. 20.]

제428조(자동차 관리에 관한 특례) ① 「자동차관리법」 제8조, 제11조 및 제12조에 따라 자동차를 신규·변경 또는 이전 등록하려는 자는 그 등록을 신청할 때에 그 자동차의 차고지(주차장·주차시설 및 공지 등 자동차의 보관에 적합한 장소를 말한다. 이하 같다)를 확보하고 있음을 증명할 수 있는 서류(이하 이 조에서 "차고지증명서"라 한다)를 도지사에게 제출하여야 한다.

② 제1항에 따른 차고지증명서를 제출하지 아니하는 자에게는 「자동차관리법」 제8조, 제11조 및 제12조에 따른 자동차의 신규·변경 또는 이전 등록을 거부할 수 있다.

③ 제1항에 따라 신규·변경 또는 이전 등록을 한 자는 등록 당시의 차고지가 변

경되었을 때에는 도조례로 정하는 바에 따라 도지사에게 신고하여야 한다.

④ 도지사는 제3항에 따른 신고를 받은 경우 그 내용을 검토하여 이 법에 따른 차고지의 확보기준 등에 적합하면 신고를 수리하여야 한다. 〈신설 2020. 12. 22.〉

⑤ 도지사는 제1항에 따라 자동차를 신규·변경 또는 이전 등록한 자가 다음 각 호의 어느 하나에 해당하는 경우에는 도조례로 정하는 바에 따라 차고지를 확보하도록 하는 명령(이하 "차고지확보명령"이라 한다)을 할 수 있다. 〈개정 2020. 12. 22.〉

1. 등록 당시의 차고지가 없게 된 경우
2. 등록 당시의 차고지가 차고지로서 부적합하게 된 경우
3. 등록 당시의 차고지를 다른 용도로 사용하는 경우

⑥ 도지사는 차고지확보명령을 위반한 자로부터 「자동차관리법」 제10조에 따른 자동차등록번호판을 영치할 수 있다. 〈개정 2020. 12. 22.〉

⑦ 제1항에 따라 차고지증명서를 제출하여야 하는 자동차의 종류, 대상지역, 차고지의 확보기준·확보방법 및 확인절차 등은 도조례로 정한다. 〈개정 2020. 12. 22.〉

⑧ 「자동차관리법」 제47조제1항 및 제2항에 따른 국토교통부장관의 권한은 도지사의 권한으로 한다. 다만, 택시미터 제작검정과 관련한 사항은 제외한다. 〈개정 2020. 12. 22.〉

⑨ 「자동차관리법」 제47조제1항·제2항(도지사의 권한에 한정한다), 제53조제1항 본문·단서, 같은 조 제2항, 제55조제1항, 제56조 각 호 외의 부분, 같은 조 제4호, 제58조제1항 각 호 외의 부분, 같은 조 제4항제6호·제7호, 같은 조 제5항·제7항, 제58조의2제1항·제3항, 제60조제1항 단서, 같은 조 제2항·제4항, 제62조, 제65조제1항·제2항, 제66조제2항 및 제67조제1항에서 대통령령 또는 국토교통부령으로 정하도록 한 사항은 도조례로 정할 수 있다. 〈개정 2020. 12. 22.〉

⑩ 「자동차관리법」 제29조제4항에서 국토교통부령으로 정하도록 한 사항(「여객자동차 운수사업법」에 따른 자동차 대여사업용 자동차의 최고속도제한장치 설치에 관한 사항으로 한정한다)은 도조례로 정할 수 있다. 〈신설 2019. 12. 10., 2020. 12. 22.〉

제429조(화물자동차 운수사업에 관한 특례) ① 「화물자동차 운수사업법」 제3조제9항, 제5조제1항 및 제6조제1항·제4항에 따른 국토교통부장관의 권한은 도지사의 권한으로 한다. 〈개정 2017. 3. 21.〉

② 「화물자동차 운수사업법」 제13조에 따른 국토교통부장관의 권한은 국토교통부장관 또는 도지사의 권한으로 한다.

③ 「화물자동차 운수사업법」 제3조제9항에서 대통령령으로 정하도록 한 사항은

국토교통부장관과 협의를 한 뒤에 도조례로 정할 수 있다. 〈개정 2017. 3. 21.〉

④ 「화물자동차 운수사업법」 제5조제2항·제5항에서 대통령령 또는 국토교통부령으로 정하도록 한 사항은 제주자치도에서 운행하는 경우에 한정하여 도조례로 정할 수 있다. 〈개정 2017. 3. 21.〉

⑤ 「화물자동차 운수사업법」 제55조제1항 전단에서 대통령령 또는 국토교통부령으로 정하도록 한 사항은 도조례로 정할 수 있다. 〈개정 2017. 3. 21.〉

제430조(도시교통정비에 관한 특례) ① 「도시교통정비 촉진법」 제3조, 제4조, 제5조제7항, 제6조제1항·제2항, 제9조제2항, 제10조제1항 및 제13조제1항·제2항에 따른 국토교통부장관·행정안전부장관 및 중앙행정기관의 장의 권한은 도지사의 권한으로 한다. 〈개정 2017. 7. 26.〉

② 「도시교통정비 촉진법」 제6조제1항, 제9조제1항 전단, 같은 조 제2항 전단, 제10조제1항, 제13조제2항 전단, 같은 조 제3항 후단 및 제35조제1항·제5항에서 대통령령 또는 국토교통부령으로 정하도록 한 사항은 도조례로 정할 수 있다.

③ 「도시교통정비 촉진법」 제33조제1항제8호에서 대통령령으로 정하도록 한 사항은 국토교통부장관과 협의하여 도조례로 정할 수 있다.

④ 「도시교통정비 촉진법」을 적용할 때 같은 법 제3조제2항, 제4조제2항 및 제6조제2항 중 "국가교통위원회"는 "「국가통합교통체계효율화법」 제110조에 따른 지방교통위원회"로 한다.

제431조(궤도에 관한 특례) ① 「궤도운송법」 제22조제1항에 따른 국토교통부장관의 권한은 도지사의 권한으로 한다.

② 「궤도운송법」 제4조제4항·제6항, 제5조제1항 단서, 같은 조 제3항·제5항, 제7조제3항, 제8조제3항, 제9조제2항, 제10조제1항, 제11조제1항 본문, 제12조제3항, 제13조제2항, 제18조 각 호 외의 부분, 제19조제4항·제5항, 제20조, 제21조, 제22조제2항·제3항, 제24조, 제25조제1항·제2항, 제26조, 제30조제4항, 제31조 및 제34조제3항(이양된 권한에 따른 과태료의 부과·징수에 한정한다)에서 대통령령 또는 국토교통부령으로 정하도록 한 사항은 도조례로 정할 수 있다. 〈개정 2019. 12. 10.〉

제432조(자동차 운행제한의 특례) ① 「자동차관리법」 제25조제1항제2호에 따른 국토교통부장관의 권한은 도지사의 권한으로 한다. 〈개정 2018. 3. 20.〉

② 제1항에 따라 도지사가 자동차 운행을 제한하려는 경우에는 「자동차관리법」 제25조제1항과 그에 따른 관계 법령에도 불구하고 관할 시·도경찰청장과 협의하여야 하며, 국무회의 심의를 받지 아니한다. 〈개정 2020. 12. 22.〉

③「자동차관리법」 제25조제2항에 따른 공고에 관한 사항은 도조례로 정할 수 있다. 〈개정 2018. 3. 20.〉

제433조(주차장 시설의 설치·관리에 관한 특례)「주차장법」 제12조제1항 전단, 제19조제11항, 제19조의2 본문, 제20조제2항(대통령령으로 정하는 관계 법령에 따른 점용허가를 받거나 토지형질변경에 대한 협의를 한 것으로 보는 경우의 대통령령에 한정한다), 제21조제1항(지방자치단체가 노외주차장의 설치에 관한 비용의 전부 또는 일부를 보조하는 경우에 한정한다), 제23조제3항 및 제25조제3항에서 대통령령 또는 국토교통부령으로 정하도록 한 사항은 도조례로 정할 수 있다.

제433조의2(단지조성사업 등의 시행에 따라 설치하는 노외주차장의 관리에 관한 특례)
①「주차장법」 제12조의3에 따라 설치한 노외주차장을 주차장 외의 목적으로 사용해서는 아니 된다.
② 제1항에 따른 노외주차장을 관리하는 자는 주차장 이용자의 편의를 도모하기 위하여 필요한 표지(전용주차구획의 표지를 포함한다)를 설치하여야 한다.
③ 제2항에 따른 표지의 종류·서식과 그 밖에 표지의 설치에 필요한 사항은 도조례로 정할 수 있다.
[본조신설 2019. 12. 10.]

제434조(교통안전 및 시설 등에 관한 특례) ①「도로교통법」 제10조제1항, 제13조제4항제5호, 제14조제1항, 같은 조 제2항 단서, 제18조제2항, 제22조제3항제4호, 제25조제2항 단서, 제28조제1항, 같은 조 제2항 단서, 제31조제1항제5호, 같은 조 제2항제2호, 제32조제7호, 제33조제3호 및 제34조의2에 따른 시·도경찰청장 또는 경찰서장의 권한은 도지사의 권한으로 한다. 〈개정 2019. 12. 10., 2020. 12. 22.〉
②「도로교통법」 제70조의 도로관리청이 도지사인 경우 도지사는 도로의 안전과 교통의 원활한 소통을 확보하기 위하여 필요한 조치를 할 수 있다.
③「도로교통법」 제3조제3항·제4항, 제12조제1항제2호, 같은 조 제2항, 제12조의2제1항제1호·제4호, 같은 조 제2항, 제35조제1항제2호, 같은 조 제4항·제5항 및 제50조제4항에서 대통령령, 행정안전부령, 교육부·행정안전부·국토교통부의 공동부령 또는 보건복지부·행정안전부·국토교통부의 공동부령으로 정하도록 한 사항은 도조례로 정할 수 있다. 다만, 「도로교통법」 제12조 및 제12조의2에 따른 어린이 보호구역이나 노인보호구역 또는 장애인보호구역에서의 속도제한에 관한 사항은 제외한다. 〈개정 2017. 7. 26.〉

④ 도지사는 「도로교통법」 제147조제1항에도 불구하고 다음 각 호의 어느 하나에 해당하는 권한은 시·도경찰청장 또는 경찰서장에게 위탁할 수 없다. 〈개정 2020. 12. 22.〉

1. 「도로교통법」 제3조제1항 본문에 따른 신호기 및 안전표지의 설치·관리에 관한 권한
2. 「도로교통법」 제3조제1항 단서에 따른 유료도로 관리자에 대한 지시 권한
3. 「도로교통법」 제3조제3항에 따른 비용부담 명령권한
4. 「도로교통법」 제12조제1항에 따른 어린이 보호구역의 지정·관리에 관한 권한
5. 「도로교통법」 제12조의2제1항에 따른 노인보호구역 또는 장애인보호구역의 지정·관리에 관한 권한

⑤ 제주자치도경찰청장은 경호·경비와 그 밖의 긴급한 업무를 수행하기 위하여 필요한 경우에는 신호기·안전표지 등의 교통안전시설을 그 사유가 발생하였을 때부터 그 사유가 없어질 때까지 운용할 수 있다. 〈개정 2020. 12. 22.〉

⑥ 「도로교통법」 제6조제1항부터 제3항까지의 규정에도 불구하고 도지사는 도로에서의 위험을 방지하고 교통의 안전과 원활한 소통을 확보하기 위하여 필요하다고 인정할 때에는 제주자치도경찰청장과 협의하여 구간(區間)을 정하여 보행자나 차마(車馬) 또는 노면전차의 통행을 금지하거나 제한할 수 있으며, 이 경우 도조례로 정하는 바에 따라 그 사실을 공고하여야 한다. 다만, 제주자치도경찰청장 또는 경찰서장은 경호·경비와 그 밖의 긴급한 업무를 수행하는 경우 도지사에 우선하여 보행자, 차마 또는 노면전차의 통행을 금지하거나 제한할 수 있다. 〈개정 2018. 3. 27., 2020. 12. 22.〉

제435조(교통시설심의위원회) ① 안전하고 원활한 교통을 확보하기 위하여 도지사 소속으로 제주자치도 교통시설 심의위원회(이하 이 조에서 "교통시설심의위원회"라 한다)를 둔다.

② 교통시설심의위원회는 위원장 1명을 포함한 6명 이상 10명 이하의 위원으로 구성하되, 위원은 교통 관련 분야의 공무원과 교통에 대한 학식과 경험이 풍부한 사람 중에서 도지사가 임명하거나 위촉한다. 이 경우 공무원이 아닌 위원은 전체위원의 과반수가 되어야 한다.

③ 교통시설심의위원회의 위원장은 공무원이 아닌 위원 중에서 호선한다.

④ 교통시설심의위원회는 다음 각 호의 사항(제1호부터 제4호까지의 어느 하나에 해당하는 사항을 심의하는 경우 해당 사항에 대하여 다른 법률에 따른 심의가 있었던 경우 등 도조례로 정하는 경우에는 심의 대상에서 제외한다)을 심의한다. 이 경우 미리 제주자치도경찰청장의 의견을 들어야 한다. 〈개정 2019. 12.

10., 2020. 12. 22.〉

1. 횡단보도의 신설·이전에 관한 사항
2. 신호기의 신설·이전에 관한 사항
3. 중앙선의 절선 좌회전과 유턴의 허용·폐지에 관한 사항
4. 일방통행로·가변차로의 설치·폐지에 관한 사항
5. 그 밖에 도지사 또는 제주자치도경찰청장이 교통안전과 원활한 소통을 위하여 심의가 필요하다고 인정하는 사항

⑤ 도지사는 교통시설심의위원회의 심의사항을 제주자치도경찰청장에게 지체 없이 통보하여야 하며, 제주자치도경찰청장은 교통의 안전과 원활한 소통을 확보하기 위하여 필요하면 도지사에게 필요한 조치를 요구할 수 있다. 〈개정 2020. 12. 22.〉

⑥ 교통시설심의위원회의 구성·운영 등에 필요한 사항은 도조례로 정한다.

제3절 항만 등

제436조(연안관리지역계획 등에 관한 특례) 도지사는 「연안관리법」 제9조제4항·제5항에도 불구하고 해양수산부장관의 승인을 받거나 중앙연안관리심의회의 심의를 받지 아니하고 같은 법 제9조제1항·제2항과 제10조에 따른 연안관리지역계획을 수립할 수 있다.

제437조(연안관리에 관한 특례) ① 「연안관리법」 제5조제1항부터 제5항까지, 제6조제1항부터 제3항까지, 제8조제1항(이 경우 "관보"는 "공보"로 한다), 제9조제3항, 제12조제1항·제2항, 제13조제2항부터 제4항까지, 제18조제1항, 제21조제1항부터 제3항까지, 제22조제5호, 제23조제1항·제2항, 제24조제1항 본문, 같은 조 제2항 단서, 같은 조 제3항, 같은 조 제4항제1호, 제25조, 제26조제1항·제2항, 제27조, 제28조제3항, 제34조제1항부터 제3항까지, 제35조, 제36조 및 제39조제2항(이양된 권한에 따른 과태료의 부과·징수에 한정한다)에 따른 해양수산부장관의 권한은 도지사의 권한으로 한다. 이 경우 같은 법 제6조제1항 및 제21조제2항에 따른 중앙연안관리심의회의 심의는 하지 아니한다.

② 도지사는 제1항에 따라 연안정비기본계획을 수립할 때에는 미리 「연안관리법」 제31조에 따른 지역연안관리심의회의 심의를 마쳐야 한다.

③ 「연안관리법」 제5조제6항, 제7조제1항제8호, 제8조제3항, 제9조제4항, 제12조제4항 단서, 같은 조 제5항 단서, 제18조제2항, 제19조제1항제1호사목, 같은 항 제2호바목, 같은 항 제3호바목, 같은 조 제3항, 제20조 각 호 외의 부분 본문, 제23조제3항 단서, 제24조제1항 단서, 같은 조 제2항 각 호 외의 부분 본

문, 같은 항 제1호·제4호, 같은 조 제5항, 제25조제1항, 같은 조 제3항 단서, 제33조제2항, 제34조제4항, 제36조제3항 및 제39조제1항 각 호 외의 부분(이양된 권한에 따른 과태료의 부과·징수에 한정한다)에서 대통령령 또는 해양수산부령으로 정하도록 한 사항은 도조례로 정할 수 있다.

제438조(공유수면 관리 및 매립에 관한 특례) ①「공유수면 관리 및 매립에 관한 법률」제4조제2항 각 호 외의 부분에도 불구하고 같은 항 제2호에 따른 공유수면은 도지사가 관리한다.

②「항만법」제3조제1항제1호에 따른 무역항의 항만구역 공유수면에 대한「공유수면 관리 및 매립에 관한 법률」제6조, 제8조, 제10조, 제13조부터 제15조까지, 제17조부터 제21조까지, 제55조, 제57조, 제58조 및 제66조제2항(이양된 권한에 따른 과태료의 부과·징수에 한정한다)에 따른 해양수산부장관의 권한은 도지사의 권한으로 한다.

③「항만법」제3조제1항제1호에 따른 무역항의 항만구역 공유수면매립에 대한「공유수면 관리 및 매립에 관한 법률」제28조제1항제1호·제2호, 같은 조 제4항, 제33조, 제34조, 제35조제1항·제3항·제5항, 제36조부터 제38조까지, 제39조제3항, 제45조, 제48조, 제49조, 제50조제2항, 제51조부터 제54조까지 및 제56조부터 제58조까지의 규정에 따른 해양수산부장관의 권한은 도지사의 권한으로 한다.

④「공유수면 관리 및 매립에 관한 법률」제6조제2항(방치선박등이 같은 법 제6조제1항 각 호에 해당하는지 여부의 확인 방법과 관련된 사항에 한정한다), 제22조제1항·제3항, 제23조제1항부터 제6항까지, 제25조제3항, 제26조제1항, 제27조제1항, 같은 조 제2항 전단, 제28조제1항제1호·제2호, 같은 조 제2항, 제35조제2항 단서 및 제37조에 따른 해양수산부장관의 권한은 도지사의 권한으로 한다.

⑤「공유수면 관리 및 매립에 관한 법률」제5조제1호, 제6조제1항 각 호 외의 부분, 같은 조 제3항 각 호 외의 부분, 같은 조 제4항·제5항, 같은 조 제6항 각 호 외의 부분, 같은 조 제7항, 제8조제1항 각 호 외의 부분 본문, 같은 항 제4호, 같은 항 제5호 단서, 같은 조 제2항부터 제4항까지, 같은 조 제6항, 제9조 각 호 외의 부분, 제10조제2항, 제12조 각 호 외의 부분 본문, 같은 조 제2호, 제13조제1항 각 호 외의 부분 본문·단서, 같은 항 제1호·제10호, 같은 조 제6항 전단·후단, 제14조, 제15조제1항 전단·후단, 제16조제1항·제2항, 제17조제1항 전단·후단, 같은 조 제2항 후단, 같은 조 제4항·제5항·제6항, 제18조제1항·제2항·제3항(해양수산부령으로 정하도록 한 준공검사확인증에 관한 사항은

제외한다)·제4항, 제19조제2항, 제21조제4항·제5항, 같은 조 제6항 각 호 외의 부분, 같은 조 제7항, 제23조제2항, 같은 조 제4항 후단, 제24조제1항제5호, 제25조제3항, 제26조제4항, 제28조제1항 각 호 외의 부분, 같은 조 제7항 단서, 같은 조 제8항, 제29조, 제30조제1항제4호, 같은 조 제2항, 제32조제1항·제3항, 제33조, 제34조 각 호 외의 부분 본문, 같은 조 제1호, 제35조제2항 단서, 제36조제1항, 제37조 전단, 제38조제1항 전단, 같은 조 제3항 단서, 같은 조 제5항, 제43조제1항·제2항, 제44조제1항 단서, 제45조제1항·제2항, 제46조제1항제1호·제3호, 같은 조 제2항·제4항, 제48조제1항 단서, 같은 조 제2항·제3항, 제49조제1항 각 호 외의 부분, 같은 조 제2항·제4항·제5항, 제51조, 제52조제1항제2호, 같은 조 제2항, 제53조제3항, 제54조제4항, 같은 조 제9항 본문·단서, 같은 조 제10항, 제55조제6항, 제56조제1항 및 제57조제3항에서 대통령령 또는 해양수산부령으로 정하도록 한 사항은 도조례로 정할 수 있다. 〈개정 2019. 12. 10.〉

⑥ 도지사는 「공유수면 관리 및 매립에 관한 법률」 제22조제1항 및 제27조에도 불구하고 「연안관리법」 제31조에 따른 지역연안관리심의회의 심의를 마친 후 공유수면매립 기본계획을 수립·변경 또는 폐지하여야 한다.

제439조(항만의 관리·운영에 관한 특례) ① 「항만법」 제4조제3항·제4항에도 불구하고 같은 법 제4조제1항에 따른 중앙항만정책심의회의 소관사항 중 위임된 사항과 제주자치도 관할 항만의 개발 및 관리·운영에 관한 사항을 심의하기 위하여 도지사 소속으로 제주자치도 항만정책심의회를 따로 두되, 그 구성·기능 및 운영 등에 필요한 사항은 도조례로 정한다.

② 「항만법」 제11조 본문, 제20조, 제24조제1항, 제58조제1항·제2항, 같은 조 제5항 단서, 같은 조 제6항, 제59조 및 제96조제1항(허가의 권한이 도지사에게 있는 경우의 협의·승인으로 한정한다)부터 제3항까지의 규정에 따른 해양수산부장관의 권한은 도지사의 권한으로 한다. 〈개정 2020. 1. 29.〉

③ 「항만법」 제2조제5호, 제7조제3항 단서, 제9조, 제10조제2항·제4항·제5항·제7항, 제12조제1항부터 제3항까지, 같은 조 제5항 단서, 같은 조 제6항, 제13조부터 제15조까지, 제21조부터 제23조까지, 제25조제1항, 제31조제1항, 제33조제1항, 제34조, 제41조부터 제43조까지, 제82조, 제83조(이양된 권한에 따른 법령위반 등에 대한 처분 또는 조치로 한정한다)부터 제89조까지, 제93조부터 제95조까지, 제100조(이양된 권한에 따른 청문으로 한정한다), 제101조, 제105조 및 제113조제2항(이양된 권한에 따른 과태료의 부과·징수로 한정한다)에 따른 해양수산부장관의 권한은 도지사의 권한으로 한다. 〈개정 2020. 1. 29.〉

④ 「항만법」 제25조제2항에도 불구하고 항만시설관리권 또는 항만시설관리권을 목적으로 하는 저당권의 설정·변경·소멸 및 처분의 제한은 제주자치도에 갖추어 두는 항만시설관리권 등록원부에 등록함으로써 그 효력을 발생한다. 〈개정 2020. 1. 29.〉

⑤ 「항만법」 제10조제5항, 제25조제3항, 제41조제1항 전단, 제42조제1항 단서, 같은 조 제2항, 제43조제4항, 제83조제3항, 제86조제1항 본문·단서, 같은 조 제2항, 제87조제7항 및 제105조(허가나 등록 또는 신고와 관련한 권한이 도지사에게 있는 경우에 한정한다)에서 대통령령 또는 해양수산부령으로 정하도록 한 사항은 도조례로 정할 수 있다. 〈개정 2020. 1. 29.〉

⑥ 「선박의 입항 및 출항 등에 관한 법률」 제23조, 제24조, 제26조, 제27조 및 제30조제1항·제3항에 따른 해양수산부장관의 권한은 도지사의 권한으로 한다.

⑦ 「선박의 입항 및 출항 등에 관한 법률」 제27조제2항 및 제30조제2항에서 대통령령으로 정하도록 한 사항은 도조례로 정할 수 있다.

제440조(항만운송사업에 관한 특례) ① 「항만운송사업법」 제4조제1항, 제5조, 제6조 단서, 제7조, 제10조제1항부터 제3항까지, 같은 조 제7항, 제26조제1항, 제26조의3제1항, 제26조의5제1항, 제27조의2제1항, 제27조의6 및 제29조의3(이양된 권한에 따른 청문에 한정한다)에 따른 해양수산부장관의 권한은 도지사의 권한으로 한다. 다만, 「항만운송사업법」 제3조 각 호에 따른 항만운송사업 중 감정사업과 검량사업에 관한 권한은 제외한다. 〈개정 2016. 12. 27., 2019. 12. 10.〉

② 삭제 〈2016. 12. 27.〉

③ 「항만운송사업법」 제5조제1항·제2항, 제6조 본문, 제10조제1항 전단, 같은 조 제2항 전단, 같은 조 제3항 전단, 제26조제2항, 제26조의3제1항 본문·제2항·제3항·제7항, 제26조의5제2항, 제27조의2제4항, 제27조의6제2항 및 제28조(같은 법 제7조제1항에 따른 검수사·감정사 및 검량사의 자격시험과 등록 수수료에 관한 사항은 제외한다)에서 대통령령 또는 해양수산부령으로 정하도록 한 사항은 도조례로 정할 수 있다. 다만, 「항만운송사업법」 제3조 각 호에 따른 항만운송사업 중 감정사업과 검량사업에 관한 사항은 제외한다. 〈개정 2016. 12. 27., 2019. 12. 10.〉

제441조(해양수산발전에 관한 특례) 「해양수산발전 기본법」 제28조제2항·제3항 및 제31조제4항에 따른 해양수산부장관의 권한은 도지사의 권한으로 한다.

제442조(해상여객운송에 관한 특례) ① 「해운법」 제4조, 제5조, 제11조제1항, 제12조제1항·제4항, 제13조제2항, 제14조(제8호는 제외한다), 제15조제1항부터 제6

항까지, 제16조제1항부터 제3항까지, 제18조제1항, 제19조제1항·제2항·제4항, 제50조제1항·제2항, 제51조(이양된 권한에 따른 청문에 한정한다), 제59조제4항(이양된 권한에 따른 과태료의 부과·징수에 한정한다)에 따른 해양수산부장관의 권한은 도지사의 권한으로 한다. 〈개정 2017. 3. 21.〉

② 「해운법」 제15조에 따른 보조항로 지정·운영에 따른 운항결손액과 같은 법 제16조에 따른 보조항로 운항명령과 보조항로 운항명령 취소로 인한 손실은 제주자치도가 부담한다. 다만, 도지사가 요청하는 경우 국가는 예산의 범위에서 손실보상액의 일부를 지원할 수 있다.

제443조(선박등록특구의 지정) ① 선박등록을 활성화하기 위하여 「선박의 입항 및 출항 등에 관한 법률」 제2조에 따른 제주자치도 내 무역항을 선박등록특구로 지정한다.

② 「국제선박등록법」 제4조에 따라 해양수산부장관에게 등록한 선박으로서 제1항에 따른 무역항을 선적항으로 하는 선박과 대통령령으로 정하는 외국선박에 대해서는 「조세특례제한법」, 「지방세특례제한법」 및 「농어촌특별세법」에서 정하는 바에 따라 취득세, 재산세, 「지방세법」 제146조제3항에 따른 지역자원시설세, 지방교육세 및 농어촌특별세를 면제할 수 있다. 〈개정 2019. 12. 31.〉

③ 선박등록특구의 지정과 운영 등에 필요한 사항은 대통령령으로 정한다.

제8장 소비자보호 및 소방·안전의 강화

제1절 소비자 보호 등

제444조(물가안정 등에 관한 특례) ① 「물가안정에 관한 법률」 제16조제1항(같은 법 제7조에 따른 매점매석 행위 단속에 필요한 범위에 한정한다)에 따른 주무부장관의 권한은 주무부장관 또는 도지사의 권한으로 한다. 〈개정 2020. 2. 18.〉

② 「물가안정에 관한 법률」 제9조에도 불구하고 주무부장관 또는 도지사는 같은 법 제7조에 따른 매점매석 행위를 하고 있는 사업자에게는 그 행위의 시정 또는 중지를 명하여야 한다.

③ 「물가안정에 관한 법률」 제31조에도 불구하고 같은 법 제26조의 죄는 주무부장관 또는 도지사의 고발이 있어야 공소를 제기할 수 있다.

④ 「물가안정에 관한 법률」 제3조, 제16조제1항(같은 법 제3조에 따른 가격표시명령 준수 여부 확인과 같은 법 제7조에 따른 매점매석 행위 단속에 필요한 범위에 한정한다) 및 제29조제2항(이양된 권한에 따른 과태료의 부과·징수에 한정한다)에서 대통령령으로 정하도록 한 사항은 도조례로 정할 수 있다. 다만, 과태

료의 부과기준은 주무부장관과 협의하여 정하여야 한다.

제445조(위해물품등의 수거·파기 등의 명령 등에 관한 특례) ①「소비자기본법」 제50조제1항에도 불구하고 도지사는 사업자가 제공한 물품 또는 용역의 결함으로 인하여 소비자의 생명·신체 및 재산의 안전에 위해를 끼치거나 끼칠 우려가 있다고 인정되는 경우에는 도조례로 정하는 절차에 따라 해당 물품의 수거·파기 또는 수리·교환·환급을 명하거나 제조·수입·판매의 금지 또는 해당 용역의 제공금지를 명할 수 있고, 해당 물품 및 용역과 관련된 시설의 개수나 그 밖에 필요한 조치를 명할 수 있다. 다만, 소비자의 생명·신체 및 재산상의 안전에 긴급하고 현저한 위해를 끼치거나 끼칠 우려가 있다고 인정되는 경우로서 그 위해의 발생 또는 확산을 방지하기 위하여 불가피하다고 인정되면 그 절차를 생략할 수 있다.

② 도지사는 사업자가 제1항의 명령에 따르지 아니하면 도조례로 정하는 바에 따라 직접 해당 물품의 수거·파기 및 용역의 제공 금지 등 필요한 조치를 할 수 있다.

제446조(검사와 자료제출 등에 관한 특례)「소비자기본법」 제77조제1항에도 불구하고 도지사는 다음 각 호의 어느 하나에 해당하는 경우에는 도조례로 정하는 바에 따라 소속 공무원으로 하여금 사업자의 물품·시설 및 제조공정과 그 밖의 물건을 검사하게 하거나 그 사업자에게 그 업무에 관한 보고 또는 관계 물품·서류 등의 제출을 명할 수 있다.

1. 「소비자기본법」 제13조에 따라 소비자에게 정보제공을 하기 위하여 필요한 경우
2. 「소비자기본법」 제16조제1항에 따라 소비자의 불만 및 피해를 처리하기 위하여 필요한 경우
3. 「소비자기본법」의 위반 여부를 확인하기 위하여 필요한 경우

제447조(결함정보의 보고의무에 관한 특례)「소비자기본법」 제47조제4항에서 대통령령으로 정하도록 한 사항은 도조례로 정할 수 있다.

제448조(소비자생활협동조합의 설립 등에 관한 특례)「소비자생활협동조합법」 제21조제4항(「의료법」 제3조제1항의 의료기관을 설립하여 의료행위를 하는 조합은 제외한다), 제52조제4항 후단 및 제82조제1항제2호에서 대통령령으로 정하도록 한 사항은 도조례로 정할 수 있다.

제449조(공중화장실 관리 등에 관한 특례)「공중화장실 등에 관한 법률」 제3조제16

호·제17호, 제5조, 제7조제1항 단서, 같은 조 제2항, 같은 조 제3항 전단, 같은 조 제5항, 제7조의2제1항, 제8조제1항·제3항, 제9조제2항, 제15조제2항 및 제19조에서 대통령령 또는 행정안전부령으로 정하도록 한 사항은 도조례로 정할 수 있다. 〈개정 2017. 7. 26.〉

제450조(자전거 이용에 관한 특례) 「자전거 이용 활성화에 관한 법률」 제5조제1항 전단·후단, 제6조 전단, 제7조제1항 전단, 제11조제2항 단서, 같은 조 제3항, 제12조 본문·단서, 제13조제1항, 제20조제2항 및 제22조제1항에서 대통령령 또는 행정안전부령으로 정하도록 한 사항은 도조례로 정할 수 있다. 〈개정 2017. 7. 26.〉

제451조(옥외광고물 등의 관리에 관한 특례) ① 「옥외광고물 등의 관리와 옥외광고산업 진흥에 관한 법률」 제6조제1항에 따른 행정안전부장관의 권한은 도지사의 권한으로 한다. 〈개정 2016. 1. 6., 2017. 7. 26.〉

② 「옥외광고물 등의 관리와 옥외광고산업 진흥에 관한 법률」 제3조제1항 각 호 외의 부분 전단, 같은 항 제5호·제6호, 같은 조 제3항, 제4조제1항·제2항, 제6조제2항 본문·단서, 제7조제3항, 제9조제1항 전단·후단, 같은 조 제2항·제3항, 제10조의2제3항, 제10조의3제1항 본문, 제11조제2항, 제12조제1항·제4항·제5항, 제14조 각 호 외의 부분 본문 및 제20조제3항(이양된 권한에 따른 과태료의 부과·징수에 한정한다)에서 대통령령으로 정하도록 한 사항은 도조례로 정할 수 있다. 〈개정 2016. 1. 6.〉

제452조(행정대집행 현황 보고에 관한 특례) 도지사는 「행정대집행법」 제9조와 그에 따른 관계 법령에도 불구하고 그 상급관청에 행정대집행 현황을 보고하지 아니할 수 있다.

제2절 소방·안전의 강화

제453조(소방에 관한 특례) ① 「소방기본법」 제7조제3항에 따른 소방청장의 권한은 도지사의 권한으로 한다. 〈개정 2017. 7. 26.〉

② 「소방기본법」 제3조제1항, 제8조제1항, 제10조제3항(소방용수시설의 설치기준 중 소방용수의 표지에 한정한다) 및 제13조제1항·제2항·제4항에서 대통령령 또는 총리령으로 정하도록 한 사항은 도조례로 정할 수 있다. 다만, 구조대와 구급대에 필요한 장비기준은 소방청장이 따로 정한다. 〈개정 2017. 7. 26., 2019. 12. 10.〉

제454조(소방시설공사 및 소방기술 관리에 관한 특례) ①「소방시설공사업법」 제6조(변경신고의 절차에 관한 총리령에 한정한다), 제7조제3항, 제8조제4항, 제13조제1항(총리령으로 정하는 소방시설공사의 착공신고 절차에 한정한다), 제14조제4항, 제17조제2항 전단, 제19조제3항, 제20조 및 제25조에서 대통령령 또는 총리령으로 정하도록 한 사항은 도조례로 정할 수 있다.

②「화재예방, 소방시설 설치·유지 및 안전관리에 관한 법률」 제11조의2제2항제2호 및 같은 조 제3항(지방위원회에 한정한다)에서 대통령령으로 정하도록 한 사항은 도조례로 정할 수 있다.

제454조(소방시설공사 및 소방기술 관리에 관한 특례) ①「소방시설공사업법」 제6조(변경신고의 절차에 관한 총리령에 한정한다), 제7조제3항, 제8조제4항, 제13조제1항(총리령으로 정하는 소방시설공사의 착공신고 절차에 한정한다), 제14조제4항, 제17조제2항 전단, 제19조제3항, 제20조 및 제25조에서 대통령령 또는 총리령으로 정하도록 한 사항은 도조례로 정할 수 있다.

②「소방시설 설치 및 관리에 관한 법률」 제18조제2항제2호 및 같은 조 제3항(지방위원회에 한정한다)에서 대통령령으로 정하도록 한 사항은 도조례로 정할 수 있다. 〈개정 2021. 11. 30.〉

[시행일: 2022. 12. 1.] 제454조

제455조(위험물의 취급 및 안전관리에 관한 특례) ①「위험물안전관리법」 제6조제2항, 제10조제3항, 제11조 및 제15조제3항에서 총리령으로 정하도록 한 사항은 도조례로 정할 수 있다.

②「위험물안전관리법」을 적용할 때 같은 법 제15조제2항 및 같은 조 제5항 후단 중 "30일"을 각각 "60일"로 한다.

제456조(다중이용업소의 안전관리에 관한 특례) 「다중이용업소의 안전관리에 관한 특별법」 제21조제1항·제3항·제4항에서 대통령령 또는 총리령으로 정하도록 한 사항은 도조례로 정할 수 있다.

제457조(소방시설 설치유지 및 안전관리에 관한 특례) ① 도지사는「건축법」 제2조제2항제2호의 공동주택(아파트 및 기숙사는 제외한다. 이하 같다)과 제251조제1항에 따라 등록된 휴양펜션업의 시설(이하 "휴양펜션"이라 한다)에는「화재예방, 소방시설 설치·유지 및 안전관리에 관한 법률」 제2조제1항제3호의 특정소방대상물이 아님에도 불구하고 소방시설을 설치하게 할 수 있다.

② 제1항에 따라 공동주택과 휴양펜션에 소방시설을 설치하는 경우 도조례로 정

하는 기준을 따라야 한다. 이 경우 도조례를 정할 때에는 공동주택과 휴양펜션의 규모·용도 및 수용인원을 고려하여야 한다.

제457조(소방시설 설치유지 및 안전관리에 관한 특례) ① 도지사는 「건축법」 제2조제2항제2호의 공동주택(아파트 및 기숙사는 제외한다. 이하 같다)과 제251조제1항에 따라 등록된 휴양펜션업의 시설(이하 "휴양펜션"이라 한다)에는 「소방시설 설치 및 관리에 관한 법률」 제2조제1항제3호의 특정소방대상물이 아님에도 불구하고 소방시설을 설치하게 할 수 있다. 〈개정 2021. 11. 30.〉

② 제1항에 따라 공동주택과 휴양펜션에 소방시설을 설치하는 경우 도조례로 정하는 기준을 따라야 한다. 이 경우 도조례를 정할 때에는 공동주택과 휴양펜션의 규모·용도 및 수용인원을 고려하여야 한다.

[시행일: 2022. 12. 1.] 제457조

제5편 보칙

제458조(사회협약) ① 도지사는 자율과 합의로 정책의 기본 방향을 결정하고 사회문제를 해결하기 위하여 분야별로 사회협약이 체결될 수 있도록 지원하여야 한다.

② 도지사는 제1항에 따른 분야별 사회협약의 체결과 관련된 다음 각 호의 사항에 대한 의견을 듣기 위하여 도조례로 정하는 바에 따라 사회협약위원회를 구성·운영할 수 있다.

1. 직능별 사회협약 체결에 관한 사항
2. 주민의 권익증진과 사회적 갈등의 해결을 위한 사항
3. 그 밖에 도지사 또는 사회협약위원회의 위원장이 필요하다고 인정하여 회의에 부치는 사항

③ 사회협약을 체결할 때 예산이 수반되거나 주민의 권리제한, 의무부과와 관련된 사안은 도지사의 의견을 들어야 한다.

④ 사회협약위원회 위원장은 사회협약이 체결되거나 사회협약위원회가 중재한 사항에 대해서는 도지사에게 그 이행을 권고할 수 있다.

제459조(해외협력) 제주자치도는 외국의 지방자치단체와 경제·문화·교육·과학·기술·체육·환경·관광 등의 분야에서 상호협력·교류할 수 있다.

제460조(국가공기업의 협조) ① 도지사는 「공공기관의 운영에 관한 법률」에 따른 공공기관 등(제주자치도에 소재한 기관에 한정하며, 이하 "국가공기업"이라 한다)에 업무협조를 요청할 수 있다. 이 경우 국가공기업은 특별한 사유가 없으면 협조하여야 한다.

② 도지사는 제1항에 따른 국가공기업과의 업무협조를 위하여 분야별 발전협의회를 구성하여 운영할 수 있다.

③ 제1항과 제2항에 따른 국가공기업의 범위와 협조에 관한 사항 및 발전협의회의 구성·운영에 관한 사항은 대통령령으로 정한다.

제461조(개발센터 등에 대한 출연 등) ① 제주자치도는 개발사업을 추진하기 위하여 도의회의 의결을 마친 후 개발센터와 「지방공기업법」 제49조에 따른 지방공사에 출연하거나 출자할 수 있다.

② 제주자치도가 제1항에 따라 출연하거나 출자하는 경우에는 「공유재산 및 물품 관리법」 제19조에도 불구하고 행정재산을 출연 또는 출자의 목적으로 할 수 있다.

③ 제2항에 따라 출연 또는 출자된 행정재산은 대통령령으로 정하는 평가방법으로 연 1회 평가한다.

④ 제주자치도가 제1항에 따라 지방공사에 출자하는 경우에는 「지방공기업법」 제53조제2항에도 불구하고 지방자치단체 외의 자로 하여금 자본금의 2분의 1 이상을 출자하게 할 수 있으며, 그 출자의 상한선은 도조례로 정한다. 증자의 경우에도 또한 같다.

제462조(청문) 도지사는 다음 각 호의 어느 하나에 해당하는 경우에는 청문을 하여야 한다. 〈개정 2020. 12. 22.〉

1. 제163조에 따라 투자진흥지구 지정을 해제하는 경우
2. 제243조제5항에 따라 카지노업의 허가를 취소하는 경우
3. 제251조제9항에 따라 휴양펜션업의 등록 또는 사업계획의 승인을 취소하는 경우
4. 제253조제3항에 따라 지정 받은 유어장의 지정을 취소하는 경우
5. 제307조제5항에 따라 외국의료기관의 개설허가를 취소하는 경우
6. 제380조제3항에 따라 지하수 또는 샘물등의 개발·이용의 허가 또는 변경허가를 취소하는 경우
7. 제463조제1항에 따른 인가·승인·허가·등록 또는 지정을 취소하는 경우

제463조(감독) ① 도지사는 이 법에 따른 사업시행자 또는 사업자가 다음 각 호의 어느 하나에 해당하는 경우에는 이 법에 따른 인가·승인·허가·등록 또는 지정을 취소하거나 그 효력의 정지, 공사의 중지, 건축물 또는 인공 구조물의 개축·변경·이전·철거를 명하거나 그 밖에 필요한 조치를 명할 수 있다. 다만, 제1호에 해당하는 경우에는 인가·승인·허가·등록 또는 지정을 취소하여야 한다.

1. 거짓이나 그 밖의 부정한 방법으로 이 법에 따른 인가·승인·허가·등록 또는 지정을 받은 경우
2. 사정의 변경으로 인하여 개발사업의 계속적인 시행이 불가능하거나 현저히 공익을 해칠 우려가 있다고 인정되는 경우

② 도지사는 제1항에 따른 조치를 명한 경우에는 도조례로 정하는 바에 따라 공고하여야 한다.

제464조(공무원의 신분상 불이익 방지) 이 법에 따라 신분에 변동이 발생하는 공무원에게는 그 공무원의 경력 또는 담당업무, 종전의 직위 등을 고려하여 그에 상응하는 직에 임용하여야 하며, 그 밖의 인사에서 불이익을 당하지 아니하도록 하여야 한다.

제465조(조례제정사항의 최소 기준) ① 제367조제2항, 제369조제2항, 제370조제2항, 제371조제2항, 제372조제2항, 제373조제2항, 제374조제3항 및 제375조제2항에 따라 도조례로 정할 수 있도록 한 경우 「야생생물 보호 및 관리에 관한 법률」 제19조제5항·제6항, 제23조제1항·제7항, 제54조제12호 및 제55조제7호, 「대기환경보전법」 제16조제1항, 제29조제3항 및 제32조제2항·제4항·제5항, 「소음·진동관리법」 제7조제1항, 제21조제2항, 제24조제2항 및 제27조, 「물환경보전법」 제12조제3항, 제32조제1항·제2항, 제53조제1항·제4항 및 제61조, 「하수도법」 제7조제1항 본문 및 제40조제1항·제2항·제4항, 「가축분뇨의 관리 및 이용에 관한 법률」 제13조제1항, 「토양환경보전법」 제4조의2, 제15조의3제1항 및 제16조, 「폐기물관리법」 제19조, 제29조제1항부터 제3항까지, 제30조제1항(같은 항 전단 중 폐기물처리시설에 한정한다), 제31조제1항부터 제4항까지 및 제7항부터 제9항까지의 규정에 따른 기준은 관계 법령에 따른 기준보다 완화되어서는 아니 된다. 다만, 「토양환경보전법」 제4조의2 및 제16조에 따른 기준은 환경부장관과 협의하여 완화할 수 있다. 〈개정 2017. 1. 17.〉

② 제320조부터 제332조까지, 제334조부터 제337조까지, 제340조, 제454조 및 제455조에 따라 도조례로 정할 수 있도록 한 경우 그에 따른 각종 행정처분 등의 규제기준이 관계 법령에 따른 기준보다 완화되거나 지원 수준이 낮게 되어서는 아니 된다.

제466조(권한 이양에 따른 과태료 등의 징수) 이 법에 따라 중앙행정기관의 장의 과태료, 과징금 및 개발부담금과 그 가산금 등(이하 이 조에서 "과태료등"이라 한다)의 부과·징수 권한이 도지사의 권한으로 된 경우에 그 과태료등이 체납된 때에는 지방세 체납처분의 예에 따라 징수한다.

제467조(벌칙 적용에서 공무원 의제) 지원위원회 위원, 도인사위원회 위원 및 감사위원회 위원 중 공무원이 아닌 위원은 그 직무상 행위와 관련하여 「형법」과 그 밖의 법률에 따른 벌칙을 적용할 때에는 공무원으로 본다.

제6편 벌칙

제468조(자치경찰에 관한 벌칙) ① 자치경찰공무원으로서 전시·사변이나 그 밖에 이에 준하는 비상사태 하에 있거나 작전수행 중인 경우에 제119조에 따라 준용되는 「경찰공무원법」 제24조제2항, 제25조 또는 「지방공무원법」 제50조제1항을 위반한 사람은 3년 이상의 징역 또는 금고에 처하며, 제119조에 따라 준용되는 「경찰공무원법」 제24조제1항 또는 「지방공무원법」 제49조를 위반한 사람은 7년 이하의 징역 또는 금고에 처한다. 〈개정 2020. 12. 22.〉

② 제1항의 경우 외에 집단살상의 위급사태가 발생한 경우 제119조에 따라 준용되는 「경찰공무원법」 제24조, 제25조 또는 「지방공무원법」 제49조, 제50조제1항을 위반한 사람은 7년 이하의 징역 또는 금고에 처한다. 〈개정 2020. 12. 22.〉

제469조(주민소환투표에 관한 벌칙) ① 제35조에 따라 적용되는 「주민소환에 관한 법률」 제20조제3항에서 준용하는 「공직선거법」 제85조제2항을 위반하여 주민소환투표운동을 하거나 하게 한 자는 5년 이하의 징역에 처한다.

② 다음 각 호의 어느 하나에 해당하는 자는 5년 이하의 징역 또는 3천만원 이하의 벌금에 처한다.

1. 주민소환투표의 결과에 영향을 미치게 할 목적으로 주민소환투표인(주민소환투표인 명부 작성 전에는 그 주민소환투표인 명부에 오를 자격이 있는 사람을 포함한다. 이하 이 조에서 같다)에게 금전·물품·차마(車馬)·향응과 그 밖의 재산상의 이익이나 공사(公私)의 직을 제공하거나 그 제공의 의사를 표시하거나 그 제공을 약속한 자
2. 주민소환투표운동에 이용할 목적으로 학교와 그 밖의 공공기관·사회단체·종교단체·노동단체 또는 청년단체·여성단체·노인단체·재향군인단체·씨족단체와 그 밖의 기관·단체·시설에 금전·물품 등 재산상의 이익을 제공하거나 그 제공의 의사를 표시하거나 그 제공을 약속한 자
3. 주민소환투표운동에 이용할 목적으로 야유회·동창회·친목회·향우회·계모임과 그 밖의 선거구민의 모임이나 행사에 금전·물품·음식물과 그 밖의 재산상의 이익을 제공하거나 그 제공의 의사를 표시하거나 그 제공을 약속한 자
4. 제1호부터 제3호까지의 행위에 관하여 지시·권유·요구 또는 알선한 자

5. 주민소환투표인에게 폭행·협박 또는 불법으로 체포·감금하거나 부정한 방법으로 주민소환투표의 자유를 방해한 자
6. 법령에 따르지 아니하고 주민소환투표함을 열거나 그 투표함(빈 투표함을 포함한다) 또는 투표함 안의 주민소환투표지를 제거·파괴·훼손·은닉 또는 탈취한 자
7. 주민소환투표의 결과에 영향을 미칠 목적으로 연설·방송·신문·통신·잡지·벽보·선전문서와 그 밖의 방법으로 허위사실을 유포하거나 허위사실을 게재한 선전문서를 배포할 목적으로 소지한 자
8. 주민소환투표의 결과에 영향을 미칠 목적으로 포장된 선물 또는 돈봉투 등 다수의 주민소환투표인에게 배부하도록 구분된 형태로 되어 있는 금품을 운반한 자
9. 주민소환투표인 명부작성에 관계있는 자로서 그 직권을 남용하여 주민소환투표인 명부의 열람을 방해하거나 그 열람에 관한 직무를 유기한 자

③ 다음 각 호의 어느 하나에 해당하는 자는 3년 이하의 징역 또는 1천만원 이하의 벌금에 처한다.

1. 제2항제1호부터 제3호까지에 정한 이익이나 공사의 직을 제공받거나 그 제공의 의사표시를 승낙한 자
2. 성명의 사칭, 신분증명서의 위조 또는 변조나 그 밖의 부정한 방법으로 주민소환투표를 하거나 주민소환투표를 하려고 한 자
3. 허위의 방법으로 주민소환투표인 명부에 오르게 한 자
4. 주민소환투표에 관한 서명 요청 활동과 투표운동의 기회를 이용하여 특정 정당이나 「공직선거법」에 따른 공직선거의 후보자가 되려는 사람을 지지·추천 또는 반대하거나 그 밖의 선거운동에 이르는 행위를 한 자

④ 제35조에 따라 적용되는 「주민소환에 관한 법률」 제20조제3항에서 준용하는 「공직선거법」 제85조제3항·제4항을 위반한 행위를 하거나 하게 한 자는 3년 이하의 징역 또는 600만원 이하의 벌금에 처한다.

⑤ 다음 각 호의 어느 하나에 해당하는 자는 2년 이하의 징역 또는 500만원 이하의 벌금에 처한다.

1. 제35조에 따라 적용되는 「주민소환에 관한 법률」 제20조제1항을 위반하여 주민소환투표운동을 한 자
2. 제35조에 따라 적용되는 「주민소환에 관한 법률」 제20조제2항을 위반하여 주민소환투표운동을 한 자

⑥ 다음 각 호의 어느 하나에 해당하는 자는 1년 이하의 징역 또는 500만원 이하의 벌금에 처한다.

1. 제35조에 따라 적용되는 「주민소환에 관한 법률」 제10조를 위반하여 서명요

청을 한 자

2. 제35조에 따라 적용되는 「주민소환에 관한 법률」 제18조에 따른 주민소환투표운동의 제한을 위반하여 주민소환투표운동을 한 자

⑦ 제35조에 따라 적용되는 「주민소환에 관한 법률」 제33조 각 호에 해당하는 자는 1년 이하의 징역 또는 500만원 이하의 벌금에 처한다.

제470조(출입국관리분야에 관한 벌칙) ① 다음 각 호의 어느 하나에 해당하는 자로서 영리를 목적으로 해당 행위를 한 자는 7년 이하의 징역이나 금고 또는 5천만원 이하의 벌금에 처한다.

1. 제199조제1항을 위반하여 외국인을 집단으로 대한민국의 다른 지역으로 이동시키거나 이를 알선한 자
2. 제199조제2항을 위반하여 외국인을 집단으로 대한민국의 다른 지역으로 이동시키기 위하여 선박등이나 여권을 제공한 자
3. 제199조제3항을 위반하여 대한민국의 다른 지역으로 이동하였거나 이동하는 외국인을 집단으로 은닉 또는 도피하게 하거나 그러한 목적으로 선박등을 제공한 자

② 제1항 각 호의 어느 하나에 해당하는 자로서 영리목적이 아닌 자는 5년 이하의 징역이나 금고 또는 3천만원 이하의 벌금에 처한다.

③ 다음 각 호의 어느 하나에 해당하는 자는 3년 이하의 징역이나 금고 또는 2천만원 이하의 벌금에 처한다.

1. 제198조제1항에 따른 체류지역 확대 허가를 받지 아니하고 대한민국의 다른 지역으로 이동한 자
2. 제199조를 위반한 자로서 제1항 또는 제2항에 해당되지 아니한 자

④ 제200조를 위반한 자는 500만원 이하의 벌금에 처한다.

⑤ 제198조제5항에 따라 체류지역 확대 허가 여부를 확인하기 위한 출입국관리 공무원 또는 국가경찰·자치경찰 공무원의 직무상 정당한 요구를 거부한 자는 100만원 이하의 벌금에 처한다.

제471조(관광분야에 관한 벌칙) 제251조제1항에 따른 등록을 받지 아니하고 휴양펜션업을 한 자는 2년 이하의 징역 또는 2천만원 이하의 벌금에 처한다.

제472조(의료분야에 관한 벌칙) ① 제308조제2항 또는 제310조를 위반한 외국의료기관 또는 외국인전용약국에 종사하는 외국면허 소지자는 5년 이하의 징역 또는 5천만원 이하의 벌금에 처한다.

② 제312조를 위반하여 외국인전용약국의 표시를 하지 아니한 자는 1년 이하의

징역 또는 1천만원 이하의 벌금에 처한다.

제473조(환경분야에 관한 벌칙) ① 제361조제5항에 따른 허가를 받지 아니하고 보존자원을 매매하거나 제주자치도 밖으로 반출한 자는 5년 이하의 징역 또는 5천만원 이하의 벌금에 처한다.

② 다음 각 호의 어느 하나에 해당하는 자는 2년 이하의 징역 또는 2천만원 이하의 벌금에 처한다.

1. 절대보전지역에서 제355조제3항을 위반한 행위를 한 자
2. 상대보전지역에서 제356조제2항을 위반한 행위를 한 자
3. 관리보전지역에서 제358조제1항의 행위제한 규정을 위반한 자
4. 제379조제1항 또는 제2항에 따른 허가 또는 변경허가(연장허가를 포함한다. 이하 이 호에서 같다)를 받지 아니하거나 부정한 방법으로 허가 또는 변경허가를 받아 지하수를 개발·이용한 자
5. 제383조제1항을 위반하여 오수·폐수 등 지하수를 오염시킬 수 있는 물질을 지하로 주입·배수·처리한 자

제474조(자치감사에 관한 벌칙) 다음 각 호의 어느 하나에 해당하는 자는 1년 이하의 징역 또는 500만원 이하의 벌금에 처한다.

1. 감사위원회의 감사를 받는 자로서 정당한 사유 없이 감사를 거부하거나 자료의 제출요구에 불응한 자
2. 정당한 사유 없이 감사기구의 감사활동을 방해한 자
3. 제137조제1항의 비밀유지의무를 위반한 자

제475조(국제학교에 관한 벌칙) ① 다음 각 호의 어느 하나에 해당하는 자는 3년 이하의 징역 또는 2천만원 이하의 벌금에 처한다.

1. 제226조제2항에 따른 설립승인을 받지 아니하고 학교의 명칭을 사용하거나 학생을 모집하여 시설을 사실상 학교의 형태로 운영한 자
2. 제226조제4항을 위반하여 변경승인을 받지 아니한 자
3. 거짓이나 그 밖의 부정한 방법으로 제226조제2항 또는 제4항에 따른 학교의 설립승인 또는 변경승인을 받은 자
4. 제233조에 따라 준용되는 「경제자유구역 및 제주국제자유도시의 외국교육기관 설립·운영에 관한 특별법」 제16조에 따른 폐쇄승인을 받지 아니하고 학교를 폐쇄한 자

② 제233조에 따라 준용되는 「경제자유구역 및 제주국제자유도시의 외국교육기관 설립·운영에 관한 특별법」 제17조에 따른 시정명령 또는 폐쇄명령을 위반한

국제학교의 장은 1년 이하의 징역 또는 500만원 이하의 벌금에 처한다.

제476조(그 밖의 벌칙) ① 개발센터의 임원 또는 직원이나 임직원으로 재직하였던 사람으로서 제179조를 위반하여 그 직무상 알게 된 비밀을 누설하거나 도용한 사람은 2년 이하의 징역 또는 2천만원 이하의 벌금에 처한다.

② 제284조제2항에 따른 가축반입 금지 조치를 위반한 자는 2년 이하의 징역 또는 2천만원 이하의 벌금에 처한다.

③ 제428조제1항을 위반하여 거짓이나 그 밖의 부정한 방법으로 차고지증명서를 제출한 자 또는 제출하게 해준 자는 300만원 이하의 벌금에 처한다.

제477조(미수범 등) ① 제470조제1항부터 제3항까지, 제473조제1항의 죄를 범할 목적으로 예비 또는 음모한 자와 미수범은 각각 본죄에 준하여 처벌한다.

② 제1항에 따른 행위를 교사하거나 방조한 자는 정범에 준하여 처벌한다.

제478조(양벌규정) 법인의 대표자나 법인 또는 개인의 대리인, 사용인이나 그 밖의 종업원이 그 법인 또는 개인의 업무에 관하여 제469조부터 제477조까지의 어느 하나에 해당하는 위반행위를 하면 그 행위자를 벌하는 외에 그 법인 또는 개인에게도 해당 조문의 벌금형(제469조제1항을 위반한 경우에는 1천만원 이하의 벌금을 말한다)을 과(科)한다. 다만, 법인 또는 개인이 그 위반행위를 방지하기 위하여 해당 업무에 관하여 상당한 주의와 감독을 게을리하지 아니한 경우에는 그러하지 아니하다.

제479조(이익의 몰수) 제469조제2항제1호부터 제3호까지, 같은 조 제3항제1호의 죄를 범한 자가 받은 이익은 몰수한다. 다만, 그 전부 또는 일부를 몰수할 수 없을 때에는 그 가액을 추징한다.

제480조(과태료) ① 다음 각 호의 어느 하나에 해당하는 자에게는 2천만원 이하의 과태료를 부과한다.

1. 제206조를 위반하여 외국방송의 재송신 채널의 수를 구성·운용한 자
2. 제381조제1항·제3항·제4항에 따른 취수량 제한, 이용중지 또는 단계적 조치에 따르지 아니한 자
3. 제386조를 위반하여 빗물이용시설등을 설치·운영하지 아니한 자

② 다음 각 호의 어느 하나에 해당하는 자에게는 1천만원 이하의 과태료를 부과한다. 〈개정 2019. 12. 10.〉

1. 제162조제4항에 따른 자료 제출 요구에 응하지 아니하거나 이를 거부·방해 또는 기피한 자

1의2. 제268조제1항에 따른 생산조정·출하조정·품질검사 등에 필요한 조치를 따르지 아니한 자
1의3. 제284조제2항에 따라 반출·반입되는 수산물·식물, 반출되는 가축 또는 반출·반입되는 가축의 생산물 등에 대한 필요한 조치를 이행하지 아니한 자
2. 제287조제2항에 따른 제주흑우 반출제한을 위반한 자
3. 제361조제3항에 따른 보존자원의 보호를 위한 도지사의 처분·명령 또는 조치를 위반한 자
4. 제383조제2항에 따른 지하수개발·이용시설 공사의 감리에 관하여 정한 도조례의 규정을 위반한 자
5. 제383조제3항에 따라 고시된 농약을 공급하거나 사용한 자
6. 제463조제1항에 따른 도지사의 처분 또는 명령을 준수하지 아니한 자

③ 다음 각 호의 어느 하나에 해당하는 자에게는 500만원 이하의 과태료를 부과한다.
1. 제180조를 위반하여 제주국제자유도시 개발센터 또는 이와 유사한 명칭을 사용한 자
2. 제232조에 따른 설치등기에 관한 의무를 이행하지 아니한 자
3. 삭제 〈2019. 12. 10.〉
4. 제287조제2항에 따른 제주흑우 수정란과 정액의 반출제한을 위반한 자

④ 다음 각 호의 어느 하나에 해당하는 자에게는 300만원 이하의 과태료를 부과한다.
1. 「형사소송법」 제211조에 규정된 현행범인 또는 준현행범인으로서 제35조에 따라 적용되는 「주민소환에 관한 법률」에서 준용하는 「공직선거법」 제272조의2제4항에 따른 동행요구에 응하지 아니한 자
2. 제305조제3항을 위반하여 액화석유가스자동차를 제주자치도 외의 지역으로 반출한 자
3. 제320조제2항에 따른 도조례로 정하는 금연구역의 지정·운영에 관한 사항을 준수하지 아니한 자

⑤ 다음 각 호의 어느 하나에 해당하는 자에게는 200만원 이하의 과태료를 부과한다.
1. 이 법 또는 이 법에 따라 「주민소환에 관한 법률」에서 준용하는 「공직선거법」에 따른 신고·제출의 의무를 게을리한 자
2. 학교·관공서 및 그 밖의 공공기관·단체의 장으로서 선거관리위원회의 투표소·개표소 설치를 위한 장소협조 요구에 정당한 사유 없이 응하지 아니한 자

3. 선거관리위원회가 붙인 주민소환투표용지 모형을 훼손·오손한 자
4. 제202조제1항에 따른 출입국관리공무원의 조사 또는 자료제출 요구를 거부한 자

⑥ 다음 각 호의 어느 하나에 해당하는 자에게는 100만원 이하의 과태료를 부과한다. 〈개정 2019. 12. 10., 2020. 12. 22.〉

1. 주민소환투표사무원·부재자주민소환투표사무원·개표사무원으로 위촉된 자로서 정당한 사유 없이 그 직무수행을 거부·유기하거나 게을리한 자
2. 이 법 또는 이 법에 따라 「주민소환에 관한 법률」에서 준용하는 「공직선거법」 제61조제6항을 위반하여 주민소환투표운동기구에 간판·현판·현수막을 설치 또는 게시한 자
3. 이 법 또는 이 법에 따라 「주민소환에 관한 법률」에서 준용하는 「공직선거법」 제79조제6항을 위반하여 표지를 부착하지 아니하고 연설·대담을 한 자
4. 제251조제5항에 따른 지위승계 신고를 하지 아니하고 영업을 한 자
5. 제428조제5항에 따른 차고지확보명령을 이행하지 아니한 자
6. 제433조의2제1항을 위반하여 노외주차장을 주차장 외의 목적으로 사용한 자
7. 제433조의2제2항을 위반하여 필요한 표지를 설치하지 아니한 자

⑦ 제1항부터 제6항까지의 규정에 따른 과태료는 도조례로 정하는 바에 따라 도지사(제3항제2호의 경우에는 도교육감을 말한다)가 부과·징수한다. 〈개정 2019. 12. 10.〉

⑧ 제7항에도 불구하고 제1항제1호에 따른 과태료의 부과·징수는 과학기술정보통신부장관이 하고, 제4항부터 제6항까지(주민소환에 관한 사항으로 한정한다)의 규정에 따른 과태료의 부과·징수는 「공직선거법」 제261조제10항·제11항을 준용하며, 제5항제4호에 따른 과태료의 부과·징수는 「출입국관리법」 제100조제4항에 따른다. 〈개정 2017. 7. 26.〉

제481조(고발 및 통고처분) ① 제197조부터 제203조까지의 규정을 위반한 사건은 지방출입국·외국인 관서의 장의 고발이 없으면 공소를 제기할 수 없다.

② 출입국관리공무원 외의 수사기관이 제1항에 해당하는 사건을 입건한 경우에는 지체 없이 관할 지방출입국·외국인 관서의 장에게 인계하여야 한다.

③ 지방출입국·외국인 관서의 장은 제1항에 정한 사건에 대한 조사결과 범죄의 확증을 얻었을 때에는 그 이유를 구체적으로 밝힌 서면으로 벌금에 해당하는 금액(이하 "범칙금"이라 한다)을 지정한 곳에 납부할 것을 통고할 수 있고, 해당 위반자가 통고받은 대로 범칙금을 납부한 경우에는 동일한 사건으로 다시 처벌받지 아니한다.

④ 지방출입국·외국인 관서의 장은 조사결과 범죄의 정상이 금고 이상의 형에 처할 것으로 인정될 때에는 즉시 고발하여야 한다.
⑤ 제3항에 따른 범칙금의 양정기준은 법무부령으로 정한다.
⑥ 법무부장관은 통고처분 대상자의 연령과 환경, 법 위반의 동기와 결과, 범칙금 부담능력과 그 밖에 정상을 고려하여 제3항에 따른 통고처분을 면제할 수 있다.
⑦ 제3항에 따른 통고처분의 고지와 그 밖의 절차에 관하여는 「출입국관리법」의 규정을 준용한다.

부칙 〈제18849호, 2022. 4. 26.〉 (주민투표법)

제1조(시행일) 이 법은 공포한 날부터 시행한다. 〈단서 생략〉

제2조 부터 제8조 까지 생략

제9조(다른 법률의 개정) 제주특별자치도 설치 및 국제자유도시 조성을 위한 특별법 일부를 다음과 같이 개정한다.
제28조제1항 중 "「주민투표법」 제7조제2항제3호"를 "「주민투표법」 제7조제2항제3호 및 제3호의2"로 한다.

저/자/소/개

이범오

- 고려사이버대학교 외래교수(자치경찰론 강의담당)
- 동국대 경찰사법대학원 대우교수(지방자치경찰론 강의담당)
- 동국대 일반대학원 경찰행정학과 박사(경찰학박사)
- 고려대 법무대학원 경찰법학과 석사

도서출판 **그린**

자치경찰론

1판 1쇄 인쇄 ▶	2022년 7월 27일
1판 1쇄 발행 ▶	2022년 7월 30일
저 자 ▶	이 범 오
발행처 ▶	도서출판 **그린**
발행인 ▶	윤 덕 우
출판등록 ▶	제8-161호(1995. 5. 3.)
주소 ▶	경기 파주시 가람로116번길 107 운정한강듀클래스 411호 (우) 10896
전화 ▶	02) 333-2574, 2575
Fax ▶	02) 333-2561
E-mail ▶	greenpress@greenpress.co.kr
Homepage ▶	http://www.greenpress.co.kr

Green Pub.

정가 : 20,000원

ISBN 978-89-5727-339-5